Ernesto Guevara

Mein Sohn
CHE

Ernesto Guevara
Mein Sohn
CHE

Galgenberg

CIP-Kurztitelaufnahme der Deutschen Bibliothek
Guevara, Ernesto:
Mein Sohn Che : Ernesto Guevara. [Aus d. Span. von
Karin Vogt. Überarb. Horst-Eckart Gross].
— 1. Aufl. — Hamburg: Verlag am Galgenberg, 1986
Einheitssacht.: Mi hijo el Che ‹dt.›
ISBN 3-925387-10-2

© by Ernesto Guevara Lynch, Havanna, Kuba
© für die Bundesrepublik Deutschland, West-Berlin,
Schweiz und Österreich by Verlag am Galgenberg,
Neuer Pferdemarkt 13, 2000 Hamburg 6
Aus dem Spanischen von Karin Vogt
Überarbeitung Horst-Eckart Gross
Titelgestaltung: Jan Buchholz
Titelfotografie © by Agentur Magnum, Paris
Titellithografie: Grafische Kunstanstalt Bornemann,
Hamburg
Ein großer Teil der Lithografien im Buch wurden uns
freundlicherweise von der Edition PLANETA, Barcelona
zur Verfügung gestellt.
Satz- und Lithografieherstellung:
Satz- & Repro Kollektiv GmbH, Hamburg
Gesetzt aus der Garamond Buch
Druck und Bindung: Ebner Ulm
1. Auflage Juli 1986
ISBN 3-925387-10-2

Hätte ich die Jugend und den nötigen Mut, um die Waffe in die Hand zu nehmen, die mein Sohn ‚Che' hinterließ, wäre dieses Buch niemals geschrieben worden.

WIDMUNG

Dieses Buch widme ich all den Kindern, Frauen und Männern, die Opfer jener sich mit dem Imperialismus identifizierenden kriminellen Kaste wurden, die mittels verräterischer Politiker, Geheimdienste, Polizisten und Berufsarmeen auf Befehl des Großkapitals die Welt der Armen mit Gefängnissen, Folter, Mord und Kriegen erdrücken, die nichts anderes als verschleierte Völkermorde sind.

Möge es eine Anerkennung jener sein, die im Kampf für die Befreiung der unterdrückten Völker fielen, und möge es all denen als Ansporn dienen, die sich im Kampf befinden, sowie jenen, die, das Recht auf ihrer Seite wissend, in der letzten und ausschlaggebenden Etappe des Krieges gegen die Söldner einer Kaste kämpfen, die ihre Privilegien unwiederbringbar schwinden sieht.

Ich hoffe, daß den neuen Generationen der Triumph gelingen wird, bevor die selbstmörderische Verbohrtheit derjenigen, die zu gut leben, auf Kosten jener, die lediglich überleben, mit einem totalen Atomschlag aus unserer Welt eine weißglühende Kugel macht, die sich auf dem Weg zu den Sternen verliert.

EINLEITUNG

Ich bin davon überzeugt, daß, solange der Imperialismus weiterhin die Völker der Entwicklungsländer unterwirft und ausbeutet, der einzige Weg zu ihrer Befreiung im bewaffneten Kampf besteht.

Nur auf diese Weise kann die Welt einen wirklichen Frieden erreichen.

Alle weiteren Wege sind durch den Imperialismus und durch die Logik seiner selbst versperrt worden.

Das heldenhafte Volk Vietnams ist auf dem Weg zu diesem ersehnten Frieden, jedoch weder auf dem Weg von Überzeugungen noch von schönen Worten, sondern durch den bewaffneten Kampf.[1]

Der Weltfrieden wird nur dann erreicht werden, wenn der internationale Imperialismus endgültig besiegt ist. Dies wird eintreten, wenn die heute im Dienst des Imperialismus stehenden regulären Heere durch die bewaffneten Volksarmeen ersetzt worden sind.

---

[1] Als diese Zeilen 1972 geschrieben wurden, kämpfte Vietnam für seine Unabhängigkeit.

ZIELE UND ABSICHTEN

Es ist ein äußerst schwieriges Unterfangen, eine Biographie zu schreiben. Sehr viele Faktoren sind zu berücksichtigen, um den Erfolg dieser Arbeit zu ermöglichen.

Die Biographie seines eigenen Sohnes zu schreiben ist noch viel schwieriger; dabei geht es weder um Fragen des Talentes, der literarischen Fähigkeiten, des Ausdrucks noch um die Vorstellungskraft.

Es handelt sich um eine mühselige Aufgabe, das Thema „Das Leben Che Guevaras" anzugehen, da es sowohl innerhalb als auch außerhalb des familiären Rahmens sehr vielschichtig war. Er besuchte die Schule und studierte an der Universität ökonomische, politische und soziale Fächer. Er arbeitete als wissenschaftlicher Forscher und widmete sich intensiv der Archäologie, pflegte Kranke auf argentinischen Schiffen, legte sein Examen als Arzt ab und spezialisierte sich in Kriegsmedizin. Er war als Aufseher bei Bauarbeiten beschäftigt und kämpfte nicht zuletzt als internationaler Revolutionär im Guerillakampf in verschiedenen Ländern. Er arbeitete am Aufbau der Regierung in Kuba mit, war Präsident der Nationalbank und Industrieminister, wie er ebenso als Schriftsteller und Essayist tätig war und hochqualifiziert ökonomische Dispute führte...

Weiterhin arbeitete er als Arbeiter in Fabriken und auf dem Bau, in Bergwerken und in der Landwirtschaft. Er bereiste Amerika zu Fuß, mit dem Motorrad, Auto, Lastwagen, Zug und Flugzeug.

Nebenher fand er noch die Zeit, zahlreiche Sportarten zu betreiben und in die höchste Kategorie der Schachspieler zu gelangen. Er studierte die Ursachen der Unterentwicklung in unserem Amerika aufs gründlichste, da er sie persönlich erlebte.

Aufgrund des Einflusses auf seine Arbeitskollegen läßt sich sagen, daß er ein wirklicher Pädagoge war.

Schließlich muß ich feststellen, daß in seinen 39 Lebensjahren seine Arbeit so fruchtbar war, daß viele Jahre der Arbeit und Vorbereitung nötig wären, um eine vollständige Biographie veröffentlichen zu können.

Diese Schwierigkeiten lasten auf jedem, der dieses Thema anginge; aber für denjenigen, der mit dem Menschen, über den er schreibt, durch Blutsbande und Liebe verbunden ist, vergrößern sich diese Schwierigkeiten.

Meine Aufgabe besteht nicht darin, über ihn zu schreiben und ihn zu beurteilen. Ich habe den Wunsch, dem Leser eine Vorstellung von dem zu vermitteln, wie Ernesto Guevara de la Serna als Mensch war — in seiner Kindheit und seiner Jugend — innerhalb des Rahmens unserer Familie. Ich möchte ihn aufleben lassen in seinem Familienleben, mit seinen Eltern, seinen Geschwistern und seinen Freunden.

Die Aufgabe, die ich mir gestellt habe, besteht darin, alles aufzuschreiben, was ich an seiner Seite gesehen, erlebt, gefühlt und gelitten habe.

Wenn ich etwas von den Gefühlen vermitteln kann, die in mir aufstiegen beim erneuten Lesen seiner Briefe, beim Erinnern seiner Worte und der Stimmen der Familie, dann werde ich meiner Absicht etwas näher gekommen sein.

Indem ich so den Rahmen für meine Arbeit abgesteckt habe, beginne ich mit der Beschreibung seines Lebens, das ich in mehrere Abschnitte eingeteilt habe:

— Familiäre Hintergründe
— Sein Leben im familiären Rahmen seit seiner Geburt bis zum Beginn seines Erwachsenenalters
— Seine Schul- und Universitätsausbildung, als er sich zum Wissenschaftler herausbildete
— Seine Forschungstätigkeit
— Seine Reisen durch Argentinien und ganz Lateinamerika
— Die Entwicklung seines sozio-politischen Denkens — auf der Grundlage der Vielzahl von Briefen an unsere Familie
— Sein Leben in der politischen Aktion, die sein Eintreten in die Reihen der kubanischen Revolutionäre sowie seine Aktivitäten als Guerillero auf Kuba umfaßt (eine kurze Zusammenfassung).

Ich möchte über all das berichten, woran ich durch ihn teilhatte und was ich so ohne Zweifel genau kenne. Weiterhin möchte ich die Informationen vertiefen, die sein Leben in unserer Familie betreffen, da hierüber nur ich und einige unserer Familienmitglieder etwas aussagen können.

Ich glaube, es ist notwendig, um einen Menschen in all seinen Aspekten kennenzulernen, sein familiäres und soziales Klima zu berücksichtigen sowie die Umstände, unter denen er lebte. Deswegen trage ich in diesem Buch nicht nur Berichte über Alta Gracia, die Hauptstadt Argentiniens, die Umgebung von Buenos Aires und von all den Orten zusammen, an denen er aufwuchs, sondern ebenso aus der ganzen Republik Argentinien und dabei besonders aus dem Gebiet „Misiones".

In dieser Gegend lebte er nur kurze Zeit und verließ sie in so jungem Alter, daß er sich kaum daran erinnerte; aber die Provinz Misiones übte beträchtlichen Einfluß auf unser Familienleben aus, das sich von 1927 bis 1947 dort abspielte. Während dieses Zeitraumes behielten wir dort unseren Landbesitz bei, hielten uns in regelmäßigen Abständen in dieser Gegend auf und blieben in Kontakt mit allem, was dort geschah.

Ein Mensch ist kein verlassenes Wesen im Weltenraum: er steht im Zusammenhang mit allem, was ihn umgibt, und seine Existenz ist notwendigerweise an die seiner Vorfahren geknüpft.

Aus diesem Grunde werde ich, wenn auch in einfacher Form, eine kurze Darstellung der Ereignisse geben, die sich im Leben der Vorfahren Ernestos zutrugen (seiner Großeltern und Urgroßeltern). Dabei bin ich sicher, daß dies zum besseren Verständnis jenes Idealisten und Kämpfers beitragen wird, der Ernesto Guevara de la Serna hieß, und den die Welt als Che Guevara kennt.

ERSTER TEIL

DIE FAMILIE GUEVARA BEGINNT
DEN WAHREN WEG VON
ERNESTO GUEVARA DE LA SERNA
ZU ERKENNEN

Die ersten Dezembertage des Jahres 1956 vergingen. Die wichtigsten Zeitungen der Welt verbreiteten die Nachricht über den fehlgeschlagenen Versuch Dr. Fidel Castro Ruz', eine Invasion auf Kuba durchzuführen. Der Ex-Unteroffizier Batista, zu jenem Zeitpunkt bereits selbsternannter Generalmajor, ließ durch die internationalen Nachrichtenagenturen verbreiten, daß Fidel Castro und seine Begleiter bei dem Versuch, in die Insel einzudringen, ums Leben gekommen seien. Dies ereignete sich am 2. Dezember jenes Jahres.

Die Drohung einer bevorstehenden Invasion hatte Dr. Fidel Castro bereits Jahre zuvor von Kuba aus verkündet: „Wir werden entweder frei oder Märtyrer sein!"

Unsere Familie wußte nichts von diesen Plänen, wurde jedoch nun darauf gestoßen, als sie die ersten Berichte auf den Titelseiten der großen internationalen Zeitungen las. Die Artikel beschäftigten sich mit dem Unglück, das bei der Landung Fidels und seiner Leute in der Nähe der Stadt Manzanillo in der Provinz Oriente geschehen war. Die Nachricht schlug wie eine Bombe ein.

Wir wußten, daß Ernesto in eine Verschwörung verwickelt und in Mexiko-Stadt in Haft gewesen war — gemeinsam mit Fidel und einem Teil seiner Leute. Ich wußte dies aus einem Brief Ernestos mit dem Datum 6. Juli 1956, in dem er mir auf einen Brief antwortete, den ich ihm ins Gefängnis nach Mexiko geschickt hatte und in dem ich ihm mitteilte, daß wir kurz vorher über die Presse erfahren hätten, daß er verhaftet worden wäre, und ihn bat, uns die „Dinge so wie sie waren" und ohne Umschweife mitzuteilen.

Im folgenden der Brief, wie Ernesto ihn an uns geschrieben hatte:

México, 6. Juli 1956
Gefängnis des Innenministeriums

Liebe Eltern,
ich habe Deinen Brief erhalten, Papa, hier in meiner neuen und feinen Villa von Miguel Schuls, zusammen mit dem Besuch von Petit, der mir von Eurer Besorgnis erzählte.

Damit Du Dir eine Vorstellung machen kannst, werde ich die Ereignisse erzählen. Es ist schon eine Zeit her, als mir ein junger kubanischer Aktivist[1] anbot, in seine Bewegung einzutreten — eine Bewegung, die auf dem Weg des bewaffneten Kampfes ihr Land befreien wollte. Ich akzeptierte selbstverständlich. Ich widmete mich der Aufgabe, die Leute körperlich darauf vorzubereiten, eines Tages den Fuß auf kubanisches Land zu setzen. Ich verbrachte die letzten Monate mit der Lüge, daß ich sie in meiner Funktion als Trainer betreuen würde.

Am 21. Juni (als ich schon seit einem Monat nicht mehr in meinem Haus in Mexico-Stadt aufgetaucht war, da ich auf einer Ranch außerhalb wohnte) wurde Fidel mit einer Gruppe von Genossen verhaftet, und in ihrem Haus fanden sie die Adresse unseres Aufenthaltortes, so daß wir alle gemeinsam geschnappt wurden. Ich besaß einen Ausweis als Slawistikstudent, was schon ausreichte, um mich als wichtiges Glied in der „Organisation" einzustufen, und die mit Papa[2] befreundeten Agenturen begannen, alles in die Welt hinauszuschreien.

Dies ist eine Zusammenfassung der Ereignisse der Vergangenheit; die Aussicht auf die kommende Zeit teilt sich in zwei Kategorien ein, die der mittelbaren und die der unmittelbaren Zukunft.

Über die mittelbare Zukunft kann ich nur sagen, daß sie mit der kubanischen Revolution verknüpft sein wird. Entweder werde ich mit ihr siegen oder ich sterbe dort. (Dies ist

[1] Dr. Fidel Castro Ruz

[2] USA

16

die Erklärung für einen etwas rätselhaften und romantischen Brief, den ich vor einiger Zeit an ...[1] schrieb).

Über meine unmittelbare Zukunft kann ich nicht viel berichten, da ich nicht weiß, was mit mir geschieht. Sie liegt in den Händen des Richters, und es wäre gut möglich, daß ich nach Argentinien abgeschoben werde, falls ich nicht in einem anderen Land politisches Asyl erhalte, was meiner politischen Gesundheit sehr zuträglich wäre.

Auf jeden Fall muß ich meinen neuen Weg gehen, ob ich in diesem Gefängnis bleibe oder freigelasssen werde. Hilda kehrt nach Peru zurück, wo eine neue Regierung eine politische Amnestie verkündet hat. Aus erklärlichen Gründen werde ich meine Korrespondenz einschränken; außerdem hat die mexikanische Polizei die nette Angewohnheit, die Briefe einzuziehen, weshalb ich Euch bitte, nur über die normalen Familienangelegenheiten zu schreiben.

Keinem gefällt es, wenn irgendein Idiot von ganz persönlichen Problemen erfährt, so unbedeutend sie auch sein mögen. Gib Beatriz einen Kuß von mir, erkläre ihr, warum ich nicht schreibe, und sagt ihr, daß sie im Moment keine Zeitungen zu schicken braucht.

Wir stehen im Begriff einen unbefristeten Hungerstreik durchzuführen, um gegen die ungerechtfertigten Verhaftungen zu protestieren sowie gegen die Folterungen, denen einige meiner Genossen unterworfen wurden. Die Moral unserer ganzen Gruppe ist jedoch ungebrochen.

Von jetzt an schreibt mir bitte nach Hause. Falls ich aus irgendeinem Grund nicht mehr schreiben kann und ich später vielleicht auf der Verliererseite stehe, betrachtet diese Zeilen als meinen Abschiedsbrief, der zwar nicht sehr wortgewandt, jedoch ehrlich ist.

Während meines ganzen Lebens habe ich, immer wieder stockend, die Wahrheit gesucht, jetzt bin ich auf dem Weg, und mit einer Tochter, in der ich weiterleben werde, schließe ich den Kreis.

Von jetzt an werde ich meinen Tod nicht als eine Niederla-

---

[1] unleserliches Wort

ge betrachten, sondern wie Hikmet sagen: „In mein Grab nehme ich nur den Kummer über ein unvollendetes Lied mit. "

Ich umarme Euch alle.

Ernesto

Diese Antwort löste jeglichen Zweifel in bezug auf Ernesto und seine Position in der Armee Fidel Castros auf.

Die Nachrichten, insbesondere aus den USA, beschrieben die Zerschlagung der Truppe bis ins Detail, und als sie Buenos Aires erreichten, begannen die Telefone unserer Bekannten heißzulaufen. Unsere Freunde wollten Neuigkeiten erfahren. Mir teilte man telefonisch die neueste Nachricht mit, daß mein Sohn Ernesto nachweislich in einem Gefecht tödlich verletzt worden sei. Außerdem wurde gesagt, daß Fidel Castro und sein Bruder Raúl ums Leben bekommen seien, wie auch die wichtigsten ihrer Mitstreiter. Ich erinnere mich noch an die Namen Almeida und Ramiro Valdés. Es wurde weiterhin verbreitet, daß die Jacht „Granma", auf der sich die 82 Mann eingeschifft hatten und mit der sie von dem kleinen mexikanischen Hafen Tuxpán aus in See gestochen waren, mit der gesamten Ausrüstung für die Invasion aufgebracht worden und dabei die Mehrheit der Mannschaft ums Leben gekommen sei. Die wenigen Überlebenden irrten — so die Zeitungen — vereinzelt durch die Berge und müßten sich in Kürze ergeben.

Alle glaubten dieser Nachricht, weil das Mißverhältnis zwischen der regulären Armee General Batistas, bestehend aus Eliteeinheiten, Guardia Rural, Marineinfanteristen, bewaffneter Polizei und der winzigen, zusammengewürfelten Gruppe von 82 Guerilleros unter dem Kommando Fidel Castros so groß war. Es war daher unmöglich zu glauben, daß diese die Militärregierung des Ex-Unteroffiziers stürzen könnten, und noch weniger, daß sie das von den USA ausgebildete und mit modernsten Waffen ausgestattete Militär besiegen könnten.

Als wir die Nachricht erhielten, waren wir sehr niedergeschlagen. Ich begab mich in die Redaktion der Zeitung „La Prensa" in Buenos Aires, um dort eine Bestätigung zu erhalten. Dort teilten sie mir als Trost mit, daß sie mir die Richtigkeit der

Nachricht nicht zusichern könnten, solange nicht die offizielle Bestätigung käme, und da diese noch nicht da sei, bestünden noch Hoffnungen. Verzweifelt kehrte ich nach Haus zurück.

Meine Frau Celia de la Serna saß in jenem Moment am Tisch und legte Patiencen. Meine Kinder wußten aus anderen Quellen, was die Telegramme meldeten, zudem waren die Nachrichten doch schon in aller Munde. Als sie mich kommen sahen, blickten sie mich schweigend an. Ihrer Mutter hatten sie noch nichts mitgeteilt, diese schwierige Aufgabe blieb mir vorbehalten. Ich setzte mich ihr gegenüber und wartete eine Zeitlang, die mir wie ein ganzes Jahrhundert erschien, bis sie ihre Patience gelegt hatte. Als sie fertig war, hob sie den Kopf und fragte, als ob sie eine Vorahnung hätte:

„Was ist los?"

„Sieh' mal", sagte ich ihr, „es gibt eine Nachricht, von der ich jedoch nicht glaube, daß sie stimmt."

Sie wurde kreidebleich.

„Ernesto?" fragte sie.

„Ja", antwortete ich. „Aber ich kann dir versichern, daß ich es nicht glaube." Sie sprang auf, lief zum Telefon und rief die Presseagentur „Associated Press" an und sagte mit kühler und fester Stimme:

„Ich bin die Mutter von Doktor Ernesto Guevara de la Serna, über dessen Tod Sie gerade berichtet haben, und die Nachricht soll in den Zeitungen veröffentlicht werden. Ich möchte, daß Sie mir die Wahrheit sagen. Stimmt die Nachricht?"

Erst später erfuhr ich von ihr, daß man versucht hatte, sie zu trösten, mit derselben mir gegenüber geäußerten Meinung, daß man warten müsse, daß die Mehrheit dieser Art von Nachrichten ohne Bestätigung bleibe, was bedeute, daß sie nicht richtig wären.

Wir waren daran gewöhnt, jede Art von Kummer in bezug auf Ernesto zu ertragen. Wir wußten, daß er sich vielen Gefahren ausgesetzt hatte und dies weiter tun würde, aber im Grunde besaßen wir die unerklärliche Überzeugung, die uns ermutigte. Ernesto hatte stets alle gefährlichen Situationen gemeistert.

Aber dieses Mal lag die Sache anders. Sein Name stand in der Liste der Gefallenen. Ich nehme an, daß die meisten in meiner

Familie und unserer Freunde die schreckliche Nachricht als wahr betrachteten und selbst die Regierung Batistas davon ausging. Aber ich ließ mich nicht völlig entmutigen.

Es gab etwas, das mir sagte, es sei nicht wahr, obwohl alles augenscheinlich dagegen sprach, was sich sogar auf der Straße äußerte; trotzdem sah oder besser spürte ich etwas wie eine leichte Hoffnung, inmitten dieses Meeres von sich nicht genauer abzeichnenden Versionen der Ereignisse. Aus diesem Grund konnten meine Worte die Familie etwas aufmuntern.

Ich hatte in jener Zeit Kontakt mit Angestellten der Regierung unter General Aramburu. Ich wandte mich an seinen Privatsekretär und bat darum, persönlich vom Präsidenten empfangen zu werden, um ihn zu bitten, bei der Regierung Kubas vorstellig zu werden, im hypothetischen Fall der Verhaftung Ernestos, damit ihm nicht die übliche Behandlung von Batistas Gefangenen widerführe: die Folter und die Ermordung.

General Aramburu tat dies, und das argentinische Außenministerium handelte schnell zu jedem Zeitpunkt. Wir standen in permanentem Kontakt, aber es kam weder ein Dementi noch eine Bestätigung. Es gelang uns nicht, etwas zu erfahren.

Unser Haus, immer voller Leben und Heiterkeit, war nun erfüllt von Traurigkeit. Keiner sprach, alle hatten ein Vorgefühl der Katastrophe, und unsere ganze Umgebung war voller Trostlosigkeit. Was mich betrifft, muß ich gestehen, daß es mir unmöglich war, mich auf etwas zu konzentrieren, das nicht in irgendeinem Zusammenhang mit Ernesto stand. Meine Arbeit scherte mich einen Teufel, ich betrat noch nicht einmal mein Büro. Ich ging rastlos umher und versuchte, etwas herauszufinden. Die Zeitungen schwiegen. Aber aus Kuba kamen auf dem Luftweg Zeitungen und Magazine. Ich erinnere mich an ein Exemplar der Zeitschrift „Bohemia", das ich mit wirklicher Angst las. Darin waren die gleichen Dinge wie in den ersten Telegrammen zu lesen, jedoch mit vielen Details: Ernesto, an einen Baum gelehnt, im Gespräch mit seinem Genossen, dem Doktor Pérez, war tödlich verletzt worden. Es war in Alegría de Pío. Die Leute Fidel Castros waren vom Militär überrascht worden, und die Landmiliz war über sie hergefallen, ohne daß jene durch sie vorher ausgemacht werden konnte, und so wurden sie aus nur wenigen Metern Entfernung mit Maschinengewehren beschossen. Die Luftwaffe warf Napalmbomben über den Bergen und den Zuckerrohrpflanzungen ab. Das Militär hatte die Gegend eingekreist und rühmte sich, daß niemand aus diesem Ring ausbrechen könnte. Für die Regierung Batistas war dies der Anfang und zugleich das Ende der angekündigten Invasion des Dr. Fidel Castro Ruz.

In diesen Tagen erreichte uns zudem ein Brief Ernestos aus Mexiko. Für unsere Familie war er einfach verheerend. Es war sein Abschiedsbrief an uns. In ihm stellte er philosophische Betrachtungen an. Er gab zu verstehen, daß der Tod für ihn keine wichtige Sache war, sondern nur der Kampf für die Ideale zählte. Außerdem teilte er uns mit, daß er Mexiko verlasse, um als Revolutionär nach Kuba zu gehen. Meine Frau las den Brief laut vor, ohne auch nur eine einzige Träne zu vergießen. Ich biß die Zähne zusammen und verstand nicht, warum Ernesto sich in eine Revolution einmischte, die nichts mit seinem Heimatland zu tun hatte.

Wie sehr täuschte ich mich: mein Sohn Ernesto mußte mir, demjenigen, der ihn gelehrt hatte, die ersten Schritte im Leben zu tun, erklären, welches die Pflicht desjenigen war, der für die Menschheit kämpfte. Mir war dies damals noch nicht genügend klar. Mir gelang es nicht, die heldenhafte Tat, in der das Leben für ein Ideal gegeben wird, von dem kriegerischen Abenteuer ohne konkrete Richtung zu trennen. Ich verglich den Unteroffizier Batista mit irgendeinem der Militärs, die einmal als Diktatoren mein Land beherrscht hatten. Auch ich hatte gegen sie gekämpft, aber was mir damals entging, war genau das, was Ernesto bereits verstanden hatte: für die unterdrückten Völker war der Feind ein und derselbe, ganz gleich, ob er in Argentinien, in Kuba, in Peru oder in einem anderen Teil Lateinamerikas herrschte, denn er war weiter entfernt, und sein Ursprung lag in Ländern, wo eine kapitalistische, privilegierte Kaste ansässig war, die direkt oder indirekt das Militär gegen diese unterdrückten Völker einsetzte, indem sie die Hände derjenigen Regierungschefs bewegt, die ihren Interessen dienen.

Erst später, als ich mich mit der kubanischen Revolution eingehender beschäftigte, konnte ich die Position finden, die mir entsprach.

Eines Morgens sehr früh klingelte das Telefon bei mir zu Hause. Man rief mich aus dem Außenministerium an. Sofort danach begab ich mich zum Sekretär des Außenministers. Er empfing mich in seinem Büro und war sehr gelassen. Welchen Eindruck machte ich? Ich weiß es nicht, aber ich kann es mir vorstellen. Er sah mich fast mitleidsvoll an und sagte mir folgendes: „Ich habe gerade ein Telegramm von der argentinischen Botschaft in Havanna erhalten, in dem steht: Dr. Ernesto Guevara de la Serna befindet sich nach dem Stand unserer Nachforschungen weder unter den Gefallenen und Verletzten noch unter den von der Armee Batistas Gefangengenommenen.“

Wenn mich in diesem Moment ein Erdbeben in die Luft gewirbelt hätte, ich wäre nicht schneller von dort weggekommen, als ich es tat. Ich lief bis nach Hause, um die Nachricht zu überbringen, und von diesem Nachmittag an änderte sich alles. Ein Hauch von Optimismus umgab uns alle, und mein Haus war wieder voller Leben und Heiterkeit.

Einige Tage vergingen. Wir lebten gespannt in der Erwartung einer Bestätigung oder eines Dementis, aber keines von beiden kam offiziell. In der Zwischenzeit klammerten wir uns an die Nachricht, die das argentinische Außenministerium aus Kuba erhalten hatte.

Das Jahr 1956 verging. Es war in den letzten Dezembertagen. Am 31. waren wir zu Hause wie jedes Jahr dabei, die Neujahrsfeier zu begehen, aber dieses Mal mit einem großen Fragezeichen für die ganze Familie. Und genau da geschah das Unerwartete. Es mag ungefähr 10 Uhr abends gewesen sein, als ein Brief in meinem Haus ankam, von dem wir bis heute nicht wissen, welche gütige Hand ihn unter unserer Haustür hindurchschob. Keiner aus meiner Familie wird diesen Augenblick je vergessen. Es war ein Luftpostbrief, an Celia de la Serna gerichtet, mit einem Stempel aus Manzanillo, Kuba. Darin steckte ein Stück Papier, ein aus einem Notizblock herausgerissenes Blatt und mit einer Handschrift versehen, die wir alle gut kannten. Es stand zu lesen:

„Liebe Eltern, mir geht es ausgezeichnet, ich habe nur zwei verloren, und es bleiben mir noch fünf.

Das Jahr 1956 ging zu Ende. Es war ungefähr zehn Uhr abends, als plötzlich ein Brief bei uns ankam. Darin steckte ein Kärtchen mit einer uns gut bekannten Schrift. Nachdem sich die erste Aufregung gelegt hatte, machten wir uns an die Interpretation dieses geheimnisvollen Stückchen Papiers.

Wir warteten weiterhin voller Zuversicht. Ich ließ meine Schwiegertochter, Hilda Gadea mit unserer Enkelin Hildita kommen, die sich in Peru bei ihren Eltern aufhielten.
Wir trafen uns in Buenos Aires, doch die Neuigkeiten, die sie uns mitbrachte, waren fast alle aus der Zeit vor Ernestos Abreise nach Kuba. (Che mit Hildita, seiner Tochter. Mexico, 1956)

Ich arbeite weiter für die gleiche Sache, die Nachrichten
sind nur sporadisch und werden es auch weiterhin sein, aber
vertraut darauf, daß Gott Argentinier ist. Eine Umarmung
für alle, Teté.[1]

Diese Nachricht brachte die Seele zurück in unsere Körper.
Nach einem ganzen Monat der Aufregung und des Kummers
wurden wir in diesem Augenblick in eine unvorstellbare Euphorie versetzt. Die Nachricht ging in Windeseile durch die
ganze Familie und zu unseren Freunden, und jene Silvester-
nacht verwandelte sich in einen wahren Rausch. Der Schlag,
der uns mit der schrecklichen Nachricht über Ernestos Tod in
Alegría de Pío versetzt wurde, war so hart gewesen, daß die
karge Notiz Ernestos, daß er weiterhin für die gleiche Sache
kämpfen werde — trotz der geringen Möglichkeit eines Sieges
und der Gefahren, denen er sich aussetzte —, uns in dieser
Nacht mit Optimismus und Stolz über unseren geliebten Ernesto erfüllte.

Der Champagner floß, und Trinksprüche machten die Runde. Wenige Minuten, bevor die Kirchenglocken mit ihrem Ge-
läut begannen und das Lärmen auf der Straße einsetzte, um das
neue Jahr zu begrüßen, erschien auf mysteriöse Weise ein weiterer Brief unter der Haustür. Dieses Mal war es ein größerer
Briefumschlag — quadratisch, ebenfalls per Luftpost wie der
andere — nur war dieses Mal der Name meiner Frau und die
Adresse von Frauenhand geschrieben. Wir öffneten ihn
schnellstens: er enthielt eine bedruckte Karte. Neben einer
tiefroten Rose, die die ganze Vorderseite der Karte einnahm,
stand zu lesen: „Frohes Neues Jahr. TT geht es ausgezeichnet.“
Irgend jemand, dessen Name ich vergessen habe, hatte unter-
schrieben, aber es war ein Frauenname. Das übertraf alles, was
wir erwartet hatten. Die Glocken läuteten das Neue Jahr ein
und alle, die zu uns gekommen waren, freuten sich mit uns. Ernesto hatte sich gerettet, wenigstens für dieses Mal.

Nachdem die erste Aufregung vorbei war, machten wir uns
daran, sein mysteriöses Zettelbriefchen zu deuten. Die Handschrift war uns gut bekannt, sie war ganz sicher die seine, aber

---

[1] Teté: Kosename für Ernesto, als er noch ganz klein war.

24

noch augenscheinlicher war seine ganz bestimmte Art zu schreiben. „Ich habe nur zwei verloren, aber es bleiben mir noch fünf ...", übersetzt in unsere Guevara-Familiensprache bedeutete, daß er verletzt worden war ...

Er bezog sich darauf, daß er sieben Leben hatte; „es bleiben mir fünf", bedeutete, daß sie ihm nur zwei genommen hatten und daß er lebte. „Vertraut darauf, daß Gott Argentinier ist" hieß soviel wie „ich habe Riesenglück gehabt". „Ich arbeite weiter für die gleiche Sache" konnte nicht anders gedeutet werden, als daß er sich weiter für den begonnenen Kampf einsetzte. Seine Unterschrift TT entsprach seinem Kosenamen, den nur unsere Familie kannte.

Nach diesen Ereignissen lebten wir weiterhin in gespannter Erwartungshaltung. Ich ließ meine Schwiegertochter, Hilda Gadea, kommen, die mit unserer Enkelin, Hildita, bei ihren Eltern in Peru lebte. Sie reisten nach Buenos Aires, um sich mit uns zu treffen und uns neue Nachrichten zu bringen, die jedoch alle aus der Zeit vor seinem Aufbruch nach Kuba stammten.

Sie war nicht sehr redselig. Man merkte ihr an, daß sie immer noch die Verschlossenheit beibehielt, die Ernesto ihr auferlegt hatte. Nachdem ich in Buenos Aires eingetroffen war, begann ich zu verstehen, warum sich Ernesto der Kubanischen Revolution angeschlossen hatte.

Der Brief, den sie mitbrachte, lautete:

28. Januar 1957
„Liebe Mutter:
Hier aus dem kubanischen Dickicht schreibe ich Dir diese glühenden und kriegerischen Zeilen, voller Lebenskraft und Blutdurst. Als wäre ich wirklich ein Soldat (schmutzig und zerlumpt bin ich wenigstens), schreibe ich Dir auf einem Feldgeschirrteller, das Gewehr neben mir und mit einem neuen Attribut zwischen den Zähnen: eine Zigarre. Die Sache war hart. Wie Du wissen wirst, sind wir nach sieben Tagen, eingezwängt wie die Sardinen auf der schon berühmten „Granma", durch einen Sumpf an Land gegangen, woran die Lotsen schuld waren. Das Unglück verfolgte uns, bis wir in dem auch schon berühmten Ort Alegría überrascht wur-

den und wie die Tauben auseinanderstieben. Ich wurde am Hals verletzt und blieb nur wegen meines Katzenglückes am Leben, weil die Maschinengewehrkugel auf eine Patronentasche traf, die ich auf der Brust trug, und mich nur durch den Rückprall am Hals verletzte. Ich marschierte einige Tage weiter durch die Berge und glaubte mich schwer verletzt, da mir der Schuß ziemliche Schmerzen in der Brust verursacht hatte. Von den Jungs, die Du kennengelernt hast, starb nur Jimmy Hirtzel, der ermordet wurde, weil er sich ergab.

Wir waren in einer Gruppe, von der Du Almeida und Ramirito kennst. Wir verbrachten nach dem Hinterhalt sieben Tage ohne Essen und Trinken, bis wir die Belagerer täuschen konnten und uns mit Hilfe von Campesinos mit Fidel wieder zusammenschließen konnten. Ein anderer, der für tot gehalten wird, ohne Bestätigung bisher, ist der arme Ñico. Nach großen Schwierigkeiten gelang es uns, die Gruppe zu reorganisieren, zu bewaffnen und einen Stützpunkt anzugreifen, wobei wir fünf Soldaten töteten, andere verletzten und einige gefangennahmen. Das Militär dachte, wir hätten uns aufgelöst, erlebte aber eine seiner größten Überraschungen und verstärkte den Ausnahmezustand auf der Insel, während es 45 Tage lang eine Elitetruppe auf uns ansetzte: wir schickten ihnen diese aufgelöst wieder zurück, und dieses Mal kostete es sie drei Tote und zwei Verletzte. Die Toten blieben in den Bergen zurück. Kurz danach nahmen wir drei wachhabende Soldaten gefangen und benutzen nun ihre Waffen. Wenn Du zu all dem berücksichtigst, daß wir keine Verluste zu beklagen hatten und die Berge von uns kontrolliert werden, kannst Du Dir vorstellen, wie groß die Demoralisierung des Militärs war, das uns wie Seife zwischen seinen Fingern hindurchgleiten sah, während sie uns schon gefangen glaubten. Natürlich ist der Kampf noch nicht gewonnen, viele Schlachten stehen noch aus, aber das Blatt wendet sich schon zu unseren Gunsten und wird es immer weiter tun.

Aber jetzt wollen wir von Euch sprechen. Ich will wissen, ob Du noch in dem Haus bist, wohin ich Dir schreibe und wie es allen geht, vor allem „dem wichtigsten Blütenblatt der Liebe". Ihr gibst Du die festeste Umarmung und den dicksten Kuß, den ihre Knochen aushalten können. An alle ande-

ren viele Grüße und eine Umarmung. *Wegen meiner über-*
stürzten Abreise ließ ich meine Sachen bei Pocho, worunter
auch die Photos von Dir und der Kleinen sind. Wenn Du mir
schreibst, schicke sie mir. Du kannst an meinen Onkel schrei-
ben, adressiert an Patojo. Es wird etwas dauern mit den Brie-
fen, aber ich glaube, sie kommen an.
Ich umarme Dich.
Chancho
Frau Hilda Gadea.
Paso de los Andes 1028, Puebla Libre, Lima, Peru"

Dieser Brief ging durch alle Hände der Familienangehörigen.
Es handelte sich um eine Zusammenfassung der Ereignisse seit
der Abfahrt aus dem mexikanischen Hafen und endete mit einer kurzen Beschreibung dessen, was in Kuba geschehen war
bis zur Einnahme der Kaserne La Plata. Aber den stärksten
Eindruck hinterließ bei uns der Satz: „Ich schreibe Dir auf einem Feldgeschirrteller und bin blutdurstig."

Es fiel schwer, uns diesen neuen Ernesto vorzustellen, im
Dschungel kämpfend, und ihn dem Ernesto gegenüberzustel-
len, den wir alle kannten.

Ich hätte mir nie vorgestellt, daß er dahin kommen könnte,
„blutdurstig" zu sein. Mir fiel eine Episode ein, die ich hier erzählen möchte und die sicher dazu beitragen wird, das Wesen
meines Sohnes besser zu verstehen.

Wir wohnten damals in Buenos Aires in der Straße Aráoz
2180, an der Ecke Mansilla. Unser Haus war das älteste von allen im Viertel, so alt, daß die ältesten Einwohner der Gegend es
als das erste Haus im Viertel Palermo bezeichneten. Entsprechend hoch, wie es im vergangenen Jahrhundert üblich war,
waren die Räume. Wir bewohnten den ersten Stock des Hauses, das eine große Terrasse besaß, die auf der gleichen Höhe
war wie die Decken des unteren Stockwerkes. Die Terrasse war
von einer Mauer umgeben, die sie von der Straße abschirmte.
Auf diese Mauer aufgesetzt war ein Lüftungsrohr, das die
Mauer um 2,50 Meter überragte. Dieses alte Rohr war dort vor
wer weiß wie vielen Jahren befestigt worden und hatte am Ende einen Riß von wenigen Zentimetern Breite, in dem sich ein
armer Spatz mit seinem Flügel verfangen hatte. Gemeinsam

27

mit Ernesto beobachteten wir, wie der arme Vogel verzweifelt mit den Flügeln schlug, und sahen schon, daß er sterben würde. Sein Flügel steckte zu tief in der Spalte, und es war dem Vögelchen unmöglich, dort herauszukommen, so sehr es auch flatterte. Aus seiner Ermattung konnten wir schließen, daß es schon einige Minuten in dieser Situation gewesen war, seine Flügelschläge wurden von Mal zu Mal schwächer, die geringe Stärke des Rohrs erlaubte es nicht, eine Leiter anzulegen und eine Leiter mit Stützen besaßen wir nicht. Dies ereignete sich im Jahre 1949. Ernesto war schon ein erwachsener Mann. Er sah den Spatz und machte sich daran, ihn zu befreien. Ich versuchte, ihn davon abzuhalten, als ich bemerkte, was er vorhatte; die Freiheit des Vogels konnte Ernestos Tod bedeuten, schließlich befanden wir uns in einer Höhe von sieben Metern über dem Erdboden. Meine Einwände waren jedoch alle vergeblich: daß das Rohr zu hoch wäre und nicht stabil genug, daß es sein Gewicht nicht halten könnte, wenn er hinaufkletterte und daß es besser war, auf Hilfe zu warten. Ich sah die Gefahr, der er sich aussetzte, als er rittlings auf der kleinen Mauer saß und versuchte, das Rohr so gut wie möglich abzustützen. Ohne weiter zu warten, kletterte Ernesto so hoch er konnte und Sekunden später flog der Spatz frei davon.

Jetzt hatte ich den Brief Ernestos aus dem „kubanischen Dickicht" vor mir und verstand, wie sehr ein Mensch sich verhärten kann nach der Entscheidung, für eine gerechte Sache zu kämpfen. Mein sensibler, gefühlvoller Sohn zerstörte seine Sensibilität, um eine Aufgabe zu erfüllen, von der er nicht mehr zurück konnte.

In diesem Moment begannen wir in vollem Umfang die Größe der Tat dieses Selbstmordkommandos zu erfassen, das am 2. Dezember 1957 am Strand von Las Coloradas auf Kuba landete, um eine Militärdiktatur zu stürzen und um die politischen und sozialen Strukturen dieses Landes zu verändern.

Inzwichen hatte sich die Familie etwas beruhigt und begann die Nachrichten Ernestos in seinen Briefen, die immer etwas geheimnisvoll waren, zu interpretieren. Auf diese Weise verstanden wir seine Verhaftung in Mexiko, seinen Hungerstreik und sein späteres Leben im Untergrund.

Jeder von uns zog seinen eigenen Schluß aus Ernestos Entscheidung, in der Revolutionsarmee zu kämpfen. Aber alle hegten wir den heftigen Wunsch, daß es ihm gut ergehen würde und er sein Leben bewahren könnte. Denn keiner glaubte im Ernst an den Sieg dieser Miniarmee aus Guerilleros, die sich einem von den USA ausgebildeten Militär gegenüberstellte, das zudem technisch von den USA unterstützt wurde und so mit dem zu jener Zeit modernsten Kriegsgerät ausgerüstet war. Es erschien uns unmöglich, da wir nichts von der Entscheidungskraft und dem Mut der Männer wußten, die selbst den Tod nicht fürchteten, wenn sie die Befreiung der unterdrückten Völker anstrebten. Außerdem hatten wir keine Ahnung von der taktischen und strategischen Kraft des Guerilla-Kampfes gegenüber konventionellen Armeen. All dies wußten wir nicht, denn obwohl sich die politischen Vorstellungen unserer Familie nicht viel von denen Ernestos unterschieden, hatte sich doch keiner von uns, mich selbst eingeschlossen, so tief in das drängende Bedürfnis der „unterentwickelten" Völker (ein schönes Wort, das dem Imperialismus als Vorwand dient, die unterdrückten Völker mit Füßen zu treten) hineinversetzt, sich vom kolonialistischen Joch zu befreien, durch das die Welt der Bedürftigen ins Elend gezwungen wurde.

DIE SORGE UNSERER FAMILIE
UM DAS SCHICKSAL ERNESTOS
ALS GUERILLERO AUF KUBA

Eine nervöse Anspannung, die wir nicht bezähmen konnten, lastete auf unserer ganzen Familie. Wir wußten bereits, daß sich Ernesto, wenn auch verletzt, aus der Katastrophe von Alegría de Pío retten konnte; nun versuchten wir mit allen Mitteln herauszufinden, wo er sich aufhielt und wie es ihm ging.

Wie ich bereits schilderte, hielt sich Hilda Gadea, die erste Frau Ernestos, Anfang Januar 1957 im Haus ihrer Mutter in Peru auf, wo ich sie angerufen hatte, um ihr die Nachricht mitzuteilen, die uns am Silvesterabend überbracht worden war, und um sie zu bitten, mit der Kleinen nach Buenos Aires zu kommen. Auch wollten wir unsere Enkelin kennenlernen, und die ganze Familie wollte aus Hildas Mund all die Einzelheiten erfahren, die wir nicht kannten und die mit der Ausbildung Ernestos zum Guerillero in Mexiko zu tun hatten. Außerdem wollten wir erfahren, wie die Invasion durchgeführt worden war.

Die ganze Familie fuhr zum Flughafen, um sie abzuholen. Sie kam an und trug unsere Enkelin auf dem Arm. Ein süßes, kleines Mädchen. Gemeinsam mit uns fuhr sie in unsere Wohnung in der Straße Aráoz, und später verbrachten wir einige Tage in Portela, einer kleinen Farm, die meiner Mutter gehörte. Aber die arme Hilda Gadea hatte auch nicht mehr Nachrichten erhalten als wir. Auch sie hatte versucht, so viel wie möglich über die Situation Ernestos auf Kuba herauszufinden. Aber die Wahrheit sah so aus, daß während die kleine Armee Fidel Castros die langsam fortschreitende Arbeit der Infiltration unter den Campesinos weiterführte, die Situation und der Aufenthaltsort der Invasionstruppen allen Rätsel aufgab.

Die Zeitungen der ganzen Welt verbreiteten die Nachrichten, die der Ex-Unteroffizier Batista ausstreute. Diese Nachrichten hatten zum Ziel, die Männer des „26. Juli" — so nannte sich die von Fidel Castro gegründete revolutionäre Bewegung — zu demoralisieren. Die Regierung Batista versuchte, den Campesinos in der Provinz Oriente und allen Revolutionären auf der Insel klarzumachen, daß der von Fidel begonnene Krieg unwiederbringlich verloren sei.

Und eben diese Nachrichten wurden auch von den argentinischen Zeitungen verbreitet. So konnte man einiges zwischen den Zeilen lesen, das nicht der Absicht des Militärs Batistas entsprach. So konnten sie auch nicht die Gefechte von La Plata und Uvero verschweigen. Obwohl wir nicht wußten, welche Bedeutung diese Festungen für Batista hatten, ermutigte uns alle die Tatsache, daß in den Zeitungen von Gefechten in Zusammenhang mit diesen Kasernen berichtet wurde, während gleichzeitig behauptet wurde, daß die Invasoren beim Angriff besiegt worden seien. Dies bedeutete, daß diejenigen, die angriffen, die Rebellen waren und die „Batista-Soldaten" diejenigen, die sich verteidigten.

Ich begann auf eigene Faust, Nachforschungen anzustellen. Ich setzte mich mit dem General Alberto Bayo in Verbindung, dem Ausbilder der angehenden Armee zur Befreiung Kubas in

Mexiko. Diesem General, der in Spanien auf seiten der Republikaner gegen den Aufstand der Anhänger Francos gekämpft hatte, kam eine große Bedeutung bei der Invasion auf Kuba zu. Er war es gewesen, der die jungen Invasoren in Mexiko militärisch ausgebildet hatte und der sie auf der Überfahrt begleiten sollte, was jedoch wegen fehlenden Platzes auf der „Granma" nicht möglich gewesen war. Er beantwortete meine Briefe mit großer Herzlichkeit und versuchte, meine Stimmung zu heben.

Zusätzlich stand ich im Kontakt mit der „Bewegung 26. Juli" in Buenos Aires, die mein Büro mitbenutzte. Trotz alledem kam ich nur wenig in meinen Nachforschungen voran, da auch sie nicht viel mehr wußten. Mit einer anderen Gruppe hatten wir eine Spezialantenne aufgebaut, die an ein empfangsstarkes Radio angeschlossen war und auf diese Weise konnten wir über Kurzwelle die Nachrichten hören, die über den revolutionären Krieg auf Kuba gesendet wurden.

Selbst auf diesem Wege erhielten wir keine weiteren Nachrichten über Ernesto.

Seit dem Brief, den wir am 31. Dezember erhalten hatten, wußten wir nur etwas über ihn aus dem oben erwähnten Brief, den er an Hilda Gadea geschrieben hatte, und dann aus einem weiteren, den ich hier wiedergeben will und dessen Absendedatum ich nicht festlegen kann. Es muß sich jedoch um Februar oder März 1957 handeln.

Wie man anerkennend feststellen muß, wurde er auf eine Weise verfaßt, die es unmöglich macht, den Absender zu erkennen. Er benutzte erneut den Namen „Tete", den nur unsere Familie kennt, und er gab uns den Namen und die Adresse einer jungen Frau an, als deren Verlobter er sich ausgab, um auf diese Weise unsere Briefe zu erhalten.

In dem Brief stand folgendes:

„Liebe Eltern,
nach langer Zeit möchte ich die günstige Gelegenheit ausnützen, um Euch Nachricht von mir zu geben.

Was ich am meisten bedaure, ist die Tatsache, daß ich von Euch nicht einmal eine karge Notiz erhalten kann, um zu wissen, wie es Euch geht.

Ich habe zu Beginn geglaubt, daß das Geschäft scheitern würde und die Lösung schnell gefunden wäre, aber dann hat der Chef[1] die Situation stabilisiert und wieder auf die richtige Linie gebracht. Jetzt sieht es so aus, als würde er mir in einigen Monaten Urlaub geben, wenn sich das Geschäft herauskristallisiert und wir den ganzen Laden bezahlen können.

Ich stelle mich sehr geschickt bei dem Geschäft an[2], und ich glaube, daß ich mit Hilfe des Chefs, der ein sehr guter Mensch ist, Karriere machen könnte. Von meiner persönlichen Situation kann ich nichts Interessantes berichten, da Ihr meine neuen Freunde ja nicht kennt. Aber was ich Euch erzählen kann, ist, daß ich noch immer gern auf Exkursionen gehe, und immer, wenn ich kann, fahre ich mit einer Gruppe von Freunden hinaus. Ich warte darauf, daß das Geschäft gut läuft, damit ich Euch auf diese wunderbare Insel zum Urlaub einladen kann. Außerdem möchte ich Euch mitteilen, daß ich mich mit Fräulein Norma Llopis Sánchez[3] verlobt habe, an deren Adresse: Mazó Veintiséis Manzanillo, Oriente[4] Ihr mir mit allem Vertrauen schreiben könnt, bis ich eine eigene Wohnung gefunden habe.

Ich umarme Euch alle sehr herzlich
Teté"

Dieser Brief Ernestos, auf eine Art geschrieben, daß nur wir ihn verstehen konnten, teilte uns mit, was er machte, wie seine unmittelbaren Perspektiven aussahen, aber er konnte sich nicht weiter aussprechen, ohne denjenigen zu gefährden, der seine Post beförderte, und um sicher zu gehen, daß diese ihren Bestimmungsort erreichte.

Die Neuigkeiten, die unsere Zeitungen weiterhin verbreiteten, waren die gleichen wie die der internationalen Presseagenturen, die mehrheitlich im Dienst des Yankeeimperialismus standen.

Aus den argentinischen Zeitungen erfuhren wir nur, was die

[1] Er bezieht sich auf Fidel Castro.
[2] Er bezieht sich auf die Angriffe auf das Militär.
[3] Name der Person, an die wir die Post schicken sollten.
[4] Die Adresse, an die wir ihm schreiben sollten.

Batistaregierung an Informationen herausgab. Demzufolge hatte die Revolutionsarmee so viele Verluste zu beklagen, daß bald kein einziger Rebell mehr übrigbliebe.

Was hingegen die Verluste des kubanischen Militärs betraf, so wurde lediglich eingeräumt, daß es einige wenige Verletzte und manchmal einen Toten gab.

Dieses beträchtliche Mißverhältnis ermutigte uns. Die Absicht der Pressemeldungen, Lügen zu verbreiten, war offensichtlich: die Kampfmoral der Regierungstruppen mußte gestärkt werden, und es mußte verhindert werden, daß sich das Volk auf die Seite der Rebellen stellte. All dies machte deutlich, daß sich die Truppen Fidel Castros behaupteten.

Meine Familie war schon abgehärtet in bezug auf die pessimistischen Nachrichten aus den Zeitungen. Der Name Ernestos tauchte sehr oft in den Zeitungen auf, und noch öfter wurde er darin als tot gemeldet. Glücklicherweise vertrauten wir all diesen Nachrichten nicht und waren daran gewöhnt, unsere Ängste zu überwinden.

Doch nicht in allen Zeitungen wurden die Nachrichten gefälscht: Dolores Moyano, die Tochter eines unserer Freunde, lebte in New York und schickte uns häufig Ausschnitte der Zeitung „Diario de las Américas", die in Miami herausgegeben wird. In einer Rubrik mit dem Titel „El Reloj" wurden fast täglich Mitteilungen der Rebellenarmee veröffentlicht. Auf diese Weise gelang es uns zu erfahren, wie sich der revolutionäre Kampf auf Kuba entwickelte.

Der Repräsentant des „Komitees 26. Juli" in Buenos Aires war Dr. Jorge Beruff, den ich täglich traf. Er stellte für mich den Kontakt mit den Vertretern des Komitees aus New York her, von wo ihn Mitteilungen und Berichte der Revolutionsarmee erreichten. Die ersten Briefe, die ich auf diesem Wege vom „Komitee 26. Juli" erhielt, waren von Buch, Mario Llerena oder José Llanusa unterzeichnet.

Eines Tages lernte ich den nordamerikanischen Journalisten Jules Dubois kennen, der sich als Batistagegner ausgab. Er besuchte regelmäßig Buenos Aires und wohnte im Plaza-Hotel, wo er ein Appartement mietete.

Er lud mich einige Male zu sich ein, um einen Whisky zu trinken und über die kubanische Revolution zu sprechen. Ich hatte keine Informationen über ihn und wußte nur aus seinem eigenen Mund, daß er einer der leitenden Redakteure des „Diario de las Américas"[1] war, die in Miami veröffentlicht wurde. Er fragte mich viel nach Ernesto, wollte wissen, wie er seine Kindheit verbracht hatte und welche seine politischen Ideen waren, solange er in Buenos Aires lebte.

Er fragte mich auch nach meiner Meinung über Fidel Castro und ob dieser Kommunist sei. Ich beantwortete all diejenigen Fragen, die ich in bezug auf Ernesto und seine Art zu denken für angemessen hielt, als das Gespräch jedoch auf Fidel kam, sagte ich ihm immer wieder, daß ich nichts über ihn wüßte, und versuchte, zugleich von einem Gespräch zum anderen herauszufinden, was Dubios über Ernesto und Fidel dachte. Auf diese Weise erfuhr ich, daß seiner Meinung nach Fidel nur ein Liberaler sei, aber daß Ernesto und Rául Castro prokommunistisch eingestellt seien.

Ich hatte nicht den Verdacht, daß dieser Mann für die CIA arbeitete. Ich glaubte ihm, daß alle Nachrichten, die er überbrachte, wie er sagte, von „Radio Rebelde" abgefangen seien, das von der Sierrra Maestra aus sendete. Das hörte sich sehr wahrscheinlich an, da Miami, wo seine Zeitung ansässig war, nahe bei Kuba lag.

Jedesmal, wenn er nach Buenos Aires kam, brachte er so neue Nachrichten von Ernesto, und diese wurden nie dementiert, so daß ich die Anrufe Dubois' mit Spannung erwartete. Er erzählte mir, in welchem Gefecht Ernesto beteiligt war, daß er ein Selbstmordkommando befehligt hatte, daß er einmal, jedoch nicht ernsthaft, am Fuß verletzt worden sei und viele Details mehr.

Jedoch eines Tages begann ich, etwas Verdächtiges in den Fragen zu spüren, die er mir stellte. Ein Verdacht, der sich noch verstärkte, als er mich darum bat, eine schriftliche Zusammenfassung darüber zu erstellen, was ich von Fidel Castro wußte. Diese Bitte formulierte er in einem Brief, den ich heute noch habe. Etwas später fiel es mir wie Schuppen von den Augen, als

---

[1] Wie ich später erfuhr, war er Präsident der SIP (Interamerikanische Pressevereinigung).

ich aus einer sehr guten Quelle erfuhr, daß Dubois in der Tat nichts Geringeres als ein Oberst der CIA war.

Sei es, wie es sei, er verursachte keinen Schaden für mich, noch hatte er von mir etwas erfahren, was der kubanischen Revolution schädlich sein konnte: im Gegenteil, hatte er mich doch mit vielen wahrheitsgetreuen Nachrichten versorgt.

Der Informationskreis erweiterte sich für unsere Familie. Uns erreichten nun, obwohl Ernestos Briefe nur in großen Zeitabständen kamen, jeden Tag immer mehr Nachrichten, die wir natürlich zunächst sieben mußten, da viele von ihnen aus Quellen stammten, die wegen mangelnder Unparteilichkeit mit Vorsicht zu genießen waren.

Aus den Kriegsberichten, den Kommentaren des „Diario de las Américas", einigen Meldungen internationaler Zeitungen, den Neuigkeiten, die mir Jules Dubois überbrachte und aus Erzählungen der wenigen Kubaner, die nach Buenos Aires geflüchtet waren, verfügten wir über genügend Material, um unser Informationsmosaik herzustellen. Aber das Wichtigste fehlte uns: direkte Nachrichten von Ernesto — diese waren, wie ich schon sagte, sehr rar, und die Ungewißheit machte uns alle sehr nervös.

Die ganze Welt begann sich zu dieser Zeit für jene kleine Guerillaarmee zu interessieren, die durch ihre Aktionen in der Sierra Maestra bewiesen hatte, daß sie eine ernsthafte Bedrohung für die Batistadiktatur darstellen konnte, obwohl die Regierung Kubas dies herunterzuspielen suchte.

Bedeutende Journalisten, Vertreter großer Zeitungen, registrierten, daß jener revolutionäre Krieg, begonnen von der „Bewegung 26. Juli" unter der Führung des Comandante Dr. Fidel Castro Ruz, nicht ein Putsch oder ein Aufstand mehr in der Karibik war, sondern ein realer revolutionärer Befreiungskrieg. Aus diesem Grund stellte es einen großen journalistischen Erfolg dar, den Anführer im Operationsgebiet zu interviewen.

Der erste, dem dies gelang, war der altgediente Reporter der Zeitung „New York Times", Herbert Matthews,[1] der in die Sierra Maestra aufstieg, um Fidel Castro zu interviewen.

---

[1] Herbert Matthews schrieb bedeutende journalistische Chroniken während des Spanischen Bürgerkrieges; in Kuba interviewte er Fidel Castro in der Sierra Maestra.

Dabei machte er Fotos, von denen eins um die ganze Welt ging, auf dem Fidel, sein Bruder Raúl, Juan Almeida, Calixto García, Crescencio Pérez (ein Campesino, der ihnen sehr behilflich war), Universo Sánchez und, wie unter dem Foto stand, der argentinische Arzt der Expedition, Ernesto Guevara, zu sehen waren.

Man kann sich vorstellen, mit wieviel Interesse wir den Artikel Matthews lasen und mit welcher Freude wir das Foto betrachteten, das in der „New York Times" erschienen war. Wahrhaftig, jener Guerillero, mit dem Gewehr in den Händen und den Anfängen eines Bartes war Ernesto. Es bestand nicht der geringste Zweifel. Der Artikel gab uns viel Zuversicht, denn es sah so aus, daß mit seinem Erscheinen Fidel Castro und seine Leute wie eine kleine Armee anerkannt wurden. Der Artikel verwarf alle Versionen, die von Batista verbreitet worden waren, denen zufolge es sich um eine Bande Krimineller handelte, außerhalb des Gesetzes stehend, die von seinen Truppen bereits in die Enge getrieben worden seien, in einem kleinen Unterschlupf, der Sierra Madre, wo sie in Kürze vernichtet werden würden.

Die „New York Times" war ohne Zweifel eine der wichtigsten Zeitungen der Welt, und aus diesem Grund eine der meist gelesenen. Nach den Erklärungen von Herbert Matthews, die einen starken Widerhall in allen der kubanischen Revolution nahestehenden Kreisen fanden, wuchs die Figur Fidel Castros und erhielt der „26. Juli" den Status einer „kriegführenden Armee".

Für uns war es eine Erleichterung: Wir wußten nun, daß Ernesto für eine Sache kämpfte, die als gerecht anerkannt wurde und einer Gruppe von Männern angehörte, die sehr genau wußten, warum und wofür sie kämpften.

Es ist eine Sache, vergangene Ereignisse zu erzählen, wie ich es hier tue, wenn die Anspannungen schon nicht mehr nachzuvollziehen sind: eine gänzlich andere, diese Momente der ständigen Aufregung zu erleben, immer in dem Versuch, die Nebel, die diese Revolution umgaben, zu durchbrechen. Jetzt drehte es sich für uns nicht mehr nur um das Leben Ernestos und seine Gesundheit: unsere Familie lebte das ganze Drama der Handvoll Männer — der zukünftigen „Rebellenarmee" — mit.

*Che Guevara:
„Hier aus dem kubanischen
Dickicht schreibe ich Dir diese
glühendenund kriegerischen
Zeilen, voller Lebenskraft
und Blutdurst. Als wäre ich
wirklich ein Soldat (schmutzig und zerlumpt bin ich wenigstens), schreibe ich Dir auf
einem Feldgeschirrteller, das
Gewehr neben mir und mit
einem neuen Attribut zwi-
schen den Zähnen:
eine Zigarre. "*

Während das kleine Heer Fidel Castros seine langsame Infiltrationsarbeit unter den Campesinos vorantrieb, stellten der Zustand und die Position dieses Invasionskontingents ein Rätsel
dar. (Che in der Sierra Maestra mit einem Campesino).

Ganz gleich, welche Nachricht sie betraf, sie ging uns alle etwas an. Fidel Castro, Raúl Castro, Juan Almeida, Ramiro Valdés, Calixto García, Ameijeiras, Crescencio Pérez, Camilo Cienfuegos, Universo Sánchez..., all dies waren Namen, die nun zu unserer Familie gehörten. Sie alle waren Genossen Ernestos und aus diesem Grund seine Brüder.

Aber die Sorge spornte uns an, und so befanden wir uns ständig auf der Suche nach neuen Nachrichten. In einer französischen Zeitschrift (ich glaube, es war die „Paris-Match") erschien der Bericht eines Journalisten, der ebenfalls in die Sierra Maestra hinaufgestiegen war. Er hieß Meneses, aber sein ganzen Informationsmaterial beschränkte sich auf einen sensationshungrigen, wenig ernstzunehmenden Artikel. Immer auf der Suche nach Neuigkeiten aus Kuba, fiel mir ein Bericht aus einer nordamerikanischen Zeitschrift in die Hände, der mit dem Namen Bob Tauber unterzeichnet war. Die Zeitschrift erschien im Mai 1958. Der Artikel trug den Titel: „Kann Che die Zukunft Amerikas verändern?" Tauber hatte Fidel und Che interviewt. Wir wußten, daß die Kubaner Ernesto den Beinamen Che gegeben hatten, aber wir wußten nicht, daß dieser Spitzname im Ausland bekannt war.

Der Bericht war gut und interessant geschrieben, und in ihm berichtete Tauber von allem, was er auf dem Weg zum Hauptquartier Fidel Castros gesehen hatte. Auf diese Weise konnten wir uns die vom revolutionären Kampf geschüttelte Atmosphäre in der Sierra Maestra vorstellen. Durch seinen Bericht ließ er uns den Krieg nachvollziehen, der uns so sehr berührte. Es war offensichtlich, daß Che Tauber nachhaltig beeindruckt hatte, woraufhin dieser Voraussagen anstellte, die seine Bewunderung für ihn zeigten. Ich gebe zu, daß der Bericht Taubers unsere ganze Familie sehr beeindruckte. Ernesto war nicht mehr nur ein Guerillero unter vielen, sondern wurde als zukünftiger Anführer der Völker gesehen.

DER JOURNALIST
CARLOS MARÍA GUTIÉRREZ

Eines schönen Tages kam ein Journalist aus Uruguay in unser Haus in der Straße Aráoz; es handelte sich um Carlos María Gutiérrez, der später ein guter Freund unserer Familie werden sollte.

Er kam gerade aus Kuba zurück und war so liebenswürdig, extra aus Montevideo nach Buenos Aires zu fahren, um uns neueste Nachrichten von Ernesto zu überbringen. Gutiérrez war Anfang 1958 bis in die Sierra Maestra gekommen und hatte dort Fidel Castro und Che interviewt.

Er stellte sich bei uns mit einer bemerkenswerten Einfachheit vor. Seine schlichte, nicht affektierte Ausdrucksweise durchbrach alle üblichen Förmlichkeiten. Mehrere Male mußte dieser Journalist sein Leben auf's Spiel setzen, um sein selbstgestecktes Ziel zu erreichen. Die Aufgabe, die er sich gestellt hatte, war voller Gefahren. Batista hatte scharfe Kritik von seiten der Journalisten hören müssen und hatte daher den Befehl gegeben, jeden Korrespondenten zu verhaften, der mit der Absicht käme, mehr herauszufinden als das, was die Zeitungen veröffentlichten. Und was „Verhaften" durch ein diktatorisches Regime bedeutet, ist hinlänglich bekannt.[1]

Gutiérrez kam also zu uns, und man kann sich leicht vorstellen, mit wieviel Interesse wir ihn empfingen, handelte es sich doch um einen Überbringer von neuesten Nachrichten und Fotografien von Che.

Die Unterhaltung mit ihm wurde von Mal zu Mal interessanter. Er erzählte uns, wie er in die Sierra Maestra gelangt war, was er auf dem Weg dorthin gesehen hatte, berichtete über die Campesinos und ihre Lebensweisen und besonders von dem Militär, das härteste Repressionsmaßnahmen anwandte. Er beschrieb uns auch die Leute Fidels und wie sie im tiefsten Dikkicht der Sierra Maestra lebten.

Dieser aufrichtige Mann, den wir vor uns hatten, hatte mehrere Tage Seite an Seite mit Che gelebt und erzählte uns viele

---

[1] Dabei lag der Fall bei dem Journalisten Matthews von der Zeitung „New York Times" gänzlich anders als bei Gutiérrez, der die Zeitung „La Mañana" aus Montevideo vertrat. Ihn hätte keiner geschützt im Falle einer Verhaftung durch Batistas Polizei.

Begebenheiten aus diesen Tagen und stillte so unsere Neugier. Wir bestürmten ihn mit Fragen, die er mit außergewöhnlicher Geduld und Genauigkeit beantwortete.

Seine Gegenwart bedeutete für uns, neben der Tatsache, daß er uns viele Nachrichten überbrachte, die Möglichkeit, uns in jene warmen und weit entfernten Gegenden zu versetzen, in denen Ernesto an der Seite der Guerilleros Fidels kämpfte.

Er brachte ebenfalls viele Fotos mit, auf denen Che zu sehen war, gemeinsam mit Fidel Castro und anderen Comandantes der Rebellenarmee. Diese Fotos räumten unsere letzten Zweifel um Ches Rolle bei den Guerilleros aus.

Wir kannten bereits die von Herbert Matthews in der „New York Times" veröffentlichten Fotos, auf denen Fidel Castro mit seinem Generalstab abgebildet war, in dem Ernesto Mitglied war. Wir hatten außer diesem von Matthews noch kein anderes von ihm auf Kuba aufgenommenes Foto gesehen. Einige Wochen später sollten wir andere sehen, die in einer nordamerikanischen Zeitschrift zusammen mit einem Artikel Bob Taubers veröffentlicht wurden. Carlos María Gutiérrez zeigte uns nun fotografische Dokumente, die wir bis dahin überhaupt nicht kannten. Wir sahen Ernesto in seiner Felduniform neben dem Comandante Fidel Castro und den Hauptmännern Juan Almeida, Ramiro Valdés und „El Chino", als sie einen auf dem Boden aufgezeichneten Plan begutachteten. Zum ersten Mal sahen wir die Gesichter der letztgenannten. Ich erinnere mich noch heute an ein Foto, auf dem Ernesto seinen Mate[1] zubereitet, während Fidel und Almeida über die Ernsthaftigkeit lächeln, mit der er dies tut. Mittels dieser Fotodokumente knüpften wir ersten Kontakt mit jenen Männern, die später unzertrennliche Freunde Ches wurden. Man kann verstehen, mit wieviel Interesse wir dem uruguayischen Journalisten zuhörten, der gemeinsam mit Ernesto in der Sierra gelebt hatte.

Carlos María Gutiérrez begann, einen kurzen Abriß der Invasion Fidel Castros und seiner Genossen auf Kuba vorzutragen: das Ablegen im Hafen von Tuxpán (Mexiko) mit der Jacht „Granma"; die Landung in den Sümpfen in der Nähe des

---

[1] Teeähnliches Getränk aus Argentinien.

40

Ernesto 1957 als Kämpfer in der Sierra Maestra

Wir konnten Ernesto in seiner Felduniform sehen, neben dem Comandante Fidel Castro und den Hauptmännern Juan Almeida, Ramiro Valdés und „El Chino", wie sie dabei sind, einen auf den Erdboden gezeichneten Plan zu begutachten.

Strandes „Las Coloradas", in der Nähe von Manzanillo in der Provinz Oriente; das Gefecht von Alegría de Pío, bei dem die kleine Armee Fidels von 82 Mann fast vollständig von den Regierungstruppen aufgerieben wurde; er erzählte uns weiter, wie diejenigen Männer, die dem Gemetzel von Alegría de Pío entronnen waren, in den Bergen umherirrten, und schließlich vom Wiedersehen zwischen dem Chef und den Kämpfern, die überlebt hatten. Es waren nun 12 Männer, bewaffnet mit sieben Gewehren. Wir hatten all diese Nachrichten schon aus verschiedenen anderen Quellen gehört und wollten dennoch keine Einzelheit missen, von der uns Gutiérrez erzählte. Wir hatten ein großes Interesse an der Meinung dieses Journalisten aus Uruguay, besonders im Hinblick auf die Möglichkeiten der Rebellen, diesen Krieg zu gewinnen, in dem sich die kleine Armee des „26. Juli" einem mächtigen, von den USA bestens bewaffneten, ausgebildeten und finanzierten Feind gegenübersah.

Die Guerilleros führten im allgemeinen Überraschungsangriffe durch, legten Hinterhalte, schossen auf die Offiziere oder auf den Vortrupp der gegnerischen Armee. Die Methode demoralisierte das Batistaheer, da auf diese Weise diejenigen an der Spitze zuerst fielen.

Schritt für Schritt vergrößerte sich die „freie" Zone des „26. Juli" und nahm zu diesem Zeitpunkt bereits Tausende von Quadratkilometern ein, in denen die Rebellen nach ihren Gesetzen die Macht ausübten.

Hier erscheint es mir wichtig, auf die Situation der Landarbeiter, der Guajiros, hinzuweisen, die nun mit den Guerilleros zusammenarbeiteten. Ihr ganzes Leben verbrachten sie bislang im Elend, bearbeiteten Land, das nicht ihr eigenes war, und mußten den Ertrag fast vollständig den Herren abliefern. Während der Erntezeit arbeiteten sie von Sonnenaufgang bis Sonnenuntergang, zudem war die Arbeit, das Zuckerrohr zu schneiden und zu den Sammelstellen zu tragen, sehr anstrengend.

Diese Arbeit währte jedoch nur wenige Monate, und den Rest des Jahres mußten sie hungern. Einige wenige mit mehr Glück konnten ein Stück Land bebauen, das jedoch oft nicht sehr fruchtbar war und zumeist an den Berghängen lag. Sein karger Ertrag bestand in Bohnen, Maniok, Tabak und Kaffee. So sah das düstere Panorama aus, das sich der Landarbeiterschaft in der Provinz Oriente, im Osten der Insel, bot, als die Revolution begann und die Großgrundbesitzer mitsamt ihren Verwaltern von den Ländereien verjagte, auf denen die Guajiros wie Sklaven behandelt wurden. Jetzt waren andere Männer gekommen, mit dem Gewehr unter dem Arm und mit ihnen neue Gesetze. Von nun an waren die Arbeiter beschützt. Große bebaubare Ländereien wurden an die Campesinos verteilt. Es wurden Schulen eingerichtet mit Lehrerinnen und Lehrern in olivgrünen Uniformen. Die Rebellenarmee stellte jedem medizinische Behandlung zur Verfügung, der sie nötig hatte. So etwas hatten die Campesinos vorher noch nie gesehen, starben sie doch bislang, ohne daß auch nur ein einziger Krankenpfleger sich um sie kümmerte. Nun wurden sie von erstklassigen Ärzten behandelt, wie Dr. Martínez Páez, ein berühmter kubanischer Chirurg, der sich während der ganzen Zeit der Auseinandersetzungen in der Sierra zur Verfügung stellte. Jetzt begann der Guajiro lesen zu lernen, jetzt galt das gleiche Recht für alle. Gerichte, denen ausgebildetes Personal vorsaß, sprachen Recht. Gerechtigkeit! Ein verbotenes Wort für den Armen auf Kuba seit ewigen Zeiten.

Die Campesinos schlugen sich auf die Seite der Guerilleros und unterstützten sie mit allen Kräften. Sie brachten ihnen Waffen und Munition, versorgten sie mit Nahrung, gaben ihnen Maultiere und informierten sie über die kleinsten Truppenbewegungen des Militärs.[1] Wie uns Carlos María mitteilte, ergoß sich der ganze Haß der Regierung über die Campesinos, als Batista erfuhr, daß diese die Rebellen unterstützten. Die Soldaten verwüsteten ihre Felder, verbrannten ihre Elendshütten, vergewaltigten ihre Frauen, nahmen ihre Familienangehörigen fest, um Informationen aus ihnen herauszupressen, die diese meistens gar nicht hatten, und sehr oft brachten sie sie

---

[1] Die Exilkubaner in Buenos Aires, die wir täglich sahen, informierten uns über alle Ereignisse in Kuba, wie auch das „Komitee 26. Juli" in New York und einige nordamerikanische Zeitungen, die „Radio Rebelde" abhörten, aber natürlich waren diese Nachrichten nur sporadisch und stammten aus den unterschiedlichsten Quellen. Aus diesem Grund vertieften die Gespräche mit Carlos María Gutiérrez unsere Kenntnisse über den voranschreitenden Kampf.

unbarmherzig um. Dieser Kontrast in der Verhaltensweise gegenüber den Campesinos konnte nur eine Wirkung haben: den Triumph der Guerilleros über das demoralisierte Heer. Gutiérrez zufolge war alles nur noch eine Frage der Zeit.

Im Dschungel hörten die Gesetze des Krieges auf, Gesetze zu sein, und der Unterschied in der Waffenstärke wurde wettgemacht durch die Kampfart, mit der sich die Guerilleros den Soldaten gegenüberstellten.

Batista war ihnen zwar in der Waffenausstattung weit überlegen, verfügte über umfangreiche finanzielle Mittel und ausländische Unterstützung, aber es fehlte ihm ein Ideal, für das er kämpfte; die Guerilleros dagegen kämpften darum, langersehnte Ideale zu erreichen. Die Landguerilla kannte den Dschungel und die Berge wie die eigene Westentasche, griff an, wo sie wollte, verursachte dem Gegner erhebliche Verluste und verschwand dann über Wege, die nur ihr bekannt waren. Die Guerilleros waren ständig in Bewegung und fielen wie ein Blitz aus dem heiteren Himmel über die Gegner her, griffen heute hier und morgen dort an, ohne dem Gegenüber Zeit zur Erholung zu gewähren. Darum glaubte Gutiérrez, daß ihr Erfolg gesichert war, wenn Batista nicht eine kräftige Unterstützung aus dem Ausland zuteil würde.

Hinzu kam, daß die Zahl der Guerilleros in dem Maße anstieg, wie der Bevölkerung die Ziele bewußt wurden, im selben Maße sank die Moral des Heeres, da ihm nun die Unterstützung des Volkes fehlte. Die Sicherheit, mit der Gutiérrez sprach, gab uns allen Auftrieb.

Uns interessierte nun besonders, auch von Ernesto zu hören, da Gutiérrez mit Che in der Sierra gewesen war und mit ihm gesprochen hatte. Er erzählte uns, wie Che von den Guerilleros und dem Volk gesehen wurde. Gutiérrez selbst sah in ihm den in Bücher verliebten Bohemien, auf einem Maultier reitend, mit dem Namen Martín Fierro (an die Figur erinnernd, die durch unseren Dichter José Hernández unsterblich wurde). Zugleich erzählte er uns, daß dieser „Bohemien" ein ausgezeichneter Kämpfer, Taktiker und Stratege war, daß derselbe an der Spitze der Selbstmordkommandos stand und seine medizinische Unterstützung überall wo nötig zur Verfügung stellte. Er war ein unermüdlicher Arbeiter und schuf das

*Ernesto Guevara in der Sierra
Maestra mit seinem Maultier
„Martín Fierro".*

**Che Guevara mit dem Journalisten Carlos María Gutiérrez in der
Sierra Maestra.**

Fundament für die Agrarreform in der Sierra, baute eine Waffenfabrik auf, erfand eine Panzerfaust, mit deren Projektil ein Panzer kampfuntüchtig gemacht werden konnte, weihte die erste Brotfabrik in den Bergen ein, baute und stattete ein Krankenhaus aus, dessen Einrichtung von Landarbeiterinnen in mühseliger Arbeit herantransportiert wurde. Er gründete das erste Tabakgeschäft, die ersten Schulen und errichtete unter anderem eine Radiostation auf der Spitze eines Berges, die er „Radio Rebelde" nannte. Von dort wurden jede Nacht Nachrichten und kurze Ansprachen ausgestrahlt, die dazu dienten, die Kampfmoral des kubanischen Volkes zu stärken, sie über den Gang der Revolution und deren Ziele zu informieren. Neben all diesen Aktivitäten blieb ihm noch die Zeit, eine kleine Zeitung herauszugeben, die den Namen „El Cubano Libre" (Der freie Kubaner) trug und die Soldaten des Rebellenheeres informieren sollte. Als er uns von Ernesto erzählte, konnte er uns nicht ganz überzeugen, sprach er doch von ihm als von einem romantischen Helden, der zugleich ein Bohemien zu sein schien. Aber auf jeden Fall vermittelte er uns das wahre oder falsche Bild, das sich die Leute von ihm gemacht hatten.

Wie war Che? Wir wußten es gut genug, aber wir wollten weiter wissen, wie man Che in Kuba sah, dort, wo er jetzt seine besten Freunde und Genossen hatte und sein Leben täglich aufs Spiel setzte. Carlos María Gutiérrez bekräftigte, was wir schon wußten: daß er eine Schlüsselposition in der kubanischen Revolution innehatte und daß er zum Comandante aufgestiegen war (er war der erste, der diesen Rang nach Fidel Castro innehatte). Er sprach viel von seinem Wert als Mensch, der Zuneigung, die seine Genossen für ihn hatten, und der Ausstrahlung, die er auf alle Kämpfer ausübte. Unter den Campesinos und den Rebellen gingen viele Anekdoten um, die sich auf seine Verwegenheit bezogen.

Natürlich kam in der Unterhaltung auch die Sprache auf seinen unvermeidlichen Mate und seine heiße Thermosflasche, die er immer dabei hatte, um „sich ein paar Bittere aufzubrühen". Außerdem zeigte er uns eine ganze Menge Fotos, die er mitgebracht hatte. Er gab uns einen kurzen Bericht von dem Gefecht in Alto del Conrado, bei dem Che den berüchtigten Mörder Sánchez Mosquera besiegte, der eine sowohl an Zahlen als an Waffen weit überlegene Truppe befehligt hatte.

Er erzählte uns auch von dem Gefecht in Pino de Agua, wo die Rebellen einen triumphalen Sieg über die Batistatruppen errangen.

Was er uns berichtete, wurde später von ihm noch ausführlicher in der Zeitung „La Mañana" aus Montevideo beschrieben, wobei auch viele Fotos von Ernesto, Fidel und den Offizieren, die sie begleiteten, veröffentlicht wurden. Für uns stellten Gutiérrez' Erzählungen nicht nur eine wertvolle Bereicherung unseres Wissens über das Land Kuba selbst dar, sondern zeigten uns weitere Aspekte der Revolution und der Heldentaten, die die Titelseiten der größten Zeitungen der Welt füllten.

So spielte sich der Besuch von Carlos María Gutiérrez bei uns ab, der einer der ersten gewesen war, der sein Leben aufs Spiel gesetzt hatte, um der Welt von den Geschehnissen in der Sierra Maestra zu berichten.

DER SPÄRLICHE INFORMATIONSFLUSS WEITET SICH AUS

Der spärliche Informationsfluß der ersten Monate nach der Landung weitete sich langsam aus, und wir erhielten nun über verschiedene Kanäle ermutigende Nachrichten. Das heißt aber noch lange nicht, daß in unserem Hause die Ruhe wieder einkehrte. Weit gefehlt. Ich persönlich fühlte mich weiterhin ziemlich verunsichert. Ich konnte mich weder auf meine Berechnungen konzentrieren noch auf die Arbeiten der Angestellten oder die Lohnauszahlungen — dafür hatte ich doch auch zu sorgen. Aber ich konnte an nichts anderes als an Ernesto denken. Es quälte mich, nicht zu wissen, wo er sich in diesen Momenten befand, und der Gedanke, daß er im Rücken immer die Kugeln des Feindes hatte, die ihn treffen sollten. Es war sehr schwierig, diese enorme Belastung auszuhalten, die einen ganz in seinen Bann schlägt, wenn man einen geliebten Menschen in Gefahr weiß und dann immer Andeutungen erhält, die einen noch mehr martern. In dieser Lage befand ich mich wie auch die ganze Familie.

Die Verteidigung der kubanischen Revolution nahm uns alle in Beschlag, und mein Haus in der Straße Aráoz verwandelte sich in ein revolutionäres Zentrum. Dort trafen sich die Sympathisanten dieser Revolution und viele linksorientierte Leute.

In der Nähe meines Büros mietete ich einen weiteren Raum, in dem nun neben der Filiale des „Komitees 26. Juli" ein „Hilfskomitee für Kuba" arbeitete, das ich gemeinsam mit einigen Freunden gegründet hatte und das sich um Unterstützung für die Rebellenarmee bemühte. Das Hilfskomitee verkaufte Spendenschecks, veranstaltete Märkte, Tanzabende und Festivals verschiedenster Art und sammelte auf diese Weise Geld. Ein Teil dieses Geldes wurde verwandt, um ein leistungsstarkes, mit einer Peilantenne ausgestattetes Sendegerät zu kaufen, das mit „Radio Rebelde" Verbindung aufnehmen sollte.

Diese direkte Verbindung mit „Radio Rebelde" auf Kuba kam leider nicht mehr zustande, da wir sie am 1. Januar 1959 einweihen wollten, dem Tag, an dem die Batista-Regierung stürzte.

Mit einer Radiostation dieses Typs hatte einige Monate zuvor eine revolutionäre venezolanische Organisation eine Kampagne gegen den Dikatator Pérez Jiménez durchgeführt. Diese ebenfalls von meinem Büro aus betriebene Sendestation war so leistungsstark, daß selbst Radiosender in Caracás sie nicht stören konnte.

So gerieten wir Schritt für Schritt immer weiter in den revolutionären Kampf Lateinamerikas, und das Büro wurde ein Zentrum dieser Auseinandersetzung. Dort wurde ebenfalls die „Freiheitslegion" gegründet, die das Ziel hatte, jegliche Bewegung für die Nationale Befreiung in Amerika zu unterstützen. In ihr sammelten sich Revolutionäre, die gegen die Diktaturen von Pérez Jiménez, Somoza, Trujillo und Stroessner kämpften. Die unübersehbaren Triumphe der Rebellenarmee über die regulären Truppen Batistas gaben vielen Revolutionären Auftrieb, die darauf hofften, in die Fußstapfen der „Bewegung des 26. Juli" zu treten und ihre eigenenLänder von den Militärdiktaturen, unter denen sie litten und die im Dienste des ausländischen Imperialismus standen, zu befreien. Diese Aktivisten drohten ganz Lateinamerika in einen revolutionären Brennpunkt zu verwandeln.

Zu diesem Zeitpunkt der Entwicklung des Krieges auf Kuba

nahm der Name des Comandante Fidel Castro bereits die Titelseiten der wichtigsten Zeitungen der Welt ein. Seine Her-
ausforderung zog alle Aufmerksamkeit auf sich, nämlich, daß
er eine Militärregierung, die von den Vereinigten Staaten unterstützt und finanziert wurde, stürzen wollte.

Dieser Kampf schien dem Kampf Davids gegen Goliath zu
gleichen. Doch im Laufe der Auseinandersetzung wurde die
Wahrscheinlichkeit eines Erfolges immer größer und somit
auch die Chance, daß Ernesto heil davonkäme.

DER JOURNALIST
JORGE RICARDO MASETTI
BESUCHT UNS IN BUENOS AIRES

Kurze Zeit nachdem uns Carlos María Gutiérrez besucht hatte, stellte sich ein weiterer Journalist vor, Jorge Ricardo Masetti, der später ein unvergeßlicher Freund unserer Familie wurde. Er war nach Kuba gefahren mit dem Vorsatz, Fidel Castro
und Che zu interviewen: Fidel als Chef der revolutionären
Truppen auf Kuba und Che als seinen Landsmann. Er brachte
neben neuen Informationen eine von Ernesto auf Tonband ge-
sprochene Grußbotschaft an unsere Familie mit. Auf dem Tonband waren zudem Erklärungen Fidel Castros und Ches zum
revolutionären Kampf auf Kuba aufgezeichnet.

Es war herrlich für uns, Neuigkeiten direkt von Ernesto zu
erhalten, aber noch schöner war es, seine Stimme zu hören, die
trotz eines gewissen kubanischen Klanges die Stimme von früher war und die gleiche unverwechselbare Ausdrucksweise
hatte.

Diesem Journalisten, im Auftrag von Radio „El Mundo"
aus Buenos Aires tätig, war es trotz Schwierigkeiten und Gefahren gelungen, bis zu Fidel und Ernesto vorzudringen und
einige Tage in der Sierra zu verbringen.

Es war nicht einfach gewesen, bis dorthin zu gelangen: Für
Batista war ein Journalist nichts besonderes: wenn er den Verdacht hegte, daß dieser Nachrichten verbreiten wollte, die
nicht der von der Regierung autorisierten entsprachen, dann
nützte ihm sein Status als Korrespondent wenig, und Batista
ließ ihn ohne Skrupel aus dem Weg schaffen.

Ich erinnere mich an Masetti, wie er das erste Mal mein Haus betrat, mit seinem intelligenten Blick und einem gewissen schüchternen Verhalten. Bei späteren Treffen beschrieb er uns die Odyssee seiner Reise in die Sierra Maestra, die 900 Kilometer zwischen Havanna und Santiago, wo die aufständische Kraft am spürbarsten vorzufinden war. Nach einer langen Irrfahrt durch Häuser und Dörfer, immer nach Kontakten suchend, konnte er nach endlos scheinenden Tagen über Mittelsmänner Verbindung mit „Milizionären" aufnehmen, die ihn zu einem Unterschlupf des „26. Juli" brachten.

So gelangte er am Fuße der Sierra in die dem Comandante Juan Almeida unterstellte befreite Zone.

Die Gegend, die Masetti zu durchqueren hatte, und die Atmosphäre des Terrors und Schreckens, die auf der Landarbeiterschaft lastete, war uns bereits bekannt, aber wir ließen uns dennoch kein einziges seiner Worte entgehen. So brachten uns seine Erzählungen bis zu dem Ort, wo Ernesto kämpfte.

Als Masetti in die Berge kam, lieh man ihm eine alte olivgrüne Uniform und einen Rucksack, der ihm schwerer als 100 kg erschien, und er begann den Aufstieg zu den Feldlagern der Rebellen. Er durchquerte Täler und Wälder und drang in die Sierra ein, oft vollkommen durchfroren, dann wieder erschlagen von der Hitze. Er schlief schlecht, hungerte und marschierte in den Bergen durch den rutschigen roten Schlamm, oft bis auf die Knochen vom Regen durchnäßt. Es ging über gefährliche Balkenbrücken und Bergpfade unter einer tiefhängenden Wolkendecke, die bis an die Baumspitzen reichte und aus der sich ein unaufhörlicher Regen auf die Erde ergoß.

Die Reise wurde immer beschwerlicher, aber er mußte weiter, wollte er Fidel und Che interviewen. Soweit es möglich war, wurden Abkürzungen benützt und daher oftmals auf allen Vieren steile Hänge hochgeklettert. Mit der Hilfe eines Rebellen kam er so nach einigen Tagesmärschen im Lager Ches an. Es war auf einer alter Farm mit dem Namen „La Otilia", in der Nähe von Las Niñas — in jener Gegend, in der der berüchtigte Oberst Sánchez Mosquera seinen verbrecherischen Haß an der Bevölkerung ausließ.

Als Masetti uns seine Reise durch Kubas Sierra Maestra beschrieb, tauchte in meiner Erinnerung die Gegend von „Misiones" in unserem Argentinien auf, wo ich mehrere Jahre lebte. Vor meinen Augen waren jene undurchdringlichen Wälder, wo der Mensch sich mit der Machete einen Weg schlagen mußte, um in dem dichten Gebüsch vorwärts zu kommen, durch das selbst die Sonnenstrahlen nie dringen konnten. Jetzt verstand ich, warum Fidel Castro diese Gegend für die Befreiung Kubas ausgewählt hatte. Hier waren seine Leute durch das Dickicht geschützt, und verborgen hinter den Baumstämmen, verdeckt durch das Laubwerk waren sie nur sehr schwer zu vertreiben.

Es war schon fast dunkel, als Masetti an dem Ort ankam, der als Kommandantur und Treffpunkt für Ches Generalstab diente.

In „La Otilia", weit von seinem Heimatland entfernt, freute er sich, als man ihn, umgeben von Soldaten und Offizieren, nach Frondizi, Libertad, Lamarque oder Fangio fragte und ihn an Gardel, den unvergleichlichen Sänger von Buenos Aires, erinnerte.

Das Gespräch ging auf die internationale Politik über, und man sprach von dem Haß, der sich in Lateinamerika gegen die Yankees ausbreitete.

Viele Jahre sind vergangen, seitdem Masetti uns im Haus in der Straße Aráoz besuchte. Ich erinnere mich zwar ziemlich genau an den Sinn seiner Worte; aber um genauer zu sein, werde ich an dieser Stelle einige Abschnitte aus Masettis Buch „Los que luchan y los que lloran" (Die Kämpfenden und die Weinenden) wiedergeben, das er in Buenos Aires kurz nach seiner Rückkehr aus der Sierra Maestra veröffentliche.[1]

„In wenigen Minuten verwandelte sich der Raum, der wie ein Schlafraum aussah, in ein Eßzimmer, ein Büro und eine Krankenstation. Alle waren auf den Beinen, und das einzige, was gefragt wurde, was immer jeder auch tat, war, ob der Comandante gekommen sei.

Guevara kam um sechs, während ich voller Bewunderung eine Gruppe von jungen Männern beobachtete, die sich bemühten, etwas zu tun, was sie lange schon nicht mehr getan hatten: sich das Gesicht zu waschen. Von verschiedenen Seiten

---

[1] Dieses Buch wurde im Dezember 1959 veröffentlicht.

kamen die Rebellen, verschwitzt, bepackt mit ihren leichten Rucksäcken und ihrem schweren Waffengerät. Ihre Taschen waren prall gefüllt mit Gewehrkugeln, und die Patronengurte kreuzten sich über ihrer Brust.

Es waren die Leute, die in der vorangegangenen Nacht einen Überfall auf die Soldaten von Sánchez Mosquera durchgeführt hatten und jetzt erschöpft und müde zurückkehrten und die sich zurückhalten mußten, sich mit den Truppen des verhaßten Generals anzulegen.

Kurz darauf kam Che Guevara.

Er kam auf einem Maultier reitend an, seine Beine hingen herunter, sein Rücken gekrümmt und verlängert durch den Gewehrlauf einer Beretta und eines Gewehres mit Zielfernrohr. Als das Maultier sich näherte, konnte ich sehen, daß ihm von der Hüfte ein lederner Patronengurt herabhing, voller Ladestreifen und eine Pistole. Aus den Hemdtaschen schauten zwei Magazine heraus, um den Hals trug er einen Fotoapparat, und auf seinem eckigen Kinn sproßten einige spärliche Haare als Andeutung eines Bartes.

Er stieg in aller Ruhe ab, seine großen Stiefel waren vom Schlamm verschmutzt, und während er sich mir näherte, schätzte ich, daß er ungefähr 1,78 Meter groß war und daß das Asthma, unter dem er litt, ihm keine Einschränkungen aufzuerlegen schien.

Der berühmte Che Guevara erschien wie ein typisches Beispiel eines jungen Argentiniers aus der Mittelschicht, und zugleich erschien er mir wie eine verjüngte Karikatur von Cantinflas. Er lud mich zum Frühstück ein, und wir begannen zu essen, ohne ein Wort zu sprechen.

Nach kurzer Zeit stellten wir fest, daß wir in vielen Punkten übereinstimmten und nicht zwei gefährliche Wesen waren. Wenig später sprachen wir ganz offen miteinander und begannen uns zu duzen."

Masetti erzählte, daß Ernesto ihn wie einen alten Freund behandelte, und er sprach von ihm mit viel Enthusiasmus, Herzlichkeit und Respekt und verhehlte nicht die Bewunderung, die er für ihn hegte. Er sagte, daß er sich voll mit Ches Ideologie und seiner Art zu handeln identifizierte. Vor allem hatten ihn seine Aufrichtigkeit, Intelligenz und sein Mut beeindruckt.

*Die Verteidigung der kubanischen Re-
volution schlug uns in ihren Bann.
Mein Haus in der Straße Aráoz verwandelte sich in ein revolutionäres
Zentrum. Dort versammelten sich die
Sympathisanten dieser Revolution und
viele linksorientierte Leute.*

*Der Journalist Masetti erklärte Che
die Gründe für seine Reise in die Sierra
Maestra. Er wollte herausfinden, was
für eine Art Revolution sich in Kuba
vollzog, wem sie zuzurechnen war
und wie es möglich war, daß sie sich so
lange ohne Unterstützung einer ausländischen Großmacht halten konnte.*

*Fidel Castro und Che hören dem Be-
richt des Leutnants Maracaibo während des Gefechts von Pino del Agua
zu.*

Masetti konnte sich damals sicher noch nicht vorstellen, daß Ches Einfluß ausschlaggebend für sein weiteres Leben sein würde, daß er seinen Beruf als Journalist aufgeben würde, um ein internationalistischer Kämpfer zu werden. Das Schicksal verschlug ihn bis nach Algerien, wo er für die Befreiung dieses Landes kämpfte, später brachte es ihn bis an den Fuß der Anden, in sein Heimatland zurück und in die Gebirgslandschaft von Salta. Dort stellte er sich an die Spitze einer kleinen Gruppe internationalistischer Kämpfer und war unter dem Namen „Comandante Segundo" aktiv. Seine Guerillatruppe wurde jedoch später von den überlegenen feindlichen Soldaten geschlagen und er verschwand im Dschungel, wo er wahrscheinlich umkam.[1]

Masetti legte Che die Gründe für seine Reise in die Sierra Maestra dar. Er wollte herausfinden, welche Art von Revolution sich in Kuba abspielte, wem sie zugute kam und wie es möglich war, daß sie sich so lange ohne die Unterstützung einer ausländischen Macht über Wasser halten konnte. Er berichtete ihm, wie spürbar Batistas Terror in den Städten für ihn gewesen sei und daß er die Schießereien in den Wäldern hautnah miterlebt hätte, wobei er voller Erstaunen die Selbstmordaktion eines Guerilleros mitangesehen hätte, der sich auf einen Soldaten stürzte, um ihm das Gewehr abzunehmen. Masetti verstand zu jener Zeit die Guerillamoral noch nicht sehr gut und wollte sich bei Che eingehend darüber informieren. Außerdem konnte Masetti nicht nachvollziehen, wie es Che in jene Revolution verschlagen hatte, die in keiner Verbindung zu seinem Heimatland stand. An dieser Stelle möchte ich einige Absätze aus dem Buch Masettis wiedergeben.

„Er hatte seine Pfeife angezündet und ich meine Zigarette, und wir machten es uns gemütlich für ein ausführliches Gespräch. Die erste Frage an Che lautete:
‚Warum bist du hier?'
Er antwortete mir mit seiner ruhigen Stimme und einem Klang, den die Kubaner für argentinisch hielten, der mir je-

---

[1] Nach dem Kampf war es für ihn nicht mehr möglich weiterzumarschieren, deshalb blieb er gemeinsam mit einem Schwerverletzten in einer Höhle zurück. Als die Guerilla gefangengenommen wurde, blieben sie allein zurück, ohne daß ihnen jemand zur Hilfe kommen konnte.

doch wie eine Mischung aus kubanisch und mexikanisch erschien.

‚Ich bin hier, weil meiner Meinung nach die einzige Möglichkeit, Lateinamerika von seinen Diktatoren zu befreien, in ihrem Sturz besteht. Ich will dazu auf jede denkbare Art beitragen und so direkt wie möglich an diesem Kampf beteiligt sein.'

‚Und befürchtest du nicht, daß deine Aktivitäten als Einmischung in die innere Angelegenheit eines Landes angesehen werden könnten, das nicht dein eigenes ist?'

‚Erstens betrachte ich nicht nur Argentinien als mein Vaterland, sondern ganz Amerika. Ich habe Vorbilder wie den glorreichen Martí und genau in seinem Land halte ich mich an seine Doktrin. Außerdem kann ich es nicht als Einmischung verstehen, wenn ich mich persönlich zur Verfügung stelle, mich ganz dieser Sache hingebe und mein Leben einsetze für etwas, das ich als gerecht und als eine Sache des Volkes erachte; wenn ich einem Volk helfe, sich von einer Tyrannei zu befreien, die hingegen die Einmischung einer ausländischen Macht duldet, die ihr mit Waffen, Flugzeugen, Geldmitteln und Ausbildungsoffizieren Unterstützung leistet. Bisher hat kein Land gegen die nordamerikanische Einmischung in kubanische Angelegenheiten protestiert, noch klagt irgendeine Zeitung die Yankees dafür an, Batista bei der Ermordung seines eigenen Volkes behilflich zu sein. Aber viele Leute kümmern sich um mich. Ich bin der sich einmischende Ausländer, der die Rebellen mit Einsatz seines Lebens unterstützt. Bei denjenigen, die ihre Waffen für den Bürgerkrieg zur Verfügung stellen, handelt es sich nicht um Eindringlinge. Bei mir hingegen doch!'"

Daraufhin befragte Masetti Che über den Begriff ‚kommunistisch', mit dem die kapitalistische Welt diese Revolution bezeichnete, worauf Che antwortete:

„... diese Revolution ist ausschließlich kubanisch, oder besser gesagt, lateinamerikanisch. Politisch könnte man Fidel und seine Bewegung als revolutionär-nationalistisch einordnen, vor allem ist sie antiyankee eingestellt. Ich werde in erster Linie mit dem Vorwurf ‚Kommunist' zu sein angegriffen. Es gab nicht einen Journalisten, der in die Sierra kam und nicht mit der Frage begann, welche Rolle ich in der Kommunistischen Partei Guatemalas gespielt habe. Dabei gingen sie wie selbstverständlich davon aus, daß ich nur aufgrund meiner großen Bewunderung für Oberst Jacobo Arbenz in der Kommunistischen Partei tätig war."

Was die Beziehung Ernestos zum Kommunismus betraf, war unsere Familie bestens informiert aufgrund seiner zahlreichen Briefe, in denen er seinen Ansichten deutlich dargelegt hatte.

Für Ernesto handelte es sich bei Masetti nur um einen gewöhnlichen Journalisten, wie all die anderen auch, und er mußte daher die Vorsichtsmaßnahmen ergreifen, die ihnen gegenüber angebracht waren. Es ging vor allem darum, die kubanische Revolution zu schützen.

„Hast du irgendeinen Posten in der Regierung bekleidet?" fragte ihn Masetti.

„Nein, nie, aber als die nordamerikanische Invasion stattfand, versuchte ich, eine Gruppe von jungen Männern aufzustellen, um den Abenteurern auf den Obstplantagen entgegentreten zu können. Der Kampf war unerläßlich in Guatemala, doch kaum jemand kämpfte; es war notwendig, Widerstand zu leisten, und kaum jemand war dazu bereit.

Als die FBI-Beamten mit der Verhaftung und Ermordung derjenigen begannen, die auf irgendeine Weise eine Gefahr für die Regierung der United Fruit darstellten, entkam ich ihnen nach Mexiko.

Auf aztekischem Boden traf ich wieder auf Mitglieder der Bewegung ‚26. Juli', die ich in Guatemala kennengelernt hatte, und es entwickelte sich eine Freundschaft zwischen mir und Raúl Castro, dem jüngeren Bruder Fidels. Dieser stellte mich auch dem Führer der Bewegung vor, als sie bereits dabei waren, die Invasion auf Kuba zu planen.

Ich unterhielt mich eine ganze Nacht lang mit Fidel, und im Morgengrauen war ich bereits zum Arzt seiner zukünftigen Expedition ernannt worden. In Wirklichkeit bedurfte es kaum der Überredung, um mich für den revolutionären Kampf gegen einen Tyrannen zu gewinnen, nach all meinen Erfahrungen auf meinen Reisen durch ganz Lateinamerika und vor allem in Guatemala. Aber Fidel hatte mich beeindruckt, weil er ein außergewöhnlicher Mann war. Er nahm es mit den unmöglichsten Sachen auf und schaffte es, sie durchzuführen. Er ver-

fügte über einen ausgeprägten Glauben, daß er, wenn er erst
einmal auf dem Weg nach Kuba sei, dort ankommen würde,
um zu kämpfen, und daß er diesen Kampf gewinnen würde.
Ich teilte seinen Optimismus. Man mußte etwas tun, kämpfen,
konkrete Pläne fassen, aufhören zu weinen und zu streiten, um
dem Volk seines Heimatlandes zu zeigen, daß es Vertrauen in
ihn setzen konnte. Er war ein Mann der Tat. Er sagte es und er
setzte es auch in die Tat um: ‚Im Jahre 1956 werden wir frei oder
Märtyrer sein.' Er kündigte an, daß er noch vor Ablauf jenes
Jahres an irgendeinem Ort auf Kuba an der Spitze seiner Revolutionsarmee an Land gehen würde."

Später erzählte Ernesto Masetti, wie sie sich auf der „Granma" einschifften, welche Abenteuer sie während der Überfahrt zu überstehen hatten und wie sie schließlich in den Sümpfen des Strandes „Las Coloradas" an Land gingen. Kurze Zeit
darauf ereignete sich die Katastrophe von Alegría de Pío.

Wenig später überflog ein Flugzeug „La Otilia", was dazu
führte, daß alle auseinanderliefen. Masetti machte sich sofort
auf, um in die Gegend von Gibacoa zu kommen, da er mit Che
abgemacht hatte, sich in La Pata de la Mesa zu treffen, wo Ernesto sein Lager tief versteckt in den Bergen aufgeschlagen
hatte. Bis dorthin würden die Batista-Soldaten nicht vordringen können. Dort lernte er auch jenen Mann kennen, der später als Comandante Ramiro Valdés bekannt werden würde. Er
war unzertrennlicher Weggefährte Fidels und hatte mit diesem
zusammen beim Sturm auf die Moncadakaserne gekämpft.

In seiner Begleitung stieg er auf den Gipfel eines Berges, wo
die Radiostation aufgebaut war, die ihre Sendungen unter dem
Namen „Radio Rebelde" in den Äther schickte. Von dieser
Sendestation aus übermittelte Masetti Nachrichten der Revolutionäre des „26. Juli" an das kubanische Volk.

Dieser Rundfunksender diente später auch zur Verbreitung
der Tonbandaufnahmen Fidel Castros und Che Guevaras.

In La Mesa konnte Masetti viele der von Che durchgeführ-
ten Arbeiten sehen: er besuchte das Krankenhaus, die Bäcke-
rei, die Fabrik für die Bombenherstellung, die Schusterei, die
Sattlerei, die alle sehr weit voneinander entfernt lagen, damit
sie auf diese Weise besser vor den Bombenangriffen geschützt
waren. In der Bombenfabrik hatte er Gelegenheit, die Herstel-

lung der berühmten M26, eine Art Panzerfaust großer Schlagkraft, zu beobachten. Diese Waffe feuerte Granaten in zwei Etappen ab. Die Granaten bestanden aus einer dicken Zinkhülse, die mit Dynamit und Metallstücken angefüllt war und mittels eines Gewehrs mit abgesägtem Lauf abgeschossen wurde. Mit diesem Geschoß konnten die Rebellen feindliche Panzer zerstören und Ziele in großer Entfernung beschießen. Das ganze Projekt war von Che durchgeführt worden, und er selbst griff während des Aufbaus ein, um ihn persönlich zu leiten. Alle Fabriken konnten in wenigen Minuten abgebaut werden.

Noch in derselben Nacht stieg Masetti erneut auf den Berg hinauf, von wo aus der Rebellenoffizier Luís Orlando Rodríguez als Verantwortlicher für die Sendestation Nachrichten ausstrahlte, und auch Masetti übermittelte von dort aus Meldungen für das kubanische Volk, die Erklärungen Fidel Castros und Ernesto Guevaras betrafen.

In diesen Tagen hatte man in ganz Kuba einen Generalstreik ausgerufen, der den Plänen der Rebellen zufolge das ganze Land lahmlegen sollte. Wenn dies geschehen wäre, hätte der revolutionäre Kampf um vieles verkürzt werden können. Unglücklicherweise scheiterte dieser Streik, in den Fidel Castro so große Hoffnungen gesetzt hatte, wie uns Masetti erklärte. Der Streik kostete vielen Menschen, vor allem Arbeitern, das Leben — sie fielen den brutalen Repressionsmaßnahmen der Regierung zum Opfer.

Masetti befand sich in der Radiostation, und es gelang ihm, alle Nachrichten zu empfangen, die den gescheiterten Streik betrafen. Er wartete auf Fidel, um seine Reportage fertigzustellen, aber Fidel war krank geworden und konnte nicht kommen.

So nutzte er die Gelegenheit, um von dem Gefecht im Pozón und der Schießerei in „Cabo Espino" zu berichten. Er stellte fest, daß „Radio Rebelde" perfekt in Nordamerika, Mexiko, Venezuela und den Ländern der Karibik zu hören war, jedoch ob der Sender auch in Argentinien zu empfangen war, konnte er nicht ermitteln.

Als er wieder einmal nach „La Mesa" gekommen war, erfuhr er von der nahen Ankunft Ches, und so konnten die begonnenen Gespräche bei einem Matetee, den Ernesto kurz zuvor besorgt hatte, fortgesetzt werden.

Che zufolge war der Streik gescheitert, weil die Gewerkschaftsführer nicht ihrer Basis entsprochen hatten und diese führungslos war.

Danach kamen Masetti und Che auf das Thema der Agrarreform zu sprechen. Nach Ches Worten hatten die Rebellen nicht bis zum Sieg der Revolution gewartet, um viele ihrer Ziele zu verwirklichen, sondern einige wurden in dem Maße in die Tat umgesetzt, wie sie an Terrain gewannen. Noch mit dem Rucksack auf den Schultern gründeten sie Schulen und hinterließen den 60.000 Campesinos ein Rechtssystem, damit diese ihre Auseinandersetzungen auf andere Weise klären konnten als nur mit der Machete. Sie führten die Agrarreform durch und verteilten große Landstriche, die zwar von den Landarbeitern bearbeitet wurden, jedoch in den Händen des Staates waren, an die Campesinos.

An diesem Punkt der Unterhaltung fragte Masetti Che: „Welches System wird angewandt, um die Reform zu realisieren?"

Dieser antwortete: „Wir können nicht von einem orthodoxen System sprechen, sondern nur von Regelungen frei von bürokratischen Handhabungen. Mittels einer Zählung berechnen wir, wieviel Land zum Unterhalt einer Familie mit zwei, vier oder mehr Kindern notwendig ist, um auf diese Weise ein gewisses Verhältnis in allen Fällen beizubehalten. Das Land händigen wir ihnen aus, urkundlich bescheinigt vor dem Generalrichter der Rebellenarmee. Wir sagen ihnen außerdem, welche Produkte am besten für ihr Land geeignet sind, wir geben ihnen sogar Saatgut und jegliche notwendige technische Unterstützung. Bisher war das gesamte von uns verteilte Land früherer Staatsbesitz, bis auf ganz seltene Ausnahmen."

Masetti fragte Guevara: „Wie ist es zu all dem gekommen? War alles schon vor der Landung geplant?"

Che antwortete: „Vieles von dem, was wir heute tun, haben wir damals nicht einmal geträumt. Man kann sagen, daß wir in der Revolution zu Revolutionären geworden sind. Wir sind gekommen, um einen Tyrannen zu stürzen; aber wir haben entdeckt, daß dieses riesige Campesinogebiet, in dem der

Kampf spielt, die Gegend ist, in der die Befreiung am notwendigsten in ganz Kuba ist. Ohne uns an Dogmen zu halten und damit eine unflexible, im vorhinein festgelegte Ideologie zu verfolgen, haben wir ihnen nicht die neutrale, wohlklingende Unterstützung vergangener Revolutionen zukommen lassen, sondern eine effektive Hilfe. Wir kämpfen nicht für sie in der Zukunft, sondern an ihrer Stelle heute. Und wir betrachten jeden Meter Land mehr für uns als einen mehr für sie. Und aus diesem Grund darf ihnen keiner weiterhin ein besseres Leben verweigern, denn für die Campesinos hat die Revolution schon vollständig gesiegt."

Am nächsten Tag kam Dr. Fidel Castro ins Lager. Masetti ließ die günstige Gelegenheit nicht verstreichen und interviewte den Revolutionsführer. Fidel erklärte die Vorgeschichte der Revolution. Er sprach von dem Überfall auf die Moncada-Kaserne, den späteren Ermordungen, von den Verbrechen, die von der Polizei im Krankenhaus begangen worden waren, von anderen Kämpfern, die auf unmenschliche Weise gefoltert wurden und von Abel Santamaría.

Danach gab er einen Überblick über die aktuelle Situation Kubas. Er sprach über das Land und seine Industrialisierung, über das Erziehungswesen, die Wohnsituation und die Arbeitslosigkeit. Er erwähnte ebenfalls die Garantien für ausländisches Kapital, die absolute Freiheit der Unternehmen und sagte: „Auf diese Weise werden die anstehenden Probleme nicht gelöst. In einem Palast in der Avenida 5 dürfen diese Minister angeregt plaudern, bis nicht einmal mehr der Staub von denjenigen übrig ist, die heute dringende Lösungen fordern."

Er beschrieb seinen Aufenthalt im Gefängnis auf der Isla de Pinos, seine spätere Befreiung und erzählte von der Vorbereitung für den revolutionären Kampf in Mexiko. Er schilderte Details von der Überfahrt der „Granma" nach Kuba und den Grund für die Landung an einem nicht vorgesehenen Ort, um dann ausführlich über den anstrengenden Marsch durch die kubanischen Sümpfe auf dem Weg zum Strand „Las Colorados" zu berichten.

Er beschrieb die Katastrophe von Alegría de Pío, wo sie von den Soldaten der Armee, der Landmiliz, der Polizei und der Luftwaffe überrascht wurden, um dann auf die nachfolgende

Odyssee in den Bergen zu sprechen zu kommen, wo sie ohne Waffen, schmutzig und hungrig umherirrten. Dort ereigneten sich auch die ersten Aufeinandertreffen mit den feindlichen Truppen, als sie sich Gewehre beschaffen wollten.

Er erklärte, wie ihre kleine Gruppe langsam anwuchs, um sich in das zu verwandeln, was sie jetzt darstellte: eine angehende Armee zur nationalen Befreiung.

Die „Bewegung des 26. Juli" begann mit neuen Leuten zu arbeiten, und er fügte hinzu: „Vieles von dem, was wir später verwirklichen werden, wenn wir an der Macht sind, tun wir schon jetzt in den Bergen." Er beklagte die Tatsache, daß die USA Batista unterstützten, wie auch die Dominikanische Republik dem Diktator in Form von Waffen und Bomben half. „Aber der Antiamerikanismus ist mit jedem Tag stärker unter den Kubanern, sie, die sie niemals hassen konnten."

Masetti fragte Dr. Fidel Castro: „Wann wird der Krieg Ihrer Meinung nach beendet sein?"

„Es ist unmöglich, dies vorauszusagen, es kann Tage, Monate oder Jahre dauern. Aber was ich mit Sicherheit sagen kann, ist, daß er nur mit der völligen Niederlage der Diktatur oder mit dem Tod des letzten Rebellen enden wird. Wir haben keine Waffen, wie Sie sich selbst überzeugen konnten, und wir sehen uns gezwungen, Tausende von Männern abzuweisen, weil wir sie nicht bewaffnen können. Aber vorher hatten wir noch weniger, als wir, zwölf Bärtige mit sieben Gewehren, durch die Berge liefen. Aber wir besaßen etwas, was die Soldaten Batistas niemals hatten: ein Ideal, für das wir kämpfen."

Dieses schon erwartete Interview wurde vom „Radio Rebelde" ausgestrahlt, und mit Sicherheit hörte es halb Kuba; sie hörten direkt die Stimme des Oberbefehlshabers der Rebellenarmee aus den Bergen in Oriente.

Masetti wollte so schnell wie möglich nach Havanna zurück und begann so unmittelbar darauf das Gespräch mit Guevara. Ein Flugzeug der Regierung überflog die Radiostation und zwang ihn, die Aufnahme vor deren Ende zu unterbrechen. Auf dem Tonband konnte man das Geräusch der Motoren und die Maschinengewehrsalven deutlich vernehmen.

Nachdem Masetti seine Mission erfüllt hatte, machte er sich eilig und ohne noch länger zu verweilen auf den Rückweg in die Hauptstadt Kubas, wo er sofort mit der Reportage über Che begann.

Er war viele Tage bei den Rebellen geblieben, lebte mit ihnen zusammen, und als er uns alles erzählte, was er gesehen und erlebt hatte, verstanden wir diesen Krieg weit besser, der von weitem wie ein Fantasiegebilde aussah, wie etwas Unglaubliches für denjenigen, der keinen direkten Kontakt mit ihm hatte. Für einen Guerillero war jedes Essen gut, jedes Bett — auch wenn es auf Dornen lag — erträglich. Für ihn existierte die Erschöpfung nicht, für ihn gab es keine Ausrede, um seiner Aufgabe nicht nachzukommen, und wenn der Augenblick des Handelns gekommen war, kämpfte er wie ein Besessener. Er schlug zu und versteckte sich wieder. Er kannte alle Schleichpfade in den Bergen, und auf seiner Fahne stand als Losung: „Einer für alle und alle für einen."

Masettis Rückkehr erwies sich als äußerst riskant: Das Militär wußte jetzt ganz genau, wer Masetti und was sein Auftrag war. Die ausgestrahlten Sendungen hatten ihn verraten. Begleitet von einem jungen Führer kehrte er zu den bereits bekannten Orten zurück, und er konnte wieder einige Elendshütten erblicken, von denen nur noch verkohlte Rechtecke zu sehen waren, an denen einst die Wände standen. Der Rest war verbrannt, man sah vom Feuer verbogene Dosen und Holzstücke, die noch ihre ursprüngliche Form hatten. Hier war die zerstörerische Horde vorbeigekommen, dort hatten Napalmbomben und Phosphor ihre Haßspuren hinterlassen. In der Nähe konnte man einige von Steinen bedeckte Gräben sehen, in die die armen Guajiros versucht hatten, sich vor den Bombardierungen zu retten.

Masetti fuhr fort, die Polizei und das Militär an der Nase herumzuführen, und nach zwei Tagen gelang es ihm, einen Bus zu nehmen, der ihn bis nach Havanna brachte. Dort erfuhr er, daß allen Polizeistationen des Landes der Auftrag gegeben worden war, ihn festzunehmen, und dort stellte er auch fest, daß das Interview auf dem Tonband nicht zu hören war. Er setzte alles aufs Spiel: Entweder scheiterte seine Mission oder er mußte zurück in die Berge.

Er zögerte nicht und bewies großen Mut, der die Erinnerung an ihn ehrt, machte sich erneut auf den Weg und kehrte wenige Tage später mit neuen und vollständigen Aufnahmen nach Havanna zurück, die in Buenos Aires von der Radiostation „El Mundo" in vier Sendungen ausgestrahlt wurden. Sie waren ein voller Erfolg. Zum ersten Mal konnte man in Argentinien direkte Erklärungen über die Revolution hören, die vom „26. Juli" durchgeführt wurde und von ihrem Führer und seinen wichtigsten Stellvertretern abgegeben worden waren.

Ich hatte den glücklichen Einfall, sie aufzunehmen, und dank dieser Aufnahmen sind diese historischen Erklärungen bis heute erhalten, denn nach der ersten Ausstrahlung verfügte die Leitung der Sendestation, daß die Aufnahmen vernichtet werden sollten, nachdem man festgestellt hatte, welchen Erfolg sie unter der Bevölkerung im allgemeinen und besonders unter den fortschrittlich eingestellten und linken Leuten gehabt hatten, und man ihre politischen Auswirkungen fürchtete.

Der Besuch Jorge Ricardo Masettis in unserem Haus und jenes gesegnete, von Ernesto besprochene Tonband, auf dem er uns alle grüßte, hatten die positive Auswirkung, die Stimmung in unserer ganzen Familie zu heben.

DIE HOFFNUNGEN AUF DEN SIEG
DER REBELLEN WACHSEN

Im Verlauf des Jahres 1958 kamen aus allen Richtungen hoffnungsvolle Nachrichten. Der Sturz des Despoten und der Triumph der Rebellen zeichneten sich, wenn auch nur verschwommen, am Horizont ab.

Wir verfolgten Schritt für Schritt die Entwicklung der Invasion, und jetzt verfügten wir über mehr Informationsquellen, um nachzuvollziehen, was geschah.

In meinem Büro arbeitete weiterhin die Filiale des „26. Juli", und von dort erhielten wir ebenfalls Nachrichten. Die journalistischen Veröffentlichungen waren sehr viel umfangreicher geworden: das breite Interesse an dieser Revolution veranlaßte die Nachrichtenagenturen, ihre Journalisten nach Kuba zu schicken, um dort nachprüfen zu lassen, was geschah. Batista war es deshalb nicht möglich, das Lügengebäude aufrechtzuerhalten und, wie zu Beginn der Revolution, verfälschte Nachrichten zu verbreiten. Die Wahrheit suchte sich ihren Weg und setzte sich durch. Die gleichen Nachrichtenagenturen, die vorher daran interessiert gewesen waren, das Batista-Regime zu stützen, begannen jetzt, ihre Zweifel an einem Sieg der Regierung über die Rebellen lautwerden zu lassen.

In unserem Land identifizierte sich die Bevölkerung mit der Kubanischen Revolution. In jener Zeit gab es ein Klima, das den faschistischen Militärs, die dem Yankeeimperialismus dienten, nicht gerade wohlgesonnen war. Die Bevölkerung war sich im klaren über diese Tatsache, da sie am eigenen Leib eine Militärdiktatur erlebte[1] und deshalb ihre Sympathie für das kubanische Rebellenheer offen demonstrierte wie auch der Freude über jeden ihrer Erfolge Ausdruck verlieh. Der Guerillakrieg in Kuba hatte sich währenddessen in eine Befreiungslawine verwandelt.

Die Revolutionsarmee teilte sich in verschiedene Kolonnen auf, von denen jede an verschiedenen Fronten kämpfte, jedoch standen alle unter einer gemeinsamen Führung. Die „befreiten Zonen", in die das Batistaheer nicht eindringen konnte, wurden in ihrer Ausdehnung immer größer. In der Provinz Oriente war der Angriff der Regierungstruppen vollkommen gescheitert, und es konnten nur noch verstreut liegende Kasernen gehalten werden, die nur von großen Truppenteilen mit Verpflegung, Munition und Waffen versorgt werden konnten. Diese Einheiten liefen ständig Gefahr, von der Guerilla mit deren großer Mobilität eingekreist zu werden. Die Nachrichten klangen wirklich vielversprechend.

Jules Dubois lud mich weiterhin in seine Wohnung ein, wenn er aus seinem Land angereist kam. Ich erinnere mich, daß er mir während einem dieser Besuche sagte, daß er sehr besorgt sei. Als ich ihn nach der Ursache für seine Besorgnis fragte, antwortete er mir:

„Dieser Fidel ist verrückt."

„Und warum glauben Sie das?"

„Ich habe Nachrichten erhalten, die besagen, daß er beab-

---

[1] Am 16. September 1955 wurde Präsident Juan Domingo Perón durch einen Militärputsch gestürzt, dessen Führer das Land diktatorisch regierten.

sichtigt — wenn er den Krieg gewinnt —, das Batistaheer vollkommen aufzulösen und nicht einen einzigen Berufsoffizier in
das neue Heer zu übernehmen."

„Und was denken Sie über diesen Plan?"

„Aber wie will er gewinnen, wenn er noch nicht einmal mit
einem Teil der Batistaarmee rechnet? Das ist total verrückt.
Auf diese Weise beschwört er das Scheitern des Krieges herauf,
den er führt. Er wird ihn niemals gewinnen können! Er muß
erreichen, daß sich ein Teil des Militärs auf seine Seite stellt.
Nur auf diese Weise wird er siegen können! Wie kann Fidel
denken, daß er 60 000 gutausgerüstete Soldaten mir seiner
kleinen Truppe von 1000 Mann besiegen kann?"

Mich stimmte nachdenklich, was Dubois gesagt hatte. Im
ersten Moment gab ich ihm recht. Das Mißverhältnis der Kräfte ließ es mich auch so sehen, und es ist möglich, daß meine
Überlegungen durch frühere Analysen beeinflußt waren, und
von dem Ausgang dieses Kampfes hing zudem das Leben meines Sohnes Ernesto ab. Es war ohne Zweifel leichter für ihn,
gegen ein gespaltenes Militär zu kämpfen, als mit diesem
Kampf fortzufahren, den Dubois als verrückt bezeichnete.
Aber als ich in aller Ruhe erneut darüber nachdachte, sah ich
das Panorama dieses Krieges in aller Deutlichkeit vor mir. Für
Dubois handelte es sich nur um das Auswechseln eines Präsidenten, für Fidel Castro und seine kleine Armee war dies ein
nationaler Befreiungskrieg. Ich hatte immer noch nicht in vollem Umfang erfaßt, welche Bedeutung eine Guerillaarmee
hatte, die für Prinzipien kämpfte, die sich in Ideale verwandelt
hatten, und dies mit Methoden praktizierte, die sich grundsätzlich von den Kriegen unterschieden, die zwischen Ländern
ausgetragen werden.

DIE INVASION

Nach den entscheidenden Niederlagen, die das Batistalieer in
Oriente erlitten hatte, entschied Fidel Castro, neue Kampf-
fronten aufzubauen.

Der Plan bestand darin, den revolutionären Kampf bis in die
Ortschaften nahe der kubanischen Hauptstadt zu tragen.

Mit dem Ziel, in Richtung Osten neue Fronten zu eröffnen, sollten zwei Kolonnen unter dem Befehl Ches losmarschieren, die Nummer 8 angeführt von ihm selbst und die Nummer 2 mit dem Kommandanten Cienfuegos an der Spitze. Die Operation wurde unter dem Namen „Die Invasion" bekannt.

Am 27. September 1958 brach Comandante Ernesto Che Guevara von dem kleinen Dorf Jíbaro aus auf, eines der ersten Lager in der Sierra Maestra. Mit einer Gruppe von 146 bewaffneten Männern machte er sich auf den Weg in die Berge von Escambray in der Provinz Las Villas. Im Gebirgsland von Escambray operierten bereits mehrere Gruppen, die ohne einen gemeinsamen Oberbefehl die Regierungstruppen sporadisch angriffen. Gleichzeitig mit Che war Comandante Camilo Cienfuegos kurz vorher in Richtung Sierra de Bamburanao aufgebrochen, die ebenfalls in der Provinz Las Villas lag. Beide Truppen sollten sich miteinander in Verbindung setzen und in der Nähe von Santa Clara zusammentreffen, der Hauptstadt von Las Villas. Danach sollte Cienfuegos weiter bis zur Provinz Pinar del Río vordringen, wo das Gebirge de Los Órganos einen guten Unterschlupf bot, dort eine neue Front errichten, um die Batistaarmee in ihrer Nachhut anzugreifen. Das Raubtier sollte eingekreist werden. Die Telegramme der internationalen Nachrichtenagenturen sendeten ohne Unterlaß Meldungen über die Zusammenstöße dieser Kolonnen mit dem Batistaheer, in denen versucht wurde, erstere als „zusammengewürfelte Banditen auf der Flucht" darzustellen. Che und seine Männer legten ungefähr eine Entfernung von 600 km zurück, indem sie von Süden her über die Insel marschierten. Die Überquerung der Insel gestaltete sich überaus mühselig. Sie hatten jede Art von Schwierigkeiten zu überwinden, mußten sich in den Bergen verstecken, sich durch das Gestrüpp der Mangroven kämpfen, oft stand ihnen das Wasser bis zum Hals, zur gleichen Zeit lieferten sie sich Gefechte mit Truppen, die ihnen zahlenmäßig weit überlegen waren, Flugzeuge bombardierten sie, sie aßen wenig oder gar nicht, schleppten ihre schweren Waffen, überfielen Apotheken auf den Dörfern, um die Eitergeschwüre heilen zu können, die die Rebellen sich wegen ihrer scheuernden Stiefel zugezogen hatten und die sich dann beim Marsch durch die Sümpfe entzündet hatten. Auf diese Weise konnten sie erst nach 42 Tagen in den ersten Hügeln von Escambray Fuß fassen. Die Achte Kolonne hatte auf ihrem Marsch den Verlust von nur drei Mann zu beklagen, jedoch hatte sie sich in einen Haufen hungriger, kranker und erschöpfter Männer verwandelt.

Über diesen berühmten Marsch veröffentlichte Che in der brasilianischen Zeitschrift „O Cruzeiro" einen Artikel über diese Operation. Ich füge an dieser Stelle einige Abschnitte aus dem Artikel ein, um dem Leser einen besseren Eindruck dieses wichtigen Marsches zu vermitteln.

Che erzählt:

„Nachdem alle Regimenter vernichtet worden waren, die uns in der Sierra Maestra überfallen hatten, und unsere Front wieder ihre Kampfstärke erreicht hatte und unsere Truppenstärke sowie ihre Moral verstärkt worden war, beschlossen wir, den Marsch auf die zentral gelegene Provinz Las Villas zu starten. Was die militärische Seite betrifft, war mir als wichtigste Aufgabe gestellt worden, die Verbindungswege zwischen beiden Enden der Insel zu unterbrechen.

Mit dieser Order und mit der Absicht, unser Ziel in vier Tagen zu erreichen, begannen wir unseren Marsch zunächst in Lastwagen am 30. August 1958."

In einem Brief an Fidel schreibt Che weiter:

„Ich werde Dir einen kurzen Bericht geben. Wir sind am 31. in der Nacht mit Pferden aufgebrochen, weil es unmöglich war, mit den Lastwagen wegzukommen, da man in Magadan sämtliches Benzin mitgenommen hatte und ein Überfall bei Jibacoa befürchtet wurde. Wir kamen dort vorbei, ohne das wir etwas Besonderes bemerkten. Der Ort war von der Guardia verlassen, aber wir konnten nicht weiter als wenige Kilometer vorankommen und verbrachten die Nacht unter Felsen in den Bergen auf dieser Seite der Straße. Am 1. September überquerten wir die Straße und nahmen drei Lastwagen, die mit erschreckender Regelmäßigkeit irgendeine Panne hatten, und erreichten auf diese Weise eine Farm namens ‚Cayo Redondo', wo wir den Tag verbrachten, als sich der Hurrikan schon näherte. Die Guardia rückte mit 40 Mann an, zog sich aber ohne zu kämpfen wieder zurück. Anschlie-*

ßend versuchten wir den Weg mit Lastwagen fortzusetzen,
unterstützt durch vier Traktoren. Der Weitermarsch war je-
doch an diesem Tag nicht möglich, und so mußten wir ihn auf
den nächsten Tag, den 2. September, verschieben. Mit eini-
gen Pferden und zu Fuß brachen wir auf, und so erreichten
wir das Ufer des Cauto, den wir aber wegen seiner außeror-
dentlich starken Strömung nicht überqueren konnten. "

In der Zeitschrift „O Cruzeiro" schrieb Che:

„Am 1. September machte ein fürchterlicher Wirbelsturm
sämtliche Wege und Straßen unbefahrbar, mit Ausnahme der
Hauptlandstraße, der einzig gepflasterten Straße in dieser Gegend Kubas, so daß wir auf die Weiterfahrt in Fahrzeugen verzichten mußten. Von diesem Zeitpunkt an mußten wir unseren
Weg zu Fuß oder mit Pferden fortsetzen. Wir waren ziemlich
schwer bepackt mit Munition, mit einer Panzerfaust nebst 40
Geschossen und alles, was für einen langen Tagesmarsch sowie
für den schnellen Aufbau eines Lagers notwendig war. Diese
Tage stellten sich als schwierig heraus, obwohl wir uns noch in
der Provinz Oriente befanden, da wir Flüsse überqueren mußten, die über ihre Ufer getreten waren, Kanäle und Bäche, die
sich in Flüsse verwandelt hatten, immer wieder dagegen ankämpfend, daß unsere Waffen, Munition und Granaten nicht
naß wurden; wir mußten uns Pferde besorgen, diese erschöpft
hinter uns zurücklassen; versuchen, in den stärker bewohnten
Gegenden allen aus dem Weg zu gehen, je weiter wir uns von
der Provinz Oriente entfernten.

Wir mußten überschwemmte Gebiete durchqueren, litten
unter der Mückenplage, die uns das Ausruhen unmöglich
machte; wir aßen schlecht und wenig und tranken Wasser aus
versumpften Gewässern. Die Tage schienen uns länger zu werden und wurden immer unerträglicher. Eine Woche nach unserem Aufbruch aus dem Lager, als wir gerade den Fluß Jobabo
überquerten, der die Grenze zwischen den Provinzen Camagüey und Oriente bildet, waren unsere Truppen sehr erschöpft. Der Fluß war wie alle anderen vorher und wie alle weiteren beträchtlich angeschwollen. Außerdem machte sich die
Tatsache bemerkbar, daß wir zu wenig Schuhe zur Verfügung
hatten, viele unserer Männer waren barfuß und mußten nun zu

Fuß den Morast im Süden der Provinz Camagüey durchqueren."

Später erzählte Che, wie sie in der Nähe des Ortes „La Federal" in einen Hinterhalt gerieten und zwei Genossen verloren. Mit diesem Gefecht hatten sie ihre Anwesenheit in Camagüey aufgedeckt und erlitten daraufhin die Bestrafungsaktionen der Luftwaffe und der Soldaten Batistas. Und wer weiß, wie sie durch die moskitoverseuchte „Laguna Grande" kamen.

Im „O Cruzeiro" heißt es weiter:

„Es waren Tage voller erschöpfender Märsche durch verlassene Gegenden, in denen es nur Wasser und Schlamm gab; wir hatten Hunger und Durst und kamen kaum vorwärts, da die Füße bleischwer waren, und selbst die Waffen erschienen uns schwerer als sonst."

Da die Führer nicht kamen, die Kommandant Cienfuegos ihnen entgegenschicken sollte, mußten sie ihren Weg auf eigene Faust fortsetzen. Ches Bericht fährt wie folgt fort:

„Wir warfen uns ohne weiteres ins Abenteuer. Unsere Vorhut stieß mit einem feindlichen Posten zusammen an einem Ort, der ‚Cuatro Compañeros' genannt wurde, und daran schloß sich eine aufreibende Schlacht an. Es war bei Tagesanbruch, und es gelang uns mit viel Mühe, den größten Teil unserer Truppe auf dem höchsten Felsen in den Bergen zu sammeln. Aber das Militär rückte von allen Seiten her an, und wir mußten hart kämpfen, um einigen unserer Nachzügler einen Weg entlang einer Eisenbahnstraße in die Berge hinein freizuschlagen. Daraufhin wurden wir von der Luftwaffe geortet, die begann, uns von B-35, C-47 und von den großen C-3-Aufklärern sowie aus Sportflugzeugen zu bombardieren, und dies auf einer Fläche von nicht mehr als 200 Metern Seitenlänge. Wir zogen uns zurück, ließen einen von den Bomben Getöteten liegen und mußten mehrere Verletzte bergen, unter ihnen den Hauptmann Silva, der den Rest der Invasion mit einer gebrochenen Schulter mitmachte."

Nach diesem Zusammenstoß verfolgte die Luftwaffe systematisch jeden Schritt des kleinen Heeres und bombardierte es immer, wenn sie es ausfindig machte.

„Trotz aller Schwierigkeiten mangelte es uns nie an der Unterstützung der Campesinos: Zwar hatten wir nicht den uneingeschränkten Beistand der Bevölkerung, doch wir trafen immer auf irgendeinen, der uns als Führer diente oder uns die notwendige Nahrung gab, die wir brauchten, um weiterzukommen.

Mit Hilfe eines tragbaren Radios erfuhren wir, daß sich General Tabernilla brüstete, die Guerilla des Che vernichtet zu haben, indem er die Namen der Gefallenen verkündete. Dabei handelte es sich um die Namen derjenigen, die ihre Rucksäcke in ‚Cuatro Compañeros' verloren hatten. Diese Nachricht über den vermeintlichen Tod der Kämpfer erfüllte zwar diese mit großer Freude, doch die Dinge standen nicht gut für die Guerrilla." Und Che fährt fort:

„Die Nachricht von diesem vermeintlichen Tod rief in der Truppe Jubelreaktionen hervor; trotzdem machte sich der Pessimismus langsam aber sicher breit: der Hunger und der Durst, die Erschöpfung, das Gefühl der Ohnmächtigkeit gegenüber den feindlichen Truppen, die sich uns immer mehr näherten und vor allem diese schreckliche Krankheit, die unsere Füße befallen hatte und bei den Campesinos unter dem Namen ‚Mazamorra' bekannt war und jeden Schritt der Soldaten zur Qual werden ließ. Sie hatte aus unserer Truppe eine Gespensterarmee gemacht. Es war schwierig voranzukommen, äußerst schwierig. Von Tag zu Tag wurde der physische Zustand der Soldaten schlechter, einen Tag gab es etwas zu essen, dann wieder nicht, dann vielleicht, dies trug jedenfalls nicht dazu bei, den elenden Zustand zu verbessern, unter dem wir litten. Die härtesten Tage, die wir durchzustehen hatten, waren die, als wir uns in der Nähe der Zuckerfabrik Baraguá befanden.

Wir marschierten durch stinkende Sümpfe, ohne einen Tropfen Trinkwasser, ohne Unterlaß von der Luftwaffe unter Beschuß, ohne ein einziges Pferd, das die am meisten Erschöpften durch das fast undurchdringliche Gestrüpp hätte tragen können, mit Schuhen, die vom Marsch durch den Morast am Strand völlig aufgelöst waren, mit Fußsohlen, die den Barfüßigen bei jedem Schritt schmerzten. Unsere Situation war wirklich katastrophal, als wir mit viel Mühe aus der Umzingelung von Baraguá herauskamen und bei der berühmten ‚Trocha de Júcaro' in Morón anlangten. Dieser Ort ruft Erinnerungen an die Vergangenheit hervor, da er der Schauplatz erbitterter Kämpfe zwischen Patrioten und Spaniern während des Unabhängigkeitskrieges war. Wir hatten keine Zeit, um uns auch nur ein bißchen auszuruhen, als uns ein erneuter Wolkenbruch, eine weitere Unbarmherzigkeit des Klimas, neben den Angriffen des Feindes oder den Nachrichten über seine Nähe, es uns unmöglich machte, unseren Marsch weiterzuführen. Die Truppe wurde von Mal zu Mal erschöpfter und mutloser. Allein die Vorstellung einer verheißungsvollen Zukunft konnte in ihren Gesichtern neue Zuversicht leuchten und die Guerilla wieder mit frischem Impuls voranschreiten lassen, wenn die Situation wirklich angespannt war und die erschöpften Männer sich nur mittels Beleidigungen, Anflehen und Anstößen aller Art in Bewegung setzen ließen.

Diese Vorstellung von der Zukunft war ein blauer Fleck im Westen, der blaue Fleck des gewaltigen Gebirges Las Villas, das von unseren Männern zum ersten Mal gesehen wurde. Von diesem Augenblick an erschienen die gleichen Entbehrungen, oder ähnliche, viel geringer, und alles ließ sich viel leichter angehen. Wir umgingen den letzten Hinterhalt, schwammen durch den Fluß Júcaro, der die beiden Provinzen Camagüey und Las Villas trennt, und es sah bereits so aus, als würde uns etwas Neues antreiben.

Zwei Tage später befanden wir uns inmitten der Berge von Trinidad-Sancti-Spiritus in Sicherheit und bereit, einer neuen Etappe des Krieges ins Auge zu sehen. (...) Wir waren in der gebirgigen Gegend von Las Villas angekommen und schrieben den 1. Oktober. Es blieb uns nur noch sehr wenig Zeit, und wir hatten eine riesige Aufgabe vor uns. Camilo erfüllte seinen Teil der Aufgabe im Norden und versetzte auf diese Weise die Männer der Diktatur in Angst und Schrecken."

Die Beschreibungen Ches, die von ihm nach dem Sieg der Revolution geschrieben wurden, geben einen guten Eindruck von dem Marsch der Achten Kolonne quer durch das Land — beginnend in einer kleinen Hütte am Fuße der Sierra Maestra, bis hin zu den Bergen von Escambray. Dies war eine der wichtigsten Guerillaoperationen, voller Fallen, Schwierigkeiten und gefährlicher Hinterhalte, bei der es einigen wenigen, schlecht ausgerüsteten Männern gelang, der Umzingelung durch eine ganze Armee, ausgestattet mit modernsten Waffen und Fahrzeugen, zu entgehen; diese Taktik war es, die dem späteren Triumph der Rebellenarmee den Weg bereitete.

Was den Comandante Camilo Cienfuegos betraf, der die Zweite Kolonne anführte, so war dieser über die gleiche Strecke wie Che vorgedrungen, nur um einige Kilometer nördlicher, durch die Provinz Camagüey, wobei er sich hin und wieder mittels eines kleines Radios und einiger Nachrichtenüberbringer mit Che in Verbindung setzte. Cienfuegos Leute drangen ebenfalls in die Provinz Las Villas ein, nachdem sie sich zahlreiche Scharmützel und Gefechte mit weit überlegenen Truppen geliefert und zahlreiche Hinterhalte umgangen hatten. Sie erreichten die Stadt Yaguajay, belagerten die dortige Kaserne und nahmen sie nach erbitterten Kämpfen ein.

Als Che in der Sierra von Escambray ankam, sah er sich vor die Aufgabe gestellt, die verschiedenen getrennt operierenden Rebellengruppen unter einen Befehl zu stellen. Dazu war er von Fidel Castro als Oberster Befehlshaber der in der Provinz Las Villas kämpfenden Truppen ernannt worden. Er handelte sehr entschieden, vereinigte die Kämpfer, indem er sie alle unter seinen Oberbefehl stellte und erfüllte so diese schwierige Aufgabe — denn sie waren unter sich so gespalten, daß nur wenig fehlte, um sich gegenseitig zu bekämpfen. Er begann, die Kasernen der Diktatur anzugreifen, von denen einige zu wahren Festungen ausgebaut waren. Schon früher hatten seine Truppen die Verbindungen zwischen der Hauptstadt Kubas und Santa Clara unterbrochen. Einen anderen, vom Oberkommando ausgearbeiteten Plan führten sie aus, als sie weitere Landstraßen im Inneren der Insel unterbrachen, unter ihnen die Hauptstraße, die alle wichtigen Städte miteinander verband. Dafür mußten viele Wege aufgerissen und verschiedene Straßen- und Eisenbahnbrücken zerstört werden. Auf diese Weise wurde die Strategie des Oberbefehlshabers umgesetzt, die darin bestand, die Insel aufzuteilen. Oriente war zum größten Teil in Händen der Guerilla, Cienfuegos brachte im Norden immer mehr Dörfer und Kasernen in seine Gewalt, und Che bereitete sich darauf vor, die Kasernen einzunehmen, die einen richtigen Verteidigungsring um die Stadt Santa Clara bildeten. Der Teil der Guerilleros, der zu ihnen stieß, zeigte ihnen

die Route von Guinia de Miranda, Fomento, Guajay, Cabai-
güan, Placetas und Remedio nach Caibarien. Diese Ortschaften wurden von stark bewaffneten Kasernen verteidigt und
waren die Bastionen, auf die Batista sich stützte, um den siegreichen Vormarsch der Rebellen aufzuhalten. Auf meinen
Landkarten konnte ich verfolgen, wie ein Dorf nach dem anderen ins Lager der Rebellen überging.

Nachdem die Kasernen gefallen waren, die den Städten
Sancti-Spiritus und Trinidad vorgelagert waren, ergaben sich
diese Städte praktisch kampflos. Die Moral des Batista-Heers
begann zu sinken. Innerhalb eines Monats ließ der Widerstand
der Regierungstruppen in Camagüey und in Las Villas nach. Es
fehlte noch die Stadt Santa Clara, bei der man damit rechnete,
daß sie nicht ohne heftige Kämpfe fallen würde, denn sie war
ein Verkehrsknotenpunkt und der Schlüssel zum Einzug in
Havanna. Es war ganz sicher davon auszugehen, daß das Militär diesen Ort verteidigen würde; die in der dortigen Kaserne
Leoncio Vidal stationierten zweitausend Soldaten würden
versuchen, die Einnahme der Hauptstadt von Las Villas zu verhindern.

Von Buenos Aires aus verfolgten wir mit allergrößtem In-
teresse die politischen und militärischen Ereignisse in Kuba.
Die großen Zeitungen begannen auf den Titelseiten über die
Erfolge der Rebellen zu berichten. Der anfängliche Pessimismus, mit dem die Öffentlichkeit im allgemeinen auf die Kämpfe in Kuba reagiert hatte, verwandelte sich in offenen Optimismus. Unaufhörlich fanden Straßendemonstrationen statt, die
Fidel, Che und die kubanische Revolution hochleben ließen.
Die Regierung verbot diese Demonstrationen, in denen der
Enthusiasmus des Volkes sichtbar wurde, nicht, obwohl sie
diese mit reichlichem Mißtrauen beobachtete. Was uns betrifft, so kann ich sagen, daß wir ziemlich gut informiert waren, weil wir inzwischen Informationen aus vielen verschiedenen Quellen erhielten — einige sogar direkt vom Ort des
Kampfgeschehens. Die ganze Familie war glücklich über die
Wendung, die in der kubanischen Revolution eingetreten war.
Viele Ereignisse sprachen dafür, daß der Sturz des Diktators
Batista nur noch eine Sache von Tagen war. Wir schrieben bereits den Monat Dezember 1958, und während der letzten Ta-

ge dieses Monats sagten bereits alle Nachrichten den bevorstehenden Zusammenbruch der Batista-Diktatur voraus, es fehlte nur noch die Einnahme der Stadt Santa Clara, um den Weg nach Havanna freizumachen.

Nach harten Kämpfen fielen die Verteidigungsanlagen dieser Stadt, die Universität, die von den Streitkräften der Regierung besetzt worden war, die Polizeistation, in der die Häscher Batistas sich hartnäckig verteidigten, denn sie wußten, daß ihr Leben auf dem Spiel stand, ein großes Hotel, das sich als wahrhaftige Bastion der Regierungstruppen herausstellte, einige Anhöhen, die sogenannten Capiro-Hügel, in denen das Heer sich festgesetzt hatte und die mit allen Mitteln verteidigt wurden. Aber das Ende der Regierungskräfte, die Santa Clara verteidigten, war bereits festgeschrieben.

Ich erzählte diesen letzten Abschnitt der Guerillainvasion, den Marsch von der Sierra Maestra bis nach Escambray und die anschließende Schlacht um Santa Clara, da diese Operation auch nach Ansicht internationaler Militärexperten diejenige war, die der Diktatur Fulgencio Batistas den Todesstoß versetzte.

Auf diese Weise verfolgten wir von Buenos Aires aus die Entwicklung des Kampfgeschehens auf Kuba. Kurze Zeit später, als Che bereits Kommandant der Kaserne „La Cabaña" war, schrieb er einen Artikel über das Ende des Revolutionskrieges.

Ich halte es für angemessen, an dieser Stelle einige Seiten einzufügen, die von ihm veröffentlicht wurden und die dem Leser eine breitere und richtigere Vorstellung davon geben, wie von beiden Seiten gekämpft wurde:

„Als sich der Feind aus Camajuaní, ohne Widerstand zu leisten, zurückzog, waren wir bereit für den entscheidenden Überfall auf die Hauptstadt der Provinz Las Villas (Santa Clara war das Herz der zentralen Ebene auf der Insel, mit 150.000 Einwohnern, Knotenpunkt der Eisenbahnlinien und sämtlicher Verbindungswege des Landes), die von einigen kleinen nackten Felsen umgeben war, die sich vorher in der Hand der Truppen der Diktatur befanden.

Zum Zeitpunkt des Angriffs hatte sich die Anzahl der Gewehre unserer Soldaten beträchtlich vermehrt aufgrund der zahlreichen eingenommenen Orte. Darüber hinaus verfügten wir über schwere Waffen, die allerdings ohne Munition waren. Wir hatten eine Panzerfaust ohne Geschosse und mußten gegen ein Dutzend Panzer kämpfen, aber wir wußten auch, daß wir in die bewohnten Gegenden gelangen mußten, um effektiv kämpfen zu können, denn dort verliert der Panzer viel von seiner Wirksamkeit.

Während die Truppen des Directorio Revolucionario die Aufgabe übernommen hatten, die Kaserne Nr. 31 der Guardia Rural einzunehmen, machten wir uns daran, die befestigten Stellungen in Santa Clara zu belagern. Unser Hauptziel richtete sich gegen die Verteidiger eines gepanzerten Zuges, der auf dem Bahngleis in Richtung Camajuaní stand und vom Militär mit aller Kraft verteidigt wurde. Für unsere Verhältnisse verfügten wir über eine hervorragende Ausrüstung.

Am 29. Dezember begannen wir mit dem Kampf.

Die Universität hatte uns ganz zu Anfang als Ausgangsbasis für unsere Operationen gedient. Später errichteten wir unser Hauptquartier näher zum Zentrum der Stadt hin. Unsere Männer kämpften gegen Soldaten, die von gepanzerten Einheiten unterstützt wurden, und schlugen sie in die Flucht. Einige dieser Fahrzeuge wurden angezündet, aber diese Verwegenheit mußten viele unserer Leute mit dem Leben bezahlen, und die improvisierten Friedhöfe und Krankenhäuser begannen sich zu füllen.

Ich erinnere mich an eine Episode, die exemplarisch für den Geist unserer Truppen war in diesen letzten Tagen. Ich hatte einen Soldaten verwarnt, da er mitten im Gefecht geschlafen hatte, und er antwortete mir, daß man ihm die Waffen abgenommen hatte, weil ihm ein Schuß losgegangen war. Ich antwortete ihm mit der gewohnten Schroffheit: ‚Besorg dir ein neues Gewehr und geh dazu unbewaffnet bis an die vorderste Gefechtslinie... wenn du dazu fähig bist.‘

In Santa Clara geschah es, als wir den Verwundeten im Krankenhaus Mut zusprachen, daß ein Sterbender meine Hand nahm und sagte: ‚Erinnerst du dich, Comandante? Du hast mich in Remedios losgeschickt, um eine Waffe zu besorgen...? Ich habe sie mir hier geholt!‘ Es war der Kämpfer mit dem losgegangenen Schuß, der einige Minuten darauf starb und mir froh zeigte, daß er Mut bewiesen hatte. So war unsere Rebellenarmee.

In den Hügeln von Capiro blieben sie weiterhin standhaft. Wir mußten den ganzen Tag des 30. Dezember kämpfend verbringen und nahmen langsam, Schritt für Schritt, verschiedene Punkte der Stadt ein. Zu diesem Zeitpunkt waren die Verbindungen zwischen dem Zentrum von Santa Clara und dem gepanzerten Zug bereits unterbrochen. Als sich die Soldaten, die den Zug besetzt hielten, sich von uns in den Hügeln von Capiro umzingelt sahen, versuchten sie über den Schienenweg zu fliehen und gerieten mitsamt ihrer wundervollen Fracht auf eine Nebenstrecke, die vorher von uns zerstört worden war. Die Lokomotive und die Waggons sprangen aus den Gleisen, und es entwickelte sich ein interessanter Kampf, als wir die Soldaten mit Molotowcocktails aus dem gepanzerten Zug herausholten, in dem sie wunderbar geschützt waren und nur darauf warteten, aus sicherer Entfernung in angenehmen Positionen gegen einen fast wehrlosen Feind zu kämpfen. Bester Stil der Kolonisatoren gegen die Indianer im Wilden Westen Nordamerikas!

In diesen Positionen wurden nun die Soldaten durch die Guerilleros bedrängt, die aus geringer Entfernung mit Benzin gefüllte, brennende Flaschen auf den Zug warfen. Dieser verwandelte sich wegen seiner Panzerung in einen wahrhaftigen Backofen für die Soldaten.

In wenigen Stunden ergab sich die gesamte Mannschaft der 22 Waggons, mit ihren Luftabwehrkanonen, ihren Maschinengewehren und ihrer gewaltigen Menge an Munition (gewaltig natürlich im Vergleich zu unseren geringen Vorräten). Man hatte es sogar geschafft, das Hauptelektrizitätswerk sowie den ganzen Ostteil der Stadt einzunehmen, wodurch auch die Nachricht über den Rundfunk verbreitet werden konnte, daß Santa Clara sich fast vollständig in der Gewalt der Revolution befand.

Als ich diese Nachricht in meiner Funktion als Befehlshaber der Truppen von Las Villas verkündete, erinnere ich mich auch an den Schmerz, mit dem ich dem kubanischen Volk den Tod des Hauptmannes Roberto Rodríguez mitteilen mußte.

,El Vaquerito', wie er genannt wurde, war klein von Statur

und noch sehr jung. Er kämpfte als Anführer eines Selbst-mordkommandos, das mehrere hundertmal das Leben im Kampf für die Freiheit aufs Spiel gesetzt hatte. Dieses Kommando mit dem Namen ‚Pelotón Suicida' war ein Vorbild an revolutionärer Moral und ihm gehörten nur ausgewählte Revolutionäre an. Aber trotzdem geschah es, wenn ein Mann gefallen war, was in jedem Gefecht vorkam, und ein neuer Anwärter an seiner Stelle ausgewählt wurde, daß sich bei den Abgewiesenen Szenen des Schmerzes abspielten, ja selbst Tränen waren vorgekommen. Es war verwunderlich, diese abgehärteten, jungen und mutigen Kämpfer zu sehen, die Tränen vergossen, wenn sie nicht die ehrenvolle Position einnehmen konnten, an vorderster Kampf- und zugleich Todeslinie zu stehen.

Danach fiel die Polizeistation und lieferte die Panzer ab, von denen sie verteidigt worden war, und anschließend ergab sich in schneller Reihenfolge... die Kaserne Nr. 31, das Gefängnis, das Gericht, der Gouverneurspalast, das Grandhotel, in dem die Heckenschützen sich fast bis zum Schluß vom zehnten Stock aus verteidigten.

Zu diesem Zeitpunkt blieb nur noch die Kaserne Leoncio Vidal übrig, die Hauptfestung im Zentrum der Insel. Aber es war schon der 1. Januar 1959, und es gab Anzeichen für eine wachsende Schwäche unter den Verteidigungstruppen. Am Morgen dieses Tages sandten wir die Hauptmänner Nuñez Jiménez und Rodríguez de la Vega aus, um über die Kapitulation der Kaserne zu verhandeln.[1]

Die Nachrichten, die wir erhielten, klangen widersprüchlich und außergewöhnlich: Batista sei geflüchtet, was den Zusammenbruch des Oberkommandos des Militärs zur Folge hätte. Unsere beiden Abgesandten stellten daraufhin Kontakt zu Cantillo[2] her und unterbreiteten ihm das Angebot zur Kapitulation. Dieser lehnte jedoch mit der Begründung ab, dies

---

[1] Zu Anfang wollte Casillas Dumpuy, Befehlshaber des Regimentes von Leoncio Vidal und beauftragt mit der Verteidigung dieser Kaserne, ebenfalls verantwortlich für die Ermordung von Jesús Menéndez (kubanischer Gewerkschaftsführer), die Aufforderung zur Kapitulation nicht akzeptieren, aber dann verließ er seinen Posten und wollte verkleidet flüchten, wurde jedoch dabei verhaftet und erschossen.

[2] Als Batista flüchtete, blieb Cantillo als Oberbefehlshaber der Armee zurück.

sei ein Ultimatum und er hätte das Kommando über die Streitkräfte aufgrund präziser Instruktionen Fidel Castros übernommen. Wir setzten uns sofort mit Fidel in Verbindung und teilten ihm die Nachricht mit, teilten ihm aber zugleich unsere Einschätzung über das verräterische Verhalten Cantillos mit, worin er mit uns übereinstimmte. (Cantillo ermöglichte in diesen entscheidenden Augenblicken die Flucht aller wichtigen Verantwortlichen aus Batistas Regierung. Sein Verhalten war um so bedauerlicher, berücksichtigt man, daß er ein Offizier war, der mit uns in Kontakt stand und dem wir als einem Soldaten mit Ehrgefühl vertraut hatten.)

Die folgenden Ergebnisse sind allen bereits bekannt: die Weigerung Fidels, Cantillo anzuerkennen, Fidels Befehl, in die Stadt Havanna zu marschieren, und die Übernahme der Oberkommandos durch den Oberst Barquín aus dem Generalstab der Streitkräfte, nachdem dieser aus dem Gefängnis auf der Insel ,Los Pinos' entkommen konnte. Der Militärkomplex von Columbia wurde von Camilo Cienfuegos eingenommen, die Festung ,La Cabaña' von unserer Achten Kolonne und einige Tage später schließlich wurde Fidel Castro als Premierminister der Provisorischen Regierung eingesetzt. All diese Ereignisse sind Meilensteine der aktuellen politischen Geschichte unseres Landes.

Nun haben wir eine Position inne, in der wir mehr als nur einfache Machtfaktoren einer Nation sind, wir stellen in diesem Moment die Hoffnung des unerlösten Amerika dar. Aller Augen, die der großen Unterdrücker wie die der Hoffenden, sind fest auf uns gerichtet. Von unserem zukünftigen Verhalten, unserer Fähigkeit, die vielen Probleme zu lösen, hängt in starkem Maße die Entwicklung der Volksbewegungen in Amerika ab, und jeder Schritt von uns wird von den allgegenwärtigen Augen des großen Gläubigers bewacht und von den hoffnungsvollen Blicken unserer Brüder in Amerika verfolgt werden."

Ich möchte darauf hinweisen, daß Che diese Zeilen unmittelbar nach der Machtübernahme durch die Revolutionsarmee schrieb. Aus ihnen läßt sich ersehen, daß er mit größter Klarheit das sah, was heute in der Welt der Ausgebeuteten nicht mehr diskutiert werden braucht, wenn er sagt: „Wir stellen in

Monat Dezember des Jahres verstrich. Für die letzten Ta-
ieses Monats wurde der Sturz
r Batista-Diktatur vorausge-
t, aber es fehlte noch die Ein-
ne der Stadt Santa Clara, um
n Weg nach Havanna frei zu
chen. (Che bei der Einnahme
von Santa Clara.)

Am 1. Januar 1959 umschlossen die Comandantes Cienfuegos und
Guevara mit ihren Truppen Havanna, um dort wenig später mit ih-
rer kleinen Armee einzuziehen, die mit ihrem Enthusiasmus und
Mut den Größten Teil der Bevölkerung für sich gewinnen konnte.
(auf dem Foto links von Che: Camilo Cienfuegos.)

diesem Moment die Hoffnung des unerlösten Amerikas dar. Aller Augen, die der großen Unterdrücker wie die der Hoffenden, sind fest auf uns gerichtet."

Die Zeit gab Che recht.

BATISTA IST GESTÜRZT

Selbst für diejenigen, die direkt in die großen Ereignisse in Kuba verwickelt waren, war es damals schon schwierig zu verstehen und auf seine Richtigkeit nachzuprüfen, was dort geschah; ungleich schwieriger war es für uns, die wir unsere Informationen nur aus Nachrichten beziehen konnten, die die internationalen Nachrichtenagenturen verbreiteten und die sich wie ein fantastisches Kaleidoskop ausnahmen, da sie sich in den letzten Tagen vor Batistas Sturz von Stunde zu Stunde änderten. Aber schließlich kam die langersehnte Nachricht: „Batista ist gestürzt worden!"

Nachdem er in seinem Regierungspalast noch die Neujahrsfeier begangen hatte, floh Batista am Morgen des 1. Januar 1959 zusammen mit seinen ihm am nächsten stehenden Mitarbeitern und überließ viele, die ihn in seiner unheilsvollen Regierungszeit begleitet hatten, ihrem Schicksal. Es blieb nur noch das im ganzen Land verstreute Militär zu besiegen.

Der Comandante Camilo Cienfuegos hatte in einem letzten heftigen Angriff die Streitkräfte besiegt, die versucht hatten, ihn zu fangen. Am 1. Januar schlossen die Comandantes Camilo Cienfuegos und Ernesto Che Guevara in einer einzigen Operation ihre Truppen wie eine Zange um Havanna zusammen, in das sie kurz danach mit ihrer kleinen Armee eindrangen, die mit ihrem Enthusiasmus und ihrem Mut einen großen Teil der Bevölkerung der Insel auf ihre Seite gebracht hatte. Der Einzug gestaltete sich deshalb wie ein richtiger Triumphzug.

Alle Zeitungen der Welt verkündeten auf ihren Titelseiten die Nachricht dieses Ereignisses.

In Buenos Aires ließen die Zeitungsredaktionen ihre Sirenen erklingen. Die Bevölkerung feierte auf den Straßen. Der Sturz Batistas stellte auch einen schweren Schlag für Nordamerika dar, mit dessen Regierung unsere Bevölkerung nicht übereinstimmte, weil wir im allgemeinen jede Einmischung dieses Landes in Lateinamerika mit mißtrauischen Blicken verfolgten. Auf der anderen Seite genoß unser Volk eine gewisse Freiheit, denn es hatte den bitteren Geschmack der Diktatur bereits gekostet, die sich selbst den Titel „Befreiungsrevolution" gegeben und vor einigen Jahren die argentinische Republik beherrscht hatte.

Bei uns zu Haus waren die Gläser zum Prost auf den Sturz Batistas noch nicht abgesetzt, als eine schreckliche Nachricht eintraf. Ernesto sollte bei der Einnahme der kubanischen Hauptstadt gefallen sein. Dies versicherten wenigstens die Nachrichten aus Kuba. Wir glaubten den internationalen Telegrammen nicht ganz. Er war schon oft verletzt worden und hatte ebenso oft diese vermeintlichen Tode überlebt! Aber trotzdem versetzte uns jede dieser Nachrichten immer wieder einen Schlag. Ich setzte mich sofort mit Jorge Beruff, dem Verantwortlichen des „Komitees 26. Juli", in Argentinien in Verbindung, der die Zentrale in New York anrief, und zwei Stunden später erreichte uns die Berichtigung der Nachricht. Wir feierten die Neujahrsnacht voller Freude, da wir nun wußten, daß Ernesto lebte und Befehlshaber der Kaserne „La Cabaña" in Havanna war.

UNSERE FAMILIE REIST
NACH DEM TRIUMPH DER REVOLUTION
NACH KUBA

Die Euphorie schlug uns in ihren Bann — der Triumph der revolutionären Truppen erschien unglaublich. Die Angst zweier Jahre, die Tag für Tag in uns nagte, war verflogen. Obwohl jeder von uns versucht hatte, seine Besorgnis nicht zu zeigen, wußten wir doch alle, daß unsere Gedanken nur um einen einzigen Punkt kreisten: das Leben Ernestos.

Alles war nun verändert. Am 2. Januar 1959 brachten die Zeitungen alle möglichen guten Nachrichten. Die Spannung begann langsam von uns zu weichen. Endlich konnten wir uns etwas entspannen. Jener Wettlauf um Leben und Tod von 1956 bis zum 1. Januar 1959 war beendet. Der Weg war von Blut und Leichen bedeckt, aber der Mörder Fulgencio Batista war nicht mehr an der Macht. 20 000 Leben bereitete er in den Jahren seiner Herrschaft ein Ende. Jetzt sah die Situation gänzlich anders aus: Eine revolutionäre Regierung war gerade eingesetzt worden mit Dr. Urrutia an der Spitze, gestützt auf die Revolutionsarmee, befehligt von Fidel Castro.

Es begann ein neuer Kampf für die Revolutionäre, die Stabilität der Regierung mußte um jeden Preis gewahrt werden. Auf der anderen Seite lag der Wiederaufbau Kubas vor ihnen.

In Buenos Aires sprach man von nichts anderem. Ich hatte das Gefühl, als würde ich in der Luft schweben. Wir wurden von Familienangehörigen und Freunden mit Fragen bestürmt und antworteten, so gut wir konnten. Aber um die Wahrheit zu sagen, konzentrierte sich das Hauptinteresse unserer Familie auf Ernestos Leben. Und Ernesto lebte, der Krieg war vorbei.

Wir erhielten Hunderte von Glückwunschbriefen und -telegrammen. Inzwischen sind vierzehn lange Jahre[1] vergangen, und heute sagt mir die rauhe Wirklichkeit beim erneuten Lesen dieser Telegramme und Glückwunschkarten, daß ein guter Anteil derer, die uns damals beglückwünschten, sich heute auf die andere Seite gestellt haben, heute, wo die Revolution vor einem tiefen Umbruch steht. Für die Leute, die uns umgaben, bedeutete der Sturz Batistas eine Rückkehr zu einer Regierung nach „demokratischem" Muster, das heißt über Wahlen von Abgeordneten, Senatoren, einem Präsidenten usw.

Die Erfahrung zeigte uns, daß in dieser Art von Regierungen die meisten Widersprüche auftreten. Der Zustand, in dem Kuba sich befand, war so katastrophal, daß es notwendig war, so zu handeln, wie es getan wurde, um alles in die richtigen Wege zu leiten.

Das Glück war auf der Seite Kubas; für lange Zeit würde es nicht möglich sein, daß jene Art von Regierung wieder die Macht an sich reißen könnte. Die kubanische Revolution mußte sich in eine sozialistische Revolution verwandeln, und dann würde mit ihr die Befreiung Lateinamerikas vom imperialistischen Joch beginnen.

[1] Dieser Bericht wurde im Februar 1972 geschrieben.

Ich selbst verstand damals den Sinn dieser Revolution noch immer nicht in ihrem vollen Umfang — von Buenos Aires aus erschien alles wie in dicken Nebel gehüllt.

DIE REISE

Am 6. Januar erfuhr ich durch Dr. Beruff, daß Comandante Camilo Cienfuegos ein Flugzeug geschickt hatte, das meine Familie gemeinsam mit einigen Exilkubanern nach Havanna bringen sollte.

Wir begannen uns in aller Eile auf die Reise vorzubereiten. Einen Monat früher hätte ich nicht gewagt, von dieser Reise zu träumen, und jetzt mußten wir uns beeilen, da das Flugzeug kurz vorher bereits von Kuba aus in Richtung Buenos Aires gestartet war.

In Vertretung der ganzen Familie würden Celia und ich, gemeinsam mit unserer Tochter Celia und unserem Sohn Juan Martín fahren. Die beiden anderen Kinder, Roberto und Ana María, konnten nicht mitkommen, da ihre Arbeit ihnen keine Zeit dazu ließ.

Es kam die Stunde der Abreise.

Wir kamen am Flughafen Ezeiza an, wo das Flugzeug der kubanischen Luftlinie bereits wartete. Ich stellte mich dem Kapitän vor, und während ich mich mit ihm unterhielt, beobachtete ich, wie die exilierten Kubaner mit ihren übervollen Koffern ankamen. Ich erinnere mich, daß einer von ihnen, Luis Conte Agüero (der später ein fürchterliches Verhalten gegenüber der revolutionären Regierung an den Tag legte), nicht weniger als hundert Bücher mitnehmen wollte.

Ich sah mit einiger Besorgnis auf all das Gepäck und wandte mich an den Kapitän mit den Worten: „Lieber Freund, wir müssen die Kordilleren der Anden in einer Höhe von mehr als 6000 Meter überfliegen! Und wenn noch mehr von diesen Kubanern mit soviel Gepäck ankommen (wobei ich mich besonders auf Conte Agüero bezog), befürchte ich, daß wir nicht über die Kordilleren kommen. Vergessen Sie nicht, daß ich mit meiner Familie reise."

Der Kapitän sah mich lächelnd an und antwortete mir: „Herr Guevara, und vergessen Sie bitte nicht, daß ich auch in diesem Flugzeug bin. Oder glauben Sie, daß ich so unvorsichtig bin und die Maschine mit mehr Gewicht belade, als sie verkraften kann? Ich kann Ihnen versichern, daß wir Buenos Aires nicht mit einem Gramm mehr als dem zugelassenen Gewicht verlassen werden."

Und so geschah es auch. Wenige Minuten später verabschiedeten wir uns von unseren Freunden und dem Rest der Familie. Wir stiegen über unserer Stadt in die Höhe und nahmen Kurs auf Mendoza. Die Überquerung der Kordilleren verlief tadellos. Ich kannte sie gut, hatte ich sie doch, als ich erst zwanzig Jahre alt war, auf einem Maultier überquert. Jetzt legten wir in wenigen Minuten den Weg zurück, für den ich damals mehrere Tage benötigt hatte.

Unter den Tragflächen tauchten Orte auf, die ich sofort wiedererkannte. Hinter uns blieben die mit Schnee bedeckten Gipfel des Tupungato und des Aconcagua zurück; Minuten später landete das Flugzeug in Santiago de Chile, wo uns bereits viele Journalisten und Schaulustige erwarteten.

Wir aßen im Flughafengebäude zu Mittag und hoben kurz darauf wieder ab. Ich hatte nie zuvor eine derartig lange Reise in einem Flugzeug gemacht. Während ich an Ernesto und das große Glück dachte, das er gehabt hatte, wie zufrieden er jetzt in Havanna war und an alles, was wir dort erleben würden, verbrachte ich die Zeit damit, unter den Tragflächen des Flugzeugs die neue, mir nicht bekannte Landschaft zu betrachten.

Noch in der Nacht überflogen wir Peru, und am frühen Morgen teilte uns ein Rumpeln mit, daß wir gelandet waren. Wir hatten den Flughafen von Guayaquil erreicht und verließen das Flugzeug. Die Hitze war unerträglich. Wir hielten uns vier Stunden auf, und erst später erfuhr ich, daß diese Verzögerung auf eine notwendige Reparatur am Fahrgestell zurückzuführen war. Die Passagiere waren davon nicht unterrichtet worden.

Um sechs Uhr morgens konnten wir die Reise fortsetzen, und kurz danach überflogen wir in einer Höhe von 7000 Metern den Panamakanal. Dabei gab es einen Augenblick, in dem wir vom Flugzeug aus die Landenge sahen, die die beiden Ozeane, den Atlantik und den Pazifik, teilt. In der Tiefe zeigte eine Linie den Kanal an, und die Schiffe darauf sahen wie kleine schwarze Punkte aus. Wie rote Punkte waren die Dächer einiger Villen an den Küsten auszumachen. Kurz darauf sahen wir nur noch Wasser und Wolken unter uns.

Gegen Mittag forderte uns die Stewardess über Mikrofon auf, die Gurte anzulegen, da wir fünfzehn Minuten später auf Rancho Boyeros, dem Hauptflughafen Havannas, landen würden. Bis hierhin hatten wir freie Sicht, doch jetzt bedeckte sich der Himmel mit dicken Wolken, so daß wir den Erdboden nicht sehen konnten. Das Flugzeug begann, große Kreise zu ziehen. Es waren schon fünfzehn, zwanzig, dreißig Minuten vergangen, und die Maschine flog weiter im Kreis. Die Passagiere begannen, sich zu beunruhigen. Die Stewardess gab nichts weiter bekannt. Ich konnte ab und zu durch ein Loch in den Wolken ein paar rote Dächer sehen. Plötzlich wurde es ganz hell, unser Flugzeug tauchte in die Wolkendecke ein, und Sekunden später setzten wir ohne Schwierigkeiten auf.

Kaum war die Rolltreppe herangefahren, sprang ich aus dem Flugzeug und küßte auf einem Bein knieend kubanischen Boden.

DIE ANKUNFT

Wir waren sofort von einigen bärtigen Soldaten, mit ziemlich schmutzigen Uniformen und mit Gewehren oder Maschinenpistolen bewaffnet, umgeben. Es folgten die offiziellen Begrüßungen, und wir hatten es eilig, ins Innere des Flughafengebäudes zu kommen, wo Ernesto uns erwartete. Ich habe es nachher so verstanden, daß ihm eine Überraschung bereitet werden sollte, und so erfuhr er erst einige Minuten vorher von unserer Ankunft.

Meine Frau lief in seine geöffneten Arme und konnte das Schluchzen nicht unterdrücken. Eine Menge Fotografen und Fernsehkameras dokumentierten die Szene. Wenig später umarmte ich meinen Sohn. Ich hatte ihn sechs Jahre lang nicht gesehen.

Ich war noch nie in Havanna gewesen. Bevor wir zu dem Hotel gelangten, das uns als Unterkunft bestimmt war, sahen wir schon die hohen Wolkenkratzer. Das Auto suchte sich seinen Weg durch die Menschenmenge, die ihre Freude über den

Triumph der Revolution zeigte und feierte. Inmitten dieser Menge befanden sich schlecht gekleidete Soldaten, fast alles bärtige Männer, von der Sonne verbrannt, die sich nicht von der Bevölkerung unterschieden. Die meisten bewegten sich ungezwungen, trugen ihre Waffen ohne jegliche Sorge, manchmal sogar über ihren Köpfen schwingend. Viele von ihnen trugen Ketten mit der Madonna oder einem Christus aus Samenkernen von Bäumen, einige sogar Ketten aus Hundezähnen. Ihre mangelnde Disziplin war beeindruckend, aber es gab etwas, das über dem ganzen Panorama schwebte: die ungeheure Freude und Euphorie. Sie schrieen, sangen und einige tanzten. Wenige Minuten später erreichten wir das Hilton-Hotel, das heutige „Habana Libre", und erhielten Unterkunft im 16. Stockwerk.

IM HILTON HOTEL

Am nächsten Morgen aßen wir gemeinsam mit Ernesto im Wohnzimmer des Apartments, das man uns zugeteilt hatte. Es gab einen großen Tisch in der Mitte des Zimmers. Wir waren kaum eingetreten, als eine ganze Gruppe von Soldaten und Offizieren hereinkam, die Ernesto mit großer Kameradschaft auf die Schulter klopften und uns alle begrüßten. Die ganze Atmosphäre war von großer Freude und Ausgelassenheit erfüllt. In diesem Hin und Her und Raus und Rein lernten wir fast die ganze Gruppe kennen, die Seite an Seite mit Ernesto im revolutionären Krieg gekämpft hatte. Die Kubaner reden im allgemeinen nicht nur mit dem Mund, sondern auch mit den Händen. Ihre Euphorie weckte unsere Aufmerksamkeit wie auch die Art, in der sie sich unterhielten: sehr schnell und viele Silben verschluckend. Mit Gesten, Handbewegungen und Lachen zeigten sie ihre Freude. Die Revolution hatte gesiegt, und sie machten sich jetzt daran, zusammen mit Che in einem der luxuriösten Hotels von Havanna zu Mittag zu essen.

Außer jenen Uniformierten näherte sich uns auch eine Gruppe von Leuten in Zivil, um uns zu begrüßen. Ich erkannte unter ihnen einige derjenigen wieder, die in Buenos Aires mit dem „Komitee 26. Juli" in Verbindung standen.

Wir nahmen an dem großen Tisch Platz. Wir hatten in unserem Gepäck einige Flaschen Rotwein mitgebracht, da wir uns daran erinnerten, wie gern Ernesto ihn getrunken hatte. Seine Augen wurden feucht, als er die Flaschen sah mit den gleichen Etiketten, wie sie bei uns zu Haus immer auf dem Eßtisch standen. Vor seinen Augen tauchten jetzt bestimmt liebgewordene Erinnerungen an jene glücklichen Tage auf, als die ganze Familie zusammen in Buenos Aires lebte.

Wir wünschten, diesen denkwürdigen Moment in all seiner Intensität festzuhalten, aber er verging wie ein Blitz. Die Gefühle, die uns dabei erfüllten, können nicht wiedergegeben werden.

Die ganze Gruppe von Soldaten und Offizieren nahm am Tisch Platz, und ich erinnere mich besonders gut an Camilo Cienfuegos, der sich gegenüber Ernesto mit großer Kameradschaft und Vertrautheit verhielt. Wir wußten bereits, daß sie enge Freunde waren.

Es stachen die sonnenverbrannten, bärtigen Gesichter der Kämpfer hervor, die auf ihren verblichenen Uniformen immer noch die Spuren des Kampfes trugen.

Heute, viele Jahre nach diesem Essen, ist es für mich schwierig, diesen Moment wiederzugeben; wir versäumten die Gelegenheit, jene unterschiedlichen Stimmen aufzunehmen, die von ihren Erlebnissen erzählten. So feierten wir den Triumph der kubanischen Revolution zusammen mit den Kubanern, die die Ankunft von Ches Angehörigen in Havanna feierten!

Die Trinksprüche wechselten sich ab mit Ausrufen und Gelächter. Jetzt saßen wir den Siegern gegenüber, diesen unglaublichen Siegern, und Ernesto war einer von ihnen. In seinem Äußeren, seinem Gesichtsausdruck, seiner Freude sah er aus wie jener junge Mann, der Buenos Aires vor mehr als sechs Jahren an einem kalten Juliabend verlassen hatte. Vom Wohnzimmer aus sahen wir durch die großen Fenster im 16. Stock des Hilton-Hotels die Gebäude des Vedado-Viertels mit seinen hohen Wolkenkratzern. Von weitem zeigte der ‚Morro’ seine imponierenden der Bucht zugewandten Steinmauern. Dahinter war das Grün des windstillen Meeres unter einem strahlendblauen Himmel zu sehen.

Die Atmosphäre riß uns alle mit. Wir konnten uns nicht recht vorstellen, daß dieser grausame Krieg beendet war. So wie uns früher, in trüben Momenten während des Krieges, der Sieg unmöglich erschienen war, fanden wir es jetzt undenkbar, daß diese Revolution besiegt werden könnte.

Aber uns gegenüber hinter jenem so ruhigen Meer, nicht weiter als 80 Meilen entfernt, zielte die Speerspitze der Vereinigten Staaten bereits auf das Herz Kubas.

EIN MENSCHENMEER

Das Hilton-Hotel war ein Beispiel moderner Architektur; seine Salons waren großzügig aufgeteilt und sorgfältig dekoriert. Das Gebäude selbst war sechsundzwanzig Stockwerke hoch. Viele Ausländer wohnten im Hotel, und das Erdgeschoß flutete über von Menschen. Viele gingen aus und ein: Journalisten mit ihren Fotoapparaten, Kameraleute, Leute aus der Bevölkerung, gut gekleidete Ausländer, Offiziere anderer Länder, Hotelkellner in ihren tadellosen Uniformen, Soldaten und Offiziere der Revolutionsarmee in ihren Felduniformen, die dem Ganzen die fröhlichste Note verliehen.

Ich erinnere mich, wie ich in einem riesigen Fahrstuhl vom 24. Stock aus hinunterfuhr. Auf einem anderen Stockwerk stieg ein Nordamerikaner mit seiner Frau zu. Er, gekleidet in einem weißen Smoking, sie in einem festlichen Abendkleid. Als wir unten ankamen, öffneten sich die automatischen Türen, und wir erblickten einen bärtigen Soldat, der auf dem Boden quer vor der Tür lag mit seinem Gewehr zwischen den Beinen. Der Mann ruhte sich aus, und da es bestimmt das erste Mal war, daß er in seinem Leben einen Fahrstuhl sah oder ein Hotel dieser Art, fand er es sehr bequem, den Fahrstuhl von dieser Position aus zu erwarten. Der Nordamerikaner verstand es nicht und seine Frau noch weniger. Sie wichen voller Schrecken zurück, und erst als sie bemerkten, daß die Kubaner sich über diese Szene belustigten, stiegen sie voller Mißtrauen aus dem Fahrstuhl. Draußen vor dem Hotel wogte eine riesige Menschenmenge.

DAS VOLK
IST AUSSER SICH VOR FREUDE

Havanna machte eine tiefgehende Veränderung durch. Auf der einen Seite kam die ganze Revolutionsarmee von allen Teilen der Insel herbei: Die Soldaten waren schmutzig, barfuß, fast zerlumpt, mit den unterschiedlichsten Kleidungsstücken, in großer Unordnung. Die meisten von ihnen hatten noch nie eine Stadt wie Havanna gesehen, viele von ihnen vielleicht noch nicht einmal eine Kleinstadt. Es gab Analphabeten unter ihnen, die man kaum verstehen konnte, Campesinos, die Tag für Tag ihr Leben aufs Spiel gesetzt hatten und jetzt vom Volk mit Applaus und Umarmungen gefeiert wurden. Diese Campesinos betrachteten jetzt verblüfft die Wolkenkratzer und den ganzen Luxus, von dem sie bislang nicht einmal träumen konnten. Auf der anderen Seite eine Invasion von Yankees und Europäern, die die großen Hotels bevölkerten. Sie alle wollten dieses neue soziale Phänomen sehen, und auf diese Weise entstand eine eigentümliche Mischung aus herausgeputzten, „feinen" Leuten mit einfachen und schlichten Menschen, den Soldaten Fidel Castros. Ohne jegliche Förmlichkeit marschierten sie wie freigelassene Tiere ganz nach ihrem Belieben durch die große Stadt. Außerdem war es ihre Stadt, denn sie hatten die Revolution gemacht. Sie fühlten sich sicher, obwohl sie all die gutgekleideten Leute, die ihnen über den Weg liefen, mit mißtrauischen Blicken betrachteten.

GESPRÄCH MIT ERNESTO

Diese Tage waren für uns unvergeßlich. Wir sahen Ernesto immer, wenn es ihm möglich war, besser gesagt, wenn seine Beschäftigungen es ihm erlaubten, sich mit uns zu unterhalten. Aber er fand immer wieder Zeit dafür.

Eines Abends kam Ernesto uns im Hotel besuchen. Ich nahm den Augenblick wahr, um ihn zu bitten, sich allein mit mir in ein Zimmer zurückzuziehen. Ich wollte unter vier Augen mit ihm sprechen, ohne daß wir von jemandem dabei gestört würden. Ich hatte es schon länger beabsichtigt, aber er war immer beschäftigt gewesen, führte Befehle aus oder war von seinen Aufgaben voll beansprucht.

Wir traten in das Zimmer ein, und er setzte sich ganz ruhig hin. Er hatte sich sehr verändert. Als er uns verlassen hatte, war er noch bartlos gewesen, jetzt bedeckte ein spärlicher Bart einen Teil seines Gesichtes. Auch war er sehr dünn geworden und von der Sonne verbrannt. Er sprach langsam und mit Pausen, aber seine Augen waren dieselben wie immer, forschend und spöttisch. Er pflegte üblicherweise äußerst schnell zu sprechen, die Ideen häuften sich in ihm, und er fand keine Zeit, um sie auszudrücken. Früher war er auch sehr nervös gewesen und verschluckte manchmal ganze Wörter. Jetzt saß er mir gegenüber, und er erschien mir ernster; er überlegte, bevor er antwortete, etwas, was er bislang nie getan hatte. Ich fragte ihn, was er mit seinem Beruf als Arzt tun würde.

Er sah mich an, überlegte einen Moment und antwortete mit dem Anflug eines Lächelns: „Mit meiner Medizin? Schau mal, Vater, da du ja auch Ernesto Guevara heißt wie ich, kannst du an der Tür zu deinem Konstruktionsbüro ein Schild mit deinem Namen und der Aufschrift ‚Arzt‘ darunter anbringen und kannst anfangen, Leute umzubringen, ohne Schwierigkeiten zu bekommen." Er lachte über seinen Witz.

Ich beharrte jedoch auf meiner Frage und danach wurde er ernst und antwortete: „Über meinen Beruf als Arzt kann ich dir sagen, daß ich ihn schon vor einiger Zeit aufgegeben habe. Ich bin jetzt ein Kämpfer, der daran arbeitet, eine Regierung zu unterstützen. Was aus mir werden wird? Ich selbst weiß nicht, in welchem Teil der Erde ich einmal meine Knochen lassen werde."

Ich verstand nicht richtig, was Ernesto mir sagen wollte. Er war erst kurz vorher mit den siegreichen Truppen in Havanna eingezogen. Ich erwartete von ihm, daß er mir sagen würde, er bliebe eine Zeitlang dort, um dies oder jenes zu tun, aber er antwortete mir, daß er nicht wüßte, was aus ihm würde.

Ich werde diesen Satz nie wieder vergessen, denn seine Aussage war mir ein Rätsel und viele Leute wollten es gern mit seinem Verschwinden aus Kuba in Verbindung bringen und seinem Auftauchen als revolutionärer Kämpfer in weit entfernten Ländern.

Danach sprachen wir über Familienangelegenheiten und ich sagte zu ihm: „Che, mein Lieber, du hast getan, wozu du

Lust hattest. Du bist in diese Ecke der Welt gekommen und sechs Jahre lang herumgekommen, jetzt bin ich an der Reihe. Warum kommst du nicht nach Argentinien zurück, kümmerst dich um die Familie, gibst mir ein altes Gewehr, damit ich mich in die Berge verziehen kann?"

Er lachte. In den Stunden, die wir so im Gespräch verbrachten, tauchten viele alte Familienepisoden wieder vor uns auf, und wir brachten uns gegenseitig auf den neusten Stand der Dinge.

Er erschien mir als ein veränderter Mensch. Es fiel mir schwer, in ihm den Ernesto aus unserem Haus, den Ernesto des täglichen Zusammenlebens zu sehen. Eine riesige Verantwortung schien auf ihm zu lasten. Das war keine Show von ihm, er hatte dies nie getan. Um all das zu verstehen, was ich damals noch nicht erfaßte, habe ich leider viel Zeit und viele Stunden des Nachdenkens benötigt.

Ernesto kannte bei seinem Einzug in Havanna bereits seinen zukünftigen Weg. Er war sich seiner Persönlichkeit bewußt und verwandelte sich in einen Menschen, dessen Glauben an den Sieg seiner Ideale fast an Mystik grenzte.

Aber sein Verhalten uns gegenüber hatte sich nicht verändert. Er war während der ganzen Zeit sehr liebevoll gegenüber der Familie.

DAS HAVANNA JENER TAGE

Havanna zählte damals ungefähr eine Million Einwohner. Die Altstadt war am Ufer einer Meeresbucht errichtet worden, mit typisch kolonialen Straßen, eng und gewunden. Die Gebäude sahen genauso aus wie vor dreihundert Jahren. Die Bewohner dieser Häuser lebten ohne jeglichen Komfort, ihre Unterkünfte ähnelten den Hinterhöfen bei uns zu Hause. Viele dieser Häuser waren halb verfallen und machten einen schmutzigen und ungesunden Eindruck.

Auf der anderen Seite eine moderne Architektur nordamerikanischen Stils, von guten Architekten entworfen, wie man sie in den Vierteln der begüterten Leute wie in Miramar, Marianao, El Vedado sehen konnte. Wohldurchdachte Konstruktionen inmitten wundervoller tropischer Gärten. Luxuriöse

Viertel, an denen man sehen konnte, daß für die Bauten Geld in Hülle und Fülle ausgegeben wurde. Man sollte auch nicht vergessen, daß Havanna ein Vergnügungsziel der nordamerikanischen Millionäre war.

In anderen Gegenden, die etwas anders gestaltet waren und einen ganz besonderen Charakter besaßen, sah man noch den typisch spanischen Baustil der Kolonialzeit. Ein- oder zweistöckige Häuser, mit eleganten Säulen, die die Balustraden an der Frontseite abstützten — alle in lebhaften Farben gestrichen und voneinander durch große Freiflächen getrennt. Und schließlich gab es ganz in der Nähe des Stadtzentrums von Havanna, wenn man auf das Meer hinausblickte, eine Gruppe von riesigen Wolkenkratzern, die über den Rest der niedriger gebauten Stadt hinausragten. Wir nutzten die Gelegenheit, diese großen Hotels kennenzulernen, die nach den höchsten Komfortansprüchen gebaut waren. Ein Teil der Stadt war vom Meer abgetrennt durch einen großen Boulevard, „Malecón" genannt, eine Uferpromenade, auf der sich die Bevölkerung an heißen Tagen aufhielt.

Nur wenige Kilometer von der Hauptstadt entfernt erstreckten sich an den Stränden entlang die Badeorte. Als wir in Havanna ankamen, begann gerade der Winter auf Kuba, und deshalb waren die Strände menschenleer, aber wir konnten herrliche Villen sehen, die bis nah an die Strände herangebaut waren und die sich im Sommer mit Touristen aus aller Welt füllten.

Die vornehmsten Clubs, für die Kuba berühmt war, lagen an der Küste nahe der Hauptstadt, und wir konnten die große Anzahl von Jachten sehen, die an den Ankerplätzen lagen. Wir erlebten einen Überfluß von Luxus, dem wahrscheinlich bald ein Ende bereitet würde.

Wir nahmen an einigen Veranstaltungen teil, wie sie typisch für Havanna waren: das luxuriöse Kabarett „Tropicana" mit seiner Tanzgruppe und seinen Shows, die internationales Ansehen genossen sowie an Parties in Nachtbars, in denen die wohlhabenden Leute immer noch ihr Geld verschleuderten. All diese Orte habe ich zehn Jahre später wiedergesehen, als alles verändert war, da diese Gesellschaftsschicht mit ihrem gutem Einkommen verschwunden war und sie es gewesen war, die diese Veranstaltungen getragen hatte.

Die Revolution machte Schluß mit diesen Klubs, Badeorten, Hotels, Palästen und Residenzen, indem sie diese in Staatseigentum überführte, so daß sich heute die Bevölkerung an den Orten erholt, die ihr vorher verschlossen waren. All diese herrlichen Bauten, die wundervollen Badeorte, die Promenaden und die Jachtklubs stehen heute der Bevölkerung zur Verfügung.

Eines Nachmittags besuchten wir ein kleines schönes Fischerdorf namens Cojímar nur wenige Kilometer von der Hauptstadt entfernt. Dieses Dorf, mit seinen einfachen Holzhäusern und seinen bäuerlichen Bewohnern, besitzt einen ganz besonderen Reiz. Dort ließ sich der berühmte nordamerikanische Schriftsteller Hemingway zu seinem wundervollen Werk „Der alte Mann und das Meer" inspirieren. Es schien, als hätte sich an diesem Ort die ganze Ruhe und der Frieden konzentriert, der im restlichen Kuba zu jenem Zeitpunkt nicht anzutreffen war.

DIE PRESSEKONFERENZ IM
HILTON-HOTEL

Als wir wieder in Havanna ankamen, fand im Hilton-Hotel eine Pressekonferenz statt. Zahlreiche Journalisten interviewten Dr. Fidel Castro, und ich nahm die Gelegenheit wahr, ihn sprechen zu hören.

Die Konferenz fand in einem der höheren Stockwerke statt, in einem der dort befindlichen Salons. Mehrere Fernsehanstalten sowie Journalisten aus aller Welt und zahlreiche Dolmetscher waren anwesend. Ich hatte den Auftrag, eine Tageszeitung aus Buenos Aires zu vertreten.

Fidel saß auf einer Art Estrade, bekleidet mit seiner Uniform und dem Abzeichen des „Comandante en Jefe". Er machte einen etwas korpulenten Eindruck. In aller Natürlichkeit saß er dort und antwortete wohlüberlegt und ernsthaft auf die Fragen, die man ihm stellte, während er mit einer Hand an seinem schwarzen Bart spielte und mit der anderen Hand gestikulierte, mal den Zeigefinger erhebend, um etwas aufzuzeigen, andere Male, um einer Sache besonderen Nachdruck zu verleihen, dann wieder zeigte er drohend in die Luft.

Natürlich wurde er mit Fragen durchlöchert, von denen viele sehr verfänglich waren. Fidel beantwortete sie bedächtig, und jedes Mal, wenn man ihm eine Falle stellen wollte, umging er sie mit großer Geschicklichkeit und Ironie. Er gab eine Galavorstellung der Kenntnisse über die Revolution und sprach nicht nur als Guerillero, sondern als Staatsmann, Politiker, Soziologe und Volksführer. Er besänftigte den Argwohn der mißtrauischen Frager, und es gab keinen Zweifel, daß er über die politische und sozioökonomische Situation Kubas sowie der Welt bis ins Detail Bescheid wußte.

Da man in dieser Zeit schon den Verdacht hegte, daß die Regierung Fidel Castros einen linken politischen Anstrich haben würde, kamen die Fragen, ob seine Regierung sozialistisch oder kommunistisch sein würde, wie aus der Pistole geschossen. Fidel umging diese Fragen mit großer Eleganz, wenn sie zu direkt gestellt waren — dabei waren seine Antworten immer sehr präzise. Als er schloß, näherte ich mich ihm, um ihn zu begrüßen. Er war sehr liebenswürdig mir gegenüber. Während er davonging, unterhielt er sich mit den Leuten, die ihn umgaben, wobei er sie alle um fast einen halben Kopf überragte. Ich weiß nicht, ob er Begleitschutz hatte, aber sein Verhalten war so aufrichtig und einfach, daß es einem unmöglich erschien, jemand könnte ihn angreifen.

Andere Male sah ich ihn aus einem Jeep steigen, um sich einer Gruppe von Arbeitern zu nähern, mit ihnen zu sprechen, sie zu begrüßen und dann wieder in sein Auto zurückzukehren, ohne daß er irgendeine Vorsichtsmaßnahme getroffen hätte. Dies deshalb, weil Fidel ein Mann ist, der sich mit dem Volk identifiziert, und es unvorstellbar ist, daß sich ihm jemand nähert, ohne daß seine Mitarbeiter es bemerken, sollte dies in agressiver Absicht geschehen. Er spricht die Sprache des Volkes und erreicht das Herz der Kubaner, da er selbst einer der ihren ist und die Bedürfnisse seines Volkes sehr genau kennt.

Ich habe ihn bei vielen Gelegenheiten gehört und bin zu dem Schluß gekommen, daß er ein genialer Anführer seines Volkes ist, sowie ein äußerst gebildeter Mann mit viel Talent.

ERNESTO STELLT SICH FÜR
EINE REPORTAGE ZUR VERFÜGUNG

Die Zeitungen, in ihrer großen Mehrheit vorher Batista-freundlich, wimmelten weiterhin von Nachrichten über die Ereignisse auf Kuba. Jetzt hatten sie natürlich ihre politische Einstellung verändert und versuchten, sich der Revolution anzudienen. Auf ihren Seiten erschienen eine Unmenge von Reportagen über Revolutionäre, und auf diese Weise erfuhr ich Genaueres von vielen Heldentaten, die ich aus den Kriegsberichten bereits kannte, die uns über das „Komitee 26. Juli" aus New York in Buenos Aires erreicht hatten.

In einer Zeitung aus Havanna wurde ein Interview mit dem damaligen Comandante Ernesto Che Guevara veröffentlicht. Der Journalist stellte ihm unter anderem folgende Frage: „Comandante, welches war der ergreifendste Moment in ihrem Leben als Guerillero?" Ernesto antwortete, ohne zu zögern: „Als ich die Stimme meines Vaters am Telefon hörte, wie er mich aus Buenos Aires anrief. Ich bin schon seit sechs Jahren nicht mehr in meinem Land gewesen."

Ich war gerührt, als ich diesen Artikel las. Nach der Lektüre des Artikels verstand ich etwas besser, welche Entscheidung Ernesto dazu gebracht hatte, für die Befreiung eines der unterdrücktesten Völker Amerikas zu kämpfen — und dieses Volk war nicht sein eigenes, sondern ein Brudervolk.

Die ganzen Jahre der Trennung hatten die Kommunikation zwischen meinem Sohn und seiner Familie etwas unterbrochen. Diese Worte Ernestos, knapp und fast trocken, verrieten die starke Zuneigung, die er immer für uns gehegt hatte; trotzdem hatte er eine Tochter, Frau, Eltern, Geschwister und Freunde zurückgelassen, um sich völlig einer Sache zu widmen, die er für gerecht hielt.

DER COMANDANTE
CAMILO CIENFUEGOS

Eines Morgens erhielt ich die Einladung des Comandante Camilo Cienfuegos zum Essen, und so trafen wir uns in der Bar des Hilton-Hotels. Er war ein äußerst sympathischer Mann, zierlich, klein, mit etwas fahrigen Bewegungen; er trug einen langen Bart, der ihm bis auf die Brust ging, sowie schulterlange Haare. Es war eine seltsame Lebendigkeit in seinem Blick, und er schien alles zu verstehen: Bevor man eine Frage aussprechen konnte, hatte er schon die Antwort parat, und zwar immer mit einem netten Scherz oder einem treffenden Adjektiv verbunden.

Wir nahmen einen ganzen Tisch in Anspruch. Auf dem Foto sieht man neben ihm zwei Kubaner, die — so glaube ich — später in einem Gefecht fielen. Mit am Tisch saßen ein argentinischer Gewerkschaftler, Armando March, ein Jugendfreund Ernestos, sowie der Leutnant San Martín, ein anderer Argentinier, der sich den revolutionären Truppen angeschlossen hatte.

Während des Essens hatte ich viel Zeit, um mich mit Camilo zu unterhalten. Nachdem wir zu Ende gegessen hatten, begleitete er mich nach oben in mein Appartement, und wir unterhielten uns dort weiter. Wie immer lachte Camilo viel und machte Witze.

„Wissen Sie, daß ich der einzige war, der Che jemals gefangengenommen hat?" Er blickte in die Gesichter derjenigen, die um ihn herumstanden, um die Überraschung zu sehen. Dann erzählte er: „Wir waren mit Che losgezogen, um eine Aktion durchzuführen. Er ging auf die eine Seite, ich auf die andere. Plötzlich gelangten wir an ein freies Feld, und ich konnte bewaffnete Leute ausmachen, die sich auf die Erde warfen und zu schießen begannen. Wir hatten einen kurzen Schußwechsel, als ich plötzlich sah, wie ein Gewehr mit einem weißen Taschentuch an der Spitze gezeigt wurde. Das war das Zeichen, daß er sich ergab. Ich lief auf ihn zu, und sie können sich meine Überraschung vorstellen, als ich sah, daß es Che war. Er hatte vorher bereits bemerkt, daß wir einem Irrtum aufgelaufen waren, und es war ihm die Idee mit dem Taschentuch gekommen, um zu vermeiden, daß es zu Verlusten käme."

Camilo lachte und sagte, daß jedesmal, wenn er Ernesto auf die Palme bringen wollte, er ihn daran erinnerte, wie er ihn zum Gefangenen machte.

Indem er das Thema wechselte, fragte er mich: „Wissen Sie, Guevara, wer Mujal[1] gewesen ist?" Da ich ihm antwortete, daß ich nur flüchtig von ihm gehört hatte, fuhr er fort: „Er hatte sich an die Yankees und an das Batistaregime verkauft in seiner Funktion als Gewerkschaftsführer Kubas. Wenn Sie wüßten, wie gut ich auf ihn zu sprechen war! Und wissen Sie, was geschah? Ausgerechnet ich, der ich noch nicht einmal seinen Namen hören konnte, mußte ihn vor dem Lynchen retten."

Er erzählte uns, daß Mujal nach Batistas Sturz in der argentinischen Botschaft um Asyl gebeten hatte, und nachdem er alle Formalitäten erledigt hatte, erhielt Cienfuegos den Auftrag, ihn zu bewachen. Er erzählte, daß es auf dem Weg zum Flughafen Rancho Boyeros, von wo aus er nach Argentinien fliegen wollte, einen Überfall auf die Landebahn gab und eine Gruppe von Männern versuchte, Mujal zu greifen und zu töten.

„Und ich mußte dies mit aller Gewalt verhindern und diesen Verräter verteidigen!" sagte er. Aus einer anderen Quelle erfuhr ich später, daß Mujal tatsächlich mit einem Flugzeug abgereist war. Nach einer Flugstunde mußte die Maschine jedoch wegen Motorschadens zurückkehren. Mujal glaubte sich bereits verloren und sank in seinem Sitz in sich zusammen, da er dachte, daß niemand ihn beschützen würde. Doch das Flugzeug flog unter chilenischer Flagge und der chilenische Konsul setzte sich auf dem Flughafen für ihn ein, stellte ihn unter den Schutz der Regierung und schützte ihn auf diese Weise vor der revolutionären Justiz.

Ich brachte weiterhin in Erfahrung, daß er bei seiner Ankunft in Buenos Aires von nordamerikanischem Botschaftspersonal empfangen wurde, das ihn zum Hotel Continental begleitete. Dort meldete er sich an und verließ das Hotel sofort wieder. Einige Stunden später befand sich Mujal bereits in einem Hotel in New York.

---

[1] Kubanischer Gewerkschaftler, der unter Batista aktiv war und dem es gelungen war, die Arbeitervertretungen nach seinem Belieben zu dirigieren. Nach seinem Tod hinterließ er ein Vermögen von 18 Mio. US Dollar.

Ich fragte Cienfuegos nach seinem bisherigen Lebenslauf und dem Beginn seiner Guerillaaktivitäten.

„Ganz einfach", sagte er, „ich arbeitete im Untergrund und mußte einmal in die Vereinigten Staaten fliehen, danach weiter nach Mexiko, wo ich mich mit Fidels Leuten in Verbindung setzte." Es war ein Vergnügen, sich mit ihm zu unterhalten. Ich wußte von anderen Guerillaführern, daß er einer der mutigsten und fähigsten Männer war, über den die revolutionären Truppen verfügten.

DER COMANDANTE JUAN ALMEIDA

Der Comandante Almeida war einer der besten Freunde Ernestos. Sie hatten sich gemeinsam in Mexiko vorbereitet und dann auf der „Granma" eingeschifft. Er befand sich auch an Ernestos Seite während des Hinterhaltes von Alegría de Pío, als dieser von einer Maschinengewehrkugel getroffen und verletzt wurde. Er begleitete Fidel bei dem Angriff auf die Moncadakaserne, und seine revolutionäre Geschichte war lang. Er war einer der ersten, der den Rang eines Comandante erhielt, und war einer der Männer, denen Fidel am meisten vertraute. Er war eher untersetzt, schlank, sehr einfach in seiner Art und durchsetzte alles, was er sagte, mit einem netten Spruch.

Ereignisse, die andere als Heldentaten bezeichnet hätten, waren für ihn nicht so bedeutsam. Sie erschienen ihm als ganz alltäglich. Als ich mich eines Tages mit ihm unterhielt, sagte ich ihm: „Comandante, ich stehe in Ihrer Schuld." Er sah mich verwundert an und antwortete mir: „In meiner Schuld?"

„Ja, denn Sie haben meinem Sohn in Alegría de Pío das Leben gerettet."

Er sah mich lächelnd an, beschrieb mit seiner Hand einen Halbkreis in der Luft und erwiderte: „Ach, das war gar nichts. Er hat mir viele Male das Leben gerettet." Erstaunt fragte ich: „Oh, lassen Sie mich hören..." Er antwortete mit aller Einfachheit: „Ich wurde oft verwundet, und Che war mein Arzt."

IM HOTEL COMODORO

Das Hilton-Hotel als unsere Unterkunft erschien mir zu luxuriös. Darum bat ich Ernesto, Fidel auszurichten, er möge uns woanders unterbringen. Er antwortete mir, daß er es tun würde, aber daß ich sicher sein könnte, daß er uns in ein noch besseres Hotel schicken würde. Und genauso geschah es. Man brachte uns ins Hotel Comodoro: ein sehr schönes Hotel amerikanischen Stils, speziell für Touristen gebaut, direkt am Meer gelegen und mit Salzwasserswimmingpools ausgestattet. Ohne Zweifel war dies eines der besten Hotels, das ich je gesehen hatte.

Einige Male erschien Ernesto am Steuerknüppel eines Hubschraubers über dem Gebäude. Wir hatten uns schon an diese Einfälle von ihm gewöhnt. Er landete mit diesem Helikopter mitten im Garten des Hotels, stieg aus, unterhielt sich einen Moment mit Celia, seiner Mutter, und auf dem gleichen Weg, wie er gekommen war, verschwand er. Dies erlebten wir öfters.

IN DER KASERNE „LA CABAÑA"

Da Che sich meistens in der Kaserne „La Cabaña" aufhielt, ging ich eines Abends dorthin, um ihn zu besuchen. Da er noch nicht da war, entschloß ich mich, draußen auf ihn zu warten. Während ich einen der Zugangswege hinaufging, sah ich ihn in einem Jeep kommen. Er hatte kaum die Eingangstür erreicht, als er heraussprang und auf einen jungen bewaffneten Soldaten zuging, ihm das Gewehr abnahm und mit trockener und bestimmter Stimme anordnete, ihn verhaften zu lassen. Ich sah die Verzweiflung im Gesicht des jungen Mannes und fragte Ernesto, warum er ihn verhaften ließ. Er antwortete:

„Vater, hier darf keiner schlafen, wenn er Wache steht, denn das bedeutet, die ganze Garnison in Gefahr zu bringen."

Ich pflegte Ernesto immer noch als den jungen Mann zu behandeln, der uns im Jahre 1953 in Buenos Aires verlassen hatte. Doch war er nun eingebunden in die Aufgabe, die sein Leben ihm stellte, so daß er in seiner Art zu sprechen und zu handeln eine große Sicherheit an den Tag legte.

Als Che die Leitung der Kaserne „La Cabaña" übernahm, reiste seine Exfrau Hilda Gadea mit ihrer Tochter Hildita nach

Havanna. Ihre Ehe war beendet, aber meine Enkelin besuchte ihren Vater regelmäßig.

Eines Tages kam ich in sein Schlafzimmer in der Kaserne. Er war krank und sein Asthma machte ihm zu schaffen. Die Kleine, damals wenig älter als zwei Jahre, spielte im gleichen Zimmer, und es bewegt mich noch heute, mit wieviel Zärtlichkeit er sie behandelt und welche Aufmerksamkeit er ihr schenkte.

Hildita sprach schon ein klein wenig. Ihre Mutter hatte ihr beigebracht, mich Großvater zu rufen, und ich weigerte mich, halb im Spaß, halb im Ernst, darauf zu reagieren. Sie sollte mich Ernesto nennen. Also versteckte sie sich hinter einem Möbelstück, sah mich verstohlen an, rief: „Großvater, Großvater!" und machte sich über mich lustig.

Ich hatte Ernesto noch nie zusammen mit seiner Tochter erlebt und sah sie nun zum ersten Mal zusammen. Er hatte erst vor kurzem einen erbarmungslosen Kampf durchgestanden, der einen Menschen notwendigerweise hart werden läßt, jedoch all diese Härte schien in der Gegenwart seiner Tochter zu schmelzen, und er ließ seinen Gefühlen freien Lauf.

Im nachhinein las ich die Briefe, die Ernesto ihr und ihrer Mutter geschrieben hatte. Sie waren voller Gefühle und Zärtlichkeit. Man konnte aus ihnen deutlich erkennen, daß die Erziehung seiner Tochter ihn sehr beschäftigte. Er schrieb ihr immer, auch wenn er sich außerhalb Kubas aufhielt, und gab ihr Ratschläge hinsichtlich ihres Studiums.

EIN SIEBZEHNJÄHRIGER HAUPTMANN

Wir besuchten Ernesto regelmäßig in „La Cabaña". Eines Abends kam ich kurz vor Einbruch der Dunkelheit an. Am Eingang zur Kaserne stand ein Jeep mit einem noch sehr jungen Burschen in Uniform am Steuer, fast noch ein Kind. Er hatte einen blonden Haarschopf und trug die Uniform der Miliz. Ich betrachtete ihn etwas genauer und konnte auf seinen Schultern die Hauptmannsstreifen erkennen.

Wir begannen eine Unterhaltung, und er erzählte mir von sich. Sein Name war Rogelio Acevedo. Ich konnte mich sofort an seinen Namen erinnern. Ich kannte die Kriegsberichte über ihn und fragte ihn: „Wie sind Sie zu Che gestoßen?"

„Ich war damals fünfzehn und zusammen mit meinem vierzehnjährigen Bruder liefen wir von zu Haus weg in die Berge, nur mit einer alten Flinte bewaffnet, und suchten die Rebellen."

Ich rechnete kurz nach. Er war jetzt Hauptmann und kaum siebzehn Jahre alt. Er hatte feine Gesichtszüge und sah mit seinem langen blonden Haar fast wie ein Mädchen aus.

Um das Gespräch weiterzuführen, fragte ich ihn, wie er den Krieg überstanden hatte.

„Ich habe ihn wirklich sehr gut hinter mich gebracht", antwortete er mir.

„Ist Ihnen was passiert?" fragte ich weiter.

„Mir nicht."

„Nichts?" bohrte ich weiter. (Ich wußte, daß er verwundet worden war.) „Aber sind Sie nicht irgendwann einmal verwundet worden?"

Daraufhin antwortete er, als wollte er sich an etwas schon fast Vergessenes erinnern:

„Ach ja, eine Granate..." Dabei öffnete er seine Uniformjakke und zeigte mir die Narben auf seiner Brust.

„Und Ihrem Bruder, ist ihm etwas zugestoßen?"

„Nein, ihm auch nicht."

„Aber wieso, ist er nicht auch verwundet worden?"

„Ach ja, er erhielt einen Schuß in die Hüfte."

Es sah aus, als würde er diesen „kleinen Details" des Lebens keine besondere Aufmerksamkeit widmen. Er war einer der vielen Soldaten, die an der Invasion teilgenommen hatten und der trotz seiner Jugend sich als einer der besten Kämpfer erwiesen hatte. Ich fragte nach: „Und wie gelangten Sie in das Lager von Che?" „Ein Bauer brachte mich dorthin. Als Che uns sah, wollte er uns wieder wegschicken und sagte: ‚Ich will keine kleinen Kinder hier sehen!' Ich stellte mich vor ihn hin, mit der Flinte in der Hand, die ich meinem Vater weggenommen hatte, hielt den Lauf unter mein Kinn und sagte ihm: ‚Wenn Du mich wegjagst, drücke ich ab!' Das gefiel Che und er ordnete an, daß man uns ins Nebenlager der ‚Heimatlosen' bringen soll te."

„Was war das?"

„Dorthin kamen diejenigen, die noch nie gekämpft hatten,

und dann wurden aus ihnen die Leute für die Guerilla ausgesucht."

Dann erzählte er mir, daß Raúl Castro diese Reservegruppe Ches einsetzte, als er Leute brauchte, und daß die beiden Brüder Acevedo sich gut bewährten und ihre Feuertaufe als Kämpfer bestanden. Als Che dies erfuhr, drang er darauf, daß die beiden Acevedos in sein Lager als Adjutanten gebracht wurden. Sie wurden beide zu den ihm am meisten ergebenen Soldaten und der, mit dem ich nun sprach und der schon Hauptmann geworden war, besaß Ernestos volles Vertrauen. Als ich im Jahre 1969 auf die Insel zurückkehrte, war dieser blonde Junge zu einem stämmigen Mann geworden, inzwischen zum Comandante aufgestiegen und hatte einen leitenden politischen Posten in Camagüey inne. Wir sprachen viel bei diesem und weiteren Treffen, aber doch nicht soviel, wie ich gern gewollt hätte. Rogelio kannte eine Unmenge von Episoden aus dem Guerillakrieg!

SCHIESSÜBUNGEN

Als Kind sah Ernesto mir gern bei den Schießübungen mit Revolver oder Pistole zu. Er war noch sehr klein, als ich ihm in Alta Gracia beibrachte, mit Waffen umzugehen. Als er älter war, kam es oft zu Wettkämpfen zwischen uns beiden.

Wir befanden uns in El Pedrero, kurz bevor es hinauf in die Sierra von Escambray ging, als Ernesto zu mir sagte:

„Na, Alter, wie wäre es mit ein paar Schüssen?"

Ich hatte ihn schon seit einiger Zeit versucht, dazu zu bringen, einen Beweis seiner Schießkünste zu geben. So antwortete ich, daß ich auf der Stelle dazu bereit wäre. Ich galt zuvor als guter Schütze, von Ernesto sagte man jedoch, daß er außerordentlich gut schoß.

Wir standen auf einem Hügel am Rande eines Ortes; hinter uns erhob sich ein Berg mit seinen Abhängen. Als Ziel wählten wir einen Baum aus.

Ernesto zog seine Pistole und ich die meine. Er zielte und drückte ab. Doch bevor ich schießen konnte, hörte man das Getöse Hunderter von Schüssen, die aus allen möglichen Richtungen abgegeben wurden. Was war passiert? Die Soldaten hatten gesehen, daß wir Schießübungen machen wollten, und — kaum hatte ihr Chef geschossen, feuerten auch sie los und nutzten so die Gelegenheit, die Order „Keiner darf schießen, außer im Angriffs- oder Verteidigungsfall" zu umgehen. Sie sahen, wie ihr Vorgesetzter die Anordnung mißachtete, und als hätten sie sich gegenseitig abgesprochen, begannen sie zu schießen. Das ganze sah aus wie ein richtiges Gefecht. Der Baum, unsere Zielscheibe, war vollkommen durchlöchert und mein Schießen war schon überflüssig geworden, da kein Vergleich mehr möglich war. So ließ ich es bleiben.

Diese Leute waren so daran gewöhnt, täglich zu kämpfen, so daß sie überhaupt keine Vorsichtsmaßnahmen ergriffen. Sie alle trugen Waffen, und als sie nur einen Schuß hörten, dies nach Wochen des Friedens, konnten sie sich nicht beherrschen und feuerten alle auf einmal los.

FLUGSTUNDEN

Ernesto begann, Flugstunden zu nehmen. Auf einem kleinen Platz auf dem Kasernengelände von „La Cabaña" übte er das Starten und Landen. Die Kaserne lag direkt am Meer, und die sie umgebenden Mauern gingen fast bis zum Wasser. Wenn der Start oder die Landung nur um eine Sekunde verfehlt würde, war der Unfall unumgänglich. Ich sah ihn mehrere Male diese Übungen gemeinsam mit seinem Ausbilder durchführen. Wenn dies viel früher in Buenos Aires geschehen wäre, wäre mir der Schreck in alle Glieder gefahren. Inzwischen war ich so abgehärtet, daß sich mein Pessimismus fast in Gleichgültigkeit verwandelt hatte. Ernesto war unzähligen Gefahren entgangen, diese stellte nur noch eine weitere dar und sonst nichts.

IN DER KASERNE „LA CABAÑA" ERZÄHLT UNS ERNESTO, WIE ER IN DEM GEFECHT VON ALEGRÍA DE PÍO VERWUNDET WURDE

Eines Abends befand ich mich wieder in der Kaserne „La Cabaña" in einer Unterhaltung mit dem Hauptmann Alberto Castellanos, einem der Männer, die Ernesto auf dem Marsch von Jíbaro (dem kleinen Dorf in der Sierra Maestra) bis nach Escambray begleitet hatten. Während Alberto Castellanos versuchte, mir einige Details über das Gefecht von Alegría de Pío zu erklären, an dem er jedoch nicht teilgenommen hatte, hörte Ernesto unser Gespräch und kam an unseren Tisch, um uns den Verlauf des Gefechtes zu schildern.

Auf einem Stück Papier zeichnete er eine Skizze, die ich heute noch besitze und erklärte dann, wie sich der Angriff in Alegría de Pío abgespielt hatte, bei dem er verwundet wurde. Er zeichnete mit einigen Linien das Zuckerrohrfeld, die Guardarrayas[1] dazwischen und das Gebirge. Er erzählte uns weitere Einzelheiten, die er später in seinem Buch „Berichte aus dem Befreiungskrieg" bestätigte.

Sie seien bis dorthin vorgedrungen, nachdem sie mit der „Granma" am Strand „Las Coloradas" angekommen waren und das Mangrovendickicht und lichte Wälder durchquert hatten. Ein Mann, der aus der Gegend stammte, führte sie und als er Fidels Truppe erst einmal bis an den Fuß der Berge gebracht hatte, ging er wieder zurück und verriet sie an das Militär.

Die Truppe, zu diesem Zeitpunkt noch völlig unerfahren in dieser Art von Aktionen, war erschöpft und fast ohne Waffen, da sie diese beim Durchqueren der Sümpfe kurz nach ihrer Landung verloren hatten. In jenem Moment hatten sich viele der Männer einfach auf den Boden geworfen, barfuß wie sie waren, um ihre Füße zu pflegen, die voller Eitergeschwüre vom Salzwasser waren.

Obwohl einige Wachposten um das Lager herumstanden,

---

[1] Guardarrayas heißen die Wege, die die einzelnen Zuckerrohrfelder voneinander trennen.

konnten sich die Guardia Rural und die Streitkräfte Batistas ungestört bis auf wenige Meter der nicht vorgewarnten revolutionären Truppe nähern.

In der Nähe der Berge gab es ein Zuckerrohrfeld, geteilt durch einen Weg, auf dem sich Ernesto mit seiner Truppe befand. Er trug einen Rucksack mit Medikamenten und eine schwere Stahlkiste mit Munition. Als die Leute Batistas ihren ersten Schuß abfeuerten, fiel ein Wachposten, der auf einem Baumstamm gestanden hatte, und unmittelbar darauf ging ein Kugelregen aus Gewehren und Maschinenpistolen auf Fidels Leute nieder.[1] Ernesto trug die Kugeltasche um den Hals, als er die Schüsse hörte. Er wollte den Weg zwischen den Feldern überqueren, und wie er zum Sprung ansetzte, traf ihn eine Kugel aus einem Maschinengewehr, zerfetzte die Kugeltasche und die abprallende Kugel traf ihn am Hals.

Ernesto fiel der Länge nach auf dem Weg nieder, und die Kugeln pfiffen über seinen Kopf hinweg. Er erzählte mir, daß es Almeida gelang, sich bis zu ihm vorzukämpfen, ihn unter den Armen packte und hochheben wollte. Er schrie ihn an: „Laß mich, sie haben mich erledigt!" Aber Almeida zerrte ihn mit sich, und mit Hilfe von Ramiro Valdés brachten sie ihn an eine sichere Stelle im Zuckerrohrdickicht. Es schien die reinste Hölle zu sein: von allen Seiten, auch aus der Luft, wurden sie beschossen und die Napalmbomben setzten die Zuckerrohrfelder in Brand. Ernesto wurde von Almeida und Valdés fast auf Armen getragen. Ich erinnere mich daran, daß Che mir sagte: „Ich bat sie, meine Wunde anzusehen, aber sie liefen immer weiter und schleppten mich mit. Aber da sie es nicht taten, öffnete ich mein Hemd und suchte den Einschuß und weißt du was, Vater, als ich merkte, daß ich gar keinen Einschuß in der Brust hatte und nur eine kleine Wunde am Hals, aus der das Blut floß, war es, als wären mir Flügel gewachsen, und ich begann, neben ihnen her zu laufen. Der Stoß auf die Kiste durch die Kugel war so stark gewesen, daß er mir den Atem geraubt hatte, aber mit der Hilfe meiner Freunde gelang es mir, dem

---

[1] Es ist viel über Ernestos Entscheidung geschrieben worden, der im Besitz der Medikamente und der Munition sich entschied, zuerst die Munitionstasche zu retten.

Feuer zu entrinnen und mit ihnen in den Bergen zu verschwinden."

Während dieses Gesprächs erzählte uns Ernesto Einzelheiten von der Odyssee der kleinen Truppe — Details, die er in seinem Buch nicht erwähnt.

Er berichtete von einer Episode mit seinem Inhalationsapparat, den er wegen seines Asthmas immer bei sich trug.

Seine Gruppe floh an der Küste entlang, und dort gab es kein Trinkwasser. In Steinmulden und auf den Pflanzen fand sich eine winzige Menge Tautropfen, die sie mit dem Inhalator aufsogen und in einer kaputten Tasse sammelten. Diese kleine Wassermenge rationierten sie, und auf diese Weise gelang es ihnen, bis zu einer Stelle zu kommen, an der sie hofften, einige Compañeros zu treffen.

Mehrere Tage lang marschierten sie an der Küste entlang, am Tag versteckten sie sich unter den Felsen, und nachts marschierten sie weiter. Die kleine Truppe kam fast um vor Hunger und Durst; sie aßen rohe Krebse, die ihren Hunger wenigstens etwas stillten, aber dadurch verstärkte sich der Durst. Ernesto sah in der Nähe des Strandes eine Schilfhütte und entschloß sich, das Risiko einzugehen und zur Hütte zu gehen. Ein Mann stand vor der Hütte, und es stellte sich heraus, daß er ein Adventist war, der ihn und die ganze Truppe freundlich aufnahm. Wie Ernesto erzählte, sagte ihm dieser Mann später, daß er sie bereits länger gesehen und seiner Frau versichert hatte: „Dort drüben sind Brüder, die meine Hilfe brauchen."

Dieser gläubige Adventist ermöglichte es, daß die von Almeida angeführte Gruppe mit Ramiro Valdés, Chao, Benítez und Ernesto bis zu Fidel Castro gelangen konnte.

Als ich 1959 nach Kuba kam, versuchte ich, diese Orte zu besuchen, doch es war nicht möglich. Erst 10 Jahre später hatte ich die Gelegenheit, sie zu besichtigen. Ich lernte Alegría de Pío kennen, doch dort war alles verändert, nicht einmal das Zuckerrohrfeld existierte mehr. An seiner Stelle gab es gepflügtes Land und etwas Gestrüpp. So fiel es mir sehr schwer, die Orte wiederzuerkennen. Auch hatte ich keinen Augenzeugen bei mir, die Bewohner jener Orte waren oft verzogen, und wenn ich einen traf, dann sprachen sie kaum oder gar nicht mit mir. Nur ein paar Kreuze mit Inschriften wiesen noch auf die

Katastrophe von Alegría de Pío hin. Ich fand nur eine leere Patronenhülse und stellte mir vor, sie könnte eine von denen gewesen sein, die Ernesto in seiner Stahltasche bei sich getragen hatte.

EINE WEITERE ERZÄHLUNG CHES

Als ich wieder einmal Che in der Kaserne „La Cabaña", deren Befehlshaber er 1959 war, traf und wir über Episoden aus dem Revolutionskrieg sprachen, fragte ich ihn: „Sag mal, Ernesto, welches war während der Invasion der gefährlichste Moment für dich?"

Er blickte mich lächelnd an und sagte: „In Oriente, auf einem Hügel in der Sierra Maestra war mir der Tod am nächsten. Ich befand mich an der Spitze einer Guerillatruppe und bekämpfte die Truppen von Sánchez Mosquera. Du weißt, daß er einer der berüchtigsten Männer im Heer Batistas war. Wir führten den Auftrag aus, ihn anzugreifen und uns wieder zurückzuziehen. Dabei erlitt ich einen schweren Asthmaanfall. Als ich sah, daß ich nicht mehr laufen konnte, warf ich mich auf den Boden und befahl meinen Leuten, sich zu zerstreuen und mich allein zurückzulassen. Ich mußte den Befehl wiederholen, denn keiner wollte sich entfernen, aber schließlich taten sie es. Einer von ihnen, ein junger Bursche, versteckte sich ganz in meiner Nähe und wartete darauf, mir helfen zu können. Die Stunden vergingen, der Junge blieb weiterhin in meiner Nähe, ich beschimpfte ihn, aber ich konnte ihn nicht wieder ins Lager schicken, denn die Truppen von Sánchez Mosquera durchkämmten den Berg, in der Hoffnung, mich ausfindig zu machen. Ich habe nie erfahren, woher die feindliche Seite wußte, daß ich nicht ins Lager zurückgekehrt war.

Ohne das geringste Geräusch von uns zu geben und neben meinem Compañero liegend, hörte ich, wie die Soldaten Batistas jeden Fußbreit untersuchten. So vergingen die Stunden, und uns schien der Tag ewig zu dauern. Ich hatte einen so schweren Asthmaanfall, daß ich glaubte, daran sterben zu müssen. Mein Beruhigungsmittel, mit dem ich den Zerstäuber füllte, war aufgebraucht, und ich war somit jedem asthmatischen Anfall vollkommen hilflos ausgeliefert.

In diesem Moment glaubte ich nicht mehr daran, in das Lager zurückkehren zu können, aber nicht wegen der feindlichen Kugeln, sondern weil mir das Asthma den Rest geben würde. Glücklicherweise schwächte sich der Anfall ab, und einige Stunden später konnte ich mit der Hilfe meines Begleiters die Umzingelung durchbrechen und ins Lager zurückkehren, wo man mich bereits erwartete."

DER BESUCH SANTA CLARAS
UND ESCAMBRAYS

Eines Morgens machten wir uns mit der ganzen Familie auf den Weg nach Santa Clara, um von dort aus in die Sierra von Escambray weiterzureisen. Wir mußten rund 300 km reisen. Santa Clara war durch die Tatsache berühmt geworden, die letzte hart umkämpfte Bastion des Regierungswiderstandes gewesen zu sein.

Wir fuhren in mehreren Fahrzeugen. Im ersten, das der Kommandantur gehörte, reisten Ernesto und ich mit dem Fahrer. Ernesto war erschöpft, bestimmt hatte er in der vorangegangenen Nacht nur wenig geschlafen. Nach wenigen Minuten Fahrt lehnte er seinen Kopf an meine Schulter und schlief ein. So fuhren wir weiter, bis wir in die Nähe der Stadt Santa Clara kamen, wo wir am Falcón-Fluß eine Pause machten. Wir stiegen aus, um eine große Eisenbrücke zu betrachten, die halb im Flußbett lag. Ernesto erklärte uns, wie er diese Brücke zum Einsturz bringen ließ. Ein Ingenieur mit einem Schweißbrenner hatte die wichtigsten Stützpunkte des Gerüstes angeschnitten. Dieser teilte ihm dann mit, daß die Brücke nur noch von einer Verstrebung gehalten und bei einem kleinen Stoß zusammenbrechen würde. Wie es dann auch geschah: durch einen Fußtritt stürzte die Brücke ein.

Wir setzten die Reise fort und kurz später kamen wir in Santa Clara an, wo Ernesto mich zum Haus seiner Verlobten Aleida March führte, die seine Sekretärin in Escambray gewesen war. Sie trat in die Rebellenarmee ein, da sie in ihrer Heimatstadt im Widerstand tätig gewesen und vom Geheimdienst enttarnt worden war, woraufhin ihr nur zwei Wege offen blieben: entweder in die Berge oder ins Gefängnis zu gehen, wobei letzteres Folterungen und den möglichen Tod bedeutete.

Das Haus der Familie March war ziemlich groß, mit einer farbig gestrichenen Fassade wie die meisten Häuser der Stadt. Wir wurden mit großer Herzlichkeit und Offenheit empfangen. Später machten wir uns daran, die Stadt und ihre Umgebung kennenzulernen. In ungezählten Kurven und Biegungen, gesäumt von kleinen, niedrigen Häusern verliefen die Straßen durch die Stadt.

Das Ganze besaß eine Anmut und eine Farbigkeit, wie man es in Argentinien nicht kannte. Auf Kuba gibt es den Brauch, in Städten und Dörfern die Häuserfassaden in den buntesten Farben zu streichen.

Bemerkenswert für die Größe der Stadt war, daß sie nur ein größeres Gebäude im Zentrum besaß. Je weiter man von der Stadtmitte zu den Außenbezirken kam, desto ärmlicher nahmen sich die Häuser aus, doch auch sie machten einen lustigen und sympathischen Eindruck auf uns. Da es eine alte Stadt war, überwiegen die spanischen Dachziegel auf den Häusern, hier und da waren auch schon undichte Stellen auf den Dächern auszumachen.

AUF DEM WEG NACH ESCAMBRAY

Auf der Weiterfahrt zum Escambray-Gebirge durchquerten wir verbrannte und von der Luftwaffe beschossene und bombardierte Dörfer. Am Straßenrand sahen wir einen vollständig ausgebrannten nordamerikanischen Sherman-Panzer. Ernesto erklärte uns, wie die Rebellen vorgingen, um die Panzer zu stoppen: Auf den Wegen bauten sie Hindernisse mit Palmenstämmen auf. Wenn nun die Panzer kamen und über diese pyramidenförmigen Barrikaden rollen wollten, begannen sich die Panzerketten gemeinsam mit den Baumstämmen zu drehen. Je höher der Panzer klettern wollte, um so schneller drehten sich die Palmen und hielten so das Fahrzeug auf. Diese Zeit genügte ihnen, um den Panzer mit einem Molotowcocktail in Brand zu stecken. So verpuffte der Einsatz von Batistas Panzern in diesem Krieg wirkungslos.

Wir fuhren weiter nach El Pedrero, einem anderen Schlachtfeld. Es war schon fast dunkel, und so entschlossen wir uns, die Nacht dort zu verbringen, um am nächten Morgen zur Kommandantur der Südfront von Las Villas in der Sierra von Escambray weiterzufahren. Gemeinsam mit den Offizieren und Soldaten aßen wir in einem Schuppen zu Abend. Ernesto war müde und legte sich währenddessen auf eine Pritsche zum Schlafen. Mein anderer Sohn Juan Martín, damals vierzehn Jahre alt und stolz darauf, bei seinem Bruder zu sein, legte sich auf das Feldbett daneben.

Unterdessen unterhielt ich mich weiter mit den Soldaten, die Wache standen. Ernesto schlief und die Stunden vergingen. Ich bemerkte, daß Juan Martín das Bett eines Offiziers belegte und dieser deshalb nicht schlafen konnte, und so wollte ich ihn zu seiner Mutter und seiner Schwester schicken, die in einem nahegelegenen Haus schliefen.

Es war schon nach Mitternacht, und so bat ich den Verlobten meiner Tochter Celia, Luis Rodríguez Argañarez, den Jungen in das Haus zu bringen. Juan Martín erhob sich schlaftrunken und wankte wie ein Schlafwandler hinter Luis her. Einige Minuten später kehrte dieser außer sich zurück. „Ich habe Juan Martín verloren!" schrie er. Dieser hatte sich im Dunkeln verlaufen. Es entstand ein wildes Durcheinander. Aber wie war es möglich, den Jungen auf einem so kurzen Weg von nur sechzig Metern zu verlieren? Die Erklärung dafür erhielten wir erst später: Während Luis neben ihm ging, trafen sie auf eine Kolonne von Soldaten. Juan Martín gesellte sich zu dem Trupp und folgte ihm. Ernesto stand nun auch auf und suchte mit uns gemeinsam seinen Bruder.

Der erste, der uns etwas berichten konnte, war ein junger Milizionär, der sich an der Spitze eines Versorgungstrupps befand. Er berichtete, daß seine Kolonne aus den Bergen gekommen und im Lager angekommen sei, wo jedem von ihnen der ihm zustehende Becher Milch sowie eine Schachtel Zigaretten verabreicht wurde. Er erinnerte sich an einen Jungen ohne Uniform, dem er ebenfalls einen Becher und die Zigaretten gegeben hatte.

Ernesto ordnete an, daß ein Unteroffizier herausfinden sollte, wo die Kolonne ihr Lager aufgeschlagen hatte, und zwanzig Minuten später kehrte Juan Martín auf dem Vordersitz eines Jeeps und immer noch schlaftrunken zurück. In den Händen hielt er eine Schachtel Zigaretten. Die Milch hatte er schon ausgetrunken.

Ich schimpfte mit ihm und fragte ihn, wie es denn möglich sei, daß er nicht bemerkt habe, was er machte, und er antwortete, immer noch verschlafen: „Ich sah einige Soldaten neben mir und bin ihnen gefolgt. Sie gingen zu einer Ausgabestelle für Milch und mir wurde auch welche gegeben. Dann bin ich mit ihnen gegangen, bis wir zu einem Schuppen kamen, wo sie ihre Betten machten und ich mich zum Schlafen auf den Fußboden legte."

Diese Episode erheiterte uns nun doch alle, und noch heute sprechen wir in unserer Familie davon.

DIE KOMMANDANTUR

Am darauffolgenden Morgen setzten wir unseren Weg zur Kommandantur in Escambray fort. Che kehrte nach Havanna zurück. Um in die Sierra hinaufzureiten, hatte er uns einige Pferde zur Verfügung gestellt. Sie waren sehr mager und machten keinen besonders guten Eindruck. Als ich auf das Pferd steigen wollte, das für mich bestimmt war, bäumte es sich auf und wollte sich hinlegen. Unter den Soldaten entstand Unruhe. Sie wollten nicht, daß ich das Pferd bestieg, da sie befürchteten, es könnte mich abwerfen. Ich wurde ärgerlich und sagte, daß in meinem Land alle Leute reiten könnten und daß wir es gleichzeitig mit dem Laufenlernen beigebracht kriegen. Aber sie bestanden darauf, daß dies gefährliche Tiere seien. In diesem Moment kam ein alter weißbärtiger Hauptmann herbei und sagte trocken: „Wenn Che Ihnen diese Pferde zugeteilt hat, weiß er schon, was er macht." Einige Augenblicke später befanden wir uns auch schon auf dem Weg zur Kommandantur, und zum ersten Mal erlebte ich die Gebirge Kubas. Die Berge Escambrays waren nicht sehr hoch, und doch ging es nur mühsam auf den verschlungenen und abschüssigen Wegen voran. Anfangs war die Vegetation nicht sehr hochgewachsen. Wir gelangten zu einer Raststelle, ließen die Tiere etwas ausruhen und setzten unseren Weg fort.

Von hier aus ging der Weg durch dichtes Gestrüpp, vorbei

an großen Bäumen mit weit herabhängenden Lianen und moos-bedeckten Baumstämmen. Dies war schon der kubanische Ur-wald. Ein feiner Nieselregen fiel auf die Sierra nieder, und nach einigen Stunden des Aufstiegs kamen wir durchnäßt an der höchsten Stelle an. Nur verschwommen waren die Umrisse der Berge durch den Regen zu erkennen. Wir ritten im Gänsemarsch hintereinander her und gelangten an den Fuß eines Hügels, wo ein Lager aufgeschlagen war. Der Abstieg war schwierig, da die Felsen sehr naß waren; die Pferde rutschten ständig aus und drohten hinzufallen. Dies war jedoch kein größeres Problem für uns, und wir kamen wohlbehalten an der Kommandantur der Südfront von Las Villas an. Sie bestand hauptsächlich aus einem Holzbau, eine Art „Rancho" mit strohgedecktem Dach. Der Rest bestand aus Bretterschuppen, deren Wände an einigen Stel-len nur aus Palmzweigen bestanden. Einige Schützengräben aus Steinen und Holz erregten unsere Aufmerksamkeit. Sie hatten Schutz geboten vor den Luftangriffen, auch wenn es für die Flugzeuge sehr schwierig gewesen war, diese Lager der Rebellen im Dickicht der Berge ausfindig zu machen. An diesem Ort stell-te Ernesto seine Truppe zusammmen, mit der er eine Reihe von Ortschaften und schließlich die Stadt Santa Clara einnahm.

Auf dem Gipfel des nächstgelegenen Hügels befand sich die Radiostation der Rebellen. Man zeigte uns eine der wichtigsten Abteilungen der Kommandantur: den Tabakladen. Es ist be-kannt, daß die kubanischen Soldaten gute Kämpfer sind, aber es darf ihnen dabei nicht am Tabak fehlen.

Wir befanden uns in dem Raum, der als Aufenthaltsraum der Kommandantur gedient hatte, als ich mich über das Telefon, das dort stand, wunderte, und so fragte ich einen Soldaten, zu wem es die Verbindung herstellte. Er antwortete mir, daß es mit der Radiostation verbunden war, dort jedoch keiner mehr sei. Ich nahm den Hörer ab, drehte an der Kurbel und zu meiner Überra-schung meldete sich auf der anderen Seite eine typisch kubani-sche Stimme.

„Wer sind Sie?" fragte ich.

„Und wer bist du?" antwortete man mir.

„Ich bin der Vater des Che", antwortete ich.

„Der Vater des Che? Ich werde es dir gleich geben!" schallte es mir entgegen, und der Hörer wurde aufgelegt.

Die beiden Soldaten, die uns begleiteten, wurden unruhig. Aber wie ist das möglich? Zu diesem Zeitpunkt konnte keiner mehr dort oben sein. Sie versuchten erneut, die Verbindung herzustellen, doch niemand meldete sich. Ich begann ebenfalls, mir Sorgen zu machen. Wer war das auf der anderen Seite?

Wenn es Konterrevolutionäre wären, könnten sie uns leicht gefangennehmen, denn wir hatten nur zwei Soldaten zu unserem Schutz und nur wenige Pistolen bei uns. Das wäre ein herrlicher Schlag gewesen für die gegnerische Seite, den Vater, die Mutter und die beiden Geschwister des Che gefangenzunehmen.

Während die Soldaten unter sich berieten und geduckt zwischen den Bäumen verschwanden, um auf dem Berg nachzusehen, zogen wir uns in eine Höhle im Schützengraben zurück. Gemeinsam mit Luis, meinem zukünftigen Schwiegersohn, wollte ich den Eingang zur Höhle mit den Pistolen verteidigen, falls sich fremde Leute nähern sollten.

Nach einer halben Stunde kamen unsere beiden Soldaten lächelnd zurück. Sie erzählten, daß sie auf der Sendestation eine Gruppe von Milizionären trafen, die gerade dabei waren, den Generator und das Funkgerät abzubauen. Als wir anriefen, dachten sie, daß sie demnächst von einem konterrevolutionären Kontingent angegriffen würden, und so bereiteten sie sich auf ihre Verteidigung vor. Es war ein Irrtum auf beiden Seiten gewesen, und auch ich war sehr beunruhigt.

Kuba war ein Land, in dem erst kurz zuvor eine Revolution gesiegt hatte, wo es aber immer noch bewaffnete Konterrevolutionäre gab. Meine Sorgen und Befürchtungen bestätigten sich im nachhinein: eben in dieser Gegend hielten Konterrevolutionäre ihren Widerstand gegen die Regierung Fidel Castros aufrecht, da es ihnen gelang, sich mehrere Monate in den dichten Wäldern der Berge versteckt zu halten.

Kurze Zeit später brachen wir zum Rückweg auf, da wir noch fünf Stunden Weges hinter uns bringen mußten. Celia hielt es nicht aus, so lange auf dem Pferd zu reiten, dann lag sie ganz schlapp auf ihm und ich mußte sie herunterheben. Sämtliche Glieder taten ihr weh, und so legte sie die restliche Wegstrecke zu Fuß zurück. An unserem Ziel warteten bereits Autos auf uns, die uns nach Santa Clara brachten, wo Ernesto uns schon erwartete.

Als seine Mutter ihm die Episode von dem Telefongespräch mit den angeblichen Batistaanhängern erzählte, wollte er sich vor Lachen ausschütten. Dazu kam dann noch, daß sowohl die Mutter als auch die Tochter sich über mich lustig machten. Ich erwiderte ihnen nur, wie sie so sicher sein könnten, daß es dort keine feindlichen Leute gäbe. Und wie ich bereits erwähnte, hielten sich in dieser Gegend Konterrevolutionäre auf.

GESCHEITERTE REISE

Als wir wieder in Havanna ankamen, blieb uns nur noch wenig Geld übrig. Die Reise war überstürzt geplant, und deshalb hatten wir nur wenige Dollar dabei. Man stellte uns ein Auto mit einem Soldaten als Chauffeur zur Verfügung, doch Ernesto ordnete an, daß wir das Benzin selbst zu bezahlen hätten und nicht die Regierung. Der Treibstoff war sehr teuer und mußte in Dollar bezahlt werden. Ich berechnete die Ausgaben und kam zu dem Schluß, daß wir das Auto nicht lange benutzen könnten. Doch ich war sehr daran interessiert, die Insel und besonders den Weg der Revolutionsarmee, beginnend mit der Landung in „Las Coloradas", kennenzulernen. Ich wollte nach Pilón, La Plata, Uvero, in die Sierra und all die Orte sehen, an denen Gefechte stattgefunden hatten. Ernesto schien diese Idee ausgezeichnet, und er wollte mich dabei unterstützen: „Ich stelle dir einen Jeep zur Verfügung mit einem Soldaten, der den ganzen Weg schon einmal zurückgelegt hat, aber du mußt das Benzin und das Essen selbst bezahlen." Dies war jedoch nicht möglich, und deshalb mußte ich auf diese Reise verzichten.

Erst zehn Jahre später, im Jahre 1969, als ich die Insel erneut besuchte, legte ich den ganzen Weg zurück, im Jeep, im Flugzeug, mit Pferd und Maultier und zu Fuß. Aber es waren inzwischen viele Jahre vergangen und sehr schwierig, die Ereignisse zu rekonstruieren. Die Mehrheit der ehemaligen Bewohner wohnte nicht mehr dort, und diejenigen, die geblieben waren, wollten nicht viel darüber reden. Es stand auch nicht mehr viel von dem, was einmal Wohnhäuser und Kasernen gewesen waren.

DISZIPLIN

Eines Abends befand ich mich erneut in der Cabaña-Kaserne. Nun war ich in Havanna verabredet, und da ich zu Fuß unterwegs war, bat ich Ernesto, mich von jemandem dorthin fahren zu lassen. Ein Comandante, der gerade mit ihm im Gespräch war, bot mir seinen Wagen an, und ich nahm das Angebot dankbar an. Ein junger Leutnant erklärte sich dazu bereit, mich zu dem verabredeten Treffpunkt zu fahren. Nun war der Fahrer allerdings nicht aus Havanna, und so fuhren wir ziemlich lange umher und suchten das Haus, wo ich verabredet war. Wir befanden uns bereits in den Außenbezirken der Stadt, die Straßen trugen nur vereinzelt Namen und fast keine Häuser waren mehr zu sehen, als der Fahrer mit einem Blick auf den Stadtplan feststellte, daß wir uns verfahren hatten. Er sagte mir, daß wir zurückkehren müßten.

„Na gut, dann kehr um!", sagte ich ihm.

„Nein, das geht nicht", antwortete er mir.

„Und warum nicht?"

„Weil dort drüben ein Schild ist mit einem Richtungspfeil: wir dürfen nicht in die entgegengesetzte Richtung fahren!"

Und ich erwiderte, wie es jeder Argentinier getan hätte:

„Was zum Teufel schert uns das Schild, wenn es hier keine Menschenseele gibt?"

Er wurde sehr ernst und blickte mich überrascht an: „Nein, das wäre ein Verstoß! Ich bin ein Regierungsangestellter und kann nicht etwas tun, was gesetzlich verboten ist!"

Ich war verwirrt. Wenn diese Jungs, die gerade eine Revolution gewonnen hatten, auf diese Weise die Disziplin der revolutionären Armee und Regierung annahmen, dann mußten sie und die Regierung sehr weit kommen!

ERNESTO WENDET SICH
AN DIE ARBEITER

Eines Abends nahm ich an einer Versammlung teil, auf der wie angekündigt Ernesto reden sollte. Der Saal war bereits überfüllt mit Zuhörern in Uniform oder in Arbeitskleidern.

Ich hatte Ernesto noch nie in der Öffentlichkeit sprechen hören, und er wußte nicht, daß ich anwesend war. Er sprach ungefähr zwei Stunden lang und drückte währenddessen seine Ideen sehr klar und präzise mit einer nicht zu lauten Stimme aus. Er setzte weder seine Mimik noch irgendwelche sonstigen Gebärden ein, seine Hände waren auf das Rednerpult gestützt, und er redete, als würde er ein Selbstgespräch führen. In dem Vortrag vermittelte er eine tiefgehende Analyse der Prinzipien und der Perspektiven der kubanischen Revolution. Bereits zu diesem Zeitpunkt profilierte er sich als Staatsmann.

RADIO

An vorangegangenen Stellen erwähnte ich, daß unsere Gruppe in Buenos Aires einen leistungsstarken Rundfunksender eingerichtet hatte, damit wir uns über Kurzwelle mit Kuba in Verbindung setzen konnten. Ich nutzte meinen Aufenthalt auf Kuba und suchte jemanden, der ein Übertragungsgerät besaß und über den ich mit meinen Freunden in Verbindung treten könnte, war mir kurz darauf gelang.

So sprach ich eines Abends von Havanna aus ohne größere Schwierigkeiten mit Argentinien. Die Funker, die mit dem „26. Juli" in Buenos Aires zusammenarbeiteten, konnten mich störungsfrei hören. Mich interessierte dieses Experiment, da ich mich später von zu Hause aus ohne Probleme mit der Insel in Verbindung setzen wollte. Als ich an diesem Abend meinen Sohn traf, stellte er mich zur Rede!

„Vater, du bist sehr unvorsichtig und mischst dich überall ein. Du hast über Kurzwelle mit Buenos Aires gesprochen, aus dem Haus eines Funkers, der nicht mit der Revolution einverstanden ist."

Ich erklärte ihm, daß ich nicht ganz Kuba kennen könnte und daß unser Gespräch nicht von Bedeutung gewesen wäre, ohne politischen Inhalt und jeder hätte es hören können. Offensichtlich funktionierte der Sicherheitsdienst der jungen revolutionären Regierung bereits.

DAS HAUS BATISTAS

Bevor wir nach Buenos Aires zurückkehren mußten, wollte ich noch wissen, wie der Despot Batista gelebt hatte. Ernesto gab mir dazu die Erlaubnis, und so besichtigte ich die Villa Batistas.

Inmitten asiatischen Luxus, der sich von der Eingangstür bis ins Innerste des Hauses ergoß, hatte er gelebt. Alles war tadellos, wenn auch von einem Geschmack, über den sich streiten läßt, jedoch äußerst luxuriös. Was besonders ins Auge fiel, war der Einfluß künstlerischer Berater bei der Auswahl der Möbel und Bilder bis hin zum Tafelgeschirr. Wir kamen dort nur wenige Tage nach Batistas Flucht aus Kuba an. Ein Großteil der Salons stand leer, und am Eingang hatte eine Militärwache ein wachsames Auge auf all die Dinge, die nun in Staatseigentum übergegangen waren.

ANGESPANNTES KLIMA

Wir waren in einem Moment nach Kuba gekommen, der für unsere Familie unvergeßlich war, dies nicht nur, weil dort eine Revolution gesiegt und damit einen der blutrünstigsten Despoten der Welt verdrängt hatte, sondern auch weil wir nach sechs Jahren der Trennung und der Ängste ein Wiedersehen mit einem geliebten Menschen feierten. Unser vorrangiges Interesse bestand natürlich darin, so viel Zeit wie möglich mit Ernesto zu verbringen. Wir hätten es uns gewünscht, mehr Zeit füreinander zu haben, aber die Familie mußte nach kurzer Zeit nach Buenos Aires zurückkehren, und die Zeit bis dahin verging wie im Flug. In der Zeit, in der wir Ernesto nicht sehen konnten, besichtigten wir Havanna und seine Umgebung. Der Zeitpunkt hierzu war außerordentlich: eine wahrhafte Blütezeit brach an. Nach vielen Jahren des Terrors sah sich die kubanische Bevölkerung befreit von diesem Tyrannen und seinen schrecklichen Taten. Das Volk war von einer unglaublichen Euphorie ergriffen. Die Revolution gehörte ihnen, und es begann eine neue Ära für die unterdrückte Klasse.

Auf der anderen Seite war die kleine Oligarchie von Unterdrückern, die im Genuß sämtlicher Privilegien gewesen war, abgesetzt, und viele von ihnen fürchteten die Entscheidungen der revolutionären Justiz.

Täglich wurden bezahlte Mörder der Polizei Batistas sowie Mitglieder der Armee, die Verbrechen begangen hatten, hingerichtet. Die Zeitungen waren täglich voller Nachrichten über die Entdeckung von Massengräbern. Es waren Opfer des Batistaregimes.

Wenn der Höhepunkt eines revolutionären Krieges mit den Waffen in der Hand erreicht wird, ist es äußerst schwierig, den Volkszorn zu besänftigen, und so herrschte ein Klima des Hasses auf Kuba.

Ich hätte gern mehr von Kuba kennengelernt, doch dafür reichte die Zeit nicht aus. Das, was ich damals sah, war eine aufgewühlte Nation und als Folge davon waren die Gemüter sehr erregt. Es lag eine Unruhe, eine Nervosität und eine Spannung in der Luft, die deutlich zu spüren war und die die Ruhe nur selten durchbrechen konnte. Es handelte sich damals um eine sehr schwierige Phase Kubas, und daher waren wir beeindruckt von der Freude des kubanischen Volkes, das das Ende einer langen Zeit der Unterdrückung feierte.

DIE ABREISE

Bei unserer Ankunft in Havanna hatte ich Ernesto eine Armbanduhr gezeigt, die ich stets bei mir trug, und ich fragte ihn, ob er sich an sie erinnern könne. „Natürlich", antwortete er mir, „das ist Omas Uhr. Willst du sie mir schenken?"

Ernesto hatte seine Großmutter sehr geliebt, und sie besaß eine jener alten goldenen Uhren, die Damen vor siebzig Jahren mit einer Kette um den Hals getragen hatten. Die Uhr war wirklich wunderschön und auf der Rückseite mit ihren Initialen versehen.

Als meine Mutter starb, schenkte die Familie mir die Uhr, und ich ließ sie zu einer Armbanduhr umarbeiten. „Wenn ich Kuba verlasse, lasse ich sie dir hier", sagte ich.

Die Stunde des Abschieds war gekommen. Die Aufgaben in Buenos Aires riefen nach mir, und so entschloß ich mich abzureisen. Ich benachrichtigte Ernesto telefonisch darüber, daß ich noch am selben Abend fliegen würde. Er kam in Begleitung

*l Castro ist ein Mann, der sich mit seinem Volk identifiziert. Er spricht die Sprache des Vol-
und trifft das Herz der Kubaner. (Fidel in Buenos Aires mit Familienangehörigen des Che.*

Comandante Che Guevara bei einer Veranstaltung in Havanna.

Raúl Castros zum Flughafen, um sich von uns zu verabschieden. Wir unterhielten uns über Banalitäten, was ja immer dann geschieht, wenn man sich von jemandem verabschiedet, den man liebt und nicht weiß, ob man ihn wiedersieht.

Die Revolution hatte gesiegt, aber der Kampf war sicherlich noch nicht beendet. Wenn auch nicht mehr gegen reguläre Truppen gekämpft werden mußte, so war die Insel immer noch nicht befriedet, und außerdem dachte ich besorgt darüber nach, wie unvorsichtig sich die politischen Führer der Revolution verhielten: Sie mischten sich unter die Menge, ohne oder fast ohne sich zu schützen.

Ernesto verabscheute es ebenso, einen Begleitschutz zu haben, und wann immer er konnte, versuchte er, ihm zu entwischen. Wie seine Begleiter mir erzählten, war es schwierig, ihm zu widersprechen, und wenn er allein gehen wollte, ignorierte er ihre Ratschläge und ließ sie einfach zurück.

Bedachte man nun den Schaden, den die Revolution den Mächtigen im In- und Ausland zugefügt hatte, so konnte man sich denken, daß jene die Mittel suchen würden, sich wieder durchzusetzen, und gab es einen einfacheren Weg, als die Anführer der Revolution auszuschalten?

Wir hatten uns einen Monat lang in Kuba aufgehalten und dabei viele verschiedene Seiten dieses Landes gesehen. Wir waren durch wunderschöne Gegenden gekommen und hatten die überschäumende Freude eines befreiten Volkes erlebt. Die Euphorie des kubanischen Volkes zog uns ebenso in ihren Bann, und auch uns erschien der weitere Weg der Revolution einfach zu sein. Aber nach einigen Überlegungen kam ich zu der Einsicht, daß sich der bewaffnete Kampf auf anderen Ebenen fortsetzen würde, damit diese kleine Republik endlich ihre Unabhängigkeit erreichte, nachdem sie bislang politisch und ökonomisch von dem großen, nur achtzig Meilen entfernten nordamerikanischen Koloß beherrscht worden war.

Auf dem Flughafen Rancho Boyeros wartete bereits eine große Menschenmenge auf den Abflug. Ein Passagier aus der Menge betrachtete Ernesto, und nachdem er ihn erkannt hatte, kam er schnellen Schrittes auf ihn zu, um ihn zu fragen:

„Comandante Che Guevara?"

Ernesto nickte mit dem Kopf, und der Fremde sagte im unverkennbaren Akzent von Buenos Aires: „Erlauben Sie Comandante, daß Ihnen ein Landsmann die Hand schüttelt."

Ernesto lächelte und drückte die ausgestreckte Hand wortlos. Unser Landsmann suchte ein Notizbuch in seiner Tasche und fragte Ernesto, als er es herausholte und ihm reichen wollte: „Bitte, können Sie mir ein Autogramm geben?"

Ernesto wandte sich ab und antwortete, indem er ihm den Rücken zuwandte: „Ich bin kein Filmschauspieler."

Ich stand Ernesto gegenüber und mußte mich nun verabschieden.

„Hier, nimm die Uhr deiner Großmutter", sagte ich und löste sie mir vom Handgelenk. Er nahm die Uhr, löste seine Uhr, gab sie mir und sagte:

„Nimm diese als Andenken. Fidel Castro schenkte sie mir an dem Tag, als er mich nach einem Gefecht zum Comandante ernannte."

Ich band sie mir um und habe mich nie mehr davon getrennt.

Einige Minuten später glitt das Flugzeug über die Startbahn von Rancho Boyeros, und Sekunden danach blieb von Havanna nur noch ein Meer von flimmernden Lichtern unter uns zurück. Nach der euphorischen und erwartungsvollen Ankunftsstimmung flogen wir traurig von Havanna ab, denn wir wußten, daß die Trennung von Ernesto lange Zeit dauern würde. Ich hatte meine Arbeit in Buenos Aires und Ernesto seine Verpflichtungen hier in Kuba.

Wenige Augenblicke später lag das in Dunkelheit gehüllte Kuba hinter uns.

IN BUENOS AIRES

Zurück in unserem Land und nachdem die Eindrücke, die mich so überwältigt hatten, langsam verblaßten, versuchte ich meine Gedanken zu ordnen. Ich hatte so viele unglaubliche Dinge erlebt, daß mir alles wie ein Traum erschien.

In meinem Gedächtnis purzelten die Erlebnisse auf Kuba bunt durcheinander. Sie erschienen in ungeordneter Reihenfolge wieder vor meinen Augen: Lichter, die die Augen blenden, lachende und küssende Münder, weinende Augen, Freudenschreie, Körper, die sich im Takt afrikanischer Rhythmen wiegen, Marschschritte ohne Gleichtakt, abgewetzte, schmutzige Uniformen, Kleidungen in allen möglichen Farben, sonnengebräunte Gesichter, schwarze Gesichter, trübsinnige Fratzen, Gesichter, von denen der Haß noch nicht gewichen war, stolzerfüllte Brüste, zusammengebissene Zähne, Finger, die immer noch am Abzug gekrümmt waren, eine Menschenmenge, die sich voller Überschwang umarmte, angsterfüllte Gesichter, Bärte und immer wieder Bärte, Gewehre und immer wieder Gewehre, erhobene Plakate und Fahnen, von sehnigen Armen geschwungene Zündschnüre, und zwischen Zigarrenrauch und Rumgeruch der Jubel der durch den unglaublichen Sieg übersprudelnden enthusiastischen Menschenmenge.

Ich lasse meine Vorstellungskraft weiter schweifen und sehe die Verbrecher der Diktatur in öffentlichen Verhandlungen unter den ohrenbetäubenden Schreien Tausender von Zuschauern, Menschenmengen mit brennenden Fackeln zum Gedenken an José Martí, auch sehe ich den Präsidenten Urrutia in seinem Palast und feierliche Richter voller Würde neben Milizionären vom Lande, die mit rauhen Händen die Gewehre umklammern, die ihnen die Revolution gegeben hat. Ich sehe Fidel Castro, Raúl, Camilo und viele andere Comandantes, jeder trägt seine eigene endlose Reihe von Heldentaten mit sich, sie stehen an der Spitze dieses Heeres von Männern, die den Tod nicht scheuten. Eine ganze Generation, von Diktaturen erdrückt, legt ihre Hoffnungen in diese Revolution, die Schluß macht mit der vom Elend behafteten Vergangenheit.

Die Geschehnisse überstürzen sich und bleiben so tief in mir verhaftet, daß es mir nicht möglich war, die Ereignisse mit dem nötigen Abstand zu sehen und zu analysieren.

Kuba war weit entfernt und drehte sich in meinem Kopf wie ein Wirbelsturm, und in seinem Mittelpunkt befand sich Ernesto neben seinen Kampfgefährten.

Ich begriff, daß die Gefahr des revolutionären Krieges vorüber war, daß sich jedoch neue Gefahren über Kuba und seinen Bewohnern zusammenbrauten: die Reaktion der Vereinigten Staaten, die dort Vermögen und Einfluß gefährdet sah.

ZWEITER TEIL

Wie war es möglich, daß dieses asthmakranke, schwächliche Kind, das im weitab gelegenen Alta Gracia nur mit größten Anstrengungen seinen schulischen Verpflichtungen nachkommen konnte, sich zu diesem Mann wandelte, mit dessem unvergleichlichen Elan sich die Titelseiten der wichtigsten Zeitungen der Welt beschäftigten?

Um dies nachvollziehen zu können, war es wichtig, sich seinen Lebenslauf abermals zu vergegenwärtigen, und so rief ich mir seine Kindheit, seine Entwicklungsjahre, seine Grundschul- und Gymnasialausbildung..., seine Läufe durch die Hügel von Alta Gracia, seine Lieblingssportarten..., seine Fahrrad- und Motorradtouren durch Argentinien und Amerika wieder ins Gedächtnis. Ich ließ seine Beschäftigungen, seine Freundschaften im Geist Revue passieren, las nochmals die Briefe, die er uns geschrieben hatte und in denen sich die Entwicklung seiner ökonomischen, sozialen und politischen Konzeption widerspiegelt. Die folgenden Seiten sind das Ergebnis dieses langwierigen Vorgehens.

EINFLÜSSE AUF ERNESTO
DIE VORFAHREN

Während der Diktatur des Generals Juan Manuel de Rosas (1829-1852) verließen viele Argentinier ihr Vaterland, um dem politischen Klima dieser Zeit zu entrinnen.

Meine Großeltern waren ebenfalls politische Emigranten und die Großmutter, die meinen Sohn Ernesto vergötterte und mit ihm gern plauderte, erzählte ihm oft Geschichten aus ihrem Leben in Kalifornien, wo sie geboren wurde und bis zu ihrem zwölften Lebensjahr gelebt hatte. Sie erzählte von ihrem Vater, Francisco Lynch, der von seiner Farm Baradero in der Provinz Buenos Aires nach Banda Oriental in Uruguay mitsamt seiner Familie fliehen mußte. Er hatte es abgelehnt, in die Armee von Rosas einzutreten, was gleichbedeutend war mit dem Todesurteil. Er schiffte sich in Montevideo ein, fuhr durch die Magellan Meerenge, erreichte Chile, von dort aus ging es weiter nach Peru, wo er an Cholera erkrankte. Er setzte die Reise nach Ekuador fort, wo er sich die Pocken einhandelte. Danach ging es durch Tausende von Widrigkeiten weiter, bis sie in Kalifornien ankamen, um sich im gerade gegründeten San Francisco niederzulassen. Dort heiratete er ein neunzehnjähriges Mädchen namens Eloísa Ortiz, Mutter eines Kindes und bereits verwitwet. Aus dieser neuen Ehe gingen meine Mutter und ihre Geschwister hervor.

Mein Großvater väterlicherseits, Juan Antonio Guevara, gebürtig aus Mendoza (Argentinien), sah sich wegen seiner politischen Ideen ebenfalls genötigt, sein Land zu verlassen. Er überquerte die Kordilleren der Anden und ließ sich kurz in Chile nieder, um dann gemeinsam mit seinen Brüdern und anderen Landsleuten eine Expedition zu den „Placeres de California"[1] zu starten, wohin viele politische Emigranten aus Mendoza und San Juan geflüchtet waren.

Von beiden Seiten meiner Großeltern läßt sich so sagen, daß sie aufgrund ihrer politischen Ideen lange umherirrten und außerhalb ihrer Heimat den Lebensunterhalt verdienen mußten. Diese Tatsache hatte einen großen Einfluß auf unsere Familie und auch auf Ernesto.

Francisco Lynch, mein Großvater mütterlicherseits, lebte mehr als dreißig Jahre im Exil, verdiente sich mit seiner Arbeit in San Francisco ein Vermögen und kehrte nach dem Sturz der Regierung des Generals Rosas in seine Heimat zurück.

Don Juan Antonio Guevara (mein anderer Großvater) war ein Nachfahre der Stadtgründer von Mendoza und gehörte der neunten in Argentinien geborenen Generation an. Seine Vorfahren waren noch gebürtige Chilenen gewesen.

Juan Antonio Guevara war fünfundzwanzig Jahre alt, als die ersten Nachrichten von den Goldfeldern in Kalifornien Chile erreichten. Zusammen mit einigen Brüdern und Landsleuten brach er in Richtung Norden auf und nach viel Mühsal kamen sie im Süden Mexikos an. Da sie kein Geld hatten, kauf-

---

[1] Goldvorkommen. Die Entdeckung großer Goldvorkommen in dem ehemals mexikanischen Gebiet, das nach einem blutigen und ungerechten Krieg von den USA anektiert wurde, lockte Tausende von Menschen aus zahlreichen Ländern an, die glaubten, über Nacht ein Vermögen zu gewinnen. Dieser Ansturm auf die Goldvorkommen, die „Placeres de Californa", wird in den Geschichtsbüchern häufig als „Goldrausch" bezeichnet. Tatsächlich haben dort aber nur wenige Menschen ein Vermögen erworben.

ten sie ungezähmte Pferde anstelle von Reitpferden, um auf diese Weise Kalifornien zu erreichen. Sie lieferten ein bewundernswertes Beispiel für die Zähmung der Tiere und für ihre Reitkunst.

„Placeres de California" stellte sich als ein riesiger Reinfall heraus. Vom Goldrausch genesen, ließ sich mein Großvater in Kalifornien nieder und vermählte sich mit Frau Concepción Castro Peralta, die aus einer angesehenen spanisch-mexikanischen Familie abstammte. Als sich die Situation in Argentinien wieder normalisiert hatte, kehrte er mit seiner Frau und den in Kalifornien geborenen Kindern, von denen eines mein Vater Roberto Guevara war, in seine Heimat zurück.

Mein Vater legte sein Abitur in San Juan ab, einer Provinz in der Nähe Mendozas, studierte in Buenos Aires Ingenieurwesen und schloß sein Studium mit einem Diplom als Vermessungsingenieur in Córdoba ab. Später führte er wichtige Vermessungsarbeiten im ganzen Land durch, so im Jahre 1898, als er den Verlauf der Grenze zwischen der Provinz Santiago del Estero und dem Gouverneursbezirk des Chaco festlegte, eine Aufgabe, die ihn fast zwei Jahre lang in Anspruch nahm. Um sich gegen die Angriffe der Indios verteidigen zu können, begleitete ihn bei den Arbeiten eine Kavallerie-Abteilung.

Die Vermessungsaufgaben waren äußerst schwierig, denn sie mußten ausgehend von dem Einschlagsort eines Meteoriten auf dem Campo del Cielo[1] (dem Himmelsfeld) im Chaco[2] über eine Linie, die mittels astronomischer Berechnungen festgelegt worden war, bis zum Monte Orán in der Provinz Salta durchgeführt werden.

Zu jener Zeit, man schrieb das Jahr 1898, war es sehr schwierig, im Urwald zu arbeiten und zu leben. Die Indios, unge-

---

[1] In die Region Campo del Cielo des argentinischen Chacos fiel in der Mitte des 18. Jahrhunderts ein Meteorit, der einer indianischen Legende zufolge während mehrerer Tage die Nacht hell erleuchtete. Sein Standort ist dank der astronomischen Berechnungen des spanischen Seemanns Rubín de Zelis bekannt. Die Daten befinden sich im „Archivo de Indias". Der General Juan Manuel de Rosas wollte ihn ausgraben lassen, konnte dies jedoch nicht durchführen, denn sein Gewicht beträgt mehrere Tonnen. Dieser Meteorit besteht aus magnetischem Eisen, und Rosas ließ ein Stück herausschlagen, aus dem er sich zwei Pistolen anfertigen ließ, die heute in einem Museum in London zu besichtigen sind.
[2] Argentinische Provinz.

zähmte Wilde, griffen unaufhörlich an, zudem gab es in dieser Gegend weder Flüsse noch Bäche. Wasser war nur zu erhalten, indem man Löcher von mehr als achtzig Meter Tiefe grub. In meinem Besitz befinden sich noch heute die Kladden mit den Messungsergebnissen. In einem von ihnen steht folgendes zu lesen: „... 48 Grad im Schatten. Das Wasser ist uns vollkommen ausgegangen. Die Wasserwagen hätten schon seit zwölf Tagen hier sein sollen. Die Tiere fangen an, durchzudrehen. Die Tagelöhner gehen mit ihrer Energie sehr sparsam um und liegen ausgestreckt unter den Bäumen. Unter den Arbeitern gibt es erste Anzeichen von Aufstand. Wenn die Indios die Wasserkonvois überfallen haben, sind wir verloren..." Und in der darauffolgenden Zeile heißt es weiter: „Man hört Schüsse, entweder sind es die Indios, oder die Begrüßung der ankommenden Wasserfahrzeuge."

Doch es waren die Wasserfahrzeuge, die ankamen, nachdem sie viele Kilometer zurückgelegt hatten. Und dann steht da der Satz in dem Notizbuch meines Vaters: „Nicht alles sind Dornen im Leben, es gibt auch Rosen!"

Da ich eine große Bewunderung für meinen Vater hegte und die aufregende Geschichte seines Lebens kannte, war das Bild meines Vaters sicher tief auch im Gedächtnis der Kinder eingeprägt. Oft erzählte ich Vaters Erlebnisse bei uns zu Hause am Tisch den Kindern, und ich entsinne mich der Aufmerksamkeit, mit der die Erzählungen aufgenommen wurden — Ernesto kannte demzufolge das Leben seines Großvaters. So wurde er eingeführt in die Abenteuer, um die Pflicht zu erfüllen oder das Leben zu retten. Das Bild meines Vaters prägte Ernesto.

Mein Vater leitete im Jahre 1900 die Fünfte Grenzkommission, die in den Anden arbeitete, um einen alten Grenzstreit mit Chile zu schlichten. Es handelte sich um eine mühsame und risikoreiche Arbeit, die in mehreren tausend Metern Höhe ausgeführt wurde.

Im Jahre 1902 begann die Vermessung der Provinz Mendoza, deren Durchführung sich über fünfzehn Jahre erstreckte. Fünfzehn Jahre schwerer Arbeit, in denen er seine Familie nur selten zu Gesicht bekam; Trockenheit, Hitze, flutartige Regengüsse, Wirbelstürme waren durchzustehen, und er mußte sich gegen die Höhenkrankheit, die „Puna"[1], den ‚weißen Wind'[2] und den Schnee durchkämpfen.

Bei dieser Arbeit verlor mein Vater den jungen schwedischen Ingenieur Ebensen, der unter Mißachtung der Ratschläge der „Baqueanos"[3] den 6900 Meter hohen Berg „Los Tombillos" bestieg, um ein Vermessungszeichen aufzustellen. Er wurde dabei von einem Schneesturm überrascht, und trotz einer intensiven Suchaktion konnte er nicht gefunden werden.

Meine Mutter und ihre Kinder lebten in ständiger Angst um das Leben unseres Vaters. Diese Erzählungen geben einen kleinen Eindruck des besonderen Klimas wieder, dem sich niemand in unserem Hause entziehen konnte, denn wir kamen, aus welchem Grund auch immer, wieder und wieder auf unsere Vorfahren zu sprechen. Auch mir gelang es, dem einfachen Leben in der Großstadt zu entrinnen. Unsere Hochzeitsreise führte uns in die urwaldähnliche und entlegene Gegend der Provinz Misiones (Argentinien), wo wir uns niederließen und mehrere Jahre lang arbeiteten. Die Erzählungen, die meine Kinder später hören sollten, weckten in ihnen meiner Meinung nach das Interesse, ein Leben außerhalb der Grenzen der Zivilisation, inmitten der Natur zu führen, mit all den Unsicherheiten und Gefahren, die dies in sich barg. Sehr oft wurde bei uns zu Hause später über unser Leben in Misiones gesprochen.

CELIA DE LA SERNA
UNSERE EHE

Meine Frau, Celia de la Serna, lebte mit ihrer Familie in Buenos Aires und war gut mit der Familie Echagüe befreundet. Und obwohl auch ich gut mit ihnen bekannt war, lernte ich die Familie de la Serna erst später als die Familie Echagüe kennen.

Die Eltern Celias waren verstorben, und die Geschwister lebten zusammen in einem geräumigen Haus in der Straße Ju-

---

[1] Ein Unwohlsein, das durch die dünne Luft in großer Höhe verursacht wird. Es wird so von den Indios genannt, die einen Großteil der Anden in Argentinien bewohnen.

[2] So werden die Schneestürme in den Anden von den Bergführern genannt, die Tiere über die hohen Gipfel führen. Es ist ein feiner Schnee, der mehrere Tage hindurch regenartig niederfällt.

[3] Führer (argentinischer Ausdruck).

Die Eltern Celias waren verstorben, und die Geschwister lebten zusammen in einem geräumigen Haus in der Straße Junín. Es waren damals vier Brüder und drei Schwestern. Carmen als älteste, später mit dem Schriftsteller Córdova Iturburu verheiratet, hatte die Verantwortung für alle übernommen.

Ich lernte Celia bei ihr zu Hause kennen, wir freundeten uns an, und später entwickelte sich auch eine enge Beziehung zu ihrer Familie. Mit der Familie Echagüe trafen wir uns häufig, entweder bei ihr zu Hause oder im Haus der Echagües.

Solange Celia und ich nur gute Freunde waren, gab es keine Probleme, aber als man merkte, daß mehr als nur eine Freundschaft zwischen uns war, fingen einige ihrer Geschwister an, einen regelrechten Krieg gegen mich zu veranstalten.

Celia war noch minderjährig, akzeptierte trotzdem nicht den Druck ihrer Familie und trug ihre Entscheidung mit aller Entschlossenheit vor.

Sie zog zu einer Tante, und wenig später heirateten wir. All dies geschah im Jahre 1927 und auf diese Weise war ich der Anlaß für die Spaltung der Familie.

Ich hatte von meinem Vater etwas Geld geerbt, wovon ich 200 Hektar Land in Puerto Caraguatay in der Provinz Misiones kaufte. Dorthin zogen Celia und ich dann gemeinsam. Sie war die Jüngste der Geschwister und hatte ihren Vater nicht mehr kennengelernt, da er verstarb, als sie erst wenige Monate alt war. Ihre Mutter, die noch sehr traditionell erzogen worden war, veranlaßte, daß ihre Töchter in religiös geleiteten Schulen erzogen wurden. Aus diesem Grund absolvierte Celia die Grundschul- und Teile ihrer Gymnasialausbildung auf der Schule zum „Heiligen Herz", und als ich sie kennenlernte, war sie gerade im Begriff, ins Kloster zu gehen. Da sie außerordentlich gläubig war, ging sie sogar so weit, sich Glasstücke in die Schuhe zu legen — zur Selbstkasteiung. Sie versäumte keine Messe, und da sie als wohlhabend galt, bearbeiteten sie die Nonnen des Gymnasiums, ins Kloster einzutreten und bei ihnen zu bleiben. Aber sie wußte sich selbst aus diesem Kreis zu befreien, und kurze Zeit später lernte sie mich kennen und wir beschlossen, selbst über unser Leben zu bestimmen, ohne uns an das Gerede der Leute zu halten. Vorbei waren die Kasteiungen, die Frömmeleien und der enge Zaun, den die Familie und die Freunde, die gegen unsere Beziehung waren, um sie errichtet hatten.

Wir waren beide noch sehr jung, sie zwanzig und ich siebenundzwanzig Jahre alt.

Celia war eine sehr intelligente und gebildete Frau, sie sprach Französisch wie ihre eigene Muttersprache Spanisch und war auch sehr gewandt im Englischen. Wir verstanden uns sehr gut und waren außer Eheleuten auch sehr gute Kameraden, auch wenn wir uns oft wegen nichtiger Dinge stritten, was vielleicht darauf zurückzuführen war, daß wir uns in unserer Art sehr ähnlich waren.

Unannehmlichkeiten existierten nicht für uns, und wir sahen über die Widerstände hinweg, wenn wir etwas erreichen wollten, das uns interessierte.

Die Familie Celias mütterlicherseits war sehr konventionell, dennoch schafften sie es nicht, ihren Charakter zu ändern, und von den wenigen Verhaltensweisen, die noch davon übriggeblieben waren, hatte sie sich bald gelöst. Ich für meinen Teil hatte sie nie übernommen, obwohl sie auch in meiner Familie existierten.

Meine politische Sozialisation seit meiner Kindheit war sozialistisch ausgerichtet gewesen[1], aber ich hatte kein Interesse, meine Frau in dieser Hinsicht unter Druck zu setzen. Sie wendete sich jedoch Schritt für Schritt in diese Richtung, die Realität zu betrachten, und in kurzer Zeit ließ sie mich hinter sich zurück. Ungestüm und überwältigend in ihrer Wesensart, konnte sie keine halben Sachen machen, und wenn sie sich in eine Angelegenheit vertiefte, wich sie keinen Schritt zurück. Wir verstanden uns sehr gut und gemeinsam verteidigten wir uns gegen die Angriffe aus unserer eigenen sozialen Klasse, für die wir als die „roten, kommunistischen Teufel" galten.

Mir gaben sie die Verantwortung dafür, Celia aus der Mitte der katholischen Gemeinde gerissen und in eine Sozialistin verwandelt zu haben.

---

[1] Meine erste Wahlstimme gab ich im Jahre 1918 Dr. Alfredo Palacios von der Sozialistischen Partei. Ohne dieser Partei als Mitglied anzugehören, habe ich immer für sie gestimmt bis zum Jahre 1962, als ich zum letzten Mal meine Stimme für die Sozialisten abgab.

In jener Zeit arbeitete die Katholische Kirche in unserem Land, wie in den meisten anderen Gegenden Lateinamerikas, Hand in Hand mit dem Großkapital, ihrerseits stützten sich die Kapitalisten auf das Militär, das sich immer mehr zum Gendarmen des internationalen Kapitals entwickelte.

Der Kolonialkapitalismus in der argentinischen Republik sah mit mißtrauischen Augen auf jene, die sich von der Unterwürfigkeit entfernten, die ihnen vom englischen und nordamerikanischen Imperialismus aufgezwungen worden war. Ich galt von vornherein als gebrandmarkt, und auch Celia fand sich später auf der Liste wieder. Inzwischen tat ihre Familie ihr bestes, um das Schäfchen wieder in die Herde zurückzuholen, aber das Schäfchen sprang über den Zaun und entwickelte sich zu einer fähigen sozialen Führerin, die gemeinsam mit mir einen entscheidenden Einfluß auf die Erziehung Che Guevaras nahm.

Celia verfügte über eine große geistige Beweglichkeit und lieferte in ihrem Leben viele Beweise für ihren großen Mut, ohne ihr weibliches Wesen zu verlieren.

Wir verbrachten glückliche Tage miteinander, Zeiten des Überflusses wie auch größter Entbehrungen. Das Hin und Her des Lebens tat ihrem Charakter keinen Abbruch, sondern verstärkte noch ihre Entschiedenheit.

So verbrachten wir die ersten Jahre unserer Ehe, über die die internationale Presse mittels ihrer verschiedenen Kanäle, wie Zeitungen, Zeitschriften, Radio und Fernsehen, Lügen und Erfindungen verbreitete, nachdem Ernesto auf ihren Titelseiten erschienen war. So gingen einige „Kommentatoren" soweit zu sagen, daß wir, wenn wir uns zu Hause an den Tisch setzten, jeder einen Revolver trüge, um Dikussionen durch Schüsse zu beenden. Die Korrespondenten verbreiteten jedoch nichts darüber, wie wir uns beide in dem Kampf für unsere politischen und sozialen Ideale ergänzten.

CELIAS WESEN

Sie war eine sehr gute Schwimmerin, was damals ungewöhnlich war in unserem Land. Ihre Geschwister, die ebenfalls sehr gute Schwimmer waren, hatten es sie gelehrt, und Celia pflegte im Training tausend Meter ohne größere Schwierigkeiten zurückzulegen. Sie kraulte, wobei es weniger die Geschwindigkeit als die Anstrengung war, die Celia an diesem Stil herausforderte. Kurz nach unserer Hochzeit arbeitete ich gemeinsam mit meinem Freund Germán Frers bei einer Firma in der Schiffswerft Río de la Plata. Auf dieser Werft hatte man ein Boot für mich gebaut, eine Art Segelboot, und wir fuhren damit oft auf den Río de la Plata oder in das Delta des Paraná-Flusses hinaus. Ich erinnere mich, daß wir eines Tages, als wir mitten auf dem Paraná de las Palmas vor Anker lagen, Celia in ihrem Badeanzug auf Deck kam und sich darauf vorbereitete, ins Wasser zu springen. Wir hatten ziemlich viele Leute zu Besuch an Bord, unter ihnen mein Schwager Martines Castro, der selbst als guter Schwimmer galt und ihr versuchte klar zu machen, wie gefährlich es wegen der starken Strömung wäre, an dieser Stelle zu schwimmen. Auch ich versuchte, ihr zuzureden, doch es half alles nichts, und sie tauchte im Fluß unter.

Celia hatte kaum einige Schwimmbewegungen gemacht, als wir feststellten, daß sie nicht gegen die Strömung ankam und mitgerissen wurde. Wir bereiteten uns darauf vor, eine Rettungsaktion zu starten, aber dafür mußten wir den Anker lichten, den Motor anwerfen und ihr dann hinterherfahren. Das hätte alles viel zu lange gedauert. Meine Schwester María Luisa warf ihr ohne lange zu zögern ein Tau zu, das Celia gerade noch am letzten Ende ergreifen konnte, und wir begannen, sie heranzuziehen. Celia war schon völlig erschöpft vor lauter Anstrengung, und als sie am Boot angelangt war, mußten wir sie zu mehreren heraufholen, da sie nicht mehr die Kraft hatte, allein hochzuklettern.

Wir wunderten uns, daß Celia so schnell erschöpft war. Was war passiert? In jener Zeit trugen die Frauen elastische Korsetts, und sie war ins Wasser gesprungen, ohne es abzulegen. Das Gummi hatte sich im Wasser zusammengezogen und die Durchblutung behindert; wenn wir nicht so schnell reagiert hätten, dann wäre sie beinahe ertrunken.

Diese ganze Szene spielte sich vor den Augen meines Sohnes Ernesto ab, der damals ungefähr fünf Jahre alt war. Erschreckt hatte er die ganzen Geschehnisse von einer Bank der Jacht aus verfolgt. Der Schrecken war eine weitere Erfahrung für Celia, aber sie war seit ihrer Geburt unvorsichtig und steckte schon öfters diese Art von Erfahrungen ein. Auch für Ernesto handelte es sich um eine wichtige Erfahrung, doch später gewöhnte er sich daran, wie auch der Rest der Familie, daß meine Frau diese Tollkühnheiten vollbrachte, da ihr die Angst vor einer Gefahr unbekannt war.

Eines Sommermorgens hielten wir uns in einem Jachtklub am Río de la Plata auf. Es war ziemlich heiß, und aus diesem Grund badeten viele Leute im Fluß. Noch am Tage zuvor war ich mit Celia und den Kindern zu einer kurzen Spazierfahrt mit dem Boot „El Ala" hinausgefahren. Als wir zurück zum Club kamen, um dort anzulegen, erklärte ich Celia, daß hier schon viele Unvorsichtige ertrunken wären, und zeigte dabei auf eine Boje in ungefähr zweihundert Metern Entfernung. Die Stelle war deshalb so gefährlich, weil die Strömung die Schwimmer hinaus auf den Kanal trieb, und der Wunsch, bis zur Boje zu schwimmen, kostete vielen von ihnen das Leben. An jenem Morgen sprang Celia wie immer ins Wasser und begann genau das zu tun, was ich ihr am Tage zuvor als äußerst gefährlich beschrieben hatte, und machte sich daran, bis zur Boje zu schwimmen. Mein Sohn Ernesto erlitt in der Nacht davor einen Asthmaanfall, und deshalb erlaubten wir ihm nicht, ins Wasser zu gehen. Ich war mit ihm an Land geblieben, und beide schauten wir Celia zu, wie sie versuchte, bis an die Boje zu gelangen.

Wir sahen, wie sie von der Strömung mitgerissen wurde, und die Umstehenden begannen, um Hilfe zu rufen, als sie sahen, daß Celia unterging. Aber um bis dorthin zu gelangen, wo sie war, hätte man wirklich ein sehr guter Schwimmer sein müssen, weil man gegen eine sehr starke Strömung ankämpfen mußte. Zum Glück kreuzte ganz in der Nähe ein Segelboot. Inzwischen versuchte ein anderer Mann in einem Ruderboot, ihr zur Hilfe zu kommen, aber er war so aufgeregt, daß er die Ruder nicht ins Wasser tauchte, sondern in der Luft bewegte.

Nachdem er die Zeichen gesehen hatte, die man ihm von Land aus gemacht hatte, gelang es dem Steuermann des Segelbootes, mit einem ausgezeichneten Manöver den Bug des Bootes nah an die Stelle heranzubekommen, wo meine Frau schwamm. Celia war bereits vollkommen erschöpft, und er zog sie aus dem Wasser, als sie schon keinen einzigen Armschlag mehr tun konnte.

Dies war eine weitere Erfahrung für den kleinen Ernesto in bezug auf seine Mutter. Ich erinnere mich noch genau daran, wie er vor lauter Verzweiflung am Sandstrand herumsprang, als er sah, wie seine Mutter am Ertrinken war. An jenem Tag verdarb Celia mit ihrer Unvorsichtigkeit allen Leuten, die dort badeten, die Laune.

Es war ihr besonderes Wesen und nicht unbedingt Unverantwortlichkeit, sondern eher die Anziehungskraft, die die Gefahr auf sie ausübte. Wenn ich zugegen war, begab sie sich nicht in sehr gefährliche Situationen, aber wenn ich nicht da war, dann machte es ihr Spaß, jeder Art von Schwierigkeit zu begegnen, die ihr eine Anstrengung abverlangte.

Ich könnte noch viele Seiten mit diesen Erinnerungen füllen, die von den Kapriolen meiner Frau erzählen, aber ich erinnere mich an eine ganz spezielle, die sich im Jahre 1935 am Mar de Plata ereignete und die ich hier erzählen möchte. Celia badete in Begleitung ihres Bruders Jorge, der ein sehr guter Wettschwimmer war. Am Strand wehte die Flagge, die anzeigte, daß das Schwimmen wegen der Windstärke zu gefährlich war und daß sich niemand ins Meer begeben sollte. Aber Jorge de la Serna war gewöhnt, selbst in stürmischer See zu schwimmen, und tauchte kopfüber in einer großen Welle unter. Celia folgte ihm.

Tausende von Personen, die Bademeister eingeschlossen, standen dort, um die beiden Schwimmer zu beobachten. In wenigen Sekunden befanden sie sich weit draußen im Meer, aber das Schwierigste war, wieder an Land zu kommen. Jedes Mal, wenn sie an den Strand kommen wollten, rissen die zurückströmenden Wellen sie wieder mit sich ins Meer zurück.

Die Rettungsschwimmer der ganzen Strände hatten sich bereits versammelt, da sie eine sehr schwierige Rettungsaktion befürchteten. Celia und Jorge kämpften ungefähr zwanzig Minuten lang gegen die Wellen an. Er allein hätte es vielleicht geschafft, herauszukommen, denn er war ein exzellenter Schwimmer, aber Celia schaffte es nicht, allein gegen die Wellen anzukommen. Alle Leute waren sehr angespannt, und die Rettungsschwimmer warteten auf das Zeichen, das diejenigen geben, wenn sie Hilfe brauchen, das heißt, daß sie einen Arm hochheben, und daraufhin würden sie sofort versuchen, sie aus dieser schwierigen Situation zu befreien. Endlich gelang es den beiden, wieder den Fuß an Land zu setzen. Sie hatten den anderen Sommergästen angstvolle Minuten bereitet und die Rettungsschwimmer sehr verärgert durch ihre große Unvernunft.

Auch an diesem Tag war Ernesto genauso wie unsere anderen Kinder zugegen. Sie verfolgten auf der einen Seite den schwierigen Kampf ihrer Mutter gegen die Wellen, auf der anderen waren sie erfüllt von Aufgeregtheit und Angst. Aber Schritt für Schritt gewöhnten sie sich an die Persönlichkeit Celias. Ich war zum Glück nicht dabei, denn ich hatte kurz vorher den Strand verlassen, nicht ohne sie vorher noch einmal inständig zu bitten, nicht ins Meer zu gehen. Aber die Versuchung der Gefahr war stärker als ihre Vernunft und brachte sie dazu, genau das zu tun, was sie nicht tun sollte.

Im Hafen Caraguatay in Misiones geschah es ein weiteres Mal, daß sie mehrere Guaraníschwimmer beunruhigte, die am Flußufer unterhalb meines Hauses Fische fingen.

An dieser Stelle ist der Paraná sehr tief, mehr als dreihundert Meter geht es in die Tiefe, und darüber hinaus auch sehr gefährlich aufgrund der großen Strudel, die sich in seinem Flußbett drehen und die von den tiefen Spalten auf seinem Grund herrühren, denn diese gebirgige Region ist vulkanischen Ursprungs. Diese Stelle war so gefährlich, daß selbst die Lastkähne und Fährschiffe einen großen Bogen um diese Stelle machten. In gewissen Abständen öffnete ein riesiger Strudel seinen Schlund und verschlang alles, was in der Nähe war. Einmal ist in seinen Wassern ein schwerbeladener Lastkahn untergegangen, der 8000 Sack Mate an Bord hatte. Das vermittelt einen ungefähren Eindruck von der gewaltigen Stärke der Strudel, die sich in einigen Metern Entfernung von der Stelle befanden, an der Celia ins Wasser stieg.

Doch sie hatte keine Angst vor der Gefahr. Ich befand mich an jenem Nachmittag bei der Arbeit in den Bergen und deshalb war niemand da, der sie hätte aufhalten können. Zwei Holzfäller, die bei mir angestellt waren, sahen, wie sie ins Wasser stieg und gegen die Strömung ankämpfte. Sie erfaßten die gefährliche Situation sofort und da sie kein Seil zur Hand hatten, banden sie einige Lianen zusammen und warfen sie Celia über den Kopf. Die Guaraníindianer sind zwar sehr gute Schwimmer, aber trotzdem wagten sie sich an dieser Stelle nicht ins Wasser. Mit ihrer Reaktionsschnelligkeit gelang es ihnen, ihr das eine Ende der Lianen zuzuwerfen und sie dann zurück ans Ufer zu ziehen. Zu diesem Zeitpunkt war Celia bereits im sechsten Monat schwanger mit unserer Tochter Celia!

Ich erzählte von diesen Zwischenfällen, weil sie einen guten Eindruck von der Persönlichkeit der Mutter Ernestos vermitteln.

Diese Geschehnisse waren oft Gegenstand von Unterhaltungen und Diskussionen in unserem Haus, woraus sich ergab, daß sowohl Ernesto als auch meine anderen Kinder sich langsam an die gefährlichen Situationen gewöhnten, denen sich ihre Mutter aussetzte, ohne ihnen zuviel Bedeutung beizumessen. Diese Art, sich Gefahren zu stellen, hat Ernesto von ihr übernommen, doch mit einem großen Unterschied: Er schätzte vorher genau die Gefahren ein, kalkulierte und stellte sich ihnen, um zu gewinnen. Er spielte damit. Für Ernesto handelte es sich um eine Frage der Übung, die Angst zu überwinden, und er genoß es, wenn jemand mit weniger Mut ihn bei seinen Eskapaden beobachtete oder wenn er damit seine Freunde in Spannung versetzen konnte.

CELIA ALS MUTTER UND POLITISCHE AKTIVISTIN

Sie war von großer Liebe und Zärtlichkeit für ihre Kinder erfüllt, besonders für Ernesto. Sie hatte an seiner Seite all die schwierigen Momente durchstanden, die ein asthmakrankes Kind mitmacht, was im Falle Ernestos ziemlich schlimm war, da seine Anfälle sehr häufig und schwer waren.

Celia zögerte nie einen Augenblick, um irgendwohin zu fahren, wo das Klima das Leiden ihres Sohnes mildern könnte.

Als er zwischen vier und sechs Jahre alt war, machte er wahrscheinlich die schwierigste Zeit in seiner Krankheitsgeschichte durch. Die Anfälle erfolgten in so kurzen Abständen, daß er nicht regelmäßig in die Schule gehen konnte. Er versäumte sehr oft den Unterricht und dies über lange Zeiträume. Aber Celia ging mit einer engelsgleichen Geduld jeden Tag mit ihm die Lektionen durch, die er in der Schule gehabt hätte, und auf diese Weise wuchs zwischen ihnen die große Liebe und Kameradschaft.

Mit den anderen Kindern war sie auch sehr zärtlich und liebevoll, doch hielt sie sie enger im Zaum, erlaubte ihnen weniger Streiche und hielt sie sehr zum Lernen an.

Als Ernesto erwachsen war, begann er durch die ganze Welt zu reisen und unterhielt dennoch eine ständige Korrespondenz mit seiner Mutter. Die Briefe Ernestos an Celia, abgesehen von der Eleganz, mit der sie geschrieben waren, erzählten von allen Ereignissen in seinem bewegten Leben. Sie geben einen klaren Aufschluß über seine politische und soziale Entwicklung. Sie behandelten sich als ihresgleichen, mit indirekten Angriffen manchmal, aber immer war die große Zuneigung zu erkennen, die sie verband. Ernesto hatte keine Geheimnisse vor seiner Mutter, sie war immer seine Vertraute, und Celia beriet sich jedes Mal mit Ernesto, wenn etwas Wichtiges in ihrem Leben zu entscheiden war.

Celia engagierte sich auf so intensive Weise für die revolutionäre Politik, die ihr Sohn entwickelte, daß sie sie nach kurzem bereits gründlich kannte. Sie machte keinen Hehl aus ihren Ideen und zeigte dies deutlich, wo immer sie sich auch aufhielt, ohne daß sie sich Sorgen darüber machte, daß ihr dies eventuell Unannehmlichkeiten bereiten könnte. Sie reiste nach Brasilien und knüpfte Kontakte zu vielen linksorientierten Gruppen. Sie hielt dort auch Vorträge und informierte viele Menschen über die kubanische Revolution.

Sie war ebenfalls in Chile und Uruguay, wo sie an Kongressen sozialistischer Frauen teilnahm und die Gelegenheit nutzte, unter den Studenten für die Politik Castros zu werben.

...elia hegte große Liebe und Zärtlichkeit für ihre Kinder und besonders für Ernesto.
...ls Kleinkind in Morón, Provinz
Buenos Aires.)

...mitten des Urwalds von Misio-
...s zu leben mit einer ganzen Fa-
...ilie und all den Schwierigkeiten
...d Verwirrungen, die dies mit
...h brachte war wirklich keinem
...zuraten... In dieser Umgebung
...gann Che seine ersten Schritte
... tun.

Auch in unserem Land hielt sie Vorträge über Kuba und seine Regierung. Auf einem von ihnen, der in der Fakultät für Rechtswissenschaft stattfand, begannen faschistische Gruppen, die Studentenschaft, die Celia zuhörte, zu provozieren, und daraufhin entbrannte eine Auseinandersetzung zwischen beiden Gruppen, die mit einem Schußwechsel endete. Hier bewies Celia ihren kühlen Kopf und ihren Charakter, indem sie fortfuhr zu sprechen, so als wäre nichts geschehen. Aber die Versammlung wurde von der Polizei aufgelöst.

Im Jahr 1961 veröffentlichte sie nach ihrer Rückkehr aus Kuba eine Serie von Artikeln in der sozialistischen Zeitschrift „La Vanguardia", in denen sie die Ergebnisse der erfolgreichen Revolution im wirtschaftlichen, politischen und sozialen Bereich analysierte.

Mitgerissen von der Leidenschaftlichkeit, die so charakteristisch für sie war, beteiligte sie sich in unserem Land heftig an einer Pro-Castro-Kampagne, als die diplomatischen Beziehungen zu Kuba bereits abgebrochen waren. Zu diesem Zweck bereiste sie die Provinzen im Norden des Landes und mußte mehrere von der Rechten inszenierte Zwischenfälle und Provokationen über sich ergehen lassen.

Sie arbeitete unablässig und war oft von opportunistischen Politikern umgeben, die in ihr die Persönlichkeit sahen, die ihnen den Weg zu ihrer Karriere eröffnen könnte. Celia besaß kein Mißtrauen Menschen gegenüber; für sie war jeder, der sich ihr näherte, gut und sie glaubte an ihn, bis sie wirklich moralisch oder materiell geschädigt wurde.

Mehr als einmal nannte sich irgendein Unverschämter ihr „Freund" und war nicht mehr als ein Agent des argentinischen oder eines ausländischen Geheimdienstes.

Am 23. April 1963 kehrte sie aus Uruguay nach Argentinien zurück und wurde in der Stadt Concordia verhaftet unter der Beschuldigung, kommunistische oder castristische Literatur bei sich zu führen. Ihre Rechtsanwälte griffen den Fall sofort auf und bewiesen, daß sie nur persönliche Briefe bei sich hatte sowie Fotos ihres Sohnes und ihrer Enkelkinder. Diese Fotos wurden von der Polizei beschlagnahmt, und wir bekamen sie nie wieder zurück. Die Bücher, die sie bei sich hatte und die den Vorwand für ihre Verhaftung lieferten, waren eines mit dem

Titel ‚Die Agrarreform in Uruguay' und ein weiteres, das man in jeder Buchhandlung Argentiniens erstehen konnte.

Angesichts der fehlenden Gründe für ihre Verhaftung, ordnete der Richter, der für die Provinz Entre Ríos zuständig war, ihre Freilassung an, jedoch wurde ihr von der Staatsanwaltschaft angeordnet, sich weiterhin zur Verfügung zu halten, eine Maßnahme, die von den angeblich demokratischen Staaten angewandt wurde, um die Freiheit des Individuums einzuschränken. Zwei lange Monate verbrachte Celia im Frauengefängnis in Buenos Aires in der Straße Independencia Ecke Defensa und dies allein aufgrund der Tatsache, die Mutter Che Guevaras zu sein. Man hat ihr nie nachweisen können, gegen die argentinischen Gesetze verstoßen zu haben!

Celia leitete einen Prozeß gegen die Staatsgewalt ein. Ein argentinischer Richter (ein seltener Vogel unter seinesgleichen), Dr. Kenny, ein Mann voller Mut und Entscheidungskraft, die seinem Namen alle Ehre machte, ordnete eines Morgens in diesem Gefängnis eine Verhandlung an und beschloß ihre sofortige Freilassung. Nur auf diese Weise und indem er die Polizisten überraschte, erreichte er, daß Celia aus der Haftanstalt für Frauen entlassen wurde. Minuten später wurde sie bereits von der Polizei in ganz Buenos Aires gesucht. Es handelt sich hierbei um einen viel erwähnten Vorfall und um einen der wenigen, in denen es einem Richter gelang, die gegen die Verfassung verstoßende List der Staatsgewalt umzukehren, die in dieser Zeit von Präsident María Guido repräsentiert wurde, den eine Militärjunta auf den Sessel Rivadavias als Marionette gesetzt hatte.

Celia litt sehr während ihrer zweimonatigen Haftzeit. Ihre Gesundheit hatte Schaden genommen. Nachdem sie aus dem Gefängnis gekommen war, mußte sie zunächst in Buenos Aires im Untergrund leben und dann später die Grenze nach Uruguay überqueren, um der Polizei und der Armee auszuweichen, die sie als eine normale Kriminelle ansahen, und dies nur, wie ich bereits oben erwähnte, aufgrund der Tatsache, daß sie die Mutter des Comandante Guevara war.

Als sie sich bereits in Uruguay aufhielt, schickte Ernesto ihr ein Flugticket nach Havanna, das sie jedoch zurückwies. Sie teilte ihm in einem Brief mit, daß sie in jenes Land ins Exil gegangen war und wie bisher fortfahren würde, für die Befreiung der Völker in Amerika zu kämpfen. Ihre Zeit im Gefängnis hatte sie zu der Überzeugung gebracht, daß nur eine Revolution den unterdrückten Völkern ihre Freiheit geben könne. Auf friedlichem Weg würden sämtliche Gegner der totalitären Regime mit ihren sanften Predigten zu pensionierten Insassen der Gefängnisse werden, die diese Regierungen für sie bereithalten.

Inzwischen sind viele Jahre vergangen, und die Gefangenen ohne Gerichtsurteil sowie diejenigen, die sich für die Staatsgewalt zur Verfügung halten müssen, füllen die argentinischen Gefängnisse, während der jeweils amtierende Präsident voller Inbrunst die Demokratie unter seiner Regierung lobpreist und große Schmähreden gegen die „Störenfriede der öffentlichen Ordnung" losläßt. Unterdessen hat das Land nie unter einem größeren Despotismus gelitten.[1]

Als Celia aus Uruguay zurückkehrte, mußte sie sich noch für einige Zeit in Argentinien versteckt halten und aus Angst vor einer neuen Verhaftung darauf achten, sich nicht in der Öffentlichkeit zu zeigen. Ihr Leben war ziemlich bewegt. Sie hatte eine Vorahnung, daß sie kein hohes Alter erreichen würde, und sie sagte mir immer wieder, daß sie wie ihre Mutter ziemlich jung sterben würde. Und genau so geschah es auch, sie starb an der gleichen Krankheit im Alter von 58 Jahren.

Sie war in einer gutsituierten Familie aufgewachsen und hatte eine sehr konservative Erziehung genossen, sie war in Klosterschulen erzogen worden und war kurz davor, in einen Orden einzutreten, und setzte sich dennoch durch, selbst eine Fa-

---

[1] Dieses Kapitel wurde 1972 geschrieben. Am 25. Mai 1973 kam in Argentinien Dr. Héctor J. Cámpora mittels Wahlen an die Macht, und noch in der gleichen Nacht wurden fast alle politischen Gefangenen auf freien Fuß gesetzt, die es im Land gab. Seine Regierung hielt sich jedoch nur sehr kurze Zeit an der Macht (zwei Monate), da er nach einer Reise nach Madrid und einem Gespräch mit General Perón seinen Rücktritt als Präsident verkündete. Diese Rücktrittserklärung wurde vor den Gesetzgebenden Kammern abgegeben, gemeinsam mit der des gewählten Vizepräsidenten, Dr. Vicente Solano Lima. Aus den folgenden Wahlen ging General Juan Domingo Perón als Präsident hervor, begleitet von seiner Frau María Estela Martínez, die das Amt der Vizepräsidentin Argentiniens übernahm. Nach dem Tod General Peróns (1.7.1974) übernahm María Estela Martínez die Regierungsgeschäfte. Kurz danach wird die Präsidentin durch einen Militärputsch gestürzt, die Opposition im Lande mundtot gemacht, und Tausende von Gegnern der Regierung werden erneut verhaftet.

milie zu gründen mit Kindern, deren Erziehung auf einer ganz anderen Linie als die ihrer Eltern lag. Sie kämpfte in ihrem Leben gegen finanzielle Einschränkungen sowie gegen den Druck aus ihrer Familie und deren Bekannten, die in ihr ein „rotes Raubtier" sahen.

Sie fand in ihrem Sohn Ernesto den Impuls, den sie brauchte, um sich in ihrem Leben zu vervollkommnen und es in die Bahnen zu lenken, die sie für richtig hielt.

Intelligent, fähig und mutig, wie sie war, machte sie aus ihrem Leben das, was sie wollte. Obwohl sie unter den Einschränkungen litt, die ihr der revolutionäre Krieg, in dem ihr Sohn kämpfte, auferlegte, hatte sie das große Glück, nicht nur seinen militärischen, sondern auch seinen politischen Erfolg mitzuerleben.

Wenige Tage vor ihrem Tod fühlte sie mit großer Schmerzlichkeit die Abreise Ernestos aus Kuba. Seine Abreise erfüllte sie mit Traurigkeit und einem starken Unbehagen, vor allem, weil ihr die Gründe dafür nicht bekannt waren. Wenige Monate später erfuhren wir sie und erhielten die Nachricht von seiner Entscheidung, die Waffen wieder aufzunehmen im Kampf gegen diejenigen, die ihre Macht mißbrauchen, um die „unterentwickelten" Völker weiter zu unterdrücken.

CELIAS FAMILIE

Die Familie meiner Frau war reich. Ihr Vater hatte ein großes Vermögen geerbt und sehr jung sein Examen als Rechtsanwalt abgelegt. Er besaß mehrere Farmen, die er nach modernsten Methoden verwalten ließ und widmete den größten Teil seiner Zeit seiner Tätigkeit als Professor der Rechtswissenschaften an der Universität von Buenos Aires. Als gebildeter und sehr intelligenter Mann hatte er seine Kenntnisse weit über den Bereich des Rechtswesens hinaus erweitert. Er war ein Mitglied der „Radikalen" (in jener Zeit eine politische Partei, die im linken Zentrum angesiedelt war und von Leandro Alen angeführt wurde). Die konservative Oligarchie bekam im Jahre 1890 die Auswirkungen einer Revolution mit Leandro N. Alen und jungen Radikalen an der Spitze zu spüren; unter ihnen befand sich Juan Martín de la Serna, Ches Großvater. Jener Revolution, die „Neunziger" genannt, gelang es zu diesem Zeitpunkt nicht, den Präsidenten der Republik zu stürzen. Viele ihrer Anführer starben, wurden verletzt oder gefangengenommen, aber die Regierung sah sich gezwungen abzutreten und Wahlen ausschreiben zu lassen.

Celia hatte ihren Vater nicht mehr gekannt, denn er starb, als sie erst zwei Monate alt war. Ihre Mutter, eine sehr katholische und nach traditionellen Maßstäben erzogene Frau, gab diese Einstellung an ihre Kinder weiter. Auch sie starb, als Celia noch sehr klein war, und von dieser Zeit an übernahm ihre älteste Schwester, Carmen de la Serna, die Führung des Haushalts. Sie heiratete später im Jahre 1928 den bekannten Dichter Córdova Iturburu, der in jener Zeit der kommunistischen Partei angehörte. Während ihrer Verlobungszeit trafen sich im Haus der Familie de la Serna Schriftsteller, Künstler, Politiker und Wissenschaftler, von denen einige linken Parteien angehörten.[1]

Celias Geschwister vertraten eine liberale Linie, waren aber vollkommen apolitisch. Celia begann, ungeachtet ihrer Jugend, an diesen Treffen teilzunehmen und legte langsam viel von dem ab, was man ihr in der Klosterschule des „Heiligen Herzens" beigebracht hatte.

Ich erinnere mich daran, daß wir in den Jahren, als wir schon in Alta Gracia lebten und an den regelmäßigen Treffen im Hotel Sierras teilnahmen, viele direkte oder indirekte Angriffe von Leuten, die der Rechten angehörten und denen unsere Art zu leben und zu handeln nicht paßte, über uns ergehen lassen mußten. Weder sie noch ich gehörten je einer Partei als Mitglieder an, verhehlten jedoch nie unsere sozialistische Position.

---

[1] Die argentinischen Parteien der Linken in dieser Zeit waren: die Kommunistische Partei und die Sozialistische Partei, die wiederum in viele verschiedene Gruppen aufgespalten war.

DER EINFLUSS DER REGION MISIONES

Im Jahre 1926 war ich noch Student der Architektur, und der Abschluß meines Studiums lag noch in weiter Ferne. Ich wollte Celia de la Serna heiraten und verstand mich ebenso wie sie nicht besonders gut mit ihrer Familie. Deshalb beschlossen wir eines Tages, die Fesseln zu kappen und irgendwohin zu gehen, wo ich meine Kenntnisse anwenden konnte.

Zufällig gelang es mir, einen Nutzungsvertrag für ein 70.000 Hektar großes Grundstück in Alto Paraná in der Provinz Misiones zu erwerben.[1] Dieser Vertrag wurde mir von einem sehr guten Freund und dessen Bruder übertragen. Pedro León Echagüe, den die Aufgabe ebenfalls faszinierte, kam mit mir überein, zusammen in diese Region zu fahren und sie zu besiedeln. Ich verfügte bereits über einige Erfahrung, denn ich hatte früher im argentinischen Chaco gelebt und dort als Landvermesser gearbeitet.

Mein Vater hatte mir nach seinem Tode etwas Geld hinterlassen, und ich dachte daran, es für die Urbarmachung dieses Stückes Land zu verwenden. Echagüe bat mich, eine Woche auf ihn zu warten, denn er wollte sich noch von seiner Verlobten verabschieden, die in Alta Gracia (Córdoba) lebte. Aus dieser einen Woche wurde bald ein Monat, dann zwei. Ich bemerkte, wie mit Briefen, Telegrammen und Telefongesprächen die Zeit verstrich und eines schönen Tages, als ich sah, daß Echagüe nicht kam, entschloß ich mich, vom Vertrag zurückzutreten und mir eine neue Arbeit zu suchen.

Pedro León Echagüe wurde nur kurze Zeit später zum zweiten Verwalter einer großen Niederlassung, die seinem Onkel gehörte, ernannt. Sie befand sich am Alto Paraná in Caraguatay. Seit dem Krabbelalter waren Echagüe und ich gute Freunde, und als er sich in Misiones niedergelassen hatte, schrieb er mir regelmäßig und lud mich ein, ihn zu besuchen.

---

[1] Dieses Territorium verdankt seinen Namen den Überresten alter Indiosiedlungen, die im siebzehnten Jahrhundert von Jesuiten-Mönchen gegründet wurden und dem Ziel der Christianisierung dienten, wie diese behaupteten, jedoch in Wirklichkeit richtige Kolonien zu ihrem eigenen Vorteil waren. Man muß aber der Gerechtigkeit halber sagen, daß sie ausgezeichnete bildhauerische, architektonische und malerische Arbeiten hinterlassen und die Indios in der Bearbeitung des Bodens und in handwerklichen Fähigkeiten unterrichtet haben.

So geschah es, daß ich ihn nach einem seiner Besuche in Buenos Aires auf der Rückfahrt begleitete, um den Ort kennenzulernen, an dem er arbeitete. Wir schrieben das Jahr 1927.

Mir hatte es die Landschaft dieser Gegend angetan: Sie strahlte etwas Geheimnisvolles aus, das den Reisenden in den Bann nimmt, manchmal auf eine so intensive Art, daß viele für immer dort bleiben. Der bekannte französische Gelehrte Bonpland besuchte Misiones im vergangenen Jahrhundert und gedachte dort nur kurze Zeit zu bleiben, aber der Urwald übte einen so starken Reiz auf ihn aus, daß er ungefähr vierzig Jahre lang blieb und einige der umfassendsten und seriösesten Arbeiten schrieb, die je über dieses Gebiet Argentiniens und Paraguays veröffentlicht wurden.

Das Territorium Misiones (heute eine Provinz Argentiniens) liegt wie ein riesiger Keil zwischen Brasilien und Paraguay, begrenzt durch zwei große Flüsse, den Paraná und den Uruguay, mit einem zentralen Gebirge, das sich bis zu einer Höhe von 1.200 Metern erhebt. Dort gibt es die dichtesten Urwälder, die man sich vorstellen kann, mit mehr als vierzig Meter hohen Bäumen und einer in sich verschlungenen, sehr reichhaltigen Vegetation voller Sträucher, Lianen und Millionen von Farnkräutern. Durch das Gebiet verlaufen wasserreiche Flüsse und Bäche. Das Klima ist subtropisch und bietet so die günstigsten Bedingungen für eine herrliche Fauna und Flora.

Auf die Menschen der Großstadt übt diese Gegend einen besonders starken Reiz aus, wenn sie ein wenig Ruhe und Frieden suchen und sich in diese weitab gelegene Gegend Argentiniens zurückziehen.

Andere Reisende, Forscher und Wissenschaftler, wie der bereits erwähnte Bonpland, fühlten sich von dieser Region angezogen, und neben diesem großen Gelehrten zog es Félix de Azara, Martín de Moussi, Humboldt und Bertoni ebenso in die geheimnisvollen Urwälder von Misiones. Über ihre Erfahrungen schrieben sie weltberühmte Werke.

Noch heute gerät man in den Bann des mysteriösen Misiones: der undurchdringliche Dschungel mit seinen riesigen Bäumen, die das Sonnenlicht nicht durchdringen lassen, mit Lianen und „Icipós"[1], Wurzelgestrüpp; der „Yaguarete"[2], derden Rindern mit seinen Dornen die Eingeweide aufschlitzt; die Raubkatzen verschiedenster Art, der Puma, Alligatoren, Antas, Ameisenbären; „barreros"[3], die der Tierwelt als Trinkstelle dienen; Bäche, die sich ihren Weg durch das Dikkicht suchen und oft in großen Wasserfällen hinab in die „Correderas" des Paraná stürzen[4]; die Kiefernwälder und „Lapachos"[5], die unter den Äxten der Arbeiter fallen, die Anbaufelder für Mate und die großen Plantagen; die Hurrikane, die alles verwüsten, was sie auf ihrem Weg vorfinden, die Stürme, die mehrere Monate andauern; der schwere, rote Erdboden, das Moor in den Bergen; der „Tacuarembo"[6] und die großen „Tacuaras"[7] ... all dieses übt eine starke Anziehungskraft aus, der man sich nicht entziehen kann. Es übt einen Reiz aus wie alles, was gefährlich ist, und nimmt einen gefangen wie alles, was die Leidenschaft erregt. Es glich nichts dem, was wir vorher gesehen hatten, weder der Erdboden noch das Klima, die Vegetation, der von wilden Tieren bewohnte Dschungel und noch viel weniger seine Bevölkerung.

Vielleicht habe ich diese Gegend zu ausführlich beschrieben, aber das Klima dort übt, wie ich mit absoluter Sicherheit behaupten kann, einen Einfluß auf die menschliche Psyche aus, nicht nur auf diejenigen, die dort geboren und aufgewachsen sind, sondern auch auf die, die sich nur einige Zeit dort aufhielten.

In früheren Zeiten war Misiones von Guaraní-Indianern bewohnt. Die berühmten spanischen Jesuitenmönche kolonisierten dieses Gebiet und unterwarfen die Indios, die später ih-

---

[1] Ein Schlinggewächs, das äußerst widerstandsfähig ist und in der subtropischen Region Argentiniens wächst.
[2] Eine amerikanische Tigerart.
[3] Kleine Sümpfe in der Nähe von Bächen und Flüssen.
[4] Argentinische Bezeichnung für Stromschnellen.
[5] Eine riesige Baumart, die ein sehr hartes Holz liefert, das als Bauholz verwendet wird.
[6] Eine Rohrart, die bis zu zwanzig Meter hoch wird.
[7] Eine besonders kräftige und biegsame Rohrart, etwas kleiner als das Tacuarembórohr, vorwiegend an den Ufern von Flüssen im Norden Argentiniens vorzufinden. Sie wird häufig für die Herstellung von Häusern und Möbeln verwendet; die Indios fertigten ihre Lanzen daraus, und die ersten Armeen Argentiniens benutzten sie ebenfalls.

re Organisationsstrukturen und Religion übernahmen. Sie lernten von den emsigen Mönchen, wie man arbeitete, und als die Jesuiten im Jahre 1777[1] aufgrund einer Anordnung der spanischen Regierung versetzt wurden, fuhren diese Guaraní-Indianer, die inzwischen die christliche Religion angenommen hatten, fort, diese Gegend zu besiedeln und ihr einen ganz besonderen Charakter zu verleihen. Dem „Mensú"[2], dem Nachkommen der Indios, die so eng an die Beschützung durch die spanischen Jesuitenmissionen gebunden waren, ist es bis heute nicht gelungen, sich von der Sklavenherrschaft seines Herrn zu befreien. Er trägt immer noch das alte spanische Kolonialerbe im Blut, doch es beinhaltet auch das unbeugsame Rebellentum des Guaraní. Die neuen Kolonisatoren, mit ihrem Markenzeichen der Lohnarbeit und des Plantagensystems, haben dem Bewohner dieser Gegend ein noch schwereres Joch auferlegt als das frühere, und er dient weiterhin als Sklave der großen Besitzer. Und so verläuft das Leben eines „Mensú": nach in vielen Kneipen durchgemachten Nächten, wo er mit einem Vorschuß unter Vertrag genommen wird (was gleichbedeutend mit der Verurteilung zur Sklaverei ist), die von bewaffneten Wächtern begleitete Reise in den Urwald, das Leben in den Bergen, Malaria, Unterernährung, mangelnde Unterkünfte, gefährliche Schwerstarbeit, immer mit der Axt auf der Schulter oder mit der Machete in der Hand, um sich einen Weg durch den Dschungel zu schlagen, in immer größere Schuld gegenüber dem Großgrundbesitzer verfallend, ohne diese je bezahlen zu können. In den Lebensmittelläden, die sich im Besitz der Arbeitgeber befinden und die einzigen am Ort sind, wo er seine Verpflegung erstehen kann, gibt es nur minderwertige Nahrungsmittel und schlechte Kleidung zu kaufen, die zudem noch zehnmal teurer als ihr eigentlicher Wert sind.

Für seine Arbeit erhält er nur wenig Geld und auf diese Weise verschuldete sich der Tagelöhner jeden Tag mehr.

---

[1] Diese Anordnung wurde von dem Sondergesandten Bucarelli aus Spanien übermittelt, der alle Jesuiten-Missionare aus Amerika verbannte.
[2] Von dem spanischen Wort ‚mensual' (monatlich), mit dem Tagelöhner bezeichnet wurden.

Der „Mensú" sah somit als einzige Chance für seine Rettung die Flucht durch die Berge mit der Machete in der Hand an. Er war besessen von der Idee, an den Paraná zu gelangen, bevor die „Großgrundbesitzerjustiz" ihn zu fassen bekam und in Form einer „Partida"[1] mit ihren „Capangas"[2] und Hunden überwältigte und ins Jenseits beförderte.

Es gab dort nur zwei soziale Klassen: die Besitzer und die Tagelöhner. Diese krasse Ungleichheit und die Ausbeutung, der die Arbeiter unterworfen waren, ließen Haß entstehen, und das daraus resultierende angespannte Klima, in dem alle lebten, wurde durch Diebstähle und Morde noch verschärft. Auf der einen Seite ein Mensch, der mittels Waffen ausführte, was der Besitzer ihm befahl, auf der anderen Seite ein Mensch, der sich wie ein wildes Tier verteidigte, um essen zu können. Nach der Reise, die ich gemeinsam mit Pedro León Echagüe und unserem gemeinsamen Freund Faustino Lezica nach Misiones unternommen hatte, kehrte ich voller Begeisterung für diese Gegend und im festen Glauben, dort arbeiten zu können, zurück.

So fuhren wir im Jahre 1927 nach unserer Hochzeit direkt nach Caraguatay, um dort unsere Flitterwochen zu verbringen und mit der Absicht, dort für immer zu leben.

In dieser gleichzeitig so angespannten und anziehenden Umgebung sollten wir längere Zeit leben. Ich war damals 28 Jahre alt und nicht in das weitabgelegene Gebiet Misiones gefahren, um mich denen anzuschließen, die ihresgleichen ausbeuteten, und lehnte mich gegen die Ausbeutung der armen Tagelöhner auf. Ich traf die feste Entscheidung, nicht mit Gutscheinen, sondern mit Bargeld zu bezahlen und die Preise der Proviantläden nicht zu akzeptieren. Aufgrund dieses Verhaltens bedachten die Großgrundbesitzer in Misiones mich mit dem Spitznamen „Kommunist". Dort wurde meine Frau Celia de la Serna mit dem Sohn Ernesto Guevara de la Serna schwanger. Ich nehme an, daß es für eine Frau wie sie, in der Großstadt

[1] Eine Gruppe von bewaffneten Männern, die im Sold des Besitzers standen und damit beauftragt waren, diejenigen aus dem Weg zu schaffen, die fliehen wollten.
[2] Leibwachen, die an der Spitze der „Partidas" standen und von den Großgrundbesitzern bezahlt wurden.

Buenos Aires aufgewachsen, in allem Überfluß großgeworden und an alle möglichen Annehmlichkeiten gewöhnt, nicht einfach war, den Wechsel in jene Region zu vollziehen, die so voller Geheimnisse steckte und wo man von dem Moment an, wo man sie betrat, fühlen konnte, daß man den Schutz der Machete und des Revolvers benötigte. All dies übte einen außerordentlich großen Einfluß auf sie aus, und vielleicht hatten die Erlebnisse und Gefühle jener Zeit einen Einfluß auf das Wesen, daß sie unter ihrem Herzen trug. Ernesto Guevara de la Serna lebte etwas weniger als zwei Jahre in der Provinz Misiones. Er konnte sich selbst nicht an seinen Aufenthalt dort erinnern, während meine Frau und ich uns noch viele Jahre eng mit Misiones verbunden fühlten, das wir ihm Jahre 1931 hinter uns zurückließen. Von Buenos Aires aus verwaltete ich noch einige Jahre meinen Besitz in dieser entlegenen Provinz.

Ein Zufall entfernte uns von einem Augenblick zum anderen aus Misiones: die Werft „Río de la Plata", deren Mitbesitzer ich war, ging nicht sehr gut, einer der Teilhaber war ausgestiegen, und ich reiste nach Buenos Aires, um seine Arbeit fortzusetzen. Dieses Einspringen sollte jedoch nicht für immer sein. Obwohl ich meinen „Yerbal"[1] angepflanzt und alles in Ordnung zurückgelassen hatte, wollte ich mich nicht von Caraguatay trennen, da ich es in der Zwischenzeit sehr lieb gewonnen hatte. Mit dem Gedanken an die baldige Rückkehr reisten wir aus Misiones ab, um uns zunächst in San Isidro in der Nähe der Werft niederzulassen. Dort begann Ernestos Asthmaleiden, und von diesem Zeitpunkt an gestaltete sich unsere Rückkehr nach Misiones immer schwieriger. Unsere Abreise aus Caraguatay bedeutete nicht, daß ich meine Kontakte dorthin vollkommen abgebrochen hätte. Nie konnten wir den Dschungel von Misiones vergessen, und der Ort blieb uns in allerbester Erinnerung zurück. Als logische Folge wurde das Leben in Misiones mit seinen Zwischenfällen und seiner Unsicherheit das Lieblingsthema der Familie Guevara. Meine Kinder kannten die Namen der Orte, von Bäumen, Tieren, von den Vögeln aus dieser Gegend genauso gut wie wir Eltern, und da auf der anderen Seite die Erträge aus meiner dortigen

[1] Argentinischer Name für Matepflanzung.

Mateanpflanzung, die ich 1929 angelegt hatte, eine meiner wichtigsten Einnahmequellen war, ist es nur verständlich, daß das Thema Misiones alltäglich war. Ich bin von Natur aus ziemlich neugierig, und ich liebe es, mich mit Forschungen aller Art zu beschäftigen, und so füllte ich mit der Zeit meine Bibliothek mit Reiseberichten, wissenschaftlichen Büchern und Literatur über diese schöne Gegend und seine Bewohner.

Mein Sohn Ernesto hörte, genauso wie die anderen Kinder, immer voller Aufmerksamkeit unseren Erzählungen und denen unserer Freunde zu, wenn wir berichteten, was wir in dieser fernen Region gesehen, gehört und gefühlt hatten. Ernesto, der älteste von ihnen, machte sich mit großer Leidenschaft das bedrückende Problem der Ausbeutung von Menschen durch andere zu eigen, und ich glaube, daß dies einen wesentlichen Einfluß auf seine spätere Haltung gegenüber den Ausbeutern hatte.

Ich hielt es für nötig, so ausführlich über die Lebensbedingungen zu berichten, unter denen die Bewohner dieses Territoriums leben: auf diese Weise kann der Leser die Atmosphäre, die in Misiones herrscht und wo mein Sohn Ernesto geboren wurde, besser verstehen.

Ich kann weder eine vollständige Geschichtsschreibung dieser so interessanten Provinz meines Landes geben noch der Menschen, die sie bewohnten und die heute dort leben. Dieses Thema verdient es, in einem anderen Buch behandelt zu werden, ich werde mich jedoch immer wieder auf Geschehnisse, die ich dort erlebt habe, beziehen, denn ich kann mich nicht völlig freimachen von den Einflüssen, die diese Erlebnisse auf meine Entwicklung ausgeübt haben, dies gilt in gleichem Maße für meine Frau Celia und die ältesten Kinder.

DIE FRÜHEN KINDHEITSJAHRE ERNESTOS

Es waren sehr schwierige, aber auch sehr glückliche Jahre. Mitten im Urwald mit der ganzen Familie zu leben, die ganzen Schwierigkeiten und Verwirrungen mitzumachen, die dies mit sich bringt, möchte ich niemandem empfehlen und noch weniger jemandem, der wie wir an die Lebensbedingungen der Großstadt gewöhnt ist.

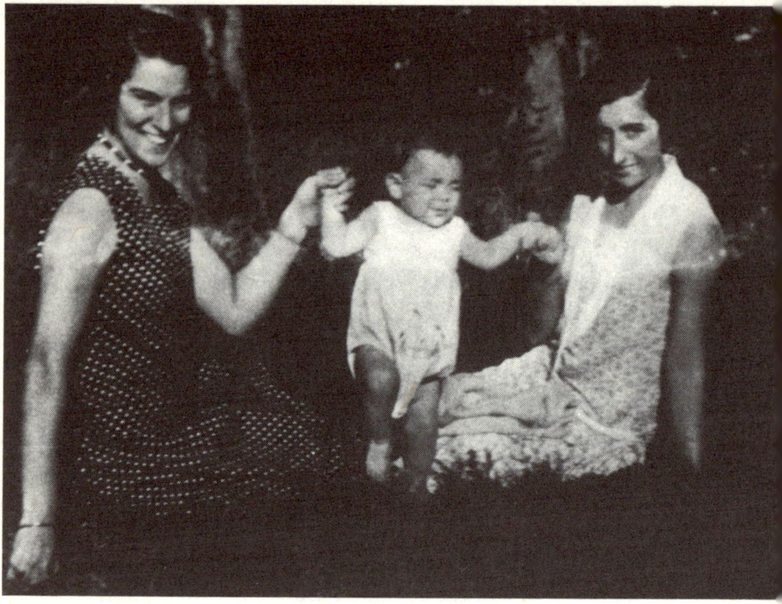

Ernesto mit seiner Mutter und Frau Gamas.

Wenn es uns die Zeit erlaubte, pflegten wir mit den Kindern auf den Hof der Gamas in d Nähe von Morón hinauszufahren.

Ernesto auf dem Arm von Frau Gamas.

Ernesto mit Kindermädchen

enn Ernesto nicht unter dem Asthma litt, konnte er die Schule besuchen und mit den anderen Kindern spielen, als wäre er gänzlich gesund. (Auf dem Foto in der Mitte zusammen mit seinen Cousinen und Neffen.)

Von unserem Haus aus, das in einer Flußkrümmung des Paraná auf einem Hügel errichtet war, konnten wir weit auf den Fluß hinabsehen und deshalb schon von weitem die Schiffe und Boote erkennen, lange bevor sie unterhalb unseres Hauses vorbeifuhren. Der Paraná dehnte sich an dieser Stelle bis auf mehr als sechshundert Meter Breite aus. Auf dem gegenüberliegenden Ufer erstreckte sich der dichte, unbewohnte Dschungel Paraguays, der in stufenförmig aufeinanderfolgenden Hügeln bis an den Fluß herankam und sich dort in einem undurchdringlichen Dickicht von Schlinggewächsen, Lianen und Icipós verlor.

Wie in allen Gegenden, die in der Nähe tropischer Zonen liegen, kamen die Stürme nach einer völligen Windstille auf. Diese fast beängstigende Ruhe entlud sich kurz darauf in einen richtigen Wirbelsturm mit Blitzen und sintflutartigem Regen. Das Schauspiel war immer sehr beeindruckend und zog unsere gesamte Aufmerksamkeit auf sich, ohne daß wir uns davon fernhalten konnten. Diese spannenden Momente ließen uns die kleinen Unannehmlichkeiten vergessen, die sich täglich in dieser weitabgelegenen Gegend unseres Landes ergaben. Wenn die Tage ruhig waren, geschah es sehr oft, daß über unsere Köpfe hinweg, an den Baumwipfeln entlangstreichend, plötzlich Tausende von Papageien aus den Wäldern flußabwärts flogen. Ihre Flügelschläge erinnerten dabei an das Geräusch der „matracas".

In dieser Umgebung begann Che seine ersten Schritte zu tun. Wegen der vielen Insekten bekleideten wir ihn immer mit einem sehr leichten Overall, der ihn vor den Stichen der „Mbarigüis"[1], der Stechmücke, der „Uras"[2] und Moskitos, den Überträgern der Malaria, schützen sollte. Sein Schutzengel, das Kindermädchen Carmen Arias, ließ ihn nicht einen Augenblick aus den Augen. Sie war mit uns aus Buenos Aires gekommen, hatte den kleinen Teté seit den ersten Tagen nach seiner Geburt in ihren Armen und konzentrierte auf ihn ihre ganze Zuneigung. Da wir so weit weg wohnten und die Schiffsrei-

---

[1] Eine kleine Mückenart, deren Stiche die Haut entzünden.
[2] Eine große Stechmücke, die ihre Eier in der Haut von Menschen und Tieren ablegt, aus denen bald eine Larve kriecht und ein Loch zurückläßt.

se von der Hauptstadt aus eine Woche in Anspruch nahm, kamen uns nur sehr wenige Leute aus Buenos Aires besuchen. Eine der Schwestern Celias, Edelmira, verheiratet mit einem Engländer namens Moore, kam in seiner Begleitung und mit ihnen ihre beiden Kinder, von denen eines im gleichen Alter wie unseres war. Sie blieben ziemlich lange bei uns, die Kinder spielten gemeinsam, tollten um das Haus oder fuhren unter der Obhut von Carmen mit einem Maultiergespann, das von einem jungen Paraguayer geführt wurde, hinaus.

Die Kinder waren wie im Rausch und zausten sich gegenseitig, wenn sie in diesem Wagen mit seinen harten Gummireifen saßen und dieser über die steinigen Wege des Urwalds sprang; jeden Nachmittag hörte man den Lärm der Kinder, wenn sie dort schrien und quietschten vor Vergnügen und dem dichten Dschungel so eine lustige Note verliehen.

Ich erinnere mich an etwas, das uns sehr belustigte: Klein-Ernesto fing gerade an zu laufen. Da wir gerne Mate trinken, schickten wir ihn in die Küche, die sich zwanzig Meter vom Haus entfernt befand, wo für uns der Tee aufgebrüht wurde. Nun gab es zwischen der Küche und dem Haus eine kleinen Graben, in dem ein Rohr lag. An dieser Stelle stolperte der Kleine immer und fiel mit dem Mate in den Händen hin. Er stand wütend wieder auf, und als er mit einer frischen „Brühung" kam, fiel er wieder hin. Hartnäckig ging er zurück, um neuen Mate zu holen, bis er schließlich lernte, über den Graben zu springen.

Eine seiner Lieblingsbeschäftigungen bestand darin, mit mir Ausflüge auf dem Pferde zu machen, wobei er vor mir auf dem Sattel saß. Wir ritten um das Haus oder drangen manchesmal bis in die Berge vor. Aufmerksam beobachtete er jede Einzelheit auf unseren Ausritten. Die Vielfalt der Schmetterlinge in ihren verschiedensten Farben, die Vögel, die im Laubwerk Zuflucht suchten, die Bergratten, die rannten, um ein Versteck zu finden, oder eine Eidechse, die wie ein Pfeil vor dem Pferd davonschoß; all diese Eindrücke blieben in ihm verhaftet, der später zu einem so vorzüglichen Kenner der Geheimnisse des Urwalds werden sollte.

Wir hatten ein Boot mit einer kleine Kabine, das den Namen „Kid" trug. Mit ihm war ich den Paraná von Buenos Aires bis

Caraguatay hinaufgefahren, auf ihm lernte auch Ernestito die Freuden der Schiffahrt kennen, und öfters fuhren wir auf den Paraná hinaus, um den Dorado-Fisch zu angeln.[1] Alle faszinierte das Angeln und begeistert schauten die Teilnehmer an den Angelfahrten zu, wie der Fisch am Haken hing und man versuchte, ihn aus dem Wasser zu holen, wenn er sich nach allen Seiten hin krümmte. Andere Male fuhren wir mit dem „Kid" auf die Nebenflüsse des Paraná hinaus und kamen so durch völlig unbewohnte Gegenden, wo wir den unberührten Urwald beobachten konnten, der bis an das Ufer heranreichte. Wir konnten wilde Tiere sehen, die uns voller Neugierde, jedoch ohne Angst betrachteten, bestimmt, weil sie noch nie menschliche Lebewesen gesehen hatten.

Es ist unwahrscheinlich, daß Ernesto sich an diese ganzen Eindrücke erinnerte. Er war damals noch zu klein, keine zwei Jahre alt, aber dennoch bin ich überzeugt, daß all diese Erlebnisse tiefe Eindrücke in seinem Unterbewußtsein hinterlassen haben.

Gegen Ende des Jahres 1929 unternahmen wir einen Ausflug von Caraguatay zu den Wasserfällen des Iguassú. Diese berühmten Wasserfälle befinden sich ungefähr zweihundert Kilometer flußaufwärts von Caraguatay. Um dorthin zu gelangen, schifften wir uns im „Ituzaingó" ein, einem alten Passagier- und Lastschiff, das wöchentlich die Route von Posadas, der Hauptstadt der Region, nach Puerto Aguirre an der Grenze zu Brasilien befährt. Wir suchten eine Unterkunft in dem alten Hotel Adams, in dem auch die Touristen aus Buenos Aires wohnten. Der Iguassú bildet die Grenze zwischen Argentinien und Brasilien, und kurz bevor er sich in den Paraná ergießt und dabei einen großen Halbkreis von dreitausend Metern beschreibt, fällt er in wunderschönen Wasserfällen von fünfzig bis zu hundert Metern herab. Abertausende von Kubikmetern Wasser stürzen pro Sekunde in die Leere und dies mit einem ohrenbetäubenden, donnernden Geräusch, während die Gischt wie Dampf in die Höhe steigt.

[1] Eine Fischart, die bis zu zwanzig Kilo wiegen kann und in den Gewässern des Paraná und anderer argentinischer Flüsse lebt.

DIE INSEKTEN
DER VORARBEITER CURTIDO

Die „Mbarigüi", die Stechmücke, die „Pique" und die „Ura"
waren ohne Zweifel die größten Feinde des Menschen in Misiones.

Die „Mbarigüi" ist eine so kleine Mücke, daß sie durch die
Maschen eines normalen Moskitonetzes hindurchfliegen
kann, und ist auch fast nicht zu sehen. Sie setzt sich auf die
Haut und dringt wie eine Biene mit ihrem Stachel in die Haut
ein. Zuerst bildet sich nur eine kleine Beule, aber der später
auftretende Juckreiz ist so stark, daß der Betroffene sich unaufhörlich kratzt, wodurch sich die Einstechstelle entzündet.

Sie kommen zu Hunderten an, und man kann sich leicht
vorstellen, was dieses Tier für jemanden bedeutet, der auf ihre
Stiche nicht vorbereitet ist. Denjenigen, der sich daran gewöhnt, sich akklimatisiert und später selbst, nachdem er von
den „Mbarigüis" gestochen worden ist, nur den kleinen, fast
unsichtbaren Fleck sieht, wird es nicht mehr stören. Deshalb
sind es die Fremden, die dieses Insekt am meisten fürchten.

Die Stechmücke ist noch kleiner und tritt in richtigen Wolken auf und kann durch jede Art von Netzen hindurchdringen.
Die Personen, die von ihr gestochen werden, fühlen sich fieb-
rig und an den Einstechstellen, die meistens auf den Armen
oder Beinen zu finden sind, entstehen Flecken, als hätte man
sich verbrannt. Die Uramücke ist eine Moskitoart mit einem
weißen Unterleib: auf diese Weise kann man sie von den anderen unterscheiden. Sie sticht in die Haut und legt ihre Eier ab.
Aus diesen Eiern entsteht ein Wurm, den man am Anfang nicht
spüren kann, der sich jedoch unter der Haut ernährt und dann,
wenn er ausgewachsen ist, nach außen dringt und ein Loch in
der Haut zurückläßt. Bei allen Rindern dieses Gebietes findet
man unzählige Einstichstellen der Uramücke, wenn sie gehäu-
tet werden.

Der „Pique" ist ebenfalls fast unsichtbar. Er lebt auf den
Fußböden der Räume, und wenn jemand barfuß auf ihn tritt,
bleibt er an der Fußsohle haften und dringt in die Haut ein.
Einmal auf fruchtbaren Boden geraten, nimmt er die Form eines kleinen Kürbisses von zwei Millimetern Größe an, der zu

157

wachsen beginnt und deshalb auch Schmerzen verursacht. Bis zu diesem Punkt ist es noch auszuhalten, aber das fruchtbare Tier platzt dann und produziert Tausende von kleinen ‚Piques', die sich wie ein Schwarm unter der Haut ausbreiten. Die Betroffenen leiden neben dem Schmerz an einer Infektion, die durch den Stich des Insekts verursacht wurde.

Um meinen Sohn vor diesen Insekten zu schützen, steckte meine Frau Ernesto in einen Overall, der aus einem Stück bestand und langärmlig war.

Auf diese Weise wurde er teilweise vor den Stichen der „Mbarigüi" und der Stechmücke verschont. Die Uramücke war gefährlicher, weil man sie mit den Fliegen verwechseln konnte. Aber das allerschlimmste war der „Pique". Jeden Abend kam mein Vorarbeiter Curtido in unser Haus und begann mit einer Riesengeduld die Piques abzunehmen, die sich jeden Tag an Ernestos Füßen festsetzten.

Die Sache war ziemlich einfach, mußte jedoch gemacht werden, ohne daß der Kleine dabei wach wurde. Curtido nahm den Fuß des Kindes, und während ich ihm mit einer elektrischen Lampe Licht gab, näherte er die Spitze seiner Zigarette den kleinen schwarzen Punkten, die die Stelle anzeigten, an denen ein neuer „Pique" saß. Durch die Hitze löste er seine Umklammerung und dann konnte Curtido ihn mit einer Goldklinge abschaben. Diese Operation mußte durchgeführt werden, ohne daß das Kind die Wärme der Zigarette zu sehr spürte, denn wenn es wach würde, wäre es unmöglich, ihm die restlichen Tierchen zu entfernen. Curtido vollzog die Entfernung der „Piques" aufgrund seiner Erfahrung mit solcher Ruhe, daß es niemanden gab, der dies hätte besser machen können. Diese Aktion beanspruchte jeden Abend ungefähr eine halbe Stunde, doch wir hielten sie für absolut notwendig.

DER HURRIKAN

Es war gegen Mitternacht, als plötzlich ein starker Wind aufkam, der von Minute zu Minute stärker wurde. Ich hielt mich mit meiner Frau in unserem Holzhaus im Hafen von Caraguatay, direkt an dem Paraná, auf. Ich hatte dieses Haus bauen lassen und wußte daher genau, bis zu welchem Punkt es den

Kampf mit dem Wind aufnehmen konnte, unklar war jedoch, bis zu welchem Punkt es einem Hurrikan standhalten konnte, und der Wind, der mit jedem Moment stärker wurde, drohte sich in einen Tornado zu verwandeln. Die Pfosten, die Träger, die Seitenwände wie auch das Dach waren ganz aus Holz, jedoch ohne Verzapfung oder Schrauben zusammengebaut, sondern nur mit Eisennägeln zusammengenagelt. Deshalb würde, wenn auch nur eine dieser Verbindungen nachgäbe, das Ganze nachgeben und das Haus zusammenstürzen.

Der Wind hatte bereits die Ausmaße eines Hurrikans angenommen. Die Bretter schienen zu bersten, die ganze Balkenkonstruktion zitterte, und ich höre bis heute das Pfeifen des Windes in den umherstehenden Bäumen und in den Gittern des Hauses. Ich hatte das Gefühl, daß die Hütte nicht standhalten würde, und in diesem Fall würden wir den Bergabhang hinunter in den Paraná stürzen, der etwa hundert Meter darunter vorbeifloß. Ich hatte schon früher von den Wirbelstürmen gehört, die öfters in den heißen Zonen auftreten, doch ich hatte mich noch nie vorher inmitten dieses schwindelerregenden Schauspiels befunden, und jetzt waren wir inmitten eines solchen Hurrikan!

Wir hörten vom Haus, wie in den nahen Bergen die Äste der Bäume abbrachen, das Wüten des Windes in ihrem Laubwerk und von Zeit zu Zeit ein langes ächzendes Geräusch, wenn ein Baum vom Sturm entwurzelt wurde.

Mein Sohn Ernesto schlief in seiner Wiege neben unserem Bett. Einen Moment lang dachte ich daran, mit meiner Frau und dem Kleinen das Haus zu verlassen, um in den Bergen Zuflucht zu suchen. Doch ich verwarf den Gedanken sofort, da der Sturm sicherlich so stark sein würde, daß er uns wie Federn auf den Fluß zutreiben würde. In diesem Augenblick erinnerte ich mich an eine Erzählung, die ich sehr oft in meinem Elternhaus hörte: Es ist die Geschichte einer Familie während des Erdbebens im Jahre 1861 in Mendoza, wo fast die ganze Stadt zerstört und ein Drittel der Bewohner getötet wurde. Während des Bebens folgte die Familie dem Vater ins Innere des Hauses, wohin er lief, um das jüngste Kind aus seiner Wiege zu holen. In diesem Moment stürzte das Haus zusammen und der Vater warf sich über das Bett des Kindes. Wie die Leute erzählten, begrub und erdrückte das Dach die ganze Familie mitsamt seinem Oberhaupt, das mit seinem Körper einen Bogen gebildet hatte und so den Kleinen beschützt hatte, der deshalb der einzige Überlebende der Familie war. Ich dachte nicht weiter nach und warf mich über die Wiege Ernestos. Meine Frau, die sehr fatalistisch war, wollte ihr Bett lieber nicht verlassen und wartete auf die Dinge, die da kommen würden, und in der Tat hielt das Haus dem Sturm stand.

Am nächsten Tag sattelte ich mein Pferd und ritt auf dem Urwaldweg zur Verwaltung von Puerto Caraguatay und wurde dort von dem alten englischen Ingenieur Carlos Benson empfangen. Er war ein Herr in fortgeschrittenem Alter, der durch die halbe Welt gereist war und dabei in seinem Beruf beim Eisenbahnbau gearbeitet hatte. Er war ein vorzüglicher Kenner der Tropen und ein wirklicher Fachmann aufgrund der Kenntnisse, die er sich über das Leben im Urwald angeeignet hatte. Als ich ihm von der Riesenangst erzählte, die ich in der vergangenen Nacht ausgestanden hatte, antwortete mir der alte Benson:

„Ich habe ebenfalls nicht geschlafen, weil ich von einem Moment zum anderen darauf wartete, daß mein Haus in die Luft gewirbelt würde. Ich versichere Ihnen, Mr. Guevara, daß ich in meinem ganzen Leben noch nicht einen solchen Sturm erlebt habe."

Auf meinem Hinweg hatte ich eine Unmenge entwurzelter Bäume gesehen, von denen einige vollständig herausgerissen waren, und ich konnte angesichts dessen verstehen, welchen Druck eines Wirbelsturmes ein Holzhaus aushalten mußte. Ich empfand einen großen Stolz, denn ich war es ja gewesen, der den Bau meines einfachen Hauses geleitet hatte, das in jener angsterfüllten Nacht dem wütenden Sturm widerstanden hatte.

DER „MENSÚ"

Eines Abends kam ein Knecht, den mir der Vorarbeiter Curtido aus den Bergen schickte, zu meinem Haus in Puerto Caraguatay. Es war ein großgewachsener Mann mit einem athletischen Aussehen. Er war bestimmt Holzfäller von Beruf. Als er beim Vorbau ankam, wo ich saß und Mate trank, nahm er höflich seinen Strohhut ab. „Guten Abend, Herr", sagte er.

160

Ich empfing ihn und sprach ihn mit „Sie" an, wie es meine Gewohnheit war, und fragte nach dem Grund seines Kommens. Er überbrachte eine Zahlungsanweisung über 95 Pesos, die von meinem Vorarbeiter unterzeichnet war. Ich sah die Anweisung an und machte mich daran, ihn zu bezahlen. Der Mann stotterte ein wenig und sagte: „Herr, haben Sie keinen Hunderter?"

„Einen Hunderter?" antwortete ich ihm. „Aber die Anweisung lautet nur auf 95 Pesos."

Ohne ein Wort zu sagen, zog er aus seiner Hosentasche ein zusammengerolltes Taschentuch, in dem fünf Noten zu je einem Peso eingewickelt waren. Er gab mir diese fünf Pesos, damit ich ihm den Hunderter geben konnte. „Und warum wollen Sie einen Hundert-Peso-Schein haben?" fragte ich ihn.

Der Mann stellte sich stramm hin, sein Blick verlor sich in den Bergen und mit tiefer Stimme erwiderte er: „Herr, ich habe ihn noch nie gesehen."

Ich holte einen Hunderterschein und gab ihm diesen. Er drehte ihn in seinen rauhen Händen hin und her.

„Ein Hunderter", sagte er, indem er ihn wie hypnotisiert betrachtete. „Wissen Sie, Herr, daß wir nie dazu kamen, eine solche Summe zu verdienen."

Ich bat den „Mensú", sich zu setzen, und als er etwas mehr Vertrauen zu mir gewonnen hatte, und nach mehreren Mates, begannen wir, uns miteinander zu unterhalten. Nach einer Weile war er dabei, mir seine Lebensgeschichte zu erzählen — die Geschichte der Sklaven.

Der Vertragsabschluß, der Kauf von Kleidung und Waren, wenn man den Vorschuß erhalten hatte; der Transport, von den „Capangas" bewacht hinauf in die Berge und danach... die Handhabung der Axt und der Machete über viele Jahre und die Proviantstätten, die den Lohn wieder auffressen. Und jetzt... er konnte mir nicht sehr gut erklären, wie er bis nach Puerto Caraguatay gekommen war. Aber voller Dankbarkeit zeigte er mir seine Freude darüber, in seinen Händen einen Hunderterschein zu halten.

CARMEN ARIAS DE GABELA

Ich kann heute nicht mehr genau sagen, wann Carmen Arias, die mit der Zeit zu einem Familienmitglied wurde, in unser Haus kam. Es sind zwar viele Jahre vergangen, aber ich werde nie vergessen, wie sie nach ihrer Ankunft Ernestito, der damals noch nicht laufen konnte, auf den Arm nahm. Ich sehe sie vor mir, wie sie sich mit meiner Frau unterhielt. Sie war kräftig gebaut, blond und sommersprossig, mit hellen Augen, sehr aufrichtig und sparsam. Nachdem sie nur wenige Worte miteinander gewechselt hatten, verstand sie sich sofort mit Celia und blieb als Kinderfrau unseres Sohnes Ernesto bei uns und wurde auch unseren anderen Kindern wie eine Mutter.

Sie machte sich weder viel aus ihrem Lohn noch aus Annehmlichkeiten. Sie hatte sich sehr an uns gewöhnt. Eine Zeitlang lebten wir mit meiner Mutter in der Straße Santa Fe und Guise im ersten Stock. Inzwischen sind vierzig Jahre·vergangen, und das Haus ist noch genauso wie damals, als wir es bewohnten, nur steht mit großen Buchstaben der Name einer Handelsschule an den Balkons. Jedes Mal, wenn ich dort vorbeikomme, was fast jeden Tag geschieht, kann ich nicht umhin, zu den Balkons hochzusehen; immer noch sehe ich Carmen mit Ernesto auf den Armen dort sitzen und sich sonnen.

Carmen, die Galicierin, wie wir sie zärtlich nannten, nahm Ernesto unter ihre Obhut und trennte sich nicht von ihm, bis sie acht Jahre später unser Haus verließ, um einen der besten Männer in Buenos Aires zu heiraten: Don Alfredo Gabela.

Ihre Beziehung zu meinem Sohn wurde so innig, daß sie ihn liebte, als wäre er ihr eigenes Kind, und später geschah dasselbe mit den darauffolgenden Kindern. Wenn einer von ihnen sich eine zu große Frechheit erlaubte und ich ihm einen Klaps verabreichen wollte, landete dieser stets in den Armen Carmens, die sich immer dazwischen stellte, ohne daß ich dies hätte verhindern können. Ich schalt sie, und meine Frau tat das gleiche, und wir sagten ihr, daß sie unsere Kinder zu sehr verwöhne. Sie erwiderte nichts weiter und tat es dennoch wieder.

Sie lebte mit uns in Buenos Aires, als wir in einer komfortablen Wohnung wohnten, und begleitete uns auf allen Reisen ins Landesinnere. Sie war auf der Farm der Moores in Entre

Rios, im „Soccoro" der Echagües, auf dem Land, von wo meine Frau stammt, in Villa Sarmiento und in Puerto Caraguatay in Misiones, wo das Leben ziemlich mühsam war. Wie in einer undeutlichen Vision erscheint sie mir, völlig von der Sonne verbrannt, die Wäsche auf dem Kopf tragend auf ihrem Weg zum Fluss, um an den Ufern des Paranás in der Art und Weise ihrer Heimat zu waschen. Sie wusch, bügelte und bereitete das Essen für Ernesto zu, wie sie es später für alle unsere Kinder tat. Von Misiones aus begleitete sie uns nach Alta Gracia, immer mit der Obhut unserer Kinder betreut.

Wenn ich heute etwas über ihre Hingabe sagen sollte, dann würde ich sagen, sie tat dies wie die heutige Doña Carmen Arias de Gabela.

Wenn ich meine Gedanken in die Vergangenheit richte, verschmelzen die Bilder, und es ist mir nicht möglich, einzelne aus diesem Ganzen herauszutrennen. Alta Gracia, El Socorro, Galarza, Puerto Caraguatay, all die Dinge, die ich dort gesehen und erlebt habe, und so empfinde ich heute geschwisterliche Gefühle für Carmen Arias.

Wenn ich an sie denke, rufe ich damit gleichzeitig die Erinnerung an die ganze Kinderschar hervor, an deren Spitze sich Ernesto befand. Sie standen alle unter der Obhut ihres Schutzengels Carmen Arias.

Eines Tages lernte Carmen auf einer Reise nach Buenos Aires ihre bessere Hälfte kennen, Don Alfredo Gabela. Er war ebenfalls Spanier aus La Coruña, wie sie auch, einer der Männer mit dem reinsten und großzügigsten Herzen, die ich je kennengelernt habe, und die Treue Carmens war nur mit der Alfredos zu vergleichen.

Als sie sich nach langem Hin und Her doch entschloß zu heiraten, verließ uns mit ihr ein Teil der Familie. Sie zögerte, denn sie wollte es nicht eher tun, als bis der „Junge Robertito" etwas größer war, dann verkündete sie uns die Nachricht, die bei uns wie eine Bombe einschlug.

Ich erinnere mich noch an den Abschied auf dem alten Bahnhof von Alta Gracia, wie sie sich aus dem Fenster des anfahrenden Zuges lehnte und meiner Frau unter einem Meer von Tränen sagte, indem sie auf Robertito zeigte: „... und passen Sie mir gut auf ihn auf, Señora!"

Noch oft erinnerten wir uns dieser Szene, doch will ich die kleine Erzählung nicht abschließen, ohne eine Randbemerkung zu machen. Auch als Carmen schon zwei oder drei Jahre als verheiratete Frau in Buenos Aires lebte, führten wir eine rege Korrespondenz mit ihr. Auf diese Weise erfuhr sie, daß ich im selben Jahr ziemliche finanzielle Probleme hatte: Die gesamte Mateproduktion von Caraguatay in Misiones, die meine wichtigste Einnahmequelle war, war mir gestohlen worden. Weihnachten stand vor der Tür. Eines Nachmittags kam mit der Post eine prall gefüllte Tasche an, bis oben hin gefüllt mit Spielzeug, Leckerbissen und Obst. In dem beiliegenden Brief Alfredo Gabelas stand: „Ich darf es nicht erlauben, daß Sie die Weihnachtstage nicht so begehen können, wie es sich gehört."

Im Jahre 1962, als Ernesto schon zum „Che Guevara" geworden war, reiste er als Minister der Regierung Fidel Castros nach Punta del Este in Uruguay, wo er als Vorsitzender der kubanischen Delegation an dem Treffen der OAS mitwirkte.

Dies war für unsere Familie und die Gabelas eine günstige Gelegenheit, um einige Tage gemeinsam mit Ernesto zu verbringen, und so reisten wir zusammen in das nahe Punta del Este. Dem Ehepaar Gabela war Ernesto stets willkommen. Jedes Mal, wenn er von Córdoba nach Buenos Aires kam, besuchte er zuerst die Gabelas, und diese enge Freundschaft pflegte er zeitlebens.

ABSCHIED VON PUERTO CARAGUATAY

Kurz bevor das Jahr 1929 endete, machten wir uns auf die Reise nach Buenos Aires. Meine Frau Celia befand sich gerade vor der Niederkunft mit unserer Tochter Celia. Wir entschlossen uns, nach Posadas zu fahren, machten „Kid" klar und verstauten aufblasbare Rettungsschwimmwesten im Boot. Wir mußten diese Vorsichtsmaßnahme treffen, denn der Río Paraná ist in seinem ganzen Verlauf ziemlich unregelmäßig und durchquert eine gebirgige Gegend, wo der Fluß sehr flach ist, so daß man ihn nur mit Hilfe guter Lotsen befahren kann. Doch wir hattten keinen zur Verfügung! Vorsichtshalber erprobte ich das Boot mit meinem Vorarbeiter einen Tag vor der Abreise nochmals, doch ging uns weit vom Ankerplatz der Treibstoff aus. Also mußten wir dort vor Anker gehen und zu Fuß nach Hause zurückkehren.

Am darauffolgenden Morgen mußten wir uns einschiffen, und der Augenblick des Abschieds war gekommen. Dieses Mal würden wir für mehrere Monate wegbleiben. Wir stiegen die steile Schlucht zu unserem Boot hinab und verstauten das Gepäck, Körbe, Koffer, Kleinkram, Lebensmittel und die Rettungsseile... Wir hatten eine zwei Tage lange Fahrt ohne Unterbrechungen vor uns, wollten wir nach Posadas. Die Strömung würde uns helfen, aber trotz alledem schaffte unser „Kid" nicht mehr als zwölf Kilometer in der Stunde.

Wir verstauten den Kraftstoff so, daß er gut geschützt lag, und nachdem ich die letzten Anweisungen gegeben hatte, versuchte ich, den Motor anzuwerfen... aber es tat sich nichts. Nachdem ich mich eine halbe Stunde lang mit dem Hebel abgequält hatte, fand ich den Fehler: die Lager der Kurbelwelle waren festgefressen! Was war geschehen? Am Abend vorher hatte ich den Vorarbeiter beauftragt, das Boot vollzutanken und zum Ankerplatz zu bringen. Er hatte es auch zurückgebracht, aber der Motor war zu heiß geworden.

Es war sieben Uhr morgens, die Sonne ging bereits auf und bald würde die Hitze unerträglich sein. Meine Frau hatte keine Lust, noch einmal in das Boot zu steigen. Gemeinsam mit Curtido und Emilio Skpposted, einem brasilianischen Freund, der ebenfalls mit uns reisen würde, beschlossen wir daraufhin, „Kid" zwei Kilometer weit flußaufwärts bis nach Puerto Caraguatay zu ziehen. Was für ein Hafen! Er wurde zwar so genannt, aber er war nur eine Sandbank, wo die Beiboote der Schiffe anlegten. Ich wußte, daß um elf Uhr die „Iberá" ankommen würde, ein altes Schiff, das fünfzig Jahre lang den Nil befahren hatte, dann nach Argentinien gebracht worden war und hier auch schon unzählige Jahre in Betrieb war. Ihr Antrieb bestand wie bei den Mississippidampfern aus einem Rad, das am Heck angebracht war.

Nun ja, wir mußten uns beeilen und so begannen wir, das Boot zu ziehen. Wir kamen nur langsam voran, die Hitze wurde immer stärker und Celia schnappte in der Kabine, die wie ein Backofen glühte, nach Luft. Ernestito sprang im Boot hin und her und wurde von Carmen beaufsichtigt, Curtido hatte sich wie ein Ochse angespannt, und ich krümmte mich, um mit dem Ausleger anzuschieben und stieß eine Unmenge von Schimpfwörtern aus.

Um elf Uhr morgens waren wir immer noch nicht in Puerto Caraguatay angekommen, doch Kapitan Congo, ein alter Freund von mir, sah uns von weitem kommen und wartete auf uns. Kurze Zeit später erreichten wir die Anlegestelle. Wir hatten vier Stunden für zwei Kilometer benötigt. Erschöpft, verschwitzt und schmutzig warfen wir unser Gepäck auf die Schaluppen, die uns abholten und zum Schiff brachten, wo Carmen mit Ernestito auf den Armen, Celia und ich die „Iberá" bestiegen.

Wenige Sekunden später sagten wir Puerto Caraguatay Lebewohl. Wir hatten vor, einige Monate später zurückzukehren, aber Ernestos Asthma und die Geburt Celias machten es unmöglich. Weder Celia, die Mutter, noch Ernesto kehrten wieder zurück und nur ich fuhr ab und zu nach Misiones, um Verwaltungsangelegenheiten zu erledigen.

DIE FARM DER FAMILIE MOORE

Die Sommermonate verbrachten Celia, die Kinder und ich oft auf der Farm der Moores. Wir fühlten uns dort hingezogen, so wie uns schon immer das Landleben gefallen hatte. Die Farm der Moores in Galarza war eine typische Gaucho-Farm in der Provinz Entre Rios. Dabei handelte es sich um einen Besitz mit sehr viel Land, zahlreichen Rindern und sehr fruchtbaren Weiden. Die Knechte in dieser Provinz waren als hervorragende Reiter weit bekannt.

Einige Male pro Jahr wurde die „Yerra"[1] an den Puestos[2] veranstaltet. Die Tiere werden gefesselt, um ihnen Zeichen einzubrennen, sie zu kastrieren und eventuell zu behandeln. Diese Arbeit wurde stets mit der Zähmung der Fohlen abgeschlossen. Da ich ein Pferdeliebhaber bin, ließ ich mir keinen Augenblick davon entgehen: die Gauchos mit ihren Stiefeln aus Fohlenleder und den Sporen daran, wie sie sich ihrer Westen, der

---

[1] Viehauftrieb
[2] „Puestos" werden die aufgeteilten Ländereien auf dem Land in Argentinien sowie die Häuser, in denen die Knechte wohnen, genannt.

Ernestito und Celia Guevara in Alta Gracia im Jahre 1932.

Ernestito und seine Schwester Celia in Alta Gracia im Jahre 1932.

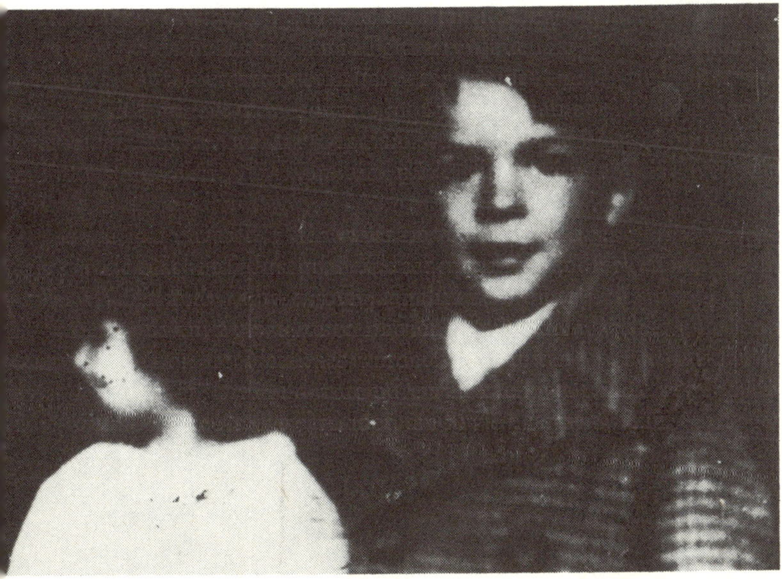

„Rastra"[1] und des „Facon"[2] entledigen, um sich eine „Vincha"[3] umzubinden und dann allein, ohne jegliche Hilfe, ein Fohlen zu Boden zwingen, es halten, satteln und dann mit einem Sprung auf seinem Rücken landen. Die „Bagales"[4] bäumen sich auf und bocken; die Mähne weht im Wind, und sie schnauben, während sie ihre Hufe fest in den Boden stemmen. Ich sah, wie die Gauchos sich auf den Pferden hielten und das Tier mit Hilfe eines „Taleros"[5] wieder zurück in die „Querencia"[6] brachten. Diese „Zähmung" ist nur der Vorspann dessen, was in Argentinien zum Reitunterricht und auf den alten argentinischen Farmen zur täglichen Arbeit gehörte; eine von diesen war die Farm der Moores in Entre Rios, wo mein Sohn Ernesto das Leben auf dem Land kennenlernte. Er war damals noch klein, und doch haben sich die Erlebnisse in Entre Rios tief in sein Bewußtsein eingegraben. Später lernte er auf dem kleinen Hof, der meinem Vater gehörte, die Arbeiten, die auf dem Land zu tun sind, gründlicher kennen, denn viele Jahre hindurch war er dort regelmäßig und gern zu Besuch.

Ernesto Moore, Sohn eines Engländers und einer Irin, war ein typischer Europäer und doch völlig zum Kreolen geworden. Hochgewachsen, schlank, knochig, mit blauen Augen, sehr sommersprossig und die Güte in Person. Er hatte Zeit seines Lebens auf dem Lande verbracht und sich nicht nur mit den zu erledigenden Arbeiten, sondern auch mit den Bewohnern dieser Gegend identifiziert. Er war nach dem Brauch der Provinz Entre Rios gekleidet, mit bauchigen Hosen, einer breiten, gewobenen Wollbinde um den Leib, hohen Fohlenlederstiefeln, einem Hemd aus gutem Stoff und einem geknoteten Halsband. Er sprach wie jemand vom Lande und trank auch genausoviel Mate. Er pflegte sich auf einen Rinderschädel zu setzen und mit seinen Knechten in einer angenehmen und aufrichtigen Art zu sprechen. Manchmal blieb er stehen, blickte

[1] Breiter Ledergürtel, der von den argentinischen Gauchos getragen wird und anstelle von Knöpfen mit Münzen verziert ist.
[2] Ein zweischneidiges Messer mit einem Handgriff in Kreuzform.
[3] Ein Band oder ein Tuch, mit dem sie ihre Haare zusammenbinden.
[4] Eine wilde Pferdeart, die frei auf offenen Weiden gezüchtet wird.
[5] Eine Art Peitsche, wie sie von den Gauchos benutzt wird, mit einem mit Leder umwickelten Holzgriff mit Enden aus gegerbtem Leder.
[6] Pferdekorall.

168

hinauf zum Himmel und sagte bestimmt: „Morgen wird es Regen geben." Wenn man ihn fragte, wie er dies wissen könne, antwortete er etwas zerstreut: „Der Hahn hat heute nacht um zwölf gekräht." Er sprach von seinen Weisheiten des Landlebens ohne jegliche Gemütsbewegung.

Er war mit meiner Schwägerin Edelmira de la Serna verheiratet und hatte zwei Söhne ungefähr gleichen Alters wie unser Ältester: Ernesto Moore und Juan Martín Moore. Der erste war ein Jahr älter als Ernesto, der zweite ein Jahr jünger. Die drei waren zwar immer zusammen, doch als unzertrennliche Freunde stritten sie um jede Kleinigkeit, wie es alle Kinder tun.

Ernesto Moore Senior betete seine Söhne an und wollte sie zu richtigen Männern erziehen, so wie es bei ihm selbst gewesen war. Er wollte nicht, daß sie zu „Muttersöhnchen" wurden, und so liefen seine Söhne von klein auf mit Gauchohosen und Stiefeln herum.

Ernesto, mein Sohn, stritt sehr häufig mit dem älteren der beiden, und dieser begann sofort Fußtritte und Faustschläge auszuteilen. Der jüngere Bruder kam ihm zu Hilfe und nun waren es zwei gegen einen. Natürlich versuchte ich, sie zu trennen, doch der Engländer Moore sagte nur in einem ironischen Ton: „Laß sie sich nur streiten, so werden sie richtige Männer."

Ich hatte nichts gegen die Vorstellung, sie zu richtigen Männern werden zu lassen, aber was mir gegen den Strich ging, war, daß es immer einer gegen zwei hieß, und was mir noch weniger gefiel, daß dieser „eine" immer mein Sohn war.

Natürlich schnitten die Moores immer besser dabei ab, und ihr Vater schaute dem zu. Eines Tages beschloß ich, Ernestito eine Nachhilfelektion zu geben. Ich war es müde, immer wieder zu sehen, wie die beiden anderen Jungen die Situation ausnützten und sich gegen ihn verbündeten. Also sagte ich zu ihm: „Hör mal, wenn sie das nächste Mal zu zweit kommen, fängst du dir den ersten, der dir vor die Hände kommt und hältst ihn mit Faustschlagen und Fußtritten fest, so gut du kannst, und wenn der andere kommt, dann fang an zu beißen, denn die beiden kämpfen immer zusammen." So geschah es.

Bei der nächsten Gelegenheit sagte Moore wie immer: „Laß sie sich streiten" und freute sich darauf zuzusehen, wie seine Söhne den meinen hin und her zerrten. Aber dieses Mal kam es

169

anders. Als Ernesto die beiden auf sich zukommen sah, biß er dem älteren ins Ohr und hielt ihn fest. Der Junge schrie aus Leibeskräften, doch Ernesto ließ nicht locker. An diesem Punkt wollte ihr Vater eingreifen, um sie zu trennen. Nun stellte ich mich dazwischen und sagte: „Laß sie ruhig kämpfen, damit sie richtige Männer werden!"

Der Kleine schrie und blutete aus dem Ohr, der Vater wurde ganz unruhig: vielleicht begann er nun die Ungerechtigkeit des ungleichen Kampfes zu verstehen. Es gab einen ziemlichen Aufruhr im Haus, und mein Schwager verhielt sich mir gegenüber ziemlich mürrisch, aber von diesem Tag an provozierten die beiden Brüder Moore Ernestito nicht mehr und fast hätte der eine von ihnen ein Ohr weniger gehabt.

PORTELA, DER KLEINE HOF MEINER MUTTER

Unser altes Haus Portela, im Bezirk Baradero, wurde 1910 von meinem Vater auf einem Stück Land errichtet, das meiner Mutter gehörte und auch schon im Besitz ihrer Vorfahren gewesen war.

Es war ein geräumiges Haus mit zahlreichen Zimmern. Das Eßzimmer sah eher wie ein Konferenzraum aus, dazu gab es elf Schlafzimmer und mehrere Badezimmer. Es war groß genug, um viele Leute zu beherbergen, und verwandelte sich deshalb während der Sommermonate in ein richtiges Hotel.

Meine Mutter wohnte gern in diesem Haus, das ein Teil der großen Farm ihres Vaters war. Als sie mit zwölf Jahren aus dem Exil in Kalifornien zurückkehrte, lebte sie zuerst in San Patricio, wie jene Farm damals hieß und ihr Vater, Don Francisco Lynch, kümmerte sich nach seiner Rückkehr in die Heimat wieder um seinen Besitz, der aus großen Ländereien mit Rinder-, Pferde- und Schafsherden bestand.

In jener Zeit produzierte die argentinische Landwirtschaft wenig für den Eigenbedarf des Landes, auf dem Land wurden Rinder und Pferde gezüchtet, und die Arbeit der Farmer bestand darin, die Tiere gesund zu erhalten, sie zu mästen und an die Schlachthäuser oder auf den Märkten zu verkaufen.

Die Häuser der Farmer waren sehr bescheiden und die der Knechte noch armseliger.

Die Arbeit harmonierte mit der Landschaft und dem sozialen Aspekt des Landes, das fast ausschließlich von den Produkten lebte, die auf dem Lande erzeugt wurden. Industrie gab es nur in den großen Städten, wo auch der Handel blühte.

Exportiert wurden lebende wie auch geschlachtete Rinder sowie Leder in großen Mengen. Importiert wurde unter anderem alles, was für die Haushalte wichtig war.

So sah die Wirtschaft unseres Landes in groben Zügen gegen Mitte des vergangenen Jahrhunderts aus. Unsere Provinz formte das Wesen der Menschen, die in dieser Atmosphäre lebten und in der Folge den speziellen soziokulturellen Charakter, der so entscheidenden Einfluß auf die weitere Entwicklung Argentiniens hatte.

Mein Großvater verspürte als echter Ire eine große Liebe zu der Gegend, wo er geboren war. Noch sehr jung, beschloß er, sich der Rinderzucht zu widmen, und wurde zu einem großen Fachmann in der Landwirtschaft.

Auf diese Weise kann man die Liebe verstehen, die er für seinen Besitz hegte, die meine Mutter von ihm geerbt hatte und die auch ich und meine Kinder verspüren. Dieses Stück Land, das wir heute noch besitzen, ist für uns ein heiliger Ort.

Dieses Leben auf dem Lande und seine Bewohner sind auf bewundernswerte Weise in dem Buch „Don Secundo Sombra" des großen argentinischen Schriftstellers Ricardo Güiraldes beschreiben.

Güiraldes beschreibt darin die Gegend und die Atmosphäre, in der meine Großeltern, meine Mutter und auch wir lebten. Das Geschäft in La Blanqueada und die alte Brücke über den Areco befinden sich nur wenige Kilometer von unserem Hof Portela entfernt, und auch mein Sohn Ernesto kannte diese Gegend bis ins Kleinste.

Dieser kleine Hof hatte für meine Familie eine große Bedeutung, denn die kleine Oase, auf die wir jeden Sommer flüchteten, verfügte über einen ganz besonderen Reiz. Ich weiß nicht, ob es das alte, große Haus voller Erinnerungen war oder die fast klosterähnliche Ruhe der Farm Santa Ana, wie wir sie in jener Zeit nannten; oder ob diese Zuneigung vielleicht von den Eltern auf die Kinder übertragen wurde — jedenfalls betrachteten wir den Ort voller Ehrfurcht. Er stellte das Verbindungsglied zwischen den Vorfahren, uns selbst, unseren Kindern und vielleicht unseren Enkeln her.

Auf jeden Fall war es sicher, daß wir, die wir in der Hauptstadt lebten, dort einen ruhigen Ort fanden, weit entfernt von den Mühen und dem Treiben der Großstadt, weit weg von den Abgasen und allem Lärm. Die Nervosität, die das Leben in den großen Städten mit sich bringt, die Verantwortungen und Sorgen verblaßten, sobald die Asphaltstraße aufhörte und die Sandwege begannen.

Das Haus, das mein Vater gebaut hatte, steht heute noch, doch es sieht jetzt anders aus, verlassen und trist. Die Kalktünche ist beschädigt, die Farbe verblaßt und überall herrscht gähnende Leere. Wie in allen verlassenen Häusern ist der Besucher von der Stille überrascht, und diese Ruhe wird noch verstärkt durch die schattenspendenden Bäume, die es umgeben. Heute birgt dieses Haus, das so eng mit meiner Kindheit verbunden ist, ein Museum, und trotzdem fahren wir immer noch sehr gern nach Portela. Es scheint, als kehrten wir zu dem zurück, was einst war, und entzögen uns der Gegenwart.

Wie ich bereits sagte, versammelten sich auf dem Hof meiner Mutter im Sommer viele Leute. Es schien dann eher eine Herberge als ein Bauernhof zu sein.

Ich erinnere mich an die Ausritte in Gruppen zu zehn oder fünfzehn Reitern, im Galopp über die Felder, manchmal fand eine „Yerra" in den Ställen statt, die in einem Fest mit Kalbsbraten am Spieß und einem guten Wein endete.

Auf dem Besitz meiner Mutter wurde auch Landwirtschaft betrieben; es wurde Mais geerntet, die Weiden gemäht und das Getreide eingebracht.

Wagen, vollgeladen mit Klee, Getreide und Flachs fuhren vorbei. Jedes Jahr kamen die großen Maschinen, droschen das geerntete Getreide und füllten es in Säcke. Die zum Dorf führenden Wege waren verstopft mit Wagen, die vollbeladen mit Säcken zur Eisenbahnstation fuhren oder von dort zurückkamen.

Die Kneipen füllten sich mit Leuten, deren einzige Ablenkung darin bestand, dort Grammophon zu hören oder an der

Theke einen Schnaps zu kippen, und oft endete so ein Abend mit einer Messerstecherei. So sah das Leben um den kleinen Hof meiner Mutter in Portela zu der Zeit aus, als sich unsere Familie dort aufhielt.

Hier lernte mein Sohn Ernesto das Landleben kennen, sah wie die Hündin die Welpen säugte, lernte, wie man ein Schwein schlachtete, eine Kuh molk, Butter und Käse herstellte und das Euter eines Tieres heilte. Er vernahm die Redensarten der Gegend wie: „Wenn die Milch beim Kochen überläuft, dann wird das Euter der Kuh rissig" und daß man einem an Würmern erkrankten Tier einen Frosch an den Hals hängen oder die Fußspur umkehren sollte, die es auf dem Boden hinterließ. Hier lernte er auch, wie man ein Rind auf den Rücken legte, es kastrierte, enthörnte und brandmarkte. Er sog den Geruch verbrannter Haut ein, wenn das glühende Eisen auf die Schenkel des Rindes gedrückt wurde, und hörte das schmerzerfüllte Stöhnen des Tieres. Er sah, wie die Fohlen eingefangen und zum Reitplatz gebracht wurden, um dort zugeritten zu werden. Er sah, wie ein Tier gesattelt wurde, wie der Reiter sich mit einem Schwung auf den Pferderücken setzte, wie das Pferd sich aufbäumte und im freien Lauf über die Felder schoß.

Er lernte das Striegeln, Bürsten und Mähnekämmen, wie es bei uns in Argentinien üblich war, lernte Taubennester zu entfernen, mit Brutkästen umzugehen und sammelte Kenntnisse über die verschiedenen Geflügelarten an. Er probierte die verschiedenen Süßigkeiten, die seine Großmutter aus den Früchten der umliegenden Berge in alten, glänzenden Kupfertöpfen zubereitete. Er konnte sich hier richtig an das Landleben gewöhnen und die Seele der Leute vom Lande kennenlernen, die sich sehr mit ihrer Erde verbunden fühlten. Er konnte sie über den Sterz ihres Pfluges gebeugt gehen sehen oder bei anderen Beschäftigungen und auf ihrem Pferd im Trab oder im Galopp über die Felder streichen, dabei immer wortkarg und mit ausdrucksloser Miene, aber immer streng gegen sich selbst und als einzige Fahne nur seine Männlichkeit und Rechtschaffenheit vor sich hertragend.

All dies liegt vielleicht schon zu lange zurück, doch zweifelsfrei übte es einen Einfluß auf den Charakter dessen aus, der später zum „Che Guevara" wurde. Ich habe die Aufmerksamkeit des Lesers abgelenkt, dennoch denke ich, daß man keine Einschätzung seiner Persönlichkeit vornehmen kann, ohne vorher die Umgebung zu beschreiben, in der er geboren wurde, aufwuchs und sich entwickelte.

Seit Ernesto ein kleines Kind war, liebte er es, sich bei meiner Mutter aufzuhalten, und diese Freundschaft dauerte bis an ihr Lebensende. Ernesto verbrachte viele Stunden in ihrer Gesellschaft und hörte sich Geschichten aus ihrer Kindheit an, dem Leben in Kalifornien, von gemeinsamen Ausritten mit ihrem Vater über die dortigen Wiesen, zu Zeiten, als es noch keine Wege und Zäune gab, querfeldein und mit Übernachtungen bei einem der Viehtreiber.

Ernesto kannte das Leben meiner Mutter, die er so sehr liebte, viel besser als ich oder meine Geschwister. Sie behielt immer ihre Vorliebe für ein Leben an der frischen Luft bei, und wenn sie mit Ernesto über Kalifornien sprach, erwähnte sie nicht die Stadt San Francisco, sondern sprach von den blühenden Feldern und den dicht mit Bäumen bewachsenen Hügeln. Sie hegte stets eine große Leidenschaft für die Natur. In Portela ging sie gerne zwischen den Reihen der Obstbäume spazieren, zwischen den „Paradiesbäumen" und dem Eukalyptus, ging zu den Maisfeldern, um Maiskolben zu pflücken, oder in den Klee- und Flachswiesen umher. Sie liebte es auch, sich in den Fluren ihres Hauses aufzuhalten, wo man den Blick weit schweifen lassen konnte. Das schönste Geschenk für sie bestand in einer Ausfahrt mit der vierrädrigen „Americana" und dem Besuch der vollen Ställe.

Meine Mutter hatte so eine ganz besondere Zuneigung zu diesem Stück Land und für dieses große Haus; Ernesto, der seine Großmutter anbetete, erbte von ihr diese liebevolle Zuneigung für diesen Besitz. Als er noch sehr klein war, rannte er unter den wachsamen Blicken meiner Mutter und meiner Schwester Beatriz durch die geräumigen Zimmer oder schoß mit seinem kleinen Auto die langen Flure entlang. Jeden Morgen sattelte man ihm ein Pony, das für ihn auf dem Reitplatz angebunden war und zu seiner Verfügung stand. Mit ihm ritt er nicht nur über unsere Felder, sondern besuchte so auch seine Freunde in den benachbarten Farmen. Es ist nur zu verständlich, daß mein Sohn Ernesto sich so sehr zu diesem Hof hinge-

zogen fühlte, denn es gab so viel Abwechslung dort für ihn. Als
er größer war, nahm er seine Freunde dorthin mit, und sie verbrachten einige Zeit in der friedlichen Ruhe von Portela.

Auch als erwachsener Mann — wir waren längst von Córdoba nach Buenos Aires zurückgekehrt — reiste Ernesto immer wieder hinaus nach Portela. Diese Reisen waren für ihn zu
einem wichtigen Bedürfnis geworden.

Die Besuche in dem alten Haus meiner Mutter zogen sich
bis zu dem Jahr hin, als er Buenos Aires verließ, um durch
Amerika zu reisen, und bis heute erinnern sich die Leute aus
dieser Gegend voller Zuneigung an ihn.

REISEN DURCH DAS PARANÁ-DELTA

Im Gegensatz zu unserer ozeanischen Küste, mit ihrer Länge
von mehr als viertausend Kilometern und schlechtem Schutz
für die Schiffahrt, besitzt unser Land Flüsse, die von Schiffen
mit einer großen Ladekapazität und natürlich auch von kleineren Lastkähnen befahren werden können. Gleichzeitig bieten
diese Flüsse die einzigartige Gelegenheit, wunderschöne, teilweise noch unbewohnte Gegenden kennenzulernen und so
dem Lärm der Großstadt zu entfliehen.

Zwei Flüsse verlaufen parallel von Norden nach Süden und
bilden die Region, die man das argentinische Mesopotamien
nennt. Es sind dies der Paraná und der Uruguay. Der erstere
durchquert zunächst unwirtliche Gegenden in Brasilien, bevor
er als Grenze zwischen Argentinien und Paraguay dient. Dieser wasserreiche Fluß bildet, bevor er in das Meer mündet, gemeinsam mit dem Uruguay die berühmte Flußmündung, die
unter dem Namen „Rio de La Plata" bekannt ist und die in der
Meeresmündung sich bis zu einer Breite von 270 Kilometern
ausdehnt.

Der Rio de la Plata hat die Form eines riesigen „V" und
schließt eine große Fläche mit Inseln und Felseneilande, über-
schwemmter Flächen und Wälder mit ein, durchzogen von einem wahrhaften Labyrinth von kleinen Bächen und Rinnsalen, ein Netz, das nur die Lotsen dieser Gegend wirklich kennen. Dies ist der argentinische Mekong. Und je weiter der Reisende in diese wunderbare Region eindringt, um so weniger ist

sie bevölkert. Dabei sind seine Bewohner nicht selten Kriminelle oder Leute, denen ein Gerichtsverfahren droht und die sich dort dem Zugriff durch die Polizei entziehen. In diesem Versteck sind sie nur noch von den Überschwemmungen bedroht, die sie oft zwingen, an einem anderen Ort Schutz zu suchen.

Hier gibt es in Hülle und Fülle Wild zu jagen, Fische zu angeln, und die Inseln sind mit Wäldern und Anpflanzungen bedeckt. Ihre Bewohner widmen sich besonders dem Holzfällen und dem Obstanbau.

Alle diese Inseln sind leicht mit Booten oder Kanus zu erreichen. Es gibt einen ständigen Verkehr auf den großen Wasserstraßen, und im Sommer befahren viele Touristen mit ihren Jachten das Paraná-Delta.

Auf diesen Flüssen und Bächen war auch unsere Familie mit unseren Booten, der „Ala" und dem kleineren „Kid", oft unterwegs. Hier lernte Ernesto das Rudern, Fischen und sich im Dickicht zu orientieren. Für ihn waren diese mehrtägigen Ausflüge in die Gegend von San Isidro im Delta des Paraná von besonderem Reiz, und auch für Celia und mich bot sich damit die Gelegenheit, der Hektik der Stadt Buenos Aires zu entfliehen.

Oft begleiteten uns auf diesen Fahrten mein Schwager Martínez Castro, meine Schwester María Luisa und ihre Kinder.

Manchmal kamen wir sogar bis an die Lagune von San Pedro, wenn die Zeit es uns erlaubte, denn sie liegt ungefähr zweihundert Kilometer von der Hauptstadt entfernt. Wenn wir mit meinem Bott „Ala" hinausfuhren, war die Fahrt ziemlich angenehm und komfortabel, denn das Boot war zwölf Meter lang und hatte eine Kajüte mit fünf Betten. Doch wenn wir die „Kid" benutzten oder das Boot meines Schwagers, mußten wir uns auf kleinstem Raum zusammendrücken. Beide Boote hatten nur eine einzige Kabine mit vier Liegen, wo wir dann manchmal zu acht schliefen. Aber diese Unbequemlichkeiten waren für die Kinder ein um so größerer Spaß. Das Leben an der frischen Luft, die Stürme, die manchmal nicht ungefährlichen Arbeiten bei der Arbeit an Bord, die Bäume auf dem Weg, das Fischen, das Zwitschern der Vögel und das Baden im Fluß bildeten für die Erwachsenen unvergeßliche Erlebnisse, für die Kinder jedoch stellte dies einen wichtigen Faktor in ihrer Entwicklung dar.

176

Ich werde nicht vergessen, mit welcher Begeisterung die Kleinen ihre Angeln vorbereiteten, um vom Boot aus zu fischen, und mit welcher Freude sie den Fisch aus dem Wasser zogen.

Ernesto war zwar noch sehr klein, doch wenn er erreicht hatte, daß man ihm das Ruder überließ, war er voller Stolz und sehr glücklich, und es ist fast überflüssig zu sagen, daß ihn alle an Bord anfallenden Arbeiten interessierten. Das Bootreinigen, das Aufbauen der Zelte, das Klarmachen der Beiboote, das Ordnen der Taue und Anker, das Bereitlegen der Rettungswesten, und vor allem das Zuschauen beim Kochen auf jenen seltsamen kleinen, sich drehenden Herden. Die Ausstattung des Bootes mit all seinem Krims-Krams, die Kajüte mit ihren tausend Ecken, die Pläne, der Kompaß, die Positionslichter, der Ausziehtisch, das so ganz andere WC: all diese Details fesselten die Kinder.

Oftmals ankerten wir am Strand einer der Inseln, gingen an Land, machten ein Picknick oder legten uns zum Schlafen nieder. Als das Boot am Ufer festlag, begann manchesmal ein lustiges Treiben an Bord, das Schwimmen im Fluß oder das Sonnenbaden an Deck.

Diese Bootsausflüge waren für Ernesto feste Bestandteile seiner Kindheit, wie sie bei mir zu meiner Jugendzeit gehört hatten. Ich werde nie die Momente vergessen, die ich beim Bootsfahren verbracht habe, so wie ich auch nicht glaube, daß mein Sohn jemals die glücklichen Augenblicke vergessen hat, als wir die Gewässer des Paraná-Deltas durchkreuzten.

Ich glaube, daß diese Erlebnisse einen Höhepunkt im Leben eines Kindes darstellen, die es nicht nur nicht vergißt, sondern die, wie ich glaube, zu den Pfeilern gehören, auf die sich die psychische Entwicklung des Menschen stützt. Warum halte ich mich so lange mit diesen Berichten auf? Weil sie, so wie ich glaube, wichtige Faktoren in meiner Entwicklung zum Erwachsenen darstellten, so wie sie es auch für Ernesto waren. Unbewußt wollte ich mich nie von den Booten und der Schifffahrt entfernen, obwohl wir weit vom Meer und befahrbaren Flüssen leben mußten und an Orten wohnten, wo die Berge ihre ganze Majestät zeigten. Als Ausgleich unternahmen wir dann jedes Mal, wenn wir nach Buenos Aires hinunterfuhren,

unter irgendeinem Vorwand einige Fahrten hinaus auf den Lu-
ján, den Capitán oder den Paraná.

DIE ANFÄNGE VON ERNESTOS ASTHMA

Ich war aus Misiones zurückgekehrt, um auf der Schiffswerft
Río de la Plata zu arbeiten, die ich gemeinsam mit meinem Verwandten und Freund aus der Kinderzeit, Germán Frers, besaß.
Die Werft lag in San Fernando, einem Ort in der Nähe der
Hauptstadt und von San Isidro, wo ich dann aus Gründen größerer Bequemlichkeit ein kleines Haus bei meinem Schwager
Martínez Castro mietete. Der hintere Teil unseres Hauses ging
auf sein Haus hinaus, das wie ein koloniales Überbleibsel inmitten eines dichtbewachsenen Parkes stand, den wir zur
Freude unserer Kinder mitbenutzen konnten, und so spielten
unsere Kleinen jeden Tag gemeinsam mit anderen Kindern unter der Aufsicht von Carmen Arias in dem schönen Park. Meine Schwester María Luisa und mein Schwager Martín hatten
drei Töchter, die für meinen Sohn so etwas wie kleine Mütter
waren. Menina, die älteste, war vierzehn Jahre älter als Ernesto.
Im Sommer badeten wir fast jeden Tag am Strand des Jacht-
clubs von San Isidro, und auch an einem kühlen Maimorgen
ging Celia mit unserem Sohn Ernesto im Fluß baden. Ich kam
etwas später im Club an, um die beiden zum Mittagessen abzuholen, und fand den Kleinen bereits schon aus dem Wasser
heraus am Strand und am ganzen Körper zitternd. Meine Frau
hatte nicht vorausgesehen, daß die Klimawechsel in dieser Jahreszeit sehr gefährlich waren und häufig auftraten. Als wir zu
Hause ankamen, ging es Ernesto schon nicht mehr gut, und in
der Nacht begann er zu husten. Ich vermutete eine Bronchitis,
und da Ernesto sehr geschwächt war, rief ich Doktor Pestaña,
einen älteren Herren, der in unserer Nachbarschaft wohnte. Er
maß der Krankheit keine größere Bedeutung zu und diagno-
stizierte eine asthmatische Bronchitis, die er im Zusammenhang mit einer Lungenentzündung früherer Jahre sah, und ver-
schrieb ihm, was in jener Zeit in solchen Fällen durchaus üblich
war: Wärme, Sirup mit Adrenalin, Breiumschläge und andere
Linderungsmittel. Ernesto ging es etwas besser, aber der Husten verschwand nicht, obwohl er etwas schwächer wurde. Der

Anfall dauerte mehrere Tage. Doktor Pestaña begann, sich wegen des anhaltenden Hustens Sorgen zu machen. Schließlich erholte er sich wieder ziemlich, aber sobald er nicht warm genug angezogen war oder auch aus irgendeinem anderen Grund nicht genügend versorgt war, begannen die asthmatischen Anfälle von neuem.

San Isidro liegt am Ufer des Río de la Plata, und aus diesem Grunde ist die Luftfeuchtigkeit sehr hoch, und vielleicht lag es daran, daß der Kleine sich an diesem Ort nie wieder gut erholte. Sein Asthma wurde chronisch und für uns wie ein böser Fluch. Wir brachten ihn nach Buenos Aires, wo er von mehreren Spezialisten behandelt wurde: Sie machten Röntgenaufnahmen von ihm und stellten viele Untersuchungen mit ihm an. Die Resultate waren negativ. Für die Ärzte handelte es sich bei Ernestos Krankheit um eine hartnäckige asthmatische Bronchitis, daran gab es nichts zu zweifeln. Der Leidensweg unserer Familie begann. Wir brauchten ihn nur schlucken zu hören, um zu verzweifeln. Wir beide, Celia und ich, hatten weder jemals einen Asthmakranken betreut noch Erfahrung mit dieser Krankheit. Neben den Medikamenten, die wir ihm geben mußten, verbrannten wir nachts in seinem Zimmer Andrewspapiere, die damals bei dieser Krankheit oft empfohlen wurden. Sein Zimmer füllte sich mit Rauch, aber das Befinden des Kleinen veränderte sich nicht. Wir probierten alle möglichen Heilmittel aus: Tabletten, Sirup, Spritzen und mußten zu unserer Bestürzung feststellen, daß auch die Ärzte diesen Asthmaanfällen ratlos gegenüberstanden. Ernesto wuchs so mit der Belastung dieser furchtbaren Krankheit heran, und sein Leiden belastete auch uns. Celia verbrachte Nächte damit, auf seinen Atem zu hören. Ich legte ihn auf meinen Unterleib, damit er besser atmen konnte und kam selbst kaum oder gar nicht zum Schlafen. Als Ernesto seine ersten Wörter stammelte, waren dies die Worte: „Papi, Spritze", als das Asthma ihn wieder stärker belastete. Man kann sich vorstellen, welche Schmerzen er hatte, wenn man sich vergegenwärtigt, welche schreckliche Angst Kinder vor einer Spritze haben, während er im Gegenteil darum bat, weil er wußte, daß es das einzige war, was seine Anfälle stoppen konnte. Für sensible Menschen, die täglich mitansehen müssen, wie ihr Kind an einer Krankheit leidet, auch wenn sie nicht schwer war, aber dennoch ununterbrochen auftrat, ist dies eine Nervenzerreißprobe. Mit seinem stockenden Atmen, das manchmal dem Miauen einer Katze ähnelte und das sich so bei allen Asthmatikern äußert, konnte ich mich nie abfinden. Unterdessen wuchs Ernesto mit der Krankheit heran — mal ging es ihm besser, mal schlechter, aber das Gespenst des Asthmas war in unserem Haus ständig gegenwärtig und unser Leben richtete sich nach den Notwendigkeiten und Launen der Krankheit. Asthma ist eine eigenwillige Krankheit, und alle Asthmatiker haben verschiedene Krankheitsbilder. Das, was dem einen wohltut, kann für den anderen schlecht sein, und es kommt darauf an, wie gut man sich auf die Krankheit einstellt. Häufig schlagen alle Prognosen fehl. Oft fühlt sich ein Asthmatiker wegen dieses oder jenes Essens angegriffen, aber nur für eine gewisse Zeit. Später dann greifen ihn wieder andere an, und erstere verursachen keinen Schaden mehr, da der Patient inzwischen immun gegen sie geworden ist.

In Misiones hatte ich noch die Mateplantage in Betrieb, die meine Haupteinnahmequelle darstellte. Dort war es sehr feucht, die Hitze sehr stark, mit vielen Temperaturumschwüngen und einer sehr laubreichen Vegetation. Diese Bedingungen waren wirklich die ungünstigsten für einen Asthmatiker, und so konnte ich mit meiner Familie nicht dorthin zurückkehren. Als Misiones auf diese Weise entfiel, wären wir gern nach Buenos Aires gezogen, da dort unsere Familien wohnten und ich meine Beschäftigungen hatte. Als wir all dies zusammen berücksichtigten und bemerkten, daß das einzig Vernünftige war, ein anderes Klima zu suchen, hörten wir auf die Worte unseres Arztes und Freundes, Dr. Mario O'Donnell, der uns immer dazu geraten hatte, ein günstigeres Klima zu suchen, als ihm so viele Medikamente zu geben.

Ich will an dieser Stelle von einer Eigenart bei Ernestos Asthma sprechen. Alle Ärzte, die ihn betreuten, sagten, daß sie selten jemanden mit einem so schweren Asthma begegnet wären, und einige sagten gar, bei einem Kind hätten sie dergleichen noch nie angetroffen. Wir hatten uns an das Asthma unseres Sohnes gewöhnt; die Krankheit entwickelte sich zu einem alltäglichen Gesprächsthema in unserer Familie, und wenn wir die uns bekannten Asthmatiker beobachteten, stellten wir fest, daß deren Anfälle nicht die Intensität der unseres Sohnes hatten.

BEGINN DER WOHNUNGSUMZÜGE

Ich wollte nicht umziehen, aber der Anblick unseres Sohnes, der sich dort nicht nur nicht erholte, sondern dessen Zustand nur noch schlechter wurde, brachte uns zu dem Entschluß, in die Hauptstadt umzuziehen, wo wir eine Wohnung im fünften Stock in der Avenida de Bustamante Ecke Peña mieteten. Mit diesem Umzug begann die Suche nach einem besseren Klima für das kleine Wesen.

Wir ließen San Isidro mit Wehmut hinter uns zurück, da wir uns sehr an die Gegend gewöhnt und hier auch Freunde und Verwandte hatten. In der Avenida de Bustamante ging es Ernesto nicht viel besser. Er erholte sich zwar ein wenig, hatte sich aber immer noch mit seinem Asthma abzuplagen. Es begannen die Untersuchungen bei den Ärzten, er wechselte die Medikamente, und während er sich gegen seine Krankheit wehrte, wuchs Celia heran, zum Glück ohne irgendwelche asthmatischen Beschwerden.

In dieser Wohnung in der Avenida de Bustamante kam auch Roberto zur Welt, jetzt waren wir schon zu fünft und mußten an eine größere Wohnung denken. Der große Vorteil unserer Wohnung war ihre Lage, denn sie lag nur fünf Straßen von den Promenaden und Alleen des Palermo-Parks entfernt, wo Carmen jeden Tag mehrere Stunden mit den Kindern in der Sonne verbrachte. Wann immer ich konnte, fuhr ich sie in meinem Auto zu den Seen des Palermoparks, wo ich ein kleines Fahrrad mietete und Ernesto das Fahrradfahren beibrachte. Es war eine Wonne, ihn in die Pedalen treten zu sehen, wo er doch kaum mit seinen kleinen Füssen an sie herankam. Wenn es meine Zeit erlaubte, pflegten wir die Kinder auf die Farm der Gamas zu bringen, die in der Nahe von Morón lag. Auf diesem Hof, der Freunden von Celia gehörte, konnten Ernesto und seine Geschwister viele Stunden in der frischen Landluft verbringen.

Ernestos Krankheit schränkte unseren Entscheidungsspielraum und unsere Bewegungsfreiheit immer mehr ein und täglich waren wir der Krankheit stärker ausgeliefert. Hartnäckig hielten wir uns an der Hoffnung fest, einen Arzt zu finden, der das Asthma heilen könnte oder ein Medikament zu finden, das die Anfälle aufhalten oder lindern könnte. Doch irgendwann gaben wir die Suche auf und faßten einen radikalen Klimawechsel ins Auge. Wir mußten weg aus Buenos Aires und seinem für Asthmatiker ungesunden Klima. Unsere Blicke richteten sich auf die Berge: die Gegenden von Mendoza, Tandil oder Córdoba... der Umzug war beschlossene Sache.

TAUE KAPPEN

Eines Tages entschlossen wir uns endlich und kappten die Taue. Ich kaufte Zugfahrkarten für die Familie nach Córdoba. Ich war nie zuvor in dieser Provinz gewesen, aber die Ärzte hatten sie uns wegen der trockenen Höhenluft empfohlen. Am Tag unserer Abreise, mußte ich überraschend noch einige sehr dringende Angelegenheiten erledigen und beabsichtigte deshalb, Celia allein mit den Kindern fahren zu lassen, und wollte einige Tage später folgen. Als ich mich von ihnen verabschiedete, ging es Ernesto jedoch so schlecht, daß ich mit in den Zug stieg und sie nach Córdoba begleitete. Ich hatte mein Gepäck nicht dabei, und an jenem Nachmittag hatte ich mir neue Schuhe gekauft und die alten zu mir nach Hause bringen lassen. Die Schuhe waren mir etwas zu klein, und ich bemerkte dies erst, als wir die Reise schon angetreten hatten. Am nächsten Morgen, als wir in Córdoba ankamen, schmerzten mir die Füße, so nahmen wir, nachdem wir aus dem Zug gestiegen waren, einen Wagen, und ich kaufte mir sofort ein neues Paar Schuhe: das war meine Ankunft in der Stadt Córdoba.

Mit schmerzenden Füßen, ein krankes Kind tragend und mit der ganzen Familie im Anhang war es nur natürlich, daß ich nicht besonders guter Dinge war.

Man hatte uns das Hotel Plaza empfohlen, und dort suchten wir erst einmal eine Unterkunft. Ich mietete ein Apartment für uns alle und öffnete die Fenster, die auf den Platz San Martín hinausgingen. Eine trockene Luft strömte herein, und die

Sonne strahlte in die Zimmer. Der Blick aus dem Fenster fiel auf einen Platz voller grüner Bäume, hinter denen sich die alte Kathedrale aus der Jesuitenzeit erhob. Wie groß war meine Überraschung, als ich bemerkte, daß Ernesto in diesem Moment kein Asthma mehr hatte. Der Klimawechsel machte sich bereits bemerkbar. Nicht eine einzige Wolke am Himmel. Ein klarer Himmel, wie er in Buenos Aires nie zu sehen war. Die vorangegangene Nacht, während der Fahrt, hatte Ernestito wegen seinen Beschwerden nicht ruhen können, und jetzt atmete er aus voller Lunge.

Viele Leute fragten mich später, aus welchen Gründen ich in Córdoba wohnen geblieben sei, und allen antwortete ich mehr oder weniger dasselbe: „Was blieb mir anderes übrig, hatte ich doch den Ort gefunden, an dem Ernestito richtig atmen konnte."

Noch am gleichen Tag machten wir uns daran, in der Stadt oder ihrer Umgebung einen Platz zu finden, an dem wir uns niederlassen konnten. Die an dem Kleinen zu beobachtenden Veränderungen stimmten uns ganz optimistisch, und wir glaubten, daß die Heilung schon vollständig und endgültig war. Ich begann Luftschlösser in bezug auf meine baldige Rückkehr in die Landeshauptstadt zu bauen, wo ich meine Freunde, meine Arbeit und einen Teil meiner Familie zurückgelassen hatte. Das Schicksal hat es nicht so gewollt; wenn es auch stimmt, daß Ernesto im Klima Córdobas lange Zeitabschnitte verbrachte, die nicht vom Asthma gekennzeichnet waren, gab es doch auch Perioden, in denen der Arme wieder von der Krankheit heimgesucht wurde.

In der Provinzhauptstadt wurde mein Sohn das erste Mal von Dr. Soria betreut, der später zu seinem Vertrauensarzt werden sollte. Er war ein ausgezeichneter Kinderarzt und ein Mensch, für den die Medizin wie der Priesterberuf ausgeführt werden mußte. Er sagte uns, daß wir uns noch einige Zeit im Klima von Córdoba aufhalten müßten, bevor Ernesto als geheilt gelten könnte, und als wir ihn fragten, wie lange diese Kur dauern würde, legte er voller Mitgefühl einen nahegelegenen Termin für unsere Rückkehr nach Buenos Aires fest. Wir mieteten ein Haus in der Gegend von Argüello, wo sich Ernestos Asthma jedoch wieder verstärkte. Ein alter Freund unserer Familie, Dr. Fernando Peña, empfahl das Klima von Alta Gracia, eine Stadt in der Nähe Córdobas am Fuße der Sierra Chica, wo er selbst seit geraumer Zeit wohnte.

Wir waren entmutigt, der große Fortschritt bei Ernestos Asthma war zunichte gemacht worden, und die uns in Aussicht gestellte Rückkehr nach Buenos Aires innerhalb von vier Monaten würde sich auf unbestimmte Zeit verzögern. Da unsere Rückkehr in die Hauptstadt in weite Ferne gerückt war, fühlten wir uns sehr verunsichert und ratlos, wie in der Luft hängend, unausgeglichen, ohne etwas konkretisieren zu können. In dieser für unsere Familie psychisch angespannten Situation entschlossen wir uns, den Rat Peñas zu befolgen, und zogen nach Alta Gracia, wo wir uns für elf Jahre niederließen.

DRITTER TEIL

ALTA GRACIA

Die Biographie eines Menschen ist unvollständig ohne Berücksichtigung der sozialen Bedingungen, unter denen er lebte.

Das im folgenden Geschriebene könnte als eine lose Folge von isolierten Elementen erscheinen: Landschaften, Ereignisse, Freunde, Schulausbildung, Streits, Vergnügungen und Krankheiten. Mit all diesen Szenen hoffe ich, eine Skizze des Ganzen zu geben, deren Synthese für mich sehr schwierig zu beschreiben wäre. Ich überlasse dem Leser das Vergnügen und die geistige Arbeit, aus all diesen Rohstoffelementen eine Struktur herzustellen, mittels derer er einigermaßen verstehen kann, wie die Kindheit Ernesto Guevaras vor dem Hintergrund jener Gebirgsgegend verlief.

ERNESTOS ASTHMA VERURSACHT TIEFE EINSCHNITTE IN DAS LEBEN DER FAMILIE

Unsere ersten Eindrücke von der Stadt Alta Gracia sammelten wir im Hotel „La Gruta", am Fuß der Bergausläufer gelegen, wo Ernesto eine sehr gute Zeit verbrachte, so gut, daß es unseren Hoffnungen, das Klima beende sein Leiden, neuen Auftrieb gab. Von dem Hotel aus zogen wir in ein Haus im Vorort Carlos Pellegrini, der direkt zu Füßen eines Berges lag. Dieser Teil der Stadt wurde von den Einheimischen „El Alto", die Höhe, genannt, im Gegensatz zur alten Stadt, die mit „El Bajo", die Niederung, bezeichnet wurde.

Alta Gracia gab uns etwas Zuversicht; obwohl die Asthmaanfälle nicht gänzlich aufhörten, gab es doch Zeiten, in denen die Krankheit nicht hervortrat und in denen sich Ernesto gut erholte.

Er konnte in die Schule gehen und sogar mit den anderen Kindern in der Nähe des Hauses und in den kleinen Wäldern der Umgebung spielen. Wenn der Sommer nahte, war für alle die Zeit gekommen, in den Bächen oder den Schwimmbecken zu schwimmen. Das Schwimmen war ein Sport, der ihm sehr zugute kam.

Aber wir machten uns keine Illusionen über die Heilung seiner Krankheit. Wenn es auch richtig ist, daß er sich in Alta Gracia in die Gruppe der Gleichaltrigen integrieren konnte, deren Leben sich immer an der frischen Luft abspielte, ist es doch eine Tatsache, daß er längere Zeit gänzlich unbeweglich war und sehr unter der asthmatischen Bronchitis litt. Für Celia und mich bestand das Leben in der Stadt darin, dem Leiden unseres Sohnes entweder Abhilfe oder Linderung zu verschaffen. Ich fühlte mich ausgelöscht und wie ein Gefangener. Ich konnte das Leben zwischen den Kranken und ihren Begleitern nicht ertragen.

Sowohl Celia als auch ich selbst waren in Gedanken ständig mit der Rückkehr nach Buenos Aires beschäftigt und betrachteten Alta Gracia irrigerweise nur als einen Zwischenaufenthalt, doch war dies der einzige Ort, wo mein Sohn längere Zeit in guter Verfassung und ohne Beschwerden verbringen konnte.

Ich hätte tausendmal mein Leben gegeben, nur um ihn gesund zu sehen, und meiner Frau Celia ging es genauso.

Wenn Ernesto sich erholte, erfreute uns seine Begeisterung und sein Tatendrang. Er war erfüllt von dem Wunsch, ein Junge wie die anderen zu sein, laufen, klettern zu können, zu essen, was immer er wollte, und in Ruhe schlafen zu können. Aber der Arme mußte Zeiten durchstehen, in denen er nur keuchen konnte, sein kleines Herz pochte sehr schnell, und die kleine Brust hob und senkte sich.

Ich wußte, daß diese Anfälle in Alta Gracia nur vorübergehend waren, während sie in Buenos Aires permanent auftraten. Er konnte so besser leben als an irgendeinem anderen Ort, und wenn er sich erholte, wirkte sich dies ungemein auf das Klima in unserer Familie aus.

In der Zwischenzeit hatte mich eine starke Neurasthenie erfaßt. Meine Frau indessen hatte einen stärkeren Charakter als ich, und wenn sie Probleme hatte, ließ sie es sich nicht anmerken.

Ich war damals 34 Jahre alt, kräftig und gesund, hatte immer aktiv im Leben gestanden und sehr viel Sport getrieben. Besonders der Wassersport hatte mich fasziniert — all das lag weit zurück. Ich liebte es, genauso wie meine Frau, viel zu lesen und mich mit Nachrichten immer auf dem Laufenden zu halten, aber in Alta Gracia wurden wir beide vollgepumpt mit Lektüre. Nach Sonnenuntergang begann in diesem Sanatorium (so könnte man den Ort nennen) die Abendruhe, eine Stille, die die Tuberkulose den Kranken auferlegte. Nur eine kleine Gruppe von Nachtschwärmern traf sich im größten Hotel der Stadt und verbrachte die Stunden damit, zusammen zu trinken, Karten zu spielen oder von den letzten gesellschaftlichen Ereignissen zu sprechen.

Für mich besaß das Hotel keine große Anziehungskraft; mich interessierte das Clubleben nicht zu sehr, im Gegenteil deprimierten mich die Menschen, die wegen ihrer Krankheit gezwungen waren, in Alta Gracia zu leben.

Ich war immer ein Nachtmensch gewesen und begann nach Sonnenuntergang aufzuleben, doch manchmal fühlte ich mich in der Nacht so einsam, daß ich in die Berge spazieren ging oder in mein kleines Auto stieg und aufs Land hinausfuhr, wo ich mich wohler fühlte.

Doch gab es für uns keine Möglichkeit, aus Alta Gracia wegzuziehen: die Gesundheit und das Leben des kleinen Ernesto standen auf dem Spiel.

Wir hatten an ihm alle bis dahin bekannten Medikamente ausprobiert, und die besten argentinischen Ärzte hatten ihn untersucht. Wir sahen, wie die Jahre verstrichen, und mußten feststellen, daß die Erholung nur sehr langsam voranschritt, doch waren wir ermutigt durch die Tatsache, daß die Anfälle nur noch sporadisch kamen und auch bald ein Ende hatten und daß Ernesto, sobald er ein wenig verschnaufen konnte, mit der Kinderschar zum Spielen lief, als wäre er ein vollkommen gesundes Kind. Celia und ich hatten uns beide zu Asthma-Spezialisten entwickelt und hatten die gesamte Literatur, die darüber geschrieben worden war, gelesen und alles, was bekannt war, ausprobiert. Am Anfang hatte man uns gesagt, daß er nach einem Jahr gesund sein würde, dann nach zwei, später dann im Alter von sieben Jahren, danach, wenn er in die Pubertät käme, und auf diese Weise vergingen die Jahre in Alta Gracia.

Ernesto erlebte so seine Kindheit und seine Krankheit in Alta Gracia — eine Krankheit, die ihn zeitlebens, in Kuba und anderen Ländern, begleitete.

Ich weiß nicht mehr, wer es mir empfohlen hatte, ein Ozongerät zu kaufen und neben das Bett meines Sohnes zu stellen, was ich denn auch tat.

So, als wäre es heute gewesen, kann ich mich an eine heiße Nacht im Sommer erinnern. Ich hatte das Bett meines Sohnes gegenüber der Tür an den Ausgang zur Galerie aufgestellt, und ich hoffte, daß er auf diese Weise frische Luft erhielte und währenddessen würde das Gerät Ozongas abgeben und den Raum damit füllen. Vielleicht lag es an dem heranziehenden Gewitter, jedenfalls litt er unter dem Beginn eines Anfalls.

Ich konnte nicht schlafen und saß an seinem Bett. Es war eine unheimliche Nacht, der Himmel war hell erleuchtet von Blitzen, und es drohte ein Unwetter. Die Luftfeuchtigkeit war sehr hoch und so sämtliche klimatischen Bedingungen gegeben, die in der Regel zum Ausbruch des Asthmas führen.

Die ganze Nacht hindurch hatte ich den Rhythmus seines Atems beobachtet und war am Ende meiner Kräfte angelangt, daß ich dachte, es sei einfacher, sich eine Kugel in den Kopf zu jagen, als dieses Leiden weiter mitzumachen. Diese Gedanken erfaßten mich angesichts der Hilflosigkeit der Krankheit meines Sohnes gegenüber. Doch wie so oft verwarf ich diesen Gedanken und brachte mich selbst wieder auf den einzig richtigen Weg zurück: weiterhin alles zu versuchen, um Ernestos Asthma zu heilen.

Obgleich es mir sehr schwer fiel, mich aus diesem Tief zu befreien, gelang es mir mit großer Willenskraft — eine Situation, die ich zeitlebens nie vergessen habe.

So baute ich mir einen Weg, den ich in Zukunft weiterverfolgte, da ich unersetzlich für meine Familie und die Gesundheits meines Sohnes war. Nachdem wir so viele Medikamente, Ärzte und Klimazonen ausprobiert hatten, waren meine Frau und ich zu dem Schlusse gekommen, daß die einzig vernünftige Lösung für die asthmatische Bronchitis unseres Sohnes darin bestand, ihm zwar weiterhin Medikamente zu verabreichen, jedoch diese so weit wie möglich einzuschränken.

Zusätzlich wollten wir versuchen, seinen Körper und die Abwehrkräfte mit aufbauenden Medikamenten und der Krankheit angemessenen Sportarten, wie Schwimmen, Spielen an der frischen Luft, Bergsteigen und Reiten, zu stärken. Auf diese Weise erreichten wir auch eine Besserung.

Aber den größten Fortschritt machte er, als wir im Sommer drei Monate in Mar del Plata verbrachten, einem Badeort, wo sich während der Hitzeperiode die halbe Bevölkerung von Buenos Aires aufhielt. Diese Zeit war entscheidend für Ernesto. Nachdem er lange Zeit in einer trockenen und hochgelegenen Klimazone verbracht hatte, bekam ihm die Seeluft sehr gut und uns allen natürlich auch.

ALTA GRACIA: DIE STADT, IHR AUSSEHEN, IHRE ENTWICKLUNG, IHR EINFLUSS

Alta Gracia, im siebzehnten Jahrhundert von den Jesuiten gegründet, hatte eine bedeutende Stellung in der Vergangenheit, von der noch einige architektonische Zeugnisse erhalten sind. Die Bauten des alten Alta Gracia waren größtenteils noch intakt, die Häuser, Wehrlager, darin die weitauslaufenden Gänge, seine stillen Höfe und die Kirche, das stumme Zeugnis einer Epoche jesuitischer Größe.

Sie zeigte die strenge architektonische Form mit ihren Fresken, Glockentürmen, Erkern und Mauern im ausgewogenen Gleichgewicht. Durch Jahre und Jahrhunderte hindurch hatte sie eine mysteriöse Präsenz dargeboten, die von jedem, der die alte Kirche betrat, Respekt forderte. Es war sehr schwierig, sich dieser subtilen Beeinflussung zu entziehen, die diese Zivilisation, obwohl schon verschwunden, auf heutige Betrachter immer noch ausübte.

Selbst wenn ein Besucher im Wagen, zu Pferd oder auch zu Fuß an der Frontseite oder einer anderen Seite des alten Palastes des Vizekönigs Liniers vorbeieilt oder gegenüber der alten Kirche steht, so kann er sich nicht der Ergriffenheit entledigen, die sich seiner bemächtigt. Während der elf Jahre, die ich in Alta Gracia lebte, ging ich zwar nur wenige Male an der Kirchenfront, dem Gemeindehaus oder den alten Mauern der Wehrlager vorbei, doch in solchen Momenten verweilte ich, und wenn es nur ein kurzer Augenblick war, vor den dicken Mauern und Quadersteinen des Gebäudes.

Heute, nach vielen Jahren, ist meine Erinnerung an Alta Gracia nicht durch das Bild des freudigen Lärms der Touristen

geprägt, sondern durch die feierliche Stille der Kolonialarchi-
tektur aus der Zeit der Jesuiten, die buntscheckige Farbenviel-
falt der Steinfliesen auf den Fluren oder auch durch die beein-
druckende Ruhe der Wehrlager.

Dies alles war so gänzlich anders als in Buenos Aires, wo ich
geboren und aufgewachsen war, und so bin ich zurückblickend
glücklich, nicht ununterbrochen in der Hauptstadt gelebt zu
haben und für längere Zeit einer der Bewohner Alta Gracias
gewesen zu sein. Von hier stammt vieles, das meine Art, die
Dinge zu sehen, zu fühlen, zu denken, und meine Handlungs-
weise beeinflußte.

Alles, was ich jetzt gesagt habe und sich auf meine Person
bezieht, kann ich ebenso von meinem Sohn Ernesto und den
anderen Kindern behaupten: Ich kann die elf Jahre in Alta Gracia nicht vergessen, obwohl ich diese Eindrücke als ein schon
erwachsener Mann gewann. Die Kinder indessen wurden geprägt durch den Einfluß der kleinen Stadt, ihre natürliche und
soziale Atmosphäre, und dies hatte so einen bestimmenden
Einfluß auf ihre spätere Entwicklung.

EINE SKIZZE DES SOZIALEN GEFÜGES

Während im Hotel Sierras, dem luxuriösten am Platz, die
Schickeria aus guter Familie ihre Lässigkeit zur Schau trug, kamen durch seine Salons Persönlichkeiten unseres politischen
Lebens und aus aller Welt; während Bridge und Canasta ihre
großen Erfolge feierten, gaben Musiker, Schriftsteller, Maler
und Kritiker dem Ganzen einen intellektuellen Anstrich; während das Hotel Sierras sich als ‚großes kontinentales Hotel' zur
Schau stellte, herrschte unten im Dickicht der Berge oder in
den Schluchten, unter der Vorstadtbevölkerung oder unter
den Tausenden von Minenarbeitern ein anderes Klima — nämlich das des Elends.

Diese Menschen lebten in den dörflichen Vororten unterhalb Alta Gracias. Dort gab es eine große Menge schlecht ge-
bauter Hütten, die von den armen Leute bewohnt wurden und
die von ihrer Hände Arbeit lebten; sei es durch Landbestel-
lung, durch Arbeit in den Wolfram- oder Glimmerminen, in
den Marmor- oder Steinbrüchen, wo Kalk gewonnen wurde.

Der Tagelohn dieser Arbeiter war sehr niedrig und variabel: Es wurde viel gearbeitet und wenig verdient.

Die Fabriken bezahlten ihre Arbeiter besser, doch gab es dort nur wenige Arbeitsplätze. Der Landarbeiter wurde noch schlechter bezahlt als alle anderen.

Die Kinder dieser Arbeiter lebten, als Folge davon, schlecht ernährt und gekleidet, mit geringer Schulbildung. Die Arbeiterklasse wurde ausgebeutet, wie in allen kapitalistischen Ländern.

Es wurden mehr Stunden, als es gesetzlich vorgeschrieben war, gearbeitet. Es gab keine Entschädigung bei Kündigung, die Arbeiten waren gesundheitsschädlich, ohne daß dies besonders entlohnt wurde; auch gab es keine Gesetze, die den Arbeiter unter den Schutz der Gerechtigkeit stellten, und dieser lebte, in die Enge getrieben, mit geballten Fäusten in der Verteidigungsstellung.

Viele Kinder besuchten keine Schule, und deshalb arbeiteten Hunderte von diesen Geschöpfen als Schuhputzer, beim Verkauf von Obst, Eiern und Honigkuchen oder taten sich zu Gruppen zusammen und baten in den Busstationen oder Haltestellen wie auch an den Orten, wohin die Touristen kamen, um Geld.

Die Phantasie und die Schnelligkeit entwickelten sich zur Lebensnotwendigkeit dieser „Gören", wie sie von den Wohlhabenden tituliert wurden, und viele von ihnen wurden zu kleinen Dieben. Auf dem Land gab es die meisten Analphabeten, dort war die Rückständigkeit ungleich größer, dafür jedoch gab es mehr Möglichkeiten, Nahrungsmittel anzubauen und davon zu leben.

Man kann sagen, daß für den Arbeiter in jener Zeit die Stadt Alta Gracia und ihre Umgebung nicht viele Möglichkeiten zum Verdienen des Lebensunterhaltes bot. Die Armut lastete sehr auf allen Arbeitervierteln, und die Arbeitslosigkeit war sehr hoch. Die Regierung tat wenig oder gar nichts, deren Hilfe existierte nur auf dem Papier: Die Bedingungen für die Ausbeutung der Arbeiterklasse waren sehr günstig.

In dieser Zeit legte ich gemeinsam mit meinem Bruder Frederico den Golfplatz des Hotels Sierras an. Dazu hatten wir mit der Behörde für Grundbesitz und Hotelwesen einen Vertrag abgeschlossen. Die Konstruktion und die Leitung des Auftrages lag in meinen Händen, da ich bereits über Erfahrungen in der Arbeit auf Baustellen und der Mateanpflanzung verfügte. Daher wußte ich auch, wie schlecht die Arbeiter bezahlt wurden und wie gering ihre soziale Sicherung war. Der Arbeiter schuftete für wenig Geld; wenn er krank war, störte dies weiter niemanden, wenn er Urlaub brauchte, sollte er sich diesen gefälligst selbst bezahlen; wenn seine Frau ein Kind bekam, wurde ihm geraten, mit dem Kinderkriegen Schluß zu machen. Diese Ausbeutung des Arbeiters war jedoch nicht auf Misiones oder Alta Gracia beschränkt, sondern war in ganz Argentinien üblich. Streiks waren eine Seltenheit, da diesen mit Härte — Stockschlägen oder Gefängnis — entgegengetreten wurde.

Unter diesen Bedingungen begann ich mit meiner Arbeit in Alta Gracia, und dort lernte Ernesto auch die Ungerechtigkeit kennen, mit der die Arbeiter behandelt wurden: auf der einen Seite die priviligierte Bezahlung der Arbeiter auf dem Golfplatz, auf der anderen Seite die Löhne der Arbeiter in den Vororten. Der Freundeskreis Ernestos bestand in erster Linie aus Kindern der Bergarbeiter, der Handlanger auf dem Golffeld oder der Hotelkellner. Nur vereinzelt war ein Kind aus den Familien der Mittelklasse, die in den Chalets des Vorortes Carlos Pellegrini wohnten, unter den Spielfreunden.

Ich erinnere mich an eine Familie, Spielkameraden Ernestos, bestehend aus sechs Kindern, dem Vater und der Mutter, die alle in einem Raum lebten, in dem es nur ein einziges Bett gab. Zum Zudecken hatten sie nur ein paar alte Lappen und Zeitungspapier.

Wahrscheinlich entstand in jener Zeit Ernestos ablehnende Haltung gegenüber der ausbeutenden und unterdrückenden Klasse. Ich erinnere mich gut, daß in fast allen seinen Gesprächen und Spielen die Fragen des Grundproblems — des Kampfes der gesellschaftlichen Klassen — auftauchten.

Auf diese Weise konnte er seit seiner jüngsten Kindheit die Bedürfnisse der Armen aus nächster Nähe erleben und seine Schlüsse daraus ziehen, daß sie so wenig Möglichkeiten hatten, ihre Situation zu verbessern, zum Teil wegen des mangelnden Schutzes durch die Regierung, zum anderen wegen der mangelnden Sensibilität derjenigen, die im Überfluß leben und die Bedürftigkeit nicht sehen wollen, in der die anderen leben.

Ernesto hatte die Möglichkeit, sowohl mit Kindern aus der Arbeiterklasse als auch aus reichen Familien zusammen zu sein. Diese Erfahrungen prägten ihn, und so lernte er in Alta Gracia kennen, was Elend heißt. Daneben erlebte er die Ungerechtigkeit, mit der die Armen von den staatlichen Behörden behandelt und ins Abseits gestellt wurden.

Er hatte ein Zuhause, in dem alle möglichen sozialen Probleme diskutiert wurden, und hörte schon seit seiner Geburt von der Ausbeutung der Arbeiter durch ihre Arbeitgeber, die „Patrons" im Chaco, in Misiones, Córdoba oder Buenos Aires, und konnte das menschliche Elend jeden Tag mit seinen Augen sehen.

Der Kontakt mit Mitgliedern der zweihundert Familien, in deren Besitz sich das Land befand, verdeutlichte ihm dazu den Gegensatz zwischen arm und reich.

UNSERE ANKUNFT IM HOTEL „DE LA GRUTA"

An dieser Stelle möchte ich über ein Erlebnis von uns Neulingen in den cordobesischen Bergen berichten. Wie ich schon vorangehend beschrieben hatte, richteten wir uns nach unserer Ankunft zuerst im Hotel „De la Gruta" am Fuße der Berge ein.

Ich war in die Stadt gegangen, um einige Sachen zu kaufen, und als ich zurückkam, sagte man mir, daß Celia in Begleitung von Ernesto, der damals fünf Jahre alt war, und den anderen Kleinen zu Fuß das Hotel verlassen hatte, um einen Ausflug in die nächstgelegenen Hügel zu machen. Es war zehn Uhr morgens und mitten im Winter. Ich blieb im Hotel, um auf ihre Rückkehr zu warten. Es wurde zwölf Uhr mittags, Essenszeit im Hotel, und meine Familie erschien nicht. Ich fing an, mir Sorgen zu machen.

Der Hotelier und andere Reisende versuchten, mich abzulenken, aber ich kannte Celia nur zu gut und wußte, daß sie unvorsichtig war. Ich hatte Angst, daß sie sich beim Durchqueren der Täler und Schluchten verlaufen hätten, eine einfache Sache, wenn man das Gebirge nicht kennt. Um zwei Uhr nachmittags war ich so aufgeregt, daß ich mich entschloß, auf die Suche zu gehen.

In einem gemieteten Wagen begann ich, die Straße von „Los Paredones" hinauszufahren, so weit, wie ich mit dem Auto fahren konnte. Von dort aus ging ich zu Fuß weiter und fragte in den Bauernhäusern nach, ob sie meine Familie gesehen hätten, und folgte der Richtung, die mir die Einheimischen beschrieben. Alle sagten mir, daß sie kurz vorher eine Dame mit drei kleinen Kindern gesehen hätten. Ich konnte nicht verstehen, wie Celia nicht daran gedacht haben könnte, daß die Kinder zu Mittag essen mußten, und indem ich vor mich her schimpfte, begann ich, wie ein „Fährtenleser" nach Spuren zu suchen. Nachdem ich ein Stück gegangen und dem Verlauf eines Baches gefolgt war, konnte ich die Spur von Celia ausfindig machen, danach sah ich, wie die Schritte um einige Steine herum im Kreis auftauchten. Ich vermutete, daß sie eine Pause gemacht hatten, und als ich der Spur folgte, fand ich nur noch die Fußabdrücke meiner Frau und von zwei Kindern. Offensichtlich war Roberto, der Kleinste von allen, müde geworden und Celia hatte ihn auf den Arm genommen.

Ich beschleunigte meinen Schritt, denn es begann, langsam dunkel zu werden, und ich befürchtete, sie nicht vor Einbruch der Dunkelheit zu finden. Ich will nur daran erinnern, daß es im Winter in Alta Gracia bis zu zehn Grad unter Null kalt werden kann. Ich bewegte mich, manchmal stolpernd, fast im Laufschritt weiter, und nachdem ich über einen Kilometer zurückgelegt hatte, erreichte ich eine Anhöhe, von der aus ich von weitem eine typische, kleine cordobesische Farm sehen konnte, ganz weiß gekalkt, mit einem gewölbten Dach aus Stroh und umgeben von einigen Bäumen. Dieser Hof war sicherlich der letzte, den man in dieser Gegend finden konnte, denn hinter der Farm begannen die tiefen Bergeinschnitte und die steilen Abhänge.

Ich kam keuchend bei der Farm an, und tatsächlich saß dort Celia und unterhielt sich angeregt mit der Hausherrin, einer Kreolin mit zwei Kleinkindern bei sich, die mich mit einem Gesichtsausdruck anlächelte, als würde sie meine Verärgerung verstehen.

„Aber was ist denn mit dir los?" schrie ich Celia an. Celia, die Ruhe selbst und mit einem Lächeln auf den Lippen, antwortete mir: „Wir hatten sehr viel Spaß, als wir hier heraufkamen und nach Kräutern, Steinen und kleinen Schnecken suchten, und eh wir uns versahen, waren wir schon weit weg vom Hotel. Ich fand diesen Hof, und wir haben uns hier eine Weile ausgeruht."

Diese Situation gibt die Wesensart meiner Frau sehr gut wieder. Sie liebte das Leben auf dem Land, die Ausflüge und alles, was nicht geplant war. Zwar fuhr sie jeden Sommer, solange ich mich erinnern konnte, für einige Monate gemeinsam mit ihren Schwestern wegen des Landlebens auf eine der großen Farmen ihres Vaters, doch in den Bergen ist die Situation ein wenig anders. Man muß genau wissen, in welche Gegenden man vordringen konnte, weil es um die nächste Ecke schon sehr gefährlich sein konnte. Die Schluchten und Höhen sehen sich zum Verwechseln ähnlich. Sich in den Bergen zu verlaufen, nachts und mitten im Winter, noch dazu, wenn man kleine Kinder dabei hat, konnte zu einer Katastrophe ausarten.

Aber Celia war nicht sehr geneigt, Gefahren richtig einzuschätzen. Sie hatte immer das Vertrauen, daß alles gut ausgehen würde, und vertraute auf ihren guten Stern.

Der Spaziergang erschien ihr lustig und den Kleinen noch sehr viel mehr, und so vergaßen sie alle die Zeit zum Mittagessen.

Ich, der ich sehr viel vorsichtiger und mißtrauischer war, mußte in diesen Fällen immer Angst und Sorgen ertragen.

DAS HOTEL DE LA GRUTA

Der Besitzer des Hotels, Don Víctor Hauser, war deutscher Abstammung und ein geborener Hotelier.

Er kannte sein Metier gut und hatte die Freundlichkeit derer, die als Hotelbesitzer gearbeitet haben. Er hatte blaue Augen, helle Haut, blondes Haar, war ein wenig korpulent und immer äußerst korrekt gekleidet. Seine Begrüßungen waren fast militärisch, er stand stramm und machte nur eine kurze Kopfbewegung.

Das Hotel war sehr gut geführt, das Essen zwar nicht umwerfend, aber reichhaltig. Die Gäste waren größtenteils Personen, die sich wegen verschiedener Lungenkrankheiten dort aufhielten. Auch wir hatten aus diesem Grund das Hotel bei unserem Aufenthalt in Alta Gracia ausgewählt. Wir suchten ein günstiges Klima für Ernestos Asthma und wollten gleichzeitig jeden Kontakt mit Tuberkulosekranken vermeiden.

Die Zimmer gingen aus einem großen Gang hinaus, der im Sommer teilweise geöffnet und im Winter verschlossen war und von dem aus man die naheliegenden Berge betrachten konnte. Lenkte man den Blick jedoch nach Westen, sah man, wie die Höhen immer weiter abfielen und sich vor den ersten Gebäuden der Stadt verloren. Weiter entfernt tauchte die Ebene auf, so daß die Gebirgsgegenden oft prägende Traurigkeit durch die Vielfalt der Landschaft etwas gemindert wurde.

An diesem ruhigen Ort verbrachten wir das erste Jahr unseres Aufenthalts in der Provinz Córdoba. Die Kinder konnten ungestört und ohne jegliche Gefahr spielen, da das Gelände gut eingezäunt war. Ganz in der Nähe floß ein kleiner Bach vorbei, wie sie charakteristisch für das Gebirge sind, und an den meine Kinder jeden Morgen zum Spielen gingen. Sie konnten in dem kühlen und frischen Wasser plantschen und in dem feinen Sand am Ufer spielen. Meine Frau und ich ließen die Kinder dort gern spielen, da sie zudem von unserem Kindermädchen Carmen beaufsichtigt wurden.

An den Nachmittagen kamen die Eseltreiber mit ihren Tieren auf den Platz vor dem Hotel, und sofort erfüllte der Lärm der tosenden Kinder das Hotel und den Platz. Auf den Eseln reitend verschwanden sie im nächsten Moment im nahegelegenen Gestrüpp.

Ernesto war bei seiner Ankunft in Alta Gracia wenig älter als vier Jahre, und er nahm den Kontakt zu der ungestümen Natur auf, die für ihn zu einer wichtigen Lehrmeisterin wurde.

In der Nähe des Hotels, ungefähr ein Kilometer entfernt, stand die Kirche, in der jeden Sonntag die Messe gelesen wurde. An diesem Tage kam die feine Gesellschaft Alta Gracias mit den Bewohnern der Vororte zusammen. Meine Frau, die früher sehr religiös gewesen war, pflegte sonntags mit den Kindern bis vor die Kirche zu gehen, denn es war immer ein impo

santes Schauspiel zu sehen, wie die bunte Mischung der gut ge-
kleideten und der armen Gläubigen zusammenströmte.

VILLA CHICHITA: DAS GESPENSTERHAUS

Wir zogen aus dem Hotel „De la Gruta" schließlich aus, da wir
nun darin schon länger als vorgesehen geblieben waren und es
uns auf Dauer zu teuer gekommen wäre. Zudem stellt es einen
Unterschied dar, ob man in zwei Hotelzimmern mit Bad oder
in einem geräumigen Haus wohnt, wo nicht ständig die Gäste
wechseln, und so beschlossen wir, aus dem Hotel auszuziehen.

Es kostete uns nicht allzuviel Mühe, ein Haus in der Nähe
der Berge zu finden. In dem Vorort Carlos Pellegrini gab es viele unbewohnte Chalets, die schon seit längerem nicht vermietet worden waren, weil sich Alta Gracia, einst ein viel besuchter
Touristenort, seit der Schließung des Spielcasinos auf dem ab-
steigenden Ast befand.

Die Stadt und besonders der Vorort Carlos Pellegrini (El
Alto) hatten sich in richtige Sanatorien für Tuberkulosekranke
verwandelt. Wir mußten ein Haus finden, dessen Umgebung
nicht zu sehr von der Tuberkulose verseucht war, also in dem
keine Lungenkranken gewohnt hatten.

Mein Freund Fernando Peña erstand ein Haus für unsere
Familie. Es handelt sich dabei um ein zweistöckiges Chalet,
das bereits seit acht Jahren nicht mehr vermietet worden war
und für das wir nur eine sehr geringe Miete zu bezahlen hatten.
Die Straße, an der das Haus stand, war der alte Weg in die Sierras Chicas, und unser Haus befand sich am Ende dieser Straße.

Um die Villa Chichita, wie das Haus hieß, erhoben sich die
Berge, und die Avenida Avellaneda stellte die Grenze zwischen
dem Dorf und dem unwegsamen Gestrüpp mit dem dichten
Churquis[1] dar, woraus unser Haus — von der Ferne gesehen —
wie ein Leuchtturm herausragte.

Ich war begeistert vom Erwerb dieses Hauses. Eines Tages
fragte mich mein Freund Peña, der für seine Witze bekannt
war: „Weißt du eigentlich, was für ein Haus du gemietet hast?"
Ich verneinte, ohne allzu großes Interesse zu zeigen. „Es ist das

---

[1] eine argentinische Weißdornart.

Gespensterhaus", sagte er, und sah mich dabei aus den Augenwinkeln an, um meine Reaktion auf seine Antwort zu beobachten, und genoß schon im voraus die Angst, die er bei mir zu spüren hoffte. Ich lachte nur. Mir waren die hinterlistigen Tricks der Leute dieser Gegend schnurzegal. Ich bezahlte nicht zu viel für das Haus, und wir fühlten uns wohl.

Später erfuhr ich, daß es acht Jahre lang leergestanden hatte, weil sich tatsächlich niemand traute, es zu mieten, und erst nachdem Peña uns dies erzählt hatte, registrierte ich, daß einige Einheimische auf ihrem Rückweg aus der Sierra vor dem Haus ihr Pferd herumrissen, um sich schleunigst aus der Nähe des Hauses zu entfernen. Eines Nachts, als ich schon im Bett lag und las, hörte ich ein starkes Klopfen, das aus der Küche zu kommen schien, die sich im Souterrain befand. Es hörte sich an, als ob jemand mit Gewalt eine Tür hin und her schlug. Ich blieb mit angehaltenem Atem liegen, um genauer hinzuhören. Der Lärm hörte darauf zwar kurz auf, um gleich darauf wieder mit noch größerer Lautstärke zu beginnen. „Ts", sagte ich zu Celia, „das Gespenst ist da." Ich glaubte, daß Fernando Peña nicht weit entfernt sein könnte. Wie dem auch war, es blieb mir nichts anderes übrig, als nachzuschauen, was los war. Der Nachthimmel war bewölkt, der Wind heulte in den Bäumen, die Einsamkeit, das Klopfen... Ich bin nicht ängstlich, aber die Sache gefiel mir nicht mehr, und ich erinnerte mich an einige dumme Sachen, die als Chimentos[1] unter den Nachbarn umhergingen, daß man um Mitternacht ein Geräusch höre, als würden Ketten geschleppt, andere Male, gegen Morgenanbruch, könnte man ein ständiges Klopfen hören... Auf jeden Fall kam mir all das, was ich bislang nur mit Geringschätzung beantwortet hatte, jetzt in den Sinn... Ich sprang aus dem Bett, schnappte meinen Smith and Wesson[2] und lief nach unten zur Küche. An der Küchentür angelangt, lauschte ich angestrengt. Es gab keinen Zweifel: irgend jemand klopfte dort drinnen mit kurzen Unterbrechungen. Ich riß die Tür auf und schaltete das Licht an. Nichts, absolut nichts. Ich untersuchte alles bis in den letzten Winkel. Es war niemand da, der diesen Lärm verur-

[1] argentinisch für Geschwätz.
[2] Revolvermarke

200

sacht haben konnte. Ich war verwirrt. Wenn dies ein Witz sein sollte, dann war es schon ein bißchen stark. Ich ging nach oben ins Schlafzimmer, und als ich kaum im Bett lag, fing das Klopfen von neuem an. Voller Wut ging ich wieder nach unten. Was immer es auch war, ich mußte es herausfinden.

Nochmals ging ich zur Küche und hörte wieder genau hin: Es gab keinen Zweifel, das Geräusch kam von hier. Ich öffnete die Tür und schaltete das Licht ein. Wieder nichts, absolut nichts. Ich blieb einige Minuten drinnen, um abzuwarten, ob es irgendwelche Anhaltspunkte gäbe. Nicht ein einziges Geräusch außer dem des Windes in den Bäumen. Verärgert schloß ich die Tür. Als ich zurück in meinem Zimmer war, fing das Klopfen wieder an. Ohne weiter zu zögern, ging ich nochmals in die Küche, diesmal ohne das Licht einzuschalten und schloß die Tür. Nun fand ich das Geheimnis des Gespensterhauses heraus: wenn die Tür nicht fest geschlossen war, ertönte ein trommelähnliches Geräusch. Ich machte Licht und fand heraus, daß das Geräusch von zwei losen Holzlagen über der Türangel kam. Der Wind verfing sich in den Küchenfenstern, die weiß Gott wie lange schon zersprungen waren, und drückte dann gegen die Holzverkleidung, die dann anfing zu klappern. Bei nur wenig Wind oder wenn die Tür offen stand, konnte dieser Druck auf die Holzläden nicht entstehen, und so ließ das Schlagen nach. Um Mitternacht gab es um Alta Gracia öfters einen starken Nordwind, der zuweilen bis zum Morgengrauen andauerte und so der Ursprung für manches Gespenst war, das im Dorf umging. Acht Jahre lang war das Haus unvermietet gewesen, und mir kam sein Ruf als Gespensterhaus nur zugute, denn so konnten wir die ersten zwei Jahre dort wohnen und bezahlten nur eine geringe Miete. Das Haus war sehr gut gebaut, vollkommen trocken — es gab nicht eine feuchte Ecke — und deshalb erholte Ernesto sich prächtig in dem Gespensterhaus.

Wegen des Steilhanges, an dem es gebaut worden war, hatte das Haus eine terrassenförmige Bauweise, so daß es eine Menge von Winkeln gab, in denen sich die Kinder verstecken konnten oder wo sie die Treppen auf und ab laufen konnten. Daneben war das Haus von einem dichten Gebirgswald mit

Mimosen, Molles[1], Pfefferminzsträuchern und anderen Gewächsen umgeben, was zu „Räuber und Gendarm" und anderen Spielen einlud. In diesem Haus wurde unsere Tochter Ana María geboren, und dort begann sie auch, ihre ersten Schritte zu machen.

Das Haus war aber ziemlich kalt. Es stand ziemlich hoch und hatte viele Öffnungen, wo der Wind hindurchpfiff. Wenn die Sonne unterging, wurde es ziemlich kalt, denn es gab keine Heizung. Wir setzten uns oft an den großen Tisch im Eßzimmer, auf dem eine Decke lag, die bis zum Fußboden reichte, und mit der wir uns zudeckten. Unter den Tisch stellten wir einen kleinen elektrischen Heizer, der gerade groß genug war, um etwas Wasser zu erhitzen, und alle wärmten ihre Füße an diesem improvisierten Ofen. Das restliche Haus war wie ein Kühlschrank, trotzdem waren wir alle bei guter Gesundheit und Ernestos Asthma meldete sich nur ab und zu. Als wir dieses Haus verließen, zogen wir in ein anderes, viel größeres Haus mit einem weit auslaufenden Grundstück, das fast gegenüber dem Gespensterhaus lag und Villa Nydia hieß.

VILLA NYDIA

Das waren damals ziemlich schlechte Zeiten für unsere Familie. Ich war gezwungen in Alta Gracia zu leben, wo es für mich sehr schwierig war, eine Arbeit zu finden. Die Ausgaben stiegen von Tag zu Tag, und die Einnahmen waren gering. Meine Frau hatte zwar Landbesitz im Süden der Provinz, doch es gab eine lange Trockenperiode. Der Matetee, meine Haupteinnahmequelle, machte gerade eine tiefe Krise durch, und sein Marktpreis war stark gesunken. Ich hatte ein altes, großes Haus gemietet, eine Art Chalet, das den Namen Villa Nydia trug und Gaucho Lozada gehörte, einem Einheimischen, der von einer berühmten cordobesischen Familie abstammte, dem neben unserem Haus auch die Kirche und das Gemeindehaus gehörten, die beide heute Baudenkmäler sind. Das Haus befand sich auf einem Grundstück von fast einem Hektar Größe,

---

[1] Baumart in Mittel- und Südamerika.

und ich bezahlte monatlich nur siebzig Pesos Miete. Es war ein altes, sehr geräumiges Haus und daher günstig, doch leider war es in einem schlechten Zustand. Es bestand aus drei großen Schlafzimmern, einem Eßzimmer und Arbeitszimmer sowie einem großen Aufenthaltsraum für den Tag. Im hinteren Teil gab es noch weitere Arbeitsräume und ein riesiges Grundstück, das die Größe einer Weide hatte. In diesem alten Haus lebten wir mehrere Jahre, und es hat sich fest in meinem Gedächtnis eingeprägt, da es mich an vergangene und glückliche Tage erinnert. Trotz der schwierigen finanziellen Lage fühlten wir uns in dem Haus sehr wohl. Da das Haus sehr geräumig war und unsere Türen immer für jederman offen standen, füllte sich das Haus am Abend mit einer Kindermeute, die eine Kleinigkeit aß, um kurz später durch das Eßzimmer nach hinten in den Hof zum Spielen hinauszutoben. Fußball, „Räuber und Gendarm", „Himmel und Hölle", Indianer, „Rayuela", der „giftige Fleck" und noch viele andere schöne Spiele, die damals gespielt wurden.

Unser Haus war der „High Society" von Alta Gracia unter dem Namen „Leb wie du willst" bekannt, wobei sie den Titel eines Filmes aufgriffen, der damals gerade sehr populär war. Aber so war es in unserem Haus auch wirklich: Jeder konnte darin leben, wie er wollte, aber immer in einer richtigen Familieneinheit und unter Respektierung der Eltern. Abends schien es jedoch weniger ein Familienhaus, sondern eher ein Kinderclub zu sein.

Zur Teezeit kamen die Freunde meiner Kinder wie in Heerscharen an, doch unsere bescheidene Geldbörse kam nie zu dem Tiefpunkt, daß wir irgend jemandem kein Essen mehr geben konnten. Es wurde gegessen, was es gerade gab, und alles wurde geteilt. Das Gleiche geschah zur Mittagszeit. Es verging kaum ein Tag, an dem wir nicht vier oder fünf „Zukömmlinge" begrüßen konnten. Heute, wo uns so viele Jahre von jenen Tagen trennen, erinnere ich mich voller Nostalgie an jene glücklichen Jahre.

Die durchgefütterte Gruppe von Kindern, die in die Villa Nydia kam, gehörte nicht nur einer sozialen Schicht an; es gab unter ihnen im Gegenteil Kinder sehr verschiedener Herkunft, davon einige „aus gutem Hause", bis hin zu anderen, die nachts nicht einmal etwas zum Zudecken hatten.

Sie waren allesamt Freunde meiner Kinder, und wir machten nie einen Unterschied zwischen ihnen; alle setzten sich mit dem gleichen Recht an unseren Tisch, und dies erfüllte uns mit großer Befriedigung. Unsere Töchter, zwischen den Stammhaltern geboren, genossen dabei keine besonderen Privilegien. Es stimmt zwar, daß sie die gefährlichsten Teufelsstreiche nicht mitmachen durften, aber auch sie sprangen, rannten und stritten sich mit den anderen „wie die Indianer". Wir erlaubten unseren Kindern, daß sie im hinteren Teil des Hauses Unfug trieben, und wollten lieber nicht zu viel von dem wissen, was sie anstellten, und vertrauten darauf, daß sie selbständig sähen, wann es gefährlich werden würde.

ROBERTOS VERLETZUNG

Als ich mit meiner Frau eines Sonntagabends im Kino war, ging ich in der Pause nach Hause. Ich war besorgt wegen einer Lampe, die ich hatte brennen lassen, damit Formol verdampfen konnte. Damit wollte ich ein Zimmer desinfizieren, in dem eines der Kinder an Scharlach erkrankt gewesen war.

Als ich zu unserem Haus kam, hörte ich bereits lautes Rufen. Ich lief ins Haus und fand alle aufgeregt vor, das Kindermädchen trug einen meiner Söhne — Roberto —, dem das Blut an einem Bein in Strömen herunterlief. Er war von einem Baum herunter in die Spitze einer mit der Machete abgeschlagenen Zuckerrohrstange gefallen. Die Stange war tief in den Muskel eingedrungen. Meine Ankunft war wie eine glückliche Vorsehung. Während das Kindermädchen die Wunde stillte, brachte ich den Kleinen zum Arzt, damit er genäht werden konnte. Mit diesen Zuckerrohrstangen hatte es eine besondere Bewandtnis.

FEUER IM ZUCKERROHRFELD

Es war ein Jahr zuvor. Ich arbeitete am Schreibtisch, als ich plötzlich ein Geschrei vernahm, das von unserem Grundstück hinter dem Haus kam. Ich erfaßte sofort die Situation: Die Zuckerrohrpflanzung, die hinter dem Haus lag, hatte Feuer gefangen. Mit einer alten Machete, die immer an der Rückwand des Hauses hing, schlug ich die brennenden Rohre ab.

Von den Kindern erfuhr ich später, wie es zu dem Feuer gekommen war. Meine Kinder und ihre Freunde hatten „Essen kochen" gespielt. Der Anführer des Ganzen war wie immer Ernesto, der damals acht Jahre alt war. Aus alten Ziegelsteinen hatten sie mitten im Zuckerrohrfeld einen kleinen Herd gebaut und brieten sich darauf Eier. Als sie nicht aufpaßten, setzten die Flammen aus dem improvisierten Ofen das Zuckerrohr in Brand. In wenigen Sekunden breitete sich das Feuer auf dem Feld aus. Alle rannten wie der Blitz davon, außer Ana María, der Kleinsten, die erst zehn Monate alt war und eben erst laufen konnte. In dem Moment wurde ich auf das Schreien aufmerksam und rannte hin, um den Brand zu löschen. Ich erinnere mich, wie der vierjährige Roberto als einziger nicht davonlief, sondern schreiend seine Schwester aus dem Feuer zog.

Eine dicke Köchin, die damals bei uns arbeitete, hatte sich bei dem Versuch zu helfen an einem Draht verletzt, doch es gelang ihr, die Kinder aus dem Feuer zu holen.

Meine Hiebe mit der Machete bereiteten dem Feuer ein schnelles Ende, aber einer dieser Zuckerrohrstengel, der schief abgeschnitten worden war, blieb wie ein offenes Messer stehen und war später die Ursache für Robertos Beinwunde.

Wenn ich mich an unser altes Haus Villa Nydia erinnere, kommt mir etwas in Erinnerung, das ich hier erzählen möchte. Den Hausbesitzer nannte man den „Gaucho Lozada". Er hatte einen Sohn, der etwas älter als meine Kinder war und den wir „Pibe Lozada" nannten. Eines Tages stand ich in unserer Haustür und sah ihn auf unser Haus zukommen. Er war derjenige, der immer die Miete kassieren kam. Ich hatte Schulden, seit einigen Monaten kein Geld mehr erhalten, und als ich ihn kommen sah, schrie ich ihm von weitem zu: „Du siehst aus, als würdest du kassieren kommen." Der Bursche antwortete mit der Schnelligkeit, für die die Cordobeser berühmt sind: „Und Sie so, als könnten sie nicht bezahlen." So endete die Geschichte mit einem großen Gelächter.

Die Monate und Jahre vergingen, und je mehr ich an diese Episoden in Alta Gracia zurückdenke, fallen mir immer weitere ein. Die Erinnerung an unsere schlechte finanzielle Lage bleibt wach. Ernesto hatte immer noch Asthma, und die Kinder wurden größer. Wir gaben viel für Ärzte, Medikamente und Hauspersonal aus, da Celia nicht allein mit den vier Kindern umgehen konnte. Schließlich die Schule, die Miete, Kleidung, Essen, Reisen. All dies waren Ausgaben, und es kam nur wenig Geld herein; meine Matepflanzung brachte nicht viel ein, und Celias Landbesitz machte eine schwierige Phase durch. Aber trotz all dieser Widrigkeiten fühlten wir die Geborgenheit und Eintracht unserer Familie. So erlebten wir ein Glück, das wir erst heute in seiner ganzen Dimension zu schätzen wissen.

KINDERSPIELE

Hinter unserem Haus lag ein Grundstück, das größer als ein Hektar war. Da wir es nicht bebauten, war es immer voller „Yuyu"[1], was auf Celia und mich einen großen Reiz ausübte.

An dieser Stelle muß ich daran erinnern, daß in jener Zeit (von 1936 bis 1939) in Spanien gekämpft wurde. Da ich die republikanische Bewegung in Argentinien unterstützte, führten wir täglich Gespräche über den Krieg, und aus diesem Grund waren unsere Kinder gut über die Ereignisse informiert und spielten oft „Spanischer Bürgerkrieg". Ernesto hatte die Idee, auf unserem Grundstück eine Linie von Gräben zu ziehen, die miteinander durch unterirdische Tunnel verbunden werden sollten. Ich wußte nicht, was die Kinder auf diesem Stück Land anstellten, doch als ich es bemerkte, sah ich, in welcher Gefahr sich die Rotznasen befunden hatten, denn leicht hätte einer der Gräben und Tunnel einstürzen können.

Aber schließlich ist ihnen nichts geschehen. Sie hatten ihren Spaß dabei und bereiteten sich gleichzeitig als zukünftige „Kämpfer" vor. Die Gräben unseres Hauses waren allen Kindern aus der Siedlung bekannt, selbst denen aus anderen Teilen Alta Gracias.

Ernesto befand sich im ideologischen Kampf mit einigen „Banden" aus der Nachbarschaft. Er war Bandenchef und hatte seine Gefolgsleute. Im „El Bajo" von Alta Gracia — so wurde der Teil des Ortes genannt, in dem die ärmsten Leute wohnten — operierte eine wilde Bande, und obwohl sie Freunde von

[1] Unkraut, Gestrüpp.

einigen aus Ernestos Bande waren, bekämpften sie sich aus Konkurrenzgründen. Eines Tages kam ein Bote aus „El Bajo" und kündigte an, daß sie an diesem oder am darauffolgenden Tag angreifen würden. Wenn die Angreifer in der Überzahl waren, zogen sich Ernesto und seine Bande in die Gräben zurück, von denen aus sie die Angreifer erwarteten und mit einem aus Schleudern abgeschossenen Schutt- und Steinhagel empfingen. Aber die Geschosse bestanden nicht immer nur aus Schutt und Steinen. Wenn sie es für notwendig ansahen, griff die eine oder andere Bande mit Geschossen aus Kugeln oder Schraubenmuttern an, die sie in ihre Schleudern legten. Auf diese Weise wurde Roberto am Bein verletzt, und auch Ernesto konnte mehrere Tage lang nicht laufen, da ihn eines dieser Geschosse am Fuß verletzt hatte. Diese Kinderspiele waren natürlich ganz schön gefährlich.

Es sind inzwischen viele Jahre vergangen und doch kann ich mich noch an die Namen einiger Freunde meiner Söhne erinnern: Ramoncito Palacios und sein Bruder, der „Negrito", beide spindeldünn, sehr sympathisch und innige Freunde von Ernesto und Roberto. Juancito Miguez und sein Bruder Chuno. Leonardo, genannt „Nardo", und Enrique Martín, beide spanischer Abstammung. Sie alle waren Mitglieder der berühmten „Bande" von Villa Carlos Pellegrini. Die meisten dieser Jungs waren sehr arm; sie kleideten sich, wie sie konnten, trugen Hosen, die entweder immer zerrissen oder viele Male geflickt waren, und trugen ein verblichenes Hemd, Turnschuhe oder Sandalen, aus denen immer ein Zeh hervorsah. Sonnenverbrannt, mit einer von der kalten Bergluft und dem schneidenden Wind abgehärteten Haut. Einige konnten ihre Herkunft aus dem Vaterland Spanien nicht verhehlen, andere, sehr wenige, kamen aus Italien, die Mehrheit war dunkelhäutig und kreolischer Herkunft. Ohne Zweifel waren sie alle nach dem gleichen Muster in bezug auf ihre politische Entwicklung geprägt. Wenn sie sich die Zeit nicht in den Gräben vertrieben, spielten sie das bekannte Spiel „Der verfaulte Ball", in dem ein Spieler den Ball auf einen anderen wirft: trifft er ihn, so muß dieser ausscheiden, verfehlt er ihn, so übernimmt dieser den Ball. Dabei gab es einen Ort, an dem die Mitspieler nicht getroffen werden konnten und geschützt waren. Bei dem Spiel gab es ein beständiges

Hin- und Hergerenne zwischen dem Spielfeld und der sicheren Stelle. So füllte sich jeden Nachmittag mein Haus und seine Umgebung mit dem Lärm der spielenden Kinder — manche Spiele waren gefährlich, wie die Verteidigung der Gräben, andere wiederum weniger, wie „Der verfaulte Ball", Versteckspielen, „Räuber und Gendarm", „Der Ärmel" und viele andere, die sie selbst erfanden.

Es besteht kein Zweifel, daß es zwischen ihnen eine Art Brüderlichkeit, Kameradschaft und Zuneigung gab, die sich jeden Tag neu zeigte und noch deutlicher wurde, wenn einer der „Unseren" von einer fremden Bande geschlagen wurde, denn dann wurde der Streit ernst und nach den ersten Schlägen kam die Vergeltung und die Androhung von der einen oder anderen Bande.

Ich habe über diese Dinge einige Male mit jenen Jungs gesprochen, die heute erwachsene Männer sind, und ich weiß von ihnen, daß sie sich voller Zuneigung an all diese, jahrelang zurückliegenden Episoden erinnern und daß sie sich heute noch, nach so vielen Jahren, als Freunde betrachten, obwohl sie sich nur wenige Male später wiedergesehen haben. Ariel Vidosa, einer der damaligen Anführer und enger Freund Ernestos, ist heute Golflehrer in Buenos Aires. Andere sind über die ganze Provinz Córdoba verstreut. Ich bin jedoch sicher, daß keiner von ihnen die Streifzüge durch die Villa Nydia und durch den Vorort Villa Carlos Pellegrini vergessen hat.

„CATRAMINA"

Ich kaufte das Gefährt meinem Freund Ernesto Echagüe in Buenos Aires ab. Er sollte mich auf einer Fahrt nach Misiones begleiten, wo sich neue Möglichkeiten wegen des Fiebers um das „grüne Gold" eröffneten.

Am Tag meiner Abreise kam er mich ganz früh morgens besuchen und sagte mir, daß er am Vortage einen „mündlichen" Kaufvertrag für seinen Wagen abgeschlossen hatte, aber daß der Käufer ihm nicht so recht gefiel. Er sah mich mit einem Blick an, so als wollte er sagen: „Und was mache ich jetzt?" Ich beabsichtigte für eine geraume Zeit in Misiones zu bleiben, wo ich eine neue Mateplantage angelegt hatte und wo das Auto für

mich eher eine Belastung darstellen konnte, aber ich sah Echagüe so bekümmert, daß ich es ihm abkaufte. Ich hätte damals
nie daran gedacht, daß dieses Gefährt uns auch in Alta Gracia
begleiten würde, ganze elf Jahre später.

Die „Catramina" (so hatten es unsere Freunde getauft) paßte zur Familie Guevara. Ohne viel von sich zu machen,
schlicht, mit verbeulten Kotflügeln, mit abgeblätterter Farbe,
mit aus den Fugen geratenen Sitzen und manchmal sogar ohne
Türen. Der Motor hingegen war sehr gut erhalten und die „Catramina" immer zur Abfahrt bereit. Ich hatte nie ein wider-
standsfähigeres Auto besessen: mit verstärkter Karosserie und
Lastwagenreifen. Es war unverwüstlich, und bei jedem Zusammenstoß kam der andere schlechter dabei weg, und meine
alte Kutsche hatte eine Schramme mehr, die sie bis zum Ende
ihrer Tage mit sich herumschleppte. Die Motorhaube ging bei
jedem Schlagloch auf. Ein Auspuff existierte schon lange nicht
mehr, so daß unsere Ankunft in Alta Gracia immer schon von
weitem zu hören war, ohne daß wir die Hupe zu betätigen hatten. So war „Catramina" mindestens genauso bekannt wie unsere Familie, für die sie so etwas wie ein Kamerad oder ein
Freund war. Frühmorgens fuhren Celia oder ich mit den Kindern zu der Schule in San Martín, und unterwegs stiegen jedesmal noch eine Unzahl von Kindern zu. Nach Schulschluß hörte man bereits von weitem das Gelächter und die Schreie der
Kinder, die immer völlig aufgedreht zu Hause ankamen. Mit
„Catramina" befuhr ich die ganze Provinz Córdoba und drang
dabei in die entlegensten Winkel vor, wohin sonst nur Spezial-
lastwagen gelangten. Auch die Provinz Santa Fe und große Teile der Provinz Buenos Aires und Entre Rios lernten wir so kennen. Im Sommer machte ich das Auto startklar, um mit der
ganzen Familie nach Ireneo Portela zu fahren, wo meine Mutter einen kleinen Hof hatte. Die „Catramina" fuhr los gen Süden, vollbepackt mit Koffern, Werkzeug, Schaufeln und uns
allen. Wohlbehalten und ohne Zwischenfälle kamen wir an unserem Ziel an. Von Alta Gracia bis nach Villa Sarmiento, wo
meine Frau einen ziemlich großen Landbesitz hatte, waren es
ungefähr vierhundert Kilometer. Die alte „Kutsche" schaffte
auch diese weite Strecke, die über staubige Straßen führte, die
bei Regen schlammbedeckt waren. Der Schlamm bedeckte oft

dicht die Trittbretter, doch das machte keinen besonderen Eindruck auf unser Auto — die einzigen Wartungsarbeiten waren das Nachfüllen von Öl und das Überprüfen des Reifendrucks. So durchquerte ich eine Unzahl von Sümpfen. Blieben wir einmal stecken, so zogen uns Pferde heraus. Oftmals durchquerten wir den Quinto[1], wobei das Wasser weit über den Wagenboden anstieg, das ganze Auto triefte nur so vor Nässe, doch dank zweier Pferde gelang auch diese Flußdurchquerung problemlos.

An einem Wintermorgen besuchte mich mein Freund Echagüe mit einigen Freunden. Sie kamen mit ihren Koffern an und waren auf der Durchreise nach Mendoza. Kaum in mein Haus eingetreten, sagte einer von ihnen: „Wir brauchen dein Auto. Wir wollen nach Chile fahren." „Aber was wollt ihr in Chile?" fragte ich sie. „Wir wollen dort Gold waschen." Ich brauchte mein Auto sehr häufig, aber mich fesselte die Idee, daß meine alte Kameradin, die ‚Catramina' die Anden-Kordilleren überqueren sollte. Ohne große Formalitäten lieh ich ihnen mein Auto. Sie warfen Decken, Koffer und Schaufeln hinein und fuhren, ohne nach dem Motor zu sehen, los. Als sie ungefähr einen Monat später zurückkehrten, erfuhr ich von ihnen, daß sie nicht die einzigen waren, die auf den Gedanken gekommen waren, und so fuhren sie in einer langen Schlange in Richtung der Anden.

Die Kordilleren erreichen an ihrer höchsten Stelle siebentausend Meter. Die Paßstraße, die darüber führt, ist schlecht ausgebaut, gefährlich und erreicht eine Höhe von viertausend Metern. Ich erfuhr erst später, daß der einzige Wagen, der Chile erreichte, unsere alte „Catramina" war.

Ein anderes Mal reiste ich mit einem Freund nach Córdoba, als plötzlich eine Stichflamme aus dem Motorraum schoß. Als ich ausstieg und die Motorhaube öffnete, schlug mir sofort eine zwei Meter hohe Flamme entgegen. Da ich weder einen Feuerlöscher noch eine Schaufel dabei hatte, mit der ich Erde auf die Flammen hätte werfen können, mußte ich ohnmächtig zusehen, wie unsere „Catramina" in Flammen aufging. Plötzlich geschah etwas gänzlich unerwartetes: die Flammen hatten

---

[1] Fluß im Süden der Provinz Córdoba.

den Kühler erhitzt, dieser platzte und ergoß das ganze Wasser auf den brennenden Vergaser. Mit einem Stock brachte ich das restliche Feuer unter Kontrolle, und „Catramina" konnte mit nur geringen Reparaturkosten unserer Familie weiterhin dienen. Die alte Kutsche hatte sich mit unserer Familie identifiziert. Für die Kinder gab es kein anderes Auto, das so war wie dieses, sie blickten nur verächtlich auf die neuesten Modelle, die durch das Dorf fuhren, und während viele Leute sich über ihr „vagabundenhaftes"[1] Aussehen lustig machten, wußten wir doch am besten, daß dies nichts mir ihrer Effizienz zu tun hatte.

Viele Male bemerkten wir erst, daß der Kühler kein Wasser hatte, als sein Deckel durch den Druck aufsprang, andere Male stellten wir erst fest, daß der Motor Öl brauchte, als sich bereits der Motor nicht mehr drehte.

Mit diesem alten Auto, das für uns alle unvergeßlich blieb, lernte Ernesto fahren. Ich wußte es nicht. Jedesmal, wenn ich geschäftlich nach Córdoba reisen mußte, nutzte Ernesto und seine Bande den Wagen ohne mein Wissen dazu aus, mit ihm Ausflüge durch Alta Gracia zu unternehmen. Die ganze Stadt wußte Bescheid — nur ich nicht.

Als wir nach Córdoba umzogen, kaufte ich ein anderes Auto, das besser zu fahren war. Ich ließ meine „Catramina" auf einem brachliegenden Stück Land in Alta Gracia, Wind und Wetter ausgesetzt, zurück, und später verkaufte ich sie.

Die arme „Catramina" landete, nachdem sie mich sechzehn Jahre lang überallhin begleitet hatte, als Lieferwagen in einem großen Geschäft, wo sie noch länger als zehn Jahre als „Lasttier" diente.

---

[1] Argentinisch: „atorrante". Der Ursprung des Wortes: Es gab in Buenos Aires einige Stellen, an denen alte Wasserschächte stillgelegt wurden (französischer Hersteller: A. Torrant), wo sich die Landstreicher und Vagabunden versammelten, die „atorrantes" genannt wurden.

DIE NIEDERUNG

Man gelangte zu ihr nur über einen kleinen Weg, der mehr ein Pfad war und der, obgleich er nicht direkt am Abhang lag, in vielen Kehren und Biegungen am Berg entlang verlief.

Die Vegetation war typisch für die cordobesischen Berge: niedrige Büsche, nur wenig belaubt mit gekrümmten Ästen. Die Pflanzen fristeten ein kümmerliches Dasein, und es kostete sie viel Mühe, am Leben zu bleiben, was man an ihrem Laubwerk, ihrer Rinde und vor allem ihrem Kernholz deutlich sehen konnte.

Der für die Gegend typische Baum ist der „Espinillo", eine Mimosenart, mit der auch, den Büchern zufolge, die ersten Vorgebirge der cordobesischen Berge bewachsen sind. In früheren Zeiten standen größere Bäume in dieser Gegend, doch als man in diesen Bergen Kalk gefunden hatte, dessen Abbau ein einträgliches Geschäft darstellte, verschwanden die Bäume in den Öfen der Kalkbrüche. Dabei muß daran erinnert werden, daß allein zur Herstellung eines Kilos Kalkes vier bis fünf Kilo Holz verbrannt werden müssen. Es kam zu schrecklichen Kahlschlägen, und die Hügel blieben kahl und ohne hohen Baumbewuchs zurück. Die Aufforstung gestaltete sich als schwierig, und die niedrigen Bäume beherrschten von nun an die Gegend.

Auf dem Weg zur Niederung konnte man noch die Überreste eines alten Kalkofens sehen, dessen eingestürzte Schornsteine bereits dicht von Unkraut überwuchert waren. Wie man uns erzählte, versorgte jener Ofen die Jesuiten-Patres mit dem notwendigen Kalk, den sie zum Bau der großen Kirche und der Festung benötigten.

Die Atmosphäre dort war eindrucksvoll, friedlich und durchdrungen von der Schönheit der Berge, die ich so sehr vermißte, als ich Alta Gracia verlassen mußte.

Die Kinder dieser Gegend werden nicht umsonst „Bergkinder" genannt: Sie kennen sämtliche Bergpfade und können zwischen den Dornenbüschen herumlaufen, ohne sich zu verletzen oder ihre Kleidung zu zerreißen, sie steigen die Hügel hinauf und hinab ohne größere Anstrengungen; sie kennen die Bäume der Gegend, die Vögel und alle sonstigen Tiere bei ihren Namen. Sie sind richtige Bergführer und zu diesen wurden auch meine Kinder, als wir in den Vororten von Alta Gracia wohnten. Das vorherrschende Charakteristikum dieser Gegend ist die große Trockenheit. Am Tage ist es meistens sehr klar und wolkenlos, der Himmel erstrahlt in einem sehr kräftigen Blau, und die Gesichtshaut trocknet so sehr aus, daß sich manchmal Hautrisse bilden. Wenn es dann regnet, saugt die Erde in den Senken sofort das ganze Wasser auf, das die Abhänge hinunterfließt. Das übrigbleibende Wasser füllt die Bäche auf, die in die Ebenen hinabfließen. Diese Bäche werden von Quellen gespeist, deren frisches Wasser zwischen den Steinen hervorsprudelt. Diese Gegend wird wegen ihrer Schönheit oft von Touristen aufgesucht. Aber kehren wir zurück zur Niederung.

Die Einheimischen nannten den Ort „die drei Wände", weil der Bach in seinem Verlauf drei Stufen geschaffen hatte, von denen das Wasser herabstürzte, wobei die letzte der drei die höchste von allen darstellte. Das Wasser fiel bei dieser letzten Stufe aus einer Höhe von einigen Metern in ein trichterförmiges Loch, das an seiner breitesten Stelle einen Durchmesser von knapp sieben Metern und an der schmalsten einen Durchmesser von nur zweieinhalb Metern aufwies. Der Bach stürzte, eingezwängt zwischen den steilen, steinigen Abhängen, hinunter und übersprang dabei einen fünf Meter hohen, alles überragenden Stein.

An diesem Ort traf sich meine Familie mit den Freunden an vielen Sommertagen, doch in aller Regel begann unsere Badesaison am Anfang des Monats September. In Alta Gracia war das Wasser zu dieser Jahreszeit noch eiskalt, aber wir sahen das Baden dort mehr als einen Sport an, und öfters kamen wir mit Erkältungen zurück.

Ich erinnere mich, wie Ernesto die Steine hinaufkletterte, die uns allen als Sprungbrett dienten. Der Sprung von dort war nicht ungefährlich, da die Oberfläche der Steine durch die ständige Feuchtigkeit mit Pilzen und Moosen übersät und daher sehr rutschig war. Wenn der Sprung nicht sicher ausgeführt wurde, lief man Gefahr, außerhalb der tiefen Zone des Loches zu landen, doch Ernesto kannte sich im Tauchen gut aus und es machte ihm außerdem Spaß zu sehen, wie die Zuschauer mitfieberten, wenn er ins Wasser sprang.

Unsere Badesaison spielte sich so zwischen dem Schwimm-becken des Hotels „Sierra", das wir als zu „etepetete" empfan-den, und dem einfachen Wasserloch ab, wo sich immer die gan-ze Kinderschar traf. Es herrschte ein starkes Gemeinschaftsge-fühl unter der Bande der kleinen „Golfer", und wenn sie sich am Wasserloch trafen, waren die Berge erfüllt von den Schreien, dem Lachen und dem Geplansche der Kleinen. Wenn wir zum Mittagessen in unserer „Catramina" nach Hause fuh-ren, war sie bis unters Dach voller Kinder; sie saßen nicht nur auf den Sitzen, sondern auch auf den Kotflügeln und manch-mal sogar auf der Motorhaube.

All dies gab dem Ganzen einen Beigeschmack, der weit über das reine Schwimmen hinausging. Das Baden im Fluß war auch deshalb so angenehm, weil das Wasser sauber und erfri-schend und die Luft erfüllt war vom Duft der Pfefferminze und der anderen Sträucher.

Das Wasserloch von Alta Gracia war bei den Touristen sehr bekannt, die ihre Spuren in den Inschriften hinterließen, die auf vielen Steinen zu finden waren — so als wären die Steine ihr Eigentum. Man konnte die Namen von Verliebten lesen und das Datum ihres Besuchs, aber vielleicht erinnerte sich heute keiner von ihnen mehr an diesen Ort, wir hingegen werden ihn niemals vergessen, denn wir verbrachten dort jahrelang viele glückliche Tage.

„NEGRINA"

Die Hündin war ein echter Schnauzerpinscher und hatte wie ihre Artgenossen ein dichtes, schwarzes, fast seidiges Fell und war von großer Intelligenz. Die Ohren waren außergewöhn-lich groß und hingen zu beiden Seiten ihres Kopfes herab. Ihr dichter Schwanz war immer mit Disteln geschmückt.

Ein Freund, der sie als ein wertvolles Tier ansah, schenkte sie uns, als sie zwei oder drei Monate alt war, mitsamt den Pa-pieren über den Stammbaum. Und in der Tat wurde sie zu ei-nem neuen Mitglied unserer Familie. Die kleineren Kinder spielten den ganzen Tag mit ihr; sie zogen an ihren Ohren, drehten ihre langen Schnurrbarthaare oder rollten sie auf dem Fußboden. Sie wuchs wild auf und teilte das ungezwungene

Leben meiner Kinder. Als sie größer war, begleitete sie uns überall hin. Waren wir mit dem Auto unterwegs, machten die Kinder erst einmal Platz für Negrina, auch wenn sie selbst unbequem reisen mußten. Negrina pflegte am Fußende von Ernestos Bett zu schlafen. Oft schlief sie auch in unserem Bett, wenn meine Frau und ich nicht aufpaßten, und rollte sich am Fußteil zusammen.

Sie lief hinter dem Kinderhaufen her und suchte die für sie fortgeworfenen Zweige oder Golfbälle. Von Zeit zu Zeit machte sich eines der Kinder daran, sie von den Zecken zu befreien, die an ihrem Bauch hängenblieben, wenn sie Richtung Golfwiesen ausgerissen war. Negrina kannte nicht nur meine Kinder, sondern auch deren Freunde und die Leute, die uns gewöhnlich besuchen kamen. Wenn sie sich nicht im Flur unseres Hauses aufhielt, dann war sie entweder im Eßzimmer oder in einem der Schlafzimmer. Bellte Negrina, dann war es mehr als sicher, daß sich ein Fremder dem Haus näherte. Der Freund, der mir die Hündin geschenkt hatte, gab mir den Rat, sie mit einem Hund ihrer Rasse zu kreuzen.

Eines Tages machte sie sich wie gewöhnlich auf den Weg, und eine ganze Gruppe von Hunden aus der Nachbarschaft heftete sich an ihre Fersen und umrundete unser Haus, das an die Golfplätze angrenzte. Meine Frau wollte Negrina mit dem Hund einer Freundin „verheiraten", der auch derselben Rasse angehörte, und versprach jeden Tag, „Negrina" zum Haus des ausgewählten Bräutigams zu bringen, doch sie vergaß es immer wieder.

Die Meute um mein Haus wurde von Tag zu Tag größer, und wenn ich von der Arbeit zurückkam, mußte ich die Hunde mit Steinen verjagen.

Dieser Situation überdrüssig, räumte ich meiner Frau eine Frist ein: entweder brächte sie den Hund zu ihrer Freundin, oder ich würde Negrina in die Meute jagen, die ich nicht dazu bringen konnte, mein Haus in Ruhe zu lassen.

So standen die Dinge, als ich eines Tages beim Nachhausekommen die komplette Meute der Hunde vor meinem Haus wieder antraf.

Ich trat in den Flur ein, und sofort kam die ganze Familie und Negrina, um mich zu begrüßen. Um mein Versprechen wahr zu machen, öffnete ich die Haustür, und die Hündin lief hinaus.

Ich werde nie diese Szene vergessen und muß noch heute darüber schmunzeln: ich sehe meine Frau verzweifelt hinter dem Tier herlaufen, um es vor den fremden Hunden zu schützen. Doch Negrina hatte bereits mehrere Meter Vorsprung, und als Celia endlich bei ihr ankam, war es schon zu spät: Der häßlichste und heruntergekommenste von allen Hunden, braungefleckt, mit einer platten Nase und abgebissenen Ohren, hatte sie mit einem einzigen Sprung gedeckt.

Meine Frau versuchte, dieses Idyll in ohnmächtiger Wut zu stören und die Kinder, Ernesto an der Spitze, brachen in lautes Gelächter aus.

Celia gelang es, die Hündin loszureißen und in das Haus ihrer Freundin zu bringen. Aber... seltsame Wege des Schicksals! Einige Monate später brachte Negrina neun Junge zur Welt, manche sahen furchtbar aus, braungescheckt mit platter Nase.

Es vergingen mehrere Jahre. Wir kehrten nach Córdoba zurück und mieteten ein Haus in der Avenida Chile, ganz in der Nähe des großen Parkes, der die Stadt umgab. Gegenüber unserem Haus lag ein weites Tal, in dem die Menschen in Elendshütten hausten. Unter den Kindern dieser Armen hatte mein Sohn Ernesto viele Freunde gefunden.

Es gab auch viele Hunde in dem Elendsviertel, für die es trotz der oftmals dürftigen Mahlzeiten immer etwas zum Fressen gab.

Ich erinnere mich an einen an beiden Beinen amputierten Invaliden, der sich aus Brettern einen kleinen Wagen gezimmert hatte. Mit großer Geduld hatte er vier oder fünf Hunden beigebracht, seinen Wagen zu ziehen. Wenn er aus der Senke herauskam und sein Fahrzeug festen Grund unter den Rädern hatte, hörte man das Geräusch der Räder, das Quietschen der Achsen, die Rufe des Beinamputierten und das Knallen seiner Peitsche. Es war sowohl ein trauriges als auch interessantes Schauspiel.

Von Negrinas Jungen hatten wir nur eines übrigbehalten, das, obwohl nicht reinrassig, seiner Mutter doch sehr ähnlich sah. Unser Haus hatte keinen Garten, nur einen Innenhof, weshalb die Hündin mit ihrem Jungen immer auf dem Bürger-

216

steig oder in dem weiten Tal zu finden war, zusammen mit den anderen Hunden des Elendsviertels. Die Stadtverwaltung von Córdoba schickte alljährlich die Hundefänger aus, um die Hunde töten zu lassen, die nicht gegen die Tollwut geimpft waren. Negrina und ihr Sohn hingegen hatten die Erkennungsmarke, die von der Stadtverwaltung ausgestellt wurde.

Eines Abends hielt sich die Hündin auf dem Bürgersteig vor unserem Haus auf, als ihr vor den Augen unseres Nachbarn ein Hundefänger Zyankali auf ihren Rücken mit einer Art Zerstäuber sprühte. Die Hündin leckte sich sofort an der Stelle, da das Gift einen Juckreiz auslöste. Die Folge war furchtbar. Ich erinnere mich noch an die Wut der Kinder, besonders von Ernesto, der damals fünfzehn Jahre alt war. Die Kinder rannten dem Hundefänger hinterher, aber dieser war schon zwischen den Häusern unten im Tal verschwunden. Ich kam wenige Augenblicke später an und fand das ganze Viertel in großer Aufregung vor. Ohne Zeit zu verlieren, stieg ich wieder in mein Auto, fuhr zur nächsten Apotheke und riß dem Verkäufer die Ampulle mit Natriumhypochlorit-Lösung aus den Händen. Als ich zu Hause ankam, füllte ich eine Spritze mit der Ampulle auf, doch es war bereits zu spät. Das arme Tier schnappte schon nach Luft, und es ging mit ihm zu Ende. Alle Kinder des Viertels standen um Negrina und schauten sie mit traurigen Augen an. Ich stach ihr die Nadel zwischen die Rippen, wobei ich das Herz suchte, doch das Gift hatte schon zur Lähmung geführt, und das Gegengift blieb wirkungslos.

Die Kinder aus unserem Viertel schworen den Stadtangestellten Rache, und auch mich traf die Vergiftung der Hündin sehr. Ich ging ins Haus und versuchte zu lesen, doch ich konnte meine Gedanken nicht von dem armen Tier lösen, das wir alle geliebt hatten. Einige Stunden später hörte ich Geräusche auf dem Bürgersteig, und ich öffnete das Fenster. Das Bild, das sich meinen Augen bot, werde ich zeitlebens nie vergessen.

Ungefähr zwanzig Kinder, zwischen fünf und fünfzehn Jahren alt, hatten einen Trauerzug gebildet. In einer selbstgebastelten Kiste trugen sie die Leiche der Hündin zu einem brachliegenden Stück Land in der Nachbarschaft. An der Spitze des Zuges ging Ernesto mit einem von Traurigkeit gezeichneten Gesicht, voller Ernst und mit einem tragischem Aus-

druck auf den Gesichtszügen. Hinter ihm schritten mit ge-
senktem Kopf die Nachbarskinder und trugen die traurige
Last.

Die Geschichte vom Begräbnis unserer Hündin zeigte die
Solidarität nicht nur unter den Kindern, die in der Nähe unseres Hauses wohnten, sondern auch derer, die in den Hütten
unten im Tal wohnten. Die Hündin war für sie genauso eine
Kameradin gewesen und mich rührte es sehr, daß diese Kinder
solcher intensiver Gefühle fähig waren.

DAS FEST IM CASINO VON ALTA GRACIA

Ernesto liebte gutes Essen und so wandte er sich, nachdem er
von der Schule nach Hause kam, zuerst zur Küche, um alles,
was ihm dort unter die Finger fiel, hinunterzuschlingen. Mit
richtigen Freßaktionen befreite er sich von den Fastenzeiten,
die ihm das Asthma auferlegte. Zum Mittagessen trank er gern
ein Glas guten Weines. In unserem Haus gab es zwar nie irgendwelchen Luxus, aber immer ein gutes Essen, und wir freuten uns zu sehen, wie die Kinder „sich den Bauch vollschlu-
gen". Besonders genossen wir es, Ernesto zu sehen, der überhaupt kein Maß kannte, denn wir wußten nicht, ob nicht schon
im nächsten Augenblick ein erneuter Asthmaanfall der Euphorie ein Ende setzte.

Im Casino des Sierras-Hotels, wo ehemals ein Roulettetisch
stand, gab es öfters ein Fest mit einer großen, reichgedeckten
Tafel. An den Grund des Festes kann ich mich nicht mehr erinnern, jedenfalls tauchten plötzlich in der Tür Ernesto, Roberto
und ein Teil der Bande von Alta Gracia auf. Meine Frau und ich
aßen gerade ein paar köstliche Sandwiches. Ich winkte den beiden und ihren Freunden zu, sie traten ein und begannen in
Windeseile alles zu verschlingen, was in ihrer Nähe war. Eine
der anwesenden Damen wandte sich entsetzt an mich und
fragte, indem sie auf Ernesto und Roberto wies:

„Wer sind diese Gören?"

„Das sind meine Kinder", antwortete ich ihr.

An dieser Stelle sollte ich vielleicht den Aufzug der beiden
beschreiben: Sie standen vor uns mit zerzausten Haaren und
schmutzigen Gesichtern. Die Hemden hingen aus den zerris-

senen und ebenfalls dreckigen Hosen. Die Beine und Knie waren schlammbedeckt.

„Das sind ihre Kinder?" fragte sie mich, um mit einem Augenzwinkern fortzufahren: „Dann sind Sie also der Vater aller Zeitungsverkäufer von Alta Gracia?"

Mehrere der Umstehenden kannten meine Kinder gut und waren wie versteinert, als sie den Kommentar der Dame hörten, da sie glaubten, daß ich wütend werde würde. Als Celia und ich gemeinsam mit den Kindern in lautes Lachen ausbrachen, ohne allerdings mit dem Essen aufzuhören, lachten sie mit. Die ganze Gesellschaft wurde von dem Lachen angesteckt, und die Dame stand nun ziemlich blamiert da.

WEITERE ERINNERUNGEN AN ERNESTOS KRANKHEIT

Schon als er klein war, duldete Ernesto es nicht, daß man ihm etwas aufzwang, was ihm ungerecht erschien, oder daß man ihn ohne Grund ausschimpfte. Er wurde richtig wütend, begann zu weinen, wurde zornig und es gab kein Mittel, um ihn zur Ruhe zu bringen. Er schüttelte trotzig den Kopf und bestand darauf, recht zu haben. Als er etwas größer war und seine Gefühle besser unter Kontrolle bekam, wurde seine Empörung über eine Ungerechtigkeit nur noch stärker und brachte ihn bis dahin, unzählige Streitgespräche zu führen, in denen er seine Positionen um jeden Preis verteidigte.

Im Alter von neun Jahren hatte er schwere Hustenanfälle, die in Verbindung mit dem Asthma eine ernsthafte Gefahr für den kleinen Ernesto darstellten. Wenn er spürte, daß die Anfälle kamen, blieb er ganz ruhig im Bett liegen und versuchte, die Erstickungsanfälle auszuhalten, die immer dann auftraten, wenn die Hustenreize kamen. Auf ärztlichen Rat hin hatte ich einen Sauerstoffbehälter zur Hand, damit ich ihm in den kritischen Momenten der Hustenanfälle etwas Sauerstoff zuführen konnte.

Er wollte sich jedoch nicht an dieses Allheilmittel gewöhnen und versuchte so viel wie möglich zu ertragen. Erst wenn er nicht mehr konnte und schon ganz blau angelaufen war, weil es ihm an Luft fehlte, gab er mir mit dem Finger ein Zeichen, daß er Luft brauche. Der Sauerstoff beruhigte ihn sofort.

Die Art und Weise, wie Ernesto das Beruhigungsmittel gebrauchte, gibt einen guten Eindruck seiner Willenskraft gegenüber der Krankheit — selbst wenn diese Aktionen ihn fast dem Ersticken nahe brachten. Möglicherweise lehrte ihn diese Krankheit, sich zu beherrschen, sich nicht unterkriegen zu lassen oder sich trügerischen Illusionen hinzugeben. Vermutlich löst das Asthma auch bei den an ihr Erkrankten einen Mechanismus aus, der das Selbstbewußtsein stärkt und so die physische Schwäche ausgleicht, die durch das Asthma den Kranken auferlegt wird.

Diese verdammte Last, die er seit seinem zweiten Lebensjahr zu tragen hatte, verließ ihn nicht wieder und in all seinen Erzählungen und Gesprächen spielte das Thema Asthma immer wieder eine Rolle.

DAS VERLASSENE BERGWERK

Wie immer, wenn die Kinder wieder einmal einen ihrer unmöglichen Streiche anstellten, bei denen sie ihr Leben aufs Spiel gesetzt hatten, erfuhr ich es als letzter, weil ihre Mutter genauso wie die Kinder mir diese Geschichten immer verheimlichten.

In den nahen Bergen um Alta Gracia gab es eine Vielzahl verlassener Bergwerke, von denen die Kinder eines entdeckt hatten. Der Eingang war fast gänzlich durch Schutt- und Schlammassen bedeckt, und doch entschloß sich Ernestos und Robertos Bande, die Mine auszukundschaften. Sie machten den Eingang frei und drangen in das Innere vor, doch nach einer geraumen Zeit kamen sie nicht weiter vorwärts, da ein Erdrutsch das Gewölbe fast völlig verschüttet hatte. Ein kleiner Spalt stellte die Verbindung zum Innern des Stollens her. Natürlich bekamen es die Kinder mit der Angst zu tun und wollten zurückkehren, doch Ernesto war fest entschlossen, sich der Gefahr zu stellen, und begann, sich durch den Spalt hindurchzuschlängeln. Gefolgt von den anderen Kindern kam er nach einer Kriechpartie von einigen Metern auf die andere Seite des Erdrutsches.

Für jeden, der etwas mit dem Bergbau zu tun hatte, stellte
die Unternehmung der Kinder ein Wahnwitz dar. Bei der geringsten Bewegung hätten die Erdmassen nachgeben können
und es wäre äußerst schwierig gewesen, die Kinder herauszu-
holen. Diese Verrücktheit vollführten sie nicht nur einmal,
sondern unzählige Male.

ERNESTO UND ZACARIAS

Eines Morgens in Alta Gracia gab Ernestito seiner Mutter eine
ungehörige Antwort. Ich saß lesend an meinem Schreibtisch
und erhob mich, um ihn zurechtzuweisen, aber meine Frau
hatte ihm schon „den Marsch geblasen" und vom Tisch wegge-
schickt, während er, als er sah, daß er dieses Mal eine Tracht
Prügel empfangen würde, wie ein Blitz auf die Straße hinaus-
lief. Er sprang über einige Gräben, die wegen Abwasserarbei-
ten ausgehoben worden waren, und verschwand in einem
Bergabhang, der dicht mit Bäumen, Sträuchern und Unkraut
bewachsen war. Die befehlenden Rufe von Celia waren nutzlos: er war wütend und wollte nichts hören. Als sie ihm nach-
rief, daß er nach Hause zurückkommen sollte, antwortete er
vom Berg aus, daß er nicht zurückkehren würde.

In dieser Zeit wurden in Alta Gracia Abwasserkanäle, Sik-
kergruben und Wasserleitungen angelegt. Eine ganze Kompa-
nie von Arbeitern war dabei, gegenüber unserem Haus Gräben auszuheben und Rohre zu verlegen. Wie es nur zu natürlich ist, erheiterten sich die Arbeiter bei diesem Vorfall, und als
meine Frau zu ihnen lief, verrieten sie ihr den Ort, an dem Ernesto sich versteckt hielt. Celia konnte ihn dennoch nicht zu
fassen bekommen, und ich begann, ihn in die Berge zu verfolgen, da ich sehr von meiner Behendigkeit überzeugt war. Doch
wie groß war meine Überraschung, als er im Dickicht verschwunden war, wo ich doch kurz vorher ihm so dicht auf den
Fersen war. Nach ein paar weiteren Versuchen, ihn zu fangen,
entschloß ich mich, ihm mit dem Pferd zu folgen. Ich sattelte
den Braunen und gab ihm die Sporen. Kaum hatte ich Ernesto
an einem Berghang erspäht, gab ich dem Pferd einen Klaps und
lenkte es auf das Dickicht zu. Alles war umsonst — Ernesto
entwischte mir einmal mehr, und das einzige, was ich schaffte,

war, die Hose zu zerreißen, mir die Beine und Arme zu zer-
kratzen und wütend zu werden.

Ich hatte zweierlei gelernt: daß ich nicht behende genug
war, um einen Jungen einzuholen, der in den Bergen aufgewachsen war, und daß mein Sohn Ernesto sich wie ein Hase in
den Bergen bewegte.

Die Arbeiter hatten sich köstlich amüsiert und ließen die
Arbeit liegen, um die Verfolgungsjagd zu beobachten.

Der Abend kam, und ich begann, mir Sorgen zu machen. Da
kam Zacarías in unser Haus.

Er war ein fünfzehn Jahre alter Junge mit dunkler Haut,
sehr dünn und mit drahtigen Beinen. Er galt als guter Läufer
der Marathonwettbewerbe Córdobas. Einmal hatte er sogar
bei einem Lauf in Buenos Aires teilgenommen. Zacarías
stammte aus einer armen Familie und verdiente sich sein Leben
damit, Honigkuchen zu verkaufen. Er verließ sein Haus in der
Frühe mit dem vollen Korb und kam oftmals erst bei Einbruch
der Dunkelheit wieder zurück. Die finanzielle Situation in Alta
Gracia war nicht gerade dazu geschaffen, Luxusartikel zu kaufen. Nur die Reichen konnten sich dies leisten, denn bei den
Armen reichte der magere Lohn gerade aus, sich den Magen zu
füllen, und so kehrte Zacarías fast immer mit einem halbvollen
Korb nach Hause zurück.

Die Honigkuchen waren nicht sehr teuer und kosteten nur
fünf Centavos das Stück. Zacarías wußte nur zu gut, daß die
größten Liebhaber der Honigkuchen die waren, die am we-
nigsten Geld hatten, und so verschenkte er einige der Kuchen
an seine Freunde.

Als ich Zacarías sah, kam mir ein Gedanke und ohne lange
zu zögern rief ich ihn zu mir und fragte ihn:

„Hast du heute viel verkauft, Zacarías?"

„Nur sehr wenig", antwortete er, wobei er den Kopf hob
und mich mißtrauisch ansah.

„Hast du Lust, dir fünf „Mangos"[1] zu verdienen?" — Diese
Summe entsprach ungefähr dem Wert aller Honigkuchen im
Korb.

---

[1] Pesos.

„Klar fände ich das gut", sagte er und sah mich mit fragendem Blick an.

Also erklärte ich ihm, worum es ging: wenn es ihm gelänge, Ernesto aufzuspüren, der sich nun schon seit über vier Stunden im Gebüsch versteckt hielt, würde ich ihm fünf Pesos zahlen.

Abgemacht. Zacarías verschwand pfeifend und außer sich vor Freude zwischen den Büschen. Es verging eine Stunde und Zacarías kam zurück, verschwitzt, keuchend und nach Luft schnappend. Ich fragte ihn:

„Was ist passiert?"

Völlig verstört antwortete er: „Ich war ihm schon ganz nah, stellte meinen Korb auf den Fußboden und rief ihm zu, daß ich ihm einen Honigkuchen abgeben würde. Ernesto, der mehrere Schritt von mir entfernt war, rief mir voller Mißtrauen zu: „Wirf mir den Honigkuchen herüber!"

Aber Zacarías bestand darauf, daß er ihn sich selbst holen sollte, und so ging es nach seiner Schilderung hin und her. Sie unterhielten sich mehrere Minuten lang, bis Zacarías sich schließlich entschloß, den Korb zurückzulassen und auf das Dickicht zuzulaufen.

„Ich lief so schnell ich konnte, aber immer wenn ich ihn fast erreicht hatte, entwischte er mir wieder und machte sich dann auch noch lustig über mich."

Niedergeschlagen und mit hängendem Kopf stand er nun vor mir und erwartete, daß ich ihm den versprochenen Lohn nicht bezahlen würde.

Ich bezahlte ihm die fünf Pesos, und er lief voller Freude davon. Meine Sorge wurde jedoch immer größer. Es war schon fast dunkel, und Ernestito war erst neun Jahre alt und konnte nicht allein in dem Busch bleiben, der immerhin eine Ausdehnung von mehr als zweihundert Hektar hatte. Ich war ratlos. Meine Frau, die die vergeblichen Versuche, Ernesto einzufangen, beobachtet hatte, trat auf mich zu und sagte, ohne daß sich in ihrem Gesicht eine Spur von Angst zeigte:

„Ich kenne ihn besser als du, geh nur ruhig an deine Arbeit und nimm es nicht so wichtig. Er kommt bestimmt heute am späten Abend zurück, wenn er Hunger hat."

Genauso war es auch.

Ich machte noch eine Runde durch das Dorf, und bei meiner Rückkehr war es bereits dunkel. Celia kam mir entgegen, und während sie mir andeutete, daß ich still sein sollte, sagte sie mit flüsternder Stimme:

„Ernesto ist durch die Hintertür hereingekommen, schlich sich in die Küche, versteckte sich danach in seinem Zimmer und jetzt schläft er schon."

Dieser Vorfall gab mir viel zu denken. Wie war es möglich, daß Zacarías, der ein guter Läufer und fünfzehn Jahre alt war, meinen neunjährigen Sohn nicht einholen konnte? War Zacarías ein so schlechter Läufer oder mein Sohn ein außergewöhnliches Kind? Aber dann begann ich, mich an all die Spiele der Bande zu erinnern, an die Ausflüge in die Berge, die Wettläufe durch das Dorf beim „Räuber und Gendarmspielen" und die Streifzüge durch die Berge, die er wie seine eigene Westentasche kannte. Ich kam zu dem Schluß, daß nicht nur Ernesto, sondern alle seine Freunde ein gutes körperliches Training und außerdem eine ungewöhnliche Geschicklichkeit im Querfeldeinlaufen hatten.

Eine Sache war es, bei Wettkämpfen nebeneinander zu laufen, und eine gänzlich andere, in den Bergen zwischen Büschen und Sträuchern jemandem zu entwischen, Dornenzweigen auszuweichen, sich an den Bergabhängen in den Büschen und zwischen Felsen zu verbergen, um sich wie die Tiere in den Bergen vor der Verfolgung zu schützen. Behendigkeit, Geschicklichkeit, ein gutes Auge, ein feines Gehör und schnelle Entscheidungsfähigkeit: über all dies verfügten Ernesto und seine Freunde in Alta Gracia.

Ich weiß nicht, was aus all den Freunden Ernestos aus jenen Jahren geworden ist. Vielleicht hat die Mehrheit von ihnen schon vergessen, wie man einen Vogel fängt, ein Nest ausnimmt, eine Spur verfolgt oder einen Verfolger abhängt. Doch das Schicksal hat es gewollt, daß dieses Kind, das in den Bergen von Alta Gracia aufgewachsen war, trotz der erschreckenden Asthmaanfälle, mit der Zeit zu einem Experten des Urwaldes und der Berge wurde, wie auch ein Meister in der schwierigen Kunst des Angriffs, des Ausweichens oder der Flucht, wenn die Umstände des Kampfes es erforderlich machten.

DIE FREUNDE BRINGEN ERNESTO
AUF EINER BAHRE

Wie ich schon vorangehend beschrieb, wohnten wir im Vorort Carlos Pellegrini, der sich unmittelbar an die Stadt Alta Gracia anschloß. Vor langer Zeit war das Land aufgeteilt, verkauft und bebaut worden, und so verwandelte sich das Wäldchen in ein Villenviertel mit einstöckigen Chalets und schönen Gärten. Dazu lag ganz in der Nähe, am Fuße der ersten Berge, ein Golfplatz, der immerhin 42 Hektar groß war. Die Gegend war hügelig und verlieh dem Vorort Carlos Pellegrini eine gewisse Eleganz. Die Straßen verliefen in weiten Kurven mit leichten Steigungen und Gefällen zwischen den Häusern, die alle auf verschiedener Höhe gebaut waren und in den unterschiedlichsten Winkeln zueinander standen. Die Straßen selbst waren nicht gepflastert, sondern nur mit natürlichem Material, wie Kalkstein und Sand, befestigt.

Zuerst wohnten wir in der Villa Chichita und zogen dann in die nahegelegene Villa Nydia, wo wir mehrere Jahre lebten. Ernesto hatte engen Kontakt mit den Kindern aus der Nachbarschaft, vor allem hierbei mit den Kindern armer Familien aus den Hüttensiedlungen. Sie waren die Kinder von Arbeitern, Hotelkellnern, Caddies und Bergarbeitern.

Ich kann nicht mehr genau sagen, wann sich diese heterogene Kindergruppe gebildet hatte, die mit der Zeit zu einem Teil unserer Familie wurde, aber was ich noch mit Gewißheit behaupten kann, ist, daß mein Sohn Ernesto sie zusammengebracht hat. Er hatte eine besondere Anziehungskraft, von der nicht nur die Kinder seines Alters, sondern auch die älteren fasziniert waren.

Das Asthma zwang Ernesto oft zur Ruhe; während dieser Zeit nutzte er die Zeit, um zu lesen und immer wieder zu lesen. Als Ernesto zwölf Jahre alt wurde, besaß er die Bildung eines Achtzehnjährigen. Sein Bücherschrank war gefüllt mit den verschiedensten Abenteuerbüchern, Romanen und Reisebeschreibungen — Bücher von Salgari, Stevenson, Jules Verne, Alexandre Dumas und all den Autoren, die schon vielen Generationen zur Entspannung und als Leitfaden gedient haben. Er besaß in Hülle und Fülle Reisebeschreibungen von Expeditionen in unbekannte und ferne Länder. Gegenüber den anderen Kindern übte er weniger eine „Herrschaft" aus, die jemandem durch die Bildung verliehen wurde, sondern sein Ansehen bei ihnen gründete vielmehr in der großen Sympathie, die er genoß, sowie in seiner großen Güte. Seine Freunde liebten ihn über alles, und er war für jeden seiner Spielkameraden immer da. Ich erinnere mich an eine Episode, die ich niemals vergessen werde.

Ich saß lesend auf einem Balkon meines Hauses, der auf die Ebene und die Felder hinausging. Von diesem Balkon aus konnte man auf einen gewundenen Weg hinabsehen, der als Zufahrtsstraße diente und in die Avenida Avellaneda einmündete. Eine ganze Meute von Kindern bewegte sich langsam auf ihr unserem Haus zu. Auf einer Trage trugen sie Ernesto, der einen seiner schweren Asthmaanfälle erlitten hatte und nicht mehr gehen konnte. Indem sie sich beim Tragen abwechselten, brachten so die acht- und neunjährigen Kinder unseren Sohn Ernesto nach Hause zurück.

Damals faßte ich dieses Ereignis als einen Beweis ihrer Freundschaft auf. Heute möchte ich hinzufügen, daß es sich dabei außer um Freundschaft um einen Beweis ihrer großen Kameradschaft und ihres Sinnes für Menschlichkeit handelte, der unter ihnen herrschte. Diese Eigenschaften bemerkt man in Dörfern und großen Städten häufig nicht, aber sie sind ausgeprägt in allen Guerillagruppen. Menschlichkeit und Solidarität sind unerläßliche Voraussetzungen für den Befreiungskampf. Natürlich sind daneben noch andere Eigenschaften notwendig, über die auch der eine oder andere der Kleinen verfügte, doch ganz sicher besaßen sie nicht die Möglichkeiten, diese weiterzuentwickeln, und wenn heute einer von ihnen diese Zeilen liest, wird er sich wohl kaum noch an die Begebenheit erinnern, von der ich eben erzählte.

DIE GOLFBÄLLE

Unser Haus, das wir von Fuentes Pondal gemietet hatten, lag direkt neben dem Golfplatz. Man mußte nur die niedrige Umzäunung überwinden und schon stand man auf dem Spielfeld. Am Golf konnte ich keinen Gefallen finden, und er galt für mich nicht als Sport. Zwar betrieb ich mehrere Sportarten, doch hätte ich mich geschämt, Golf zu spielen. Als Freizeitbeschäftigung für Damen erschien es mir gerade noch akzeptabel. Aufgrund meines Auftrages hatte ich den Golfplatz zu erweitern, und aus diesem Grunde sah ich mich veranlaßt, diesen Sport zu betreiben. Später mußte ich anerkennen, daß er viel Kraft und Anstrengung erfordert.

Meine Kinder wußten im Golf schon sehr gut Bescheid, da sie jeden Tag gemeinsam mit den Kindern der Caddies spielten, die es wiederum von ihren Vätern gelernt hatten. Ernesto wie Roberto verbrachten lange Stunden mit ihren Freunden beim Golfspiel.

Eine richtige Kindermeute machte den Golfplatz und das angrenzende Gestrüpp aus Weißdorn und Mimosen unsicher, und wenn die Kinder keine Hausaufgaben zu machen hatten, trafen sie sich auf dem Golfplatz am ersten Loch und beobachteten vom Zaun aus die Spieler und kommentierten deren Fähigkeiten. In das Hotel von Alta Gracia kamen viele Touristen, von denen einige Golf spielten. Stellte sich einer von ihnen am „T" auf, so war die ganze Bande dabei, um jede seiner Bewegungen zu analysieren, und sie merkten sehr schnell, ob jemand ein guter Spieler oder ein Anfänger war. Wenn er ein guter Spieler war, kümmerten sie sich nicht weiter um ihn. War er hingegen ein Neuling, so versteckte sich die ganze Bande im Blätterwerk oder zwischen den Büschen und begleitete den Spieler auf diese Weise bis zum Schluß. Wenn er dann ein Loch verfehlte, hatten sie bereits ausgerechnet, wie weit der Schlag ging und wußten ganz genau, wo der Ball auftreffen würde. Kaum hatte der Ball den Boden berührt, war er auch schon in den Händen der Gören, die jetzt selbst etwas zum Golfspielen hatten!

Wenn der Caddy, wie es seine Aufgabe war, den Ball dort suchen ging, wo er liegen mußte, waren jedoch weder der Ball noch die Kinder zu sehen. Einige der Kinder, die etwas mutiger und unverschämter waren, verkauften den Spielern deren eigene Bälle. So passierte es öfters, daß ein Spieler seinen verlorenen Ball mehrere Male wieder kaufen mußte.

Ein Caddy hatte die List der Bande durchschaut und drohte ihnen an, sie mit dem Stock zu verprügeln, wenn er sie um den Golfplatz herumstrolchen sähe. Daraufhin zog sich die Golfbande zu einer Beratung zurück, und nachdem man eine Weile beraten hatte, beschlossen die Jungs, dem Caddy selbst eine Abreibung zu verpassen.

„Wir waren zehn", erzählte später Roberto, „wir besorgten uns Stöcke und wollten den Caddy bei einer passenden Gelegenheit damit angreifen. Wir sahen ihn kommen und begaben uns, alle bewaffnet, aufs Spielfeld. Ernesto ging vornweg, ich als zweiter. Wir kamen bis zum Caddy, der uns anschaute und dabei lächelte, während wir ihn mit unseren Stöcken bedrohten. Als ich sah, daß der Caddy lachte, drehte ich mich um und sah, daß alle unsere Freunde verschwunden waren."

DAS SCHWIMMBECKEN DES HOTELS „SIERRA"

In der Badesaison benützten wir neben unserer Niederung das Schwimmbecken des Hotels „Sierra", um zu schwimmen und uns zu erfrischen.

Zwar hatte ich meinen Kindern das Schwimmen beigebracht, doch dachte ich, daß ich auch weiterhin auf sie beim Baden aufpassen müßte. Ich hatte ihnen das bißchen, was ich über das Schwimmen wußte, beigebracht — ich sage „ein bißchen" deshalb, weil ich immer ein schlechter Schwimmer gewesen bin, der mehr den „Höhlenbewohnerstil" praktizierte, wohingegen meine Kinder später durch die Trainer, die sie förderten, weit besser schwimmen konnten als ihr Vater. Ernesto zum Beispiel hatte Unterricht bei einem großen Schwimmer dieser Zeit, dem argentinischen Meister im Schmetterling, Carlos Espejo. Dieser hatte an ihm Gefallen gefunden und unterrichtete ihn kostenlos.

Ohne Zweifel tat Ernesto das Schwimmen sehr gut, vor allem seinem Asthma. Die Aufnahmefähigkeit seiner Lungen wurde durch das Schwimmen sehr gestärkt, jedoch hatten die Ärzte empfohlen, daß er sich dabei nicht übernehmen sollte, da so sein Herz zu stark belastet würde, und wie man weiß, müssen Asthmatiker dieses Organ besonders schonen, da es wegen des Asthmas besonders beansprucht wird.

Die Aktivitäten Ernestos und der anderen Kinder waren nicht außergewöhnlich: kurze Wettschwimmen im Kraul-

oder Bruststil und Tauchübungen vom Beckenrand oder vom Sprungbrett. Im Schwimmbecken befanden sich immer viele Kinder und Erwachsene, die sich hier vom Sonnenbaden erfrischten.

Wenn ich mit den Kleinen zum Schwimmen ging, verließ ich das Becken erst, nachdem der letzte von ihnen es verlassen hatte. Ich paßte zwar immer gut auf sie auf, doch ich wußte nicht, daß sie nachmittags entwischten und zum Trainieren kamen. Gutgläubig wie ich war, dachte ich immer dabei sein zu müssen, wenn sie im Schwimmbecken waren, um sie aus dem Wasser zu holen, falls ihnen etwas zustoßen sollte, dabei wäre es wahrscheinlicher gewesen, daß sie mich aus dem Wasser hätten retten müssen.

Eines Nachmittags, als ich gerade zu Hause war, erfuhr ich, daß Ernesto im Schwimmbecken des Hotels „Sierra" schon über eineinhalb Stunden trainierte. Voller Sorgen um ihn machte ich mich auf den Weg dorthin. Als ich ankam, sah ich, wie zahlreiche Kinder als Assistenten dem zukünftigen „Champion" zur Seite standen, mit der Stoppuhr in der Hand, seine Zeiten kontrollierten und unter sich diskutierten, wieviel Zeit er benötigen würde, um hundertmal hin und her zu schwimmen.

Mir fiel es wie Schuppen von den Augen, und ich erkannte, wie lächerlich es war, seine Kinder allzusehr zu beschützen. Ich lag also falsch und tat anfänglich so, als hätte ich nichts gesehen. Und während Ernesto, der mich gesehen hatte, seine Strecke lächelnd fortsetzte, beobachtete ich nun sein Training so, als wüßte ich schon seit langer Zeit, daß er dieses Training absolvierte. Ich kann ihn noch heute vor mir sehen, wie er im Schmetterlingsstil schwamm, sich anstrengte, um noch besser zu werden, mit aufgepusteten Backen, von der Sonne gebräunt, wie er aus dem Wasser auf- und wieder untertauchte, um in großen Schüben wie ein Delphin voranzukommen. Später befand er sich noch oft in Situationen, in denen ihm seine Schwimmkünste zugute kamen, so bei der Invasion auf Kuba:

Als er in Las Coloradas landete, mußte er trotz des nicht sehr tiefen Wassers schwimmen, und als er das kleine Kontingent von Männern befehligte, das von der Sierra Maestra zum Escambray-Gebirge vordrang, mußte er große Sümpfe durch-

queren, andere Male galt es, Flüsse von großer Tiefe zu durch-
schwimmen.

DER KRIEG ZWISCHEN PARAGUAY
UND BOLIVIEN

Die Politik war sehr oft der Gesprächsstoff in unserem Haus,
sei es zwischen Celia und mir oder mit unseren Freunden. In
jener Zeit waren alle Leute mit demokratischer Einstellung
sehr beunruhigt wegen des Krieges zwischen Paraguay und
Bolivien. In den Jahren von 1931 bis 1934 war Bolivien durch
nordamerikanische Erdölgesellschaften ermutigt worden, ein
gutausgerüstetes Heer aufzubauen und mittels eines Vorwan-
des in den paraguayischen Chaco einzudringen und das Gebiet
zu annektieren. General Kunt, ein deutscher Militärführer des
1. Weltkrieges, war der Leiter der ganzen Aktion, die nicht
schlecht geplant war. Es hätte nicht viel gefehlt und Kunt wäre
erfolgreich gewesen. Paraguay war ein armer Staat. Die Armee
war praktisch unbewaffnet, während Bolivien nordamerikanische Finanzmittel und Militärberatung erhielt und zudem von
einem überzeugten Nazi, dessen Truppen bestens ausgerüstet
waren, unterstützt wurde. Nur der heldenhafte Mut des unerschütterlichen paraguayischen Volkes konnte die boliviani-
sche Invasion zurückwerfen. Bolivien verfolgte mit dem Krieg
zwei Ziele: Könnten sie die Armee Paraguays besiegen und bis
zum Paraná zurückdrängen, so hätte das Land über den Pa-
raná-Fluß den sehnlichst erwünschten Zugang zum Meer, des
weiteren hätte man sich damit den Zugang zu umfangreichen
Erdölvorkommen geschaffen, um die sich die nordamerikanischen Firmen in der Folge gekümmert hätten.

Alle demokratisch gesinnten Menschen empörten sich über
das herrische Vorgehen der bolivianischen Armee, ich selbst
war noch mehr als die anderen empört, weil ich in der argentinischen Provinz Misiones gewohnt hatte und dort viele para-
guayische Freunde besaß, mit denen ich mich gut verstand.
Meine Empörung ging so weit, daß ich daran dachte, für Paraguay in den Krieg zu ziehen. Ernesto verfolgte damals, obwohl
er noch ziemlich klein war, mit großem Interesse die Ereignisse
des Krieges, die seine Eltern so sehr betrafen. Er hörte auf-

merksam zu, wenn davon die Rede war, verfolgte auf einer Landkarte mit kleinen Fähnchen die militärischen Bewegungen, und wenn er mit seinen Freunden draußen Krieg spielte, ging es dabei immer um den bolivianisch-paraguayischen Krieg.

Bei dieser Auseinandersetzung konnten wir nur auf der Seite Paraguays stehen. General Kunt repräsentierte die verhaßten Nazis und General Estigarribia, der Oberbefehlshaber der paraguayischen Truppen, hatte schon im Jahre 1914 als Offizier an der Seite der französischen Armee gegen Deutschland gekämpft. Die leidenschaftliche Haltung meiner Frau und auch meine mußte Ernesto wie auch seine ganzen Freunde in irgendeiner Weise stark beeindruckt haben. Paraguay verteidigte sich gegen eine Invasion, die es nicht provoziert hatte, und befand sich in einer weit schlechteren Ausgangsposition, sowohl zahlenmäßig als auch im Hinblick auf seine Bewaffnung. Alle wußten, daß der Yankeeimperialismus hinter Bolivien stand.

Diese ungleiche Ausgangslage in der Auseinandersetzung war ein auslösender Faktor für Ernesto und seine „Bande" und weckte in ihnen eine tiefe Sympathie für die Schwächeren. Bei der bolivianischen Invasion handelte es sich ohne Zweifel um einen weiteren Beleg dafür, wie die imperialistischen Länder kriegerische Auseinandersetzungen provozieren und auslösen, wenn es ihnen genehm ist oder wenn es in ihrem Interesse liegt.

Der Krieg endete mit der völligen Niederlage der bolivianischen Armee, die vom bewaffneten paraguayischen Volk geschlagen wurde. Unsere Hoffnungen bestätigten sich, und die Kinder freuten sich ebenfalls.

DER SPANISCHE BÜRGERKRIEG

Als in Spanien der Bürgerkrieg ausbrach, war Ernesto noch sehr klein. Ich fühlte mich damals aufs engste mit den Republikanern verbunden.

In Alta Gracia, wie in anderen Orten der Provinz Córdoba und in der ganzen Republik Argentinien, wurden Unterstützungskomitees für die Spanische Republik gegründet. Wir waren überzeugt, daß die spanische Regierung gegen eine imperialistische Koalition kämpfte, die den General Franco unterstützte, den Nachfolger von General Mola, der die revolutionäre Armee befehligte.

England tat so, als wäre nichts geschehen, Frankreich beschränkte sich darauf, die spanischen Flüchtlinge, die über die Grenze kamen, um sich vor der Verfolgung durch Franco in Sicherheit zu bringen, in Konzentrationslagern zu verwahren. Italien und Deutschland halfen der Franco-Armee auf vielfältige Weise, wollten sie doch in Spanien eine faschistische Diktatur nach dem Vorbild Mussolinis aufbauen. In der Mehrheit der Länder Amerikas hingegen konnte die spanische Republik mit enthusiastischen Unterstützern rechnen, wie sie auch von der Sowjetunion einige Unterstützung erhielt, vor allem im Bereich der Luftwaffe, wo die „Chatos", schnelle Jagdflugzeuge, in den Schlachten den deutschen Messerschmitt-Flugzeugen schwere Kämpfe lieferten.

Gemeinsam mit einigen Freunden aus Alta Gracia gründeten wir ein Hilfskomitee für die spanische republikanische Regierung. In diesem Komitee arbeiteten viele fortschrittliche und linke Leute. Wir setzten uns ständig mit den anderen Komitees der Provinz Córdoba und in Buenos Aires in Verbindung.

Damals war mein Sohn Ernesto erst neun Jahre alt und interessierte sich brennend für alles, was mit dem Spanischen Bürgerkrieg zusammenhing.

Der spanische Arzt Juan González Aguilar war einer der persönlichen Freunde des republikanischen Präsidenten Azaña und war zum Leiter des maritimen Gesundheitswesens ernannt worden. Er hatte seine Familie nach Buenos Aires geschickt, die sich dann in Alta Gracia niederließ, wo sie sich bald darauf mit Anhängern der Spanischen Republik anfreundeten. Als der republikanische Widerstand zusammenbrach, floh Dr. Juan González Aguilar über die Grenze nach Frankreich und geriet in ein Konzentrationslager. Später ging er ins argentinische Exil. Das Haus des Dr. González Aguilar war zu einem richtigen spanischen republikanischen Sammelpunkt geworden, wo sich immer eine große Anzahl Exilierter traf.

Wir hatten eine enge Beziehung zur Familie González Aguilar, und auch Ernesto freundete sich mit ihren ältesten

232

Kindern an. In ihrem Haus bekam er Kontakt zu vielen republikanischen Kämpfern, und so unterstützte Ernesto schon als
Kind mit all seinem Enthusiasmus die Spanische Republik. Er
fehlte nicht auf einer einzigen Veranstaltung, die zum Zweck
der Unterstützung organisiert wurden, und informierte sich
anhand von Zeitungen und Büchern über die Ereignisse in
Spanien.

Auch in unserem Haus trafen sich viele fortschrittliche Leute, die diese Sache unterstützten und öffentliche Veranstaltungen organisierten, auf denen Geld und Lebensmittel gesam-
melt wurden.

Ernesto schnitt sorgfältig alle Nachrichten aus den Zeitungen aus, und in seinem Zimmer hing eine große Spanienkarte,
auf der er die Truppenbewegungen verfolgte und kleine Fähnchen an die Stelle der verschiedenen Fronten steckte. Ich glaube, daß er in dieser Zeit begann, seine ablehnende Einstellung
gegenüber Diktaturen, die die Völker unterdrückten, zu ent-
wickeln.

In diesem angespannten Klima des argentinischen Exils erfuhren wir vieles, was in dem Bruderkrieg vor sich ging. Ernesto lernte viele Kämpfer kennen, die an dem Krieg teilgenommen hatten. Man konnte sie gut an ihrer großen Wut erkennen
— eine Wut, die die ganze Welt ergriff. Es war sehr schwierig,
sich der Anziehungskraft dieser Atmosphäre zu entziehen,
wobei dies in weit ausgeprägterem Maße für ein Kind gilt.
Wahrscheinlich entwickelte Ernesto deshalb in dieser Zeit seine Empörung über die Unterdrückung der Menschen und seinen Kampfgeist.

Die Exilspanier dachten nicht im entferntesten, daß Franco
für so lange Zeit an der Macht bleiben würde. Da sie glaubten,
schon bald wieder nach Spanien zurückkehren zu können,
entwickelten sie mit großem Einsatz und Hartnäckigkeit eine
intensive Propagandatätigkeit.

Im Verlauf des Spanischen Bürgerkrieges erfuhr Ernesto
nach und nach die Gründe dieses Krieges, und die Exilspanier
entwickelten sich zu seinen Brüdern.

Zu jener Zeit wurde mein Schwager Córdova Iturburu als
Korrespondent der Zeitung „Crítica" nach Spanien geschickt,
wo er sich über ein Jahr aufhielt. Seine Reportagen und Artikel

über die Geschehnisse schickte er an seine Frau Carmen de la Serna, die mit ihrer Familie während seiner Abwesenheit bei uns wohnte. Es verging kaum eine Woche, in der wir keine Korrespondenz von Policho, wie wir Córdova Iturburu nannten, erhielten. Diese wurde, nachdem sie von Carmen und uns gelesen worden war, von ihr nach Buenos Aires an die Redaktion der Zeitung geschickt. Die Korrespondenz wurde aus Sicherheitsgründen an meine Adresse und nicht an die der Zeitung geschickt, da wir befürchteten, daß die Post diese wichtigen Dokumente zurückhalten würde. Policho schickte neben den Artikeln, die seine persönlichen Eindrücke wiedergaben, auch einige Zeitungen von geringer Auflage, die von republikanischer Seite veröffentlicht wurden. Ich erinnere mich an einige Exemplare der Zeitschrift „Mono Azul" (Blauer Affe), in der viele Artikel der später bedeutendsten spanischen Schriftsteller und Dichter erschienen, von denen sich einige während der Diktatur Francos in Argentinien niederließen. Der „Mono Azul" bot uns zum ersten Mal die Gelegenheit, Gedichte von Rafael Alberti zu lesen, dem Dichter, den wir später persönlich kennenlernen sollten und den wir sehr bewunderten.

Im Haus von Don Juan González Aguilar kamen unablässig republikanische Führer, Offiziere, Kämpfer, Fachleute verschiedenster Gebiete, Literaten und Dichter an. In dieser Umgebung erfuhren meine Frau und ich Einzelheiten über den Spanischen Bürgerkrieg, und da wir beide dem Sozialismus nahestanden, verbrüderten wir uns bald mit den Exilierten, die in unser Land mit der Hoffnung gekommen waren, bald wieder in ihre Heimat zurückkehren zu können.

Hier erfuhr mein Sohn Ernesto nicht nur die Ereignisse dieses Krieges, sondern lernte auch die neue Literatur kennen, die in den Schützengräben entstand, und identifizierte sich mit der Avantgarde des Republikanischen Spaniens.

GENERAL JURADO

General Jurado, ein Offizier des republikanischen Spaniens, war der Held der Schlacht von Guadalajara, die während des Spanischen Bürgerkriegs im Jahre 1937 geschlagen wurde. Er hatte die italienischen Truppen geschlagen, die auf spanischem Boden gekämpft hatten und unter dem Befehl des berühmten italienischen Generals Roatta standen.[1]

Wie viele andere politische Flüchtlinge kam Jurado nach Córdoba und nach Alta Gracia, wo er versuchte, eine Arbeit zu finden. Mit aller Würde wagte er einen neuen schwierigen Kampf: den Kampf um das Überleben in der Fremde. In dieser Zeit war es selbst für Argentinier schwer, eine Arbeit zu finden, und für Ausländer war die Situation ungleich schwieriger.

Doch er ließ sich nicht so schnell entmutigen. Nachdem er viele Versprechungen gehört und viele Stühle in Vorzimmern von Direktoren warmgesessen hatte, geriet der Arme schließlich an eine Lebensversicherungsgesellschaft.

Die neue Beschäftigung als Versicherungsvertreter nahm er mit Humor auf. Eines Tages sagte er:

„Da können Sie mal sehen, was alles in der Welt möglich ist: ich, der ich vierzehn Jahre in der spanischen Armee war und bestimmt ziemlich viele Menschen getötet habe, verkaufe jetzt — Ironie des Schicksals — Lebensversicherungen." Dabei lachte er selbst über seinen Witz.

Wir wurden sehr gute Freunde, und er erzählte mir von vielen Begebenheiten aus dem Spanischen Bürgerkrieg.

Ernesto war damals zehn Jahre alt und sog die Erzählungen Jurados förmlich in sich auf, ohne auch nur eine Einzelheit zu verpassen. Der General gehörte zu den Personen, die unser

---

[1] Die von Mussolini angeordnete italienische Offensive hatte die Einnahme Madrids zum Ziel und begann am 8. März 1937. Zu Beginn stießen die Italiener unter General Roatta nur auf geringen republikanischen Widerstand. Berauscht von ihren Erfolgen, feierten sie bereits den bevorstehenden Einzug in Madrid. Mussolini grüßte die italienischen Brigaden in Spanien und versicherte ihren totalen Sieg. Der Kommandant der republikanischen Armee setzte General Jurado an die Spitze des IV. Korps der Armee, die sich aus drei Divisionen zusammensetzte: Die „Lister", unter dem Befehl ihres Kommandanten gleichen Namens, die 12. Division, befehligt von Nino Napetti, und die 14. unter Cipriano Mera. Die von Jurado angeführte Gegenoffensive begann am 12. März, am 18. griffen sie an allen Fronten zugleich an und bereiteten der faschistischen Armee Italiens eine schwere Niederlage, worauf diese floh.

Haus öfters beehrten, und hatte das ungezwungene Klima bemerkt, das bei uns herrschte, und konnte sich mit aller Natürlichkeit und ohne Geziertheit über das Thema des Bürgerkrieges auslassen. Er sprach niemals von sich als der wichtigsten Persönlichkeit und erzählte immer fesselnde Episoden aus diesem harten Krieg. Nur wenn man ihn fast bombardierte mit Fragen über seine Person, berichtete er von seinen Heldentaten und betonte zugleich den großen Anteil seiner Untergebenen daran.

Wenn er an unserem Tische erzählte, schien er uns eher ein zurückhaltender, großbürgerlicher Geschäftsmann als ein Militär zu sein. Im Gegensatz zu unseren Militärs, die eher einen preußischen Zuschnitt hatten, einen Krieg nie selber erlebt hatten und sich wichtig taten, war Jurado eher schlicht und hatte zugleich immer ein Lächeln auf den Lippen, sprach mit äußerster Klarheit und Genauigkeit und lehnte jede Art von Großsprecherei ab.

Ernesto, zwar noch ein Kind, erfaßte dennoch diesen Kontrast, und ich glaube, daß die Art des Generals für ihn ein Maßstab dafür wurde, wie ein Kämpfer zu sein hat.

Ernesto hegte eine große Bewunderung für Jurado. Während eines Essens erzählte Jurado, wie sich die Schlacht von Guadalajara abgespielt hatte. Er berichtete von dem unvorhergesehenen Vorrücken der italienischen Truppen durch das Tal zum Klang der Fanfaren, da sie den Weg nach Madrid bereits frei wähnten, wie die Milizionäre auf den umliegenden Berghängen in Position gingen und auf das Signal zum Angriff warteten, wie dann die republikanischen Soldaten sich auf die überraschten italienischen Brigaden stürzten, die in der Falle waren. Eine Panik brach unter den Eingeschlossenen aus, und alle suchten ihr Heil in der Flucht. Die Milizionäre versuchten, soviel wie möglich von ihnen gefangenzunehmen, und achteten bereits schon nicht mehr auf die Befehle der Kommandanten, die Einhalt geboten, da eine Veteranenbrigade von Mauren und Spaniern im Anmarsch war, für die die die republikanischen Truppen eine gute Zielscheibe abgaben.

Wir alle lauschten Jurado voller Aufmerksamkeit, und Ernesto war noch mit sehr viel mehr Interesse dabei. Dieser General fesselte uns, wenn er ohne Affektiertheit und Prahlerei von den Ereignissen dieses Krieges erzählte, wobei ein großes Maß an Mut und Verwegenheit durchschimmerte.

Es war jedoch nicht nur General Jurado, der uns vom Spanischen Bürgerkrieg berichtete, von vielen exilierten Republikanern konnte man sich über den Spanischen Bürgerkrieg informieren lassen. Aber es war General Jurado, mit dem wir am häufigsten verkehrten. Wenn ich die Aufmerksamkeit registrierte, mit der mein Sohn Ernesto dem ehemaligen Offizier zuhörte, war ich weit davon entfernt zu glauben, daß dieser Junge selbst einmal Heldentaten in weit entfernten Ländern vollbringen würde, und erst heute vermag ich einzuschätzen, von welch hohem Wert die Lektionen dieses spanischen Offiziers für ihn waren.

EIN AUSFLUG IN DIE BERGE

Eines Tages bat mich mein Freund Dr. Fernando Peña, Eigentümer eines schon ziemlich heruntergekommenen Fords, einige seiner Verwandten aus Buenos Aires in seinem Auto zum nationalen Observatorium zu bringen, das sich in einer Höhe von 1400 Metern auf dem höchsten Gipfel des Gebirges „Cumbres Chicas" befand.

Es war eine sehr schöne Spazierfahrt, die ich schon unzählige Male mit dem eigenen Wagen gemacht hatte, der noch viel klappriger war als der von Peña, und deswegen sah ich es nicht als schwierig an, ihm diesen Gefallen zu tun.

Wir fuhren in Alta Gracia bei herrlichem Wetter ab: ein strahlend blauer Himmel ohne eine einzige Wolke und eine sehr angenehme Temperatur. Die Landschaft nahm mich gefangen, obwohl ich sie schon viele Male gesehen hatte, und doch faszinierte sie mich immer wieder aufs neue. Ich liebte es, diese bewaldete Sierra zu betrachten mit ihrer gewundenen Straße, die einen schönen Ausblick auf die Wäldchen, Täler und Abgründe bot. Wenn man in größere Höhen gelangte, wurde die Landschaft karg, hart, kalt und trocken, und es herrschte eine tiefe, fast erdrückende Stille.

Die Einsamkeit wurde nur selten von einem Fahrzeug durchbrochen, das sich jedoch schnell in den Kurven der gewundenen Straße verlor. Die Strecke langweilte mich nie, sondern gefiel mir im Gegenteil jedes Mal mehr, und ich entdeckte auf jeder Fahrt neue Dinge im Panorama der Sierra. Das Auto war ziemlich klein und überladen: außer den vier Touristen waren mein Sohn Ernesto und ich mit von der Partie.

Es ging immer weiter bergauf, und nach einer steilen Auffahrt gelangten wir schließlich am Observatorium an. Die Verwandten Peñas gingen in das Gebäude, um durch das Teleskop zu sehen, während Ernesto und ich draußen warteten.

Mein Sohn begann, alle möglichen Arten von Steinen in den verschiedensten Farben zu sammeln und zum Auto zu bringen, und als die Touristen vom Besuch des Observatoriums zurückkehrten, machten wir uns auf den Nachhauseweg. Vorsichtshalber testete ich noch vor der Abfahrt die Bremsen, und man kann sich meine Überraschung vorstellen, als ich merkte, daß diese nicht funktionierten. Wir befanden uns auf einer Höhe von 1400 Metern, der Weg war sehr kurvenreich mit steilen Abhängen, gefährlichen Kurven, und das alles mit einer alten Kutsche, die noch dazu keine Bremsen hatte.

Die Lage war klar: oben konnten wir nicht bleiben, und darauf zu warten, daß jemand uns abholen würde, bedeutete, sich in das Abenteuer zu begeben, die Nacht dort zu verbringen. Also entschloß ich mich vorsichtig hinabzufahren und mit dem Motor zu bremsen.

Es war gefährlich, doch wenn das Getriebe keine Schwierigkeiten machen würde, könnten wir die Abfahrt gut schaffen.

Am Anfang ging alles glatt. Doch weil wir so langsam dahinzuckelten, kam mir die seltsame Idee in den Sinn, vom ersten in den zweiten Gang zu schalten. Wir fuhren gerade auf einer schmalen Geraden mit einem starken Gefälle, die kurz vor dem Abgrund in einer engen Kurve endete. Der Wagen nahm an Geschwindigkeit zu, und als ich wieder zurück in den ersten Gang schalten wollte, ging das nicht mehr.

Ich drückte die beiden Bremspedale bis zum Bodenblech durch, aber das Auto wurde immer schneller und schoß die Straße hinab. Viele Jahre sind seitdem vergangen, aber ich kann mich noch daran erinnern, als wäre es erst gestern gewesen. Ich bemerkte, daß ich das Auto nicht mehr in der Gewalt hatte und daß wir unweigerlich auf den Abgrund zusteuerten, wenn wir die Kurve nicht nahmen. Mir kamen längst vergangene Dinge

238

wieder in den Sinn, und vor den Augen sah ich mein Leben in schwindelerregender Geschwindigkeit vorbeiziehen.

Der einzige Gedanke, der mich aufrechterhielt, war: Mein Sohn! Mein eigenes Leben war mir nichts mehr wert, und ich glaube, die Touristen, die mit im Auto saßen, bedeuteten mir auch nichts mehr. Ich wollte nur das Kind aus der Katastrophe retten. Der Gipfel der Ironie lag in der Tatsache, daß das Auto voller Steine war, die Ernesto selbst hineingelegt hatte. Es war schon merkwürdig, aber diese Einzelheit nahm mich ganz in ihren Bann, ohne dabei zu bedenken, daß beim Umstürzen des Wagens es keinen Unterschied machte, ob sich Steine im Auto befanden oder nicht, denn wenn wir den Abgrund hinunterstürzten, könnten die Steine dies auch nicht mehr abändern. Aber ich dachte an sie, als wären sie der Mittelpunkt, um den sich alles drehte.

Plötzlich sah ich in der Ferne, kurz vor der scharfen Kurve, wie einen Rettungsring zwei Gräben. Ich setzte alles aufs Spiel und lenkte das Auto in den ersten Graben. Das Auto machte einen richtigen Sprung und wurde ziemlich heftig abgebremst. Am zweiten Graben exerzierte ich das gleiche noch mal, und so konnte ich die Kurve mit einer weit geringeren Geschwindigkeit bewältigen. Die Kotflügel kratzten an der Steinbegrenzung, die vor dem Abgrund schützen sollte und die in Wirklichkeit nur etwas für das Auge war. In meinen Ohren habe ich noch heute das Kreischen des Metalls und vor meinen Augen die sprühenden Funken. Wir hatten Glück. Kurz vor dem Umstürzen brachte ich den Wagen auf die entgegenkommende Spur, wo ich ihn gegen einen Berghang lenkte und er zum Stehen kam. Wir blieben eine ganze Weile so stehen, um uns von dem Schrecken zu erholen. Den Touristen war das Sprechen vergangen. Sie waren weiß wie Kreide, während mein Bein, mit dem ich gebremst hatte, vor Anstrengung und Verkrampfung zitterte. Der Himmel öffnete sich über mir. Ich hatte mein Kind vor der Katastrophe gerettet. Wir setzten unsere Fahrt fort — dieses Mal ganz langsam und im ersten Gang.

Als wir zu Hause ankamen, brachte ich das Auto sofort zu seinem Besitzer zurück und schimpfte mit Peña wegen des Vorfalls und daß er uns mit dieser Schrottkiste ohne Bremsen hatte fahren lassen. Ich vergaß dabei gänzlich, daß sich mein eigener Wagen in einem weit schlechteren Zustand befand.

Vermutlich blieb den Touristen nicht viel von der Landschaft im Gedächtnis, aber sie werden sich gewiß immer an die Kurve und den Abgrund erinnern, in den wir fast gestürzt wären.

Mein Freund Peña lächelte mich nur an und antwortete: „Habe ich denn vergessen, dir zu sagen, daß die Bremsen kaputt sind?"

DIE REISEN NACH PORTELA UND MAR DEL PLATA

Im Sommer fuhren wir öfters gen Süden nach Mar del Plata oder Portela, wo meine Mutter, wie ich bereits erwähnte, einen kleinen Hof hatte. Je nach unserer Finanzlage fuhren wir entweder zu dem Badeort, wo wir aber meistens nicht länger als einen Monat bleiben konnten, da dies uns sonst zu teuer gekommen wäre, oder wir verbrachten die Ferien in Portela, wo es für uns weit billiger war zu leben, da wir dort Unterkunft und Verpflegung erhielten. Nur ganz selten fuhren wir mit unserer Catramina, von der ich bereits ausgiebig erzählte, an beide Orte.

Die Reise war sehr beschwerlich, denn die Straßen waren noch nicht gepflastert, sondern bestanden nur aus einfachen Erd- und Sandpisten, so daß wir bei Trockenheit immer in einer Staubwolke fuhren. Wenn es regnete, wurde der Weg tief, und wir mußten Ketten um die Reifen legen. Da die Strecken oft sehr weit waren, mußten wir unterwegs übernachten, und so machten wir in der Provinz Córdoba in Villa Maria und in der Provinz Buenos Aires in Pergamino oder in San Nicolás halt. Für uns Ältere war dies mehr eine Belästigung, jedoch für die Kinder, besonders für den Ältesten, Ernesto, verwandelten sich all diese Unannehmlichkeiten in ein wahres Vergnügen und Abenteuer.

Die Streitereien unter den Kleinen begannen mit dem Kofferpacken. Dann fing die Diskussion an, wer den besten mitnahm, wo man dieses oder jenes Kleidungsstück hinpackte, oder andere Probleme dieser Art. Danach konzentrierten sich die Auseinandersetzungen auf die Verteilung der Sitzplätze im Auto. Einige wollten lieber vorne, andere an der Türe und wieder andere an einem ganz anderen Platz sitzen. Hauptsache, man war mit irgend etwas nicht einverstanden und konnte sich darum streiten.

Natürlich führten diese Streits meistens nicht sehr weit, denn nach kurzer Zeit tobten sie schon wieder wie die Verrückten umher. Ernesto gab bei all diesen Streitereien immer den Ton an. Es gab damals nur wenige Familien in unserem Land, die solch lange Reisen machten, und noch viel weniger waren es, die in einem so klapprigen Wagen unterwegs waren.

Wenn ich jetzt dies hier erzähle, so denke ich voller Wehmut an unsere „Catramina" zurück, die uns Tausende von Kilometern transportierte, ohne uns auch nur einmal im Stich zu lassen. War ein Loch im Reifen oder gab es eine Motorpanne oder ein anderes kleines Problem, so reparierte ich dies selbst, ansonsten hat uns „Catramina" wie ein echter Kumpel nie in der Patsche sitzen lassen.

Da wir ziemlich viele waren, mußten wir das Gepäck, wo immer es ging, verstauen, war dies nun auf den Trittbrettern oder auf den Stoßstangen. Hierbei erinnere ich mich an eine Episode, die uns sehr zum Lachen brachte: Auf einer dieser Reisen kamen wir durch eine kleine Provinzstadt, und da ich aussteigen mußte, sprang ich über den Koffer, der die Tür versperrte, aus dem Auto und fiel dabei mit dem Kopf voraus auf den Bürgersteig. Lachend kamen sogleich einige Passanten herbei und betrachteten belustigt das vollbesetzte Auto, aus dem die Leute kopfüber ausstiegen.

Die „Catramina" hatte kein Dach über dem Hintersitz, und wir glichen diesen Mangel durch eine Zeltplane aus, die wir mit Stricken an der Stoßstange festgebunden hatten. Man kann sich ungefähr vorstellen, wie das Auto auf den Betrachter wirkte mit all den bunten Gepäckstücken, der kreischenden Kindermeute und dem Rauch, der allen Ritzen der Motorhaube entstieg.

Doch gegen kein neues Auto hätte ich meine „Catramina" eingetauscht. Es war unsere Vorstellung von einer vollendeten Harmonie, und doch glich jede unserer Reisen einer Odyssee: angefangen vom Flicken der Reifen, dem Wechseln der Zündkerzen, ausfallenden Scheinwerfern bis hin zu Kurzschlüssen in der Autoelektrik. Wir kamen zwar immer mehrere Stunden später als üblich an, doch wir kamen immerhin an, und es scherte uns nicht im entferntesten, was die Leute über uns sagten.

„ACCIÓN ARGENTINA"

Kurz nach der Niederlage der spanischen Republikaner begann auch schon der Krieg in Europa, wobei Hitlers Doktrin selbst für die lateinamerikanischen Länder eine ernsthafte Gefahr darstellte. In „Mein Kampf" legte der Nazidiktator seine Thesen in aller Deutlichkeit dar und skizzierte darin die Eroberung der unterentwickelten Länder Amerikas.

Das argentinische Volk kannte so die Absichten Hitlers, deren Ablehnung sich am stärksten in der Arbeiterklasse unseres Volkes artikulierte, die ohne zu zögern sich auf die Seite der Alliierten stellte, nicht um einen Kapitalismus gegen den anderen zu verteidigen, sondern weil sie im Grunde wußte, daß sie so die Autonomie unseres Landes verteidigte, das zwar scheinbar frei war, sich jedoch in der Gefahr befand, unter die Stiefel des deutschen Naziheers zu geraten.

Die Mehrheit der lateinamerikanischen Völker verstand die Situation ebenfalls und stellte sich aus diesem Grund auf die Seite der Alliierten.

Das Klima in unserem Land wurde durch die drohende Invasionsgefahr von Tag zu Tag gespannter, woraufhin von nationalistisch-antifaschistischen Bürgern und Vertretern anderer politischer Richtungen die „Acción Argentina" ins Leben gerufen wurde.

In einer Grundsatzerklärung verurteilte diese Gruppe jegliche Invasionsvorhaben und rief die Bürger dazu auf, Widerstandsgruppen zu bilden. Die Regierung Hitlers hatte auf subversive Weise Nazizellen in unserem Land aufgebaut, die nur auf den Moment zum Losschlagen warteten, käme der Krieg an unsere Strände.

Die deutsche Bombardierung Guernicas war noch zu frisch im Gedächtnis der argentinischen Bevölkerung, und die Trümmer der Stadt brandmarkten den Naziimperialismus als die größte Gefahr für die Völker Lateinamerikas. Dies war auch meine Überzeugung, als ich mich den Alliierten anschloß, und ich glaube, daß dies auch die Auffassung der meisten Personen war, die dann die „Acción Argentina" gründeten und in dieser Organisation arbeiteten.

Meine Aufgabe bestand darin, das Komitee der „Acción Argentina" in Alta Gracia zu gründen. Es nahm in sehr kurzer Zeit Form an und wurde schnell zu einer der bedeutendsten Gruppen der Provinz Córdoba.

Ohne die Thematik in ihrer ganzen Tiefe und ihrem ganzen Umfang zu begreifen, hatte Ernesto in den Monaten des Spanischen Bürgerkrieges die republikanische Seite unterstützt. Einen weiteren Schritt vorwärts vollzog mein Sohn, als er sich zu Beginn des Krieges in Europa der „Acción Argentina" anschloß und gegen das fortschreitende Eindringen nationalsozialistischer Gedanken und ihrer Anhänger vorging. Wie alle anderen Mitglieder besaß Ernesto einen Mitgliedsausweis, und er war stolz darauf, der Jugendorganisation des Komitees anzugehören.

Mein Sohn Ernesto war stets informiert über die Nachrichten, die wir Erwachsenen im Rahmen der Aktivitäten unserer Organisation erörterten. Wir sprachen auch über eine mögliche Invasion unserer Heimat durch die Nazis und über die sich daraus ergebenden Konsequenzen. Die Jugend-Abteilung unserer Organisation war auch sehr aktiv. Wenn ich die Gebirge Córdobas auf der Suche nach Hinweisen für Infiltrationen durchstreifte, begleitete mich fast immer Ernesto. Trotz seines Alters gehörte er zu denen, die sich bei der Suche mit größter Begeisterung und Ernsthaftigkeit beteiligten.

Wir erhielten zahlreiche Hinweise, die eine Infiltration der Nazis in der Provinz Córdoba belegten, und die daher zu einer realen Gefahr wurde. So ermittelten wir, daß von Bolivien aus kommend mit Waffen beladene Lastwagen sich in unserer Provinz befanden, und zwar im Tal von „Calamuchita", ohne daß die Provinz-Regierung davon wußte. In diesem Tal befanden sich „zufällig" die internierten Besatzungsmitglieder der „Graf Spee", einem deutschen Panzerkreuzer, der, nachdem er der britschen Handelsmarine große Verluste zugefügt und der weit überlegenen britischen Kriegsflotte ein hartes Gefecht geliefert hatte, in dessen Verlauf die „Graf Spee" manövrierunfähig geschossen wurde, von seinem Kapitän vor Montevideo versenkt worden war. Die Besatzung wurde anschließend von unsrer Regierung in Gewahrsam genommen und im Tal von Calamuchita interniert. Dort exerzierten sie mit Stökken anstelle von Gewehren.

Die „Acción Argentina" konnte viele dieser Hinweise bestätigen. Wir konnten beweisen, daß in der Provinz Córdoba in der Nähe einer jeden Eisenbahn- oder Straßenbahnbrücke ein Haus stand, das von einem Nazi bewohnt war, der, unter welchem Vorwand auch immer, Dynamit besaß. Es konnte bewiesen werden, daß ein deutscher Fotograf in Diensten eines argentinischen „Kulturfonds" Luftaufnahmen von der cordobesischen Sierra angefertigt hatte. Ich fand im Calamuchita-Tal Steine, die erst kurz zuvor weiß angestrichen worden waren und die als Meßpunkte für die Luftaufnahmen dienten. Hier, in dieser fast unbewohnten Gegend, traf ich auf einen gut ausgebauten Weg, der scheinbar ziel- und sinnlos auf einen Berg führte, der an das Tal von Calamuchita grenzte. Keiner konnte sagten, wer ihn angelegt hatte, noch welchem Zweck er diente, jedoch hatten die Bewohner der Gegend mehrere Tage die Hakenkreuzfahne oben auf dem Berg wehen sehen.

Die einzig einleuchtende Erklärung konnte die sein, daß man daran dachte, den Weg zum Aufstellen von Kanonen mit großer Reichweite zu nutzen, da man von diesem Berg aus das gesamte Tal von Calamuchita unter Kontrolle hatte. Unsere Gruppe fand auch heraus, daß in einem Hotel in La Falda, einem Ort in der Sierra, jede Nacht eine leistungsstarke Radiostation in Betrieb war, die verschlüsselte Mitteilungen nach Berlin sendete.

Um diesem Hinweis nachzugehen, reiste unsere Gruppe — Ernesto eingeschlossen, der gerade zwölf Jahre alt war — nach La Falda. Als wir ankamen, mußten wir feststellen, daß das Hotel bereits unter Polizeischutz stand. Die Provinzregierung hingegen tat, als wüßte sie von nichts, und machte keinerlei Anstalten, eine Untersuchung der „harmlosen Aktivitäten" einzuleiten. Die Regierung unseres Landes unter Dr. Ortiz jedoch ordnete weitere Untersuchungen und Nachforschungen an. Unsere Gruppe überbrachte die Ergebnisse unserer Untersuchungen der Leitung der „Acción Argentina" in Buenos Aires. Die Abgeordnetenkammer richtete daraufhin eine Sonderkommission ein, die die anti-argentinischen Aktivitäten untersuchen sollte.

Diese Kommission erarbeitete einen Bericht, aus dem deutlich hervorging, daß deutsche Institutionen, die der NSDAP unterstanden, in Argentinien unter dem Deckmantel kommerzieller oder touristischer Aktivitäten Spionage betrieben, die eine Bedrohung der Staatssicherheit darstellte.

Die Abgeordnetenkammer Argentiniens erörterte in einer geheimen Sitzung im Januar 1943 den Bericht der Untersuchungskommission für anti-argentinische Aktivitäten. Der Bericht wurde nicht entsprechend seiner Bedeutung verbreitet. Die Kommission bestand aus Abgeordneten verschiedener politischer Richtungen und wurde geleitet von Juan Antonio Solari. In ihrem Bericht wurde deutlich darauf hingewiesen, daß einige deutsche Organisationen unter dem Deckmantel des Handels oder des Tourismus (Eisenbahnverkehr) in unserem Land wirtschaftliche und militärische Spionage betrieben, die „eine Gefahr für die Sicherheit des Staates" darstellten.

„Die Untersuchungskommission über die anti-argentinischen Aktivitäten der Abgeordnetenkammer kommt zu folgender Schlußfolgerung:

Das Informationsbüro der Deutschen Eisenbahn (R.Y.D.), ein Büro, das von dem Naziagenten Godofredo Sandstede geleitet wurde, war in erster Linie eine Operationsbasis, von der aus anti-argentinische und anti-amerikanische Aktivitäten gestartet wurden, in engster Zusammenarbeit mit der Deutschen Auslandsorganisation (unter Leitung von E.W. Bohle) und der Leitung der Deutschen Nationalsozialistischen Partei in Berlin und der Deutschen Botschaft in Argentinien."

„Das Büro für Tourismus wurde geschaffen als Deckmantel, um unter dem Vorwand des Tourismus die Spionagetätigkeit zu verdecken, die vom Agenten Sandstede geleitet wurde, der als Presseattaché an der Deutschen Botschaft in Buenos Aires angestellt war und gleichzeitig die nazifaschistische Penetration in Südamerika vorantreiben sollte."

In dem kategorisch formulierten Bericht wurde gefordert, die diplomatische Immunität mehrerer „Attachés" der deutschen Botschaft aufzuheben, was jedoch an dem Einspruch der deutschen Regierung scheiterte.

Sowohl Sandstede wie mehrere seiner Mitarbeiter konnten auf „Einladung" der deutschen Regierung unser Land verlassen, ohne daß sie von unserer Regierung behelligt wurden. Die Regierung beschränkte sich darauf, einen notorischen deutschen Spion, der als Marineattaché an der Nazi-Botschaft tätig war, zur „Persona non grata" zu erklären.

Dies brachte jedoch die Naziaktivitäten in unserem Land nicht völlig zum Stillstand. Hitlers Regierung hatte beschlossen, die Republik Argentinien als Operationsbasis für die militärische Eroberung Amerikas zu benützen. Wenn auch der erste Ansatz fehlschlug, so trugen doch jene Vorarbeiten, die die Deutschen damals in unserem Land durchführten, Jahre später ihre Früchte in ganz Amerika.

Es war augenscheinlich, daß bereits in jener Zeit der Nazismus Wurzeln in Argentinien geschlagen hatte und dort agierte, ohne daß sich jemand besonders daran störte, bis der Präsident Argentiniens, Dr. Roberto Ortiz, selbst die Verantwortung für die Untersuchungen über die Naziaktivitäten übernahm. Aufgrund eines Augenleidens mußte er jedoch vom Präsidentenamt zurücktreten, und der Vizepräsident Dr. Ramon Castillo wurde zu seinem Nachfolger gewählt. Dessen Amtszeit währte nur kurz, da die Militärs 1942 die Macht übernahmen und sich in der Folge in der Präsidentschaft untereinander abwechselten, bis schließlich General Juan Domingo Perón die Regierungsgeschäfte übernahm. Seit dem Rücktritt von Dr. Ortiz von den Regierungsgeschäften und den darauffolgenden Militärregierungen konnten die Nazis in unserem Land wieder nach Belieben schalten und walten. Nach der Niederlage der deutschen Armee in Europa kamen zudem viele ihrer nationalsozialistischen Führer über den kleinen Ort Villa Gesell, einen Badeort im Süden der Stadt Buenos Aires, in unser Land. Manche älteren Bewohner des Ortes erinnern sich noch heute daran, wie die Nazis in Unterseebooten an unserer Küste ungehindert landeten. Einige Nazis ließen sich in der Folgezeit in Argentinien nieder, andere wiederum flüchteten nach Bolivien oder Paraguay, wo sie von den dortigen Militärregierungen Unterstützung erhielten und wo viele von ihnen noch heute leben.

246

Ernesto konnte, abgesehen von unseren Aktivitäten, selbst die gekennzeichneten Steine, den stumpfen Felsen, die Häuser der Deutschen, das Exerzieren mit Stöcken und noch viele andere Dinge sehen. Er verbrachte seine ganze Freizeit damit, mit uns neben Schulaufgaben und Spielen zusammenzuarbeiten. Jener erste Keim für den Kampf um unsere bedrohte Unabhängigkeit innerhalb der „Acción Argentina" hatte einen beherrschenden Einfluß auf Ernesto. Er war erst elf Jahre alt, als der Krieg in Europa begann, und siebzehn, als der Weltkrieg zu Ende war, und aufgrund des politisch-sozialen Hintergrunds, den er durch den Spanischen Bürgerkrieg erhalten hatte, konnte er den Sinn und die Bedeutung des Krieges sehr gut nachvollziehen. Wie wir war auch er sehr beunruhigt über einen möglichen Triumph der faschistischen Armee und deshalb bereit, unser Land um jeden Preis zu verteidigen.

All dies erzählte ich nun nicht, um die Wichtigkeit des fehlgeschlagenen Projektes der Faschisten hervorzuheben, sondern um damit Ernestos Charakter und seine Neigung, für Ideale bedingungslos zu kämpfen, aufzuzeigen. Ein weiterer Grund besteht darin, daß es in der ganzen Welt und besonders in Lateinamerika eine Wiederauferstehung des Nazifaschismus gibt, der, unterstützt vom Kolonialkapitalismus, diktatorische Regierungen wie in Italien und Deutschland unter der Regierungszeit von Hitler und Mussolini fordert.[1]

[1] Dies wurde im Jahre 1977 geschrieben. Die Politik der direkten Einmischung nordamerikanischer Regierungen, um sich der natürlichen Reichtümer der unterentwickelten Völker der Länder Lateinamerikas zu bemächtigen, hat sich seit vierzig Jahren zwar in der Form, aber nicht grundsätzlich geändert.

Die Vereinigten Staaten von Amerika benötigten dringend die natürlichen Reichtümer des amerikanischen Kontinentes, um als erste Macht der Welt weiter bestehen zu können. Dies gilt heutzutage in noch stärkerem Maße, da die USA heftige militärische Rückschläge in Asien erlitten haben und solche ebenfalls in Afrika und im Nahen Osten befürchten und da der aktuelle Energie- und Proteinmangel ein gravierendes Problem für sie ist.

Amerika besitzt neben riesigen Erdölquellen und enormen Mineralvorkommen auch genügend Land, um die größte Kornkammer der Welt sein zu können. Dennoch versuchen die USA, die Staaten Amerikas in ihrer Gewalt zu erhalten.

Eine bewaffnete Invasion in den unterentwickelten Ländern ist zur Zeit ein zu gefährliches Unterfangen, da es ernsthafte Reaktionen anderer Mächte hervorrufen könnte. So werden die Unterdrückungsmethoden an das jeweilige Land angepaßt. Aber als allgemeine Regel gibt es zuerst eine Phase der friedlichen Penetration: Eine Kapitalflut, die das nationale Kapital ersetzt, ideologische „Aufklärungsarbeit" unter den Streitkräften und Korruption unter den politischen und gewerkschaftlichen Organisationen. Nachdem auf diese Weise das Feld bereitet worden ist, besteht der letzte Schritt darin,

ERNESTO UND DIE „ACCIÓN ARGENTINA"

Wie ich schon vorangehend schilderte, war Ernesto sehr stolz, der „Acción Argentina" anzugehören, und begleitete mich oft, wenn ich für die Organisation unterwegs war. So auch eines Tages, als wir nach Córdoba reisen wollten, wo ich das Regionaltreffen der Organisation auf einem zentralen, öffentlichen Platz mit einer Rede eröffnen sollte. Aber an jenem Morgen, an dem wir losfahren wollten, wachte Ernesto mit einem sehr starken Asthmaanfall auf. Alle Medikamente, die wir ihm verabreichten, zeigten keine Wirkung, und er war ganz verzweifelt, weil seine Mutter nicht wollte, daß er mitfuhr, und bat mich, ihn doch mitzunehmen.

Ich ließ mich überreden, und so fuhren wir schließlich mit allen möglichen Heilmitteln für Ernesto los. Er war überglücklich: zum einen konnte er seine Aufgabe in der „Acción Argentina" erfüllen, und zum anderen konnte er seinen Vater in der Öffentlichkeit vor so vielen Menschen sprechen hören.

Diese Episode zeigte mir zwei wichtige Dinge: sein großes Verantwortungsgefühl gegenüber der Arbeit in der Organisation und die Liebe zu seinem Vater.

ein ökonomisches Chaos zu produzieren und einen Putsch anzuzetteln, damit die Macht von Militärs ergriffen wird, die sich an den Yankee-Imperialismus verkauft haben.

Hierfür gab es auf dem amerikanischen Kontinent eine Reihe von Beispielen, bis schließlich der gesamte Südteil Amerikas, nach der guten Vorarbeit durch den nordamerikanischen Geheimdienst, in die Falle der USA geriet.

Mitte des Jahres 1977 wurden folgende Länder von Militärs nazifaschistischen Zuschnitts regiert: Argentinien, Brasilien, Bolivien, Chile, Paraguay, Uruguay, El Salvador, Ecuador, Guatemala, Nicaragua und Honduras.

In Haiti und Santo Domingo sind die Regierungschefs zwar keine Militärs, doch sie werden von Streitkräften der gleichen Art gestützt.

Peru befindet sich ebenfalls auf dem Weg dorthin.

Die Angst vor dem internationalen Kommunismus vereint die militärischen Schakale, Prätorianergarde des nationalen und internationalen Kapitalismus.

Aber es gibt einen gemeinsamen Nenner unter all diesen nazifaschistischen Militärregierungen, der in der brutalen Repression des Volkes besteht, das sich gegen sie auflehnen wollte.

Wenn die Streitkräfte erst einmal an die Macht gekommen sind, beginnt die massive und unbarmherzige Repressionswelle, wo die Militärs zu Folterspezialisten werden und die unvorstellbarsten sadistischsten Methoden anwenden, deren Beschreibung allein bereits Abscheu bei einem normalen Menschen hervorruft.

Abertausende von Menschen sind durch die Folterkammern gegangen, und Tausende von ihnen sind ermordet worden. Viele Tausende sind verschwunden, ohne daß man wußte oder jemals wissen wird, wo sich ihre Körper befinden. Die Gefängnisse sind

MAR DEL PLATA

Niemand von meiner Familie kannte Mar del Plata. Dieser Badeort, ungefähr vierhundert Kilometer südlich von Buenos Aires entfernt, verwandeltete sich während der Ferienzeit in eine überquellende Stadt. Es fanden sich Leute aus allen sozialen Schichten der Stadt Buenos Aires ein. Die Spielsalons und vor allem die Roulettetische von Mar del Plata waren im ganzen Land berühmt, und so fuhren im Sommer Tausende in Bussen, Autos, Zügen, ja manche nahmen gar ein Flugzeug, um zu den Stränden des Badeortes zu kommen. Dicht gedrängt wie die Ameisen tummelten sich die Menschen am Meer und in den Casinos wurde um astronomisch anmutende Summen gespielt.

Dieser Badeort interessierte mich nie. Mir wurde ganz schlecht von dieser ganzen Menschenmenge, und die Glücksspiele übten keinen Reiz auf mich aus.

Ich erinnere mich nicht mehr genau, welcher Arzt uns empfohlen hatten, Ernestito eine Zeitlang ans Meer zu bringen. Schließlich entschlossen wir uns eines Tages dazu und fuhren mit der ganzen Familie zu dem großen Badeort.

übervoll mit politischen Gefangenen, die der Subversion angeklagt sind oder einfach festgehalten werden, „der Exekutivgewalt zur Verfügung stehen" müssen und die nach einer gewissen Zeit mit der fadenscheinigen Begründung, es sei ein Fluchtversuch unternommen worden, ermordet werden. Die Verteidiger der politischen Gefangenen mußten das Land verlassen, wenn sie nicht den Kugeln der Militärs oder Polizisten zum Opfer gefallen sind. Die Repression richtet sich nicht nur gegen die Oppositionellen, sondern erstreckt sich auch auf deren Familienangehörige.

Inzwischen sind vierzig Jahre vergangen, seit der Nazifaschismus eine militärische Niederlage in Europa erlitten hat, aber er ist nicht völlig ausgerottet worden.

Im Jahre 1945 flüchtete ein großer Teil der Führer des Nationalsozialismus aus Deutschland. Einige kamen in U-Booten in dem Ort Villa Gesell, einem Badeort in Argentinien an, ohne daß sie von der Regierung daran gehindert wurden, und das bereits vorhandene Nazitum in unserem Land bemühte sich, sie wohlverwahrt unterzubringen und gut auf unser Land und die angrenzenden Länder zu verteilen. Das war der nazifaschistische Samen, der heute in Lateinamerika Früchte trägt.

Die Vereinigten Staaten von Amerika, die all die heutigen nazifaschistischen Militärregierungen unterstützt, war die Nation, die die Tribunale von Nürnberg schuf, wo eine große Anzahl der Nazigrößen wegen ihrer „Kriegsverbrechen" verurteilt wurde.

Ein unglaubliches Paradoxon: die Nation, die die Tribunale von Nürnberg geschaffen hat, ist auch die Nation, die heute die Regierungen unterstützt, die die gleichen sadistischen und schrecklichen Verbrechen wie die Nazis begehen.

Frühmorgens kamen wir auf dem Bahnhof an. Wir stiegen in einen Mateo[1] und machten uns auf den Weg zum Strand. Die Kinder waren außer sich vor Freude. Niemals zuvor hatten wir einen solch leuchtend blauen Himmel und strahlenden Sonnenschein gesehen. Wir genossen die salzige Meeresluft und betrachteten das grüne Meer und die Wellen.

Alles war anders als in Buenos Aires und in den anderen Städten, die wir bisher gesehen hatten. Die großen teuren Villen vermischten sich mit einer Unmenge von Chalets und kleinen Häusern in den buntesten Farben. Es war eine Demonstration der internationalen Architektur. Es gab große baumbestandene Alleen und schöne, großzügig angelegte Straßen. Der Badeort begann mich zu interessieren.

Ernestito, der damals sechs Jahre alt war, und die anderen Kleinen verfolgten mit ihrer kindlichen Neugier die neue Umgebung. Nachdem wir eine Runde um den Strand gedreht hatten, suchten wir eine Unterkunft, und schließlich fanden wir im Hotel „Regina" ein kleines Appartement mit vier Zimmern, wobei die Kleinen auch den Dachboden des Hauses zum Umhertollen zu ihrer Verfügung hatten. Wir fühlten uns in dem Hotel sehr wohl, und so blieben wir einige Monate.

Obwohl das Wasser relativ kalt war, galt dem Baden im Meer unser Hauptinteresse. Für die Kinder bestand der Spaß noch zusätzlich darin, sich im Sand zu wälzen oder Sandburgen zu bauen. Noch genau kann ich mich an den Eindruck erinnern, den das Meer auf die Kleinen machte: anfangs waren sie noch ganz verschreckt, und erst langsam gewöhnten sie sich an das kalte Wasser, bis sie schließlich nicht mehr aus dem Meer zu bekommen waren. Es war für uns bis dahin unvorstellbar, daß dieser Badeort so anziehend wirken könnte, und doch wurde er geradezu eine Notwendigkeit für unsere Familie, daß wir beinahe jeden Sommer nach Mar del Plata fuhren und so lange blieben, wie es unsere Finanzen erlaubten, denn ein Urlaub in Mar del Plata war kostspielig.

Nicht nur die Kinder hatten hier ihren Spaß: für die Älteren gab es eine ganze Reihe von Freizeitangeboten wie Kinos, Ma-

---

[1] So nannte man in Buenos Aires die kleinen Kutschen, die von einem oder zwei Ponies gezogen wurden.

rionettentheater, Zirkus, Eislaufbahnen, Schießstände und Ponies zum Reiten. Wenn man genügend Geld hatte (aber wir hatten nicht sehr viel), war Mar del Plata ohne Zweifel ein idealer Ort, um mit Kindern die Ferien zu verbringen. Aber das Wichtigste für uns waren nicht unbedingt die Freizeitmöglichkeiten, die unsere Kinder dort vorfanden, Vorrang hatte für uns Ernestos Genesung, der sich schon kurz nach unserer Ankunft wesentlich besser fühlte. Es war augenscheinlich, wie gut ihm die Luftveränderung tat. Zwar verschwand das Asthma nicht vollkommen, aber es behinderte ihn so wenig, daß er laufen, springen, spielen und mit den anderen Kindern herumtoben konnte. Unsere Illusionen waren so groß, daß Celia und ich anfingen, Luftschlösser zu bauen und daran dachten, nach Mar del Plata umzuziehen — doch dies war nur mit aller Vorsicht zu erwägen. Die Besserung bei Ernesto konnte auch mit dem abrupten Klimawechsel zusammenhängen. Um uns endgültig zu entscheiden, nach Mar del Plata umzuziehen, müßten wir eine viel längere Zeit dort verbracht haben.

Die Meeresluft ist manchmal nicht sehr gut für die Asthmakranken, aber im Falle von Ernesto waren die Resultate ohne Zweifel positiv, und jene erste Reise war nur die Probe aufs Exempel. Wir kehrten später viele Male nach Mar del Plata zurück und stellten fest, daß es Ernesto mit jedem Ferientag besser ging. Auch 1945 befand sich unsere Familie in Mar del Plata, und eines Abends beschlossen wir, mit einigen Freunden zum Roulette zu gehen. Ernesto mit seinen siebzehn Jahren hatte Lust, mit uns zu gehen, und besorgte sich einen Ausweis, damit man ihn hineinließ. Die Casinoverwaltung erlaubte den Zutritt nur Personen, die das zwanzigste Lebensjahr vollendet hatten. Da Ernesto trotz seiner siebzehn Lebensjahre jedoch wie ein Fünfzehnjähriger aussah, wurde er unter den Scherzen und dem Gelächter der Freunde geschminkt, der Kragen gerichtet und eine große Krawatte umgebunden, damit er älter aussah. So ausstaffiert schlenderte Ernesto zum Eingang. Wir anderen beobachteten ihn aus dem Hintergrund, um zu sehen, was geschah. Die Portiers, gewöhnt an diese Tricks, sahen ihn mit seinem „Jünglingsgesicht" und verweigerten ihm den Zutritt. Ernesto kam zurück, außer sich vor Wut und jede Art von Schimpfworte ausstoßend. Wir anderen amüsierten uns köstlich über diese Begebenheit und bedauerten, daß Ernesto sich an diesem Abend nicht mit uns vergnügen konnte und begaben uns zum Hauptsaal. Wie groß war unsere Überraschung, als wir dort Ernesto trafen, der bereits an einem Roulettetisch stand. Wie war er hereingekommen? Wir haben es nie erfahren. Ernesto hatte auch später ein großes Interesse an diesem Badeort und besuchte Mar del Plata immer wieder bis zu seiner endgültigen Abreise aus Argentinien.

Als Ernesto mit Alberto Granados im Jahre 1950 nach Venezuela reiste, besuchte er auf der Durchreise Mar del Plata und trug in sein Reisetagebuch ein: „Alberto hat heute abend einen alten Freund von mir kennengelernt, das Meer."

Für Ernesto war das Meer sein „alter Freund" seit den Tagen, als wir zum ersten Mal nach Mar del Plata gekommen waren und die Kleinen auf dem Mateo den Strand und den Badeort kennengelernt hatten. Noch viele Male in seinem Leben begleitete ihn dieser „alte Freund" auf seinen Reisen durch die Welt — erst recht, nachdem er „seinen Weg" gefunden hatte.

DAS MOTORRAD

Ich kaufte für meine Söhne Ernesto und Roberto ein Motorrad mit kleinem Hubraum. Es hatte nur einen Zylinder und war schon ziemlich alt. Ich brachte es nach Hause und erklärte den beiden, wie man damit fuhr.

Aus meinen Erzählungen wußten sie, daß ich mit siebzehn Jahren ein begeisterter Motorradfahrer war und davon geträumt hatte, eines Tages Rennen zu fahren. Jede freie Minute nutzte ich damals, um mit meinen Freunden eine Tour zu machen.

Als ich meinen beiden Söhnen alles soweit erklärt hatte, stieg ich auf das Motorrad, um ihnen die praktische Seite zu zeigen. Ich startete den Motor und fuhr mit einem richtigen Kavaliersstart an. In meiner Überheblichkeit beachtete ich nicht den Sandhaufen, auf den ich munter lossteuerte, und eh ich mich versah, stieg ich kopfüber vom Motorrad ab. Die ganze Bande von Jungs, die meinen Unterricht mitverfolgt hatte, lachte — am lautesten meine beiden Söhne.

An diese Begebenheit wurde ich später immer dann von ihnen erinnert, wenn ich praktisch werden wollte. Mein Sturz diente ihnen als mahnendes Beispiel und nach kurzer Zeit fuhren die beiden Jungs mit dem Motorrad perfekt.

Mit dieser kleinen Maschine hatte Ernesto nun die Möglichkeit, neue Gegenden kennenzulernen. Als er schon erwachsen war, ließ er sich an sein Fahrrad einen Hilfsmotor anbauen und unternahm mit diesem Gefährt eine Reise in den Norden Argentiniens, wobei er annähernd viertausend Kilometer zurücklegte. In ihm war die Neugier auf neue Horizonte erwacht — eine Neugier, die ihn nie mehr verlassen sollte und die er mit seinen wissenschaftlichen und sozialen Interessen verband.

DER STROMBOYKOTT

Das Elektrizitätswerk von Alta Gracia — eine Aktiengesellschaft, hinter der sich die Schweizer Firma Erliska verbarg — kassierte für die Kilowattstunde das Vierfache des normalen Strompreises. Die Stadtverwaltung verlangte die Verringerung des Strompreises, konnte aber nichts ausrichten angesichts der von der Regierung abgeschlossenen Verträge. Nun waren die Bewohner der Provinz Córdoba dafür bekannt, nicht einfach unterwürfig Steuern zu akzeptieren, gleich ob berechtigt oder nicht. Auf Nachbarschaftsbasis wurden daraufhin Gruppen ins Leben gerufen, um durch einen Boykott den Trust zu zwingen, seine Strompreise zu senken. Anfänglich versuchte man, weder das Licht noch ein elektrisches Gerät einzuschalten. Aber dies hatte keine Auswirkung auf den dollarmillionenschweren Trust.

Die Kinder von Alta Gracia fanden die Lösung. Auf Kommunalebene gab es ein Gesetz, demzufolge die Elektrizitätsgesellschaft verpflichtet war, in den Straßen des Ortes noch am gleichen Tag defekte Glühbirnen auszuwechseln. Eine Bande von Kindern, unter denen sich auch meine Söhne Ernesto und Roberto befanden, liefen durch die Stadt und holten massenweise die Glühbirnen mit ihren Schleudern herunter. Die Stadtverwaltung, die sich dem Treiben gegenüber blind stellte, ordnete eine Geldstrafe von 10 Pesos — das waren zwei Dollars in jener Zeit — für jede nicht ausgewechselte Glühbirne an.

Diese Maßnahme war die einzige, die von der Elektrizitätsfirma verstanden wurde.

Die Polizei mußte eingreifen, und ich wurde davon verständigt, daß auch meine Kinder in die Angelegenheit verwickelt sein sollten, und so ging ich den Vorwürfen nach. In der Tat sah ich, wie die Kinder die Glühbirnen mit dem ersten Schuß ihrer Schleuder herunterholten. Sie waren so gut in Übung, daß sie es schon schafften, ohne zu zielen. Da der ermittelnde Kommissar ebenso tat, als würde er nichts sehen, wurde das Eingreifen der Provinzregierung von Córdoba notwendig, um dem Treiben der Jungs Einhalt zu gebieten. Als ihren „Rundgängen" ein Ende bereitet war, fand auch der Boykott der Bevölkerung von Alta Gracia sein Ende. Die Elektrizitätsgesellschaft fuhr fort, den überhöhten Strompreis zu fordern, und das Recht des Stärkeren hatte sich durchgesetzt.

DIE WEINLESE

Im Februar, wenn der Sommer sich langsam seinem Ende zuneigte, begannen die Weinbauern mit der Lese. Mir war es völlig entgangen, daß es auch in Alta Gracia einige Weinberge gab. Ich erfuhr von ihrer Existenz erst, als mich Ernesto und Roberto fragten, ob sie beide bei der Weinlese arbeiten dürften. Ernesto fragte mich: „Papa, wir möchten, daß du uns die Erlaubnis gibst, jemand bei der Weinernte zu helfen. Mama hat es uns schon erlaubt."

Da standen nun die beiden, Ernesto mit seinen elf und Roberto mit seinen neun Jahren und sahen mich mit erwartungsvollen Blicken an.

„Und wer ist dieser Herr Jemand?" fragte ich sie. „Wir wissen es nicht, aber andere Jungs sind schon dagewesen, und er hat ihnen 40 Centavos für den Tag gezahlt. Zudem darf man während der Arbeit soviel Weintrauben essen wie man will!"

„Und wie lange dauert diese Arbeit?" forschte ich weiter.

„So lange, wie die Ernte dauert, ungefähr einen Monat lang", antworteten sie mir.

Ich dachte kurz nach. In diesem Monat mußten die Kinder nicht in die Schule. Es war schon wahr, daß meine Söhne noch sehr klein waren, und im Hause des Bauern schlafen hieß, sie waren nicht unter der Obhut meiner Frau oder mir. Doch ich dachte immer, daß die beste Methode für die Erziehung meiner Söhne darin bestand, ihnen die Möglichkeit zu geben, zu richtigen Männern zu werden, und ich glaubte, daß diese Gelegenheit gekommen war.

Ich gab ihnen die Erlaubnis, und sie schossen wie der Blitz davon, um ihr Bündel zu packen. Mir gefiel die Entscheidung der beiden Grünschnäbel ganz gut, aber dennoch wollte ich sie an ihrer Arbeitsstätte besuchen, um nach dem Rechten zu sehen.

Was mich am meisten besorgte, war Ernestitos Asthma. Zu Hause kümmerte man sich gut um ihn, er bekam gutes Essen, und es wurde ihm, wenn nötig, ein Heilmittel verabreicht. Aber dort, weit weg, wer weiß, wie es ihm ergehen würde?

Nachdem wir ihnen einige Ratschläge gegeben hatten, fuhren sie zu ihrer ersten Arbeit los. Sie waren außer sich vor Freude: sie konnten sich einige Pesos aus eigener Kraft verdienen, und außerdem konnten sie soviele Trauben essen, wie sie wollten, wobei letzteres am meisten ihre Phantasie und ihren Arbeitswillen beflügelte.

Zu meiner Beruhigung brachte ich in Erfahrung, daß es sich bei dem Weinbauern um einen seriösen Mann und um einen Familienbetrieb handelte. Vier Tage später kamen die beiden „Arbeiter" mit langen Gesichtern, schmutzig und verschwitzt, zurück. Man konnte sehen, daß sie zu Fuß gekommen waren und der lange Weg sie erschöpft hatte. Ernesto litt außerdem an einem Asthmaanfall.

„Was ist los?", fragte ich sie.

„Das ist ein Sch...gaucho", sagte Ernesto wütend. „Wir haben drei Tage lang unheimlich gut gearbeitet, und ich weiß nicht warum, vielleicht, weil ich zu viele Trauben gegessen habe, jedenfalls bekam ich plötzlich einen Asthmaanfall. Ich versuchte weiterzuarbeiten, aber es war unmöglich, und deswegen beschlossen wir zurückzukehren. Als ich ihn um unseren Lohn bat, gab uns der Unverschämte nur die Hälfte, weil wir, wie er sagte, nicht den Vertrag erfüllt haben. So ein Sch...gaucho. Komm mit uns und mach ihn fertig."

Er war sehr wütend, weil ihm die Ungerechtigkeit seines Chefs unerträglich schien, und es war das erste Mal, daß Ernesto einen Eindruck davon bekam, wie viele Arbeitgeber ihre Arbeiter behandeln.

Diese Episode blieb mir für immer im Gedächtnis, sie bildete den Hintergrund für die Empörung gegenüber den Ausbeutern der Arbeiterklasse, die Ernestos Leben begleitete.

ERNESTOS WAGHALSIGKEIT

Schon von klein auf übte die Gefahr eine große Anziehung auf Ernesto aus, er suchte sie geradezu und genoß es, sie zu überwinden. Dies gab ihm auch die Sicherheit, in kniffligen Situationen ohne langes Zögern zu handeln. Sein Freund Alberto Granados erzählte, daß Ernesto, wenn er ihn in seinem Haus in Río Primero in der Nähe von Alta Gracia besuchen kam und sie mit einigen Freunden ausgingen, sich gern über die Angst der anderen amüsierte. Ganz in der Nähe lag eine Eisenbahnbrücke, die in einer Höhe von ungefähr zwanzig Metern über einen Bach führte. Oft balancierte Ernesto auf den Gleisen über den Abgrund oder hangelte sich mit den Händen zu den Eisenbahnschienen auf die andere Seite der Brücke, wobei die Freunde ihre Blicke mit Schrecken abwandten. Waren Mädchen unter den Zuschauern, so übertrieb er zusätzlich und vollführte noch waghalsigere Balanceakte. Erst neulich zeigt mir Alberto Granados ein Foto von Ernesto, wie er eine Schlucht in einer Höhe von vierzig Metern überquert, indem er auf einem Wasserrohr von nur vierzig Zentimetern Umfang balanciert. Dies war natürlich sehr gefährlich, weil die Wasserleitung feucht und rutschig war. Ein weiteres Beispiel von Ernestos Wagemut erzählte ich bereits: seine Hechtsprünge beim Baden im Wasserloch von Alta Gracia. Auch hier machte es ihm Vergnügen, die Angst auf den Gesichtern der Familie zu sehen.

Nicht vergessen sind die Anekdoten aus dem Befreiungskrieg auf Kuba, von denen ich eine, stellvertretend für so manche andere, hier erzählen möchte: Joel Iglesias schloß sich bereits mit siebzehn Jahren der Rebellenarmee Fidel Castros an und hatte in vielen Gefechten an Ches Seite gestanden, der eine große Freundschaft für ihn empfand. Während des Gefechtes mit Truppen des Hauptmann Sánchez Mosquera aus Batistas

Armee befahl Che Joel, die Nachhut des sich zurückziehenden Mosquera anzugreifen. Joel rannte daraufhin mit zwei weiteren Rebellen los und erreichte schnell einen kleinen, von mehreren hohen Felsen umgebenen Wald, nur war er in einen Hinterhalt geraten, da sich die Soldaten Batistas hinter den Felsen versteckt gehalten hatten und nun das Feuer auf die Rebellen eröffneten. Joel wurde von mehreren Kugeln schwer getroffen. Die Kameraden Joels verbargen sich im Gebüsch und schossen aus ihren Gewehren, jedoch ohne den Feind zu sehen, der gut versteckt hinter den Felsen lag. Die beiden versuchten zu verhindern, daß Joel getötet wurde, der mit dem Gesicht nach unten auf der Erde lag, aber es gelang ihnen nicht, die Soldaten von Sànchez Mosquera aus ihrem Versteck zu locken. Ernesto, der von der Verletzung seines Adjutanten unterrichtet worden war, kam eilends herbei und erfaßte im Bruchteil einer Sekunde die Situation. Um Joel zu retten, sprang Ernesto plötzlich aus dem Gebüsch hervor und ließ sich auf den Verletzten fallen. Alle erwarteten einen Kugelhagel, der sich über die beiden Wehrlosen ergießen würde. Doch es blieb still. Ernesto nahm Joel auf seine Schultern und verschwand mit ihm im nahen Gebüsch. Sekunden später bereits hallte der Wald wider vom Schußwechsel der Kämpfenden.

Einige Stunden später wurden die Soldaten von den Guerilleros gefangengenommen. Als man sie fragte, warum sie nicht auf Ernesto geschossen hätten, sagten sie, daß sein Auftauchen im Kreuzfeuer so unerwartet für sie gewesen war, daß sie, als sie sich von ihrer Überraschung erholt hatten, schon nichts mehr tun konnten.

ERNESTOS
VERANTWORTUNGSGEFÜHL

Eines Sommers verbrachte die Familie meines Bruders Paco die Hitzeperiode in Alta Gracia, wo sie ein Haus in unserer Straße mieteten. Meine Frau und ich mußten nach Buenos Aires reisen, und unsere Kinder blieben in der Obhut der Schwägerin zurück. Eine ihrer Töchter schilderte mir vor kurzem noch einmal, was sich in jenen Tagen in unserem Haus zugetragen hatte. In ihrem Gedächtnis war Ernesto noch der nette

Junge, der zwar großzügig, aber immer zu Streichen aufgelegt war und anscheinend nur seinen Eltern gehorchte. Meiner Schwägerin wurde es erst, nachdem sie die Obhut der Kinder übernommen hatte, klar, auf was sie sich da eingelassen hatte. Sie versuchte, Ernesto Englischunterricht zu geben, da meine Frau sie darum gebeten hatte. Ernesto lehnte dies jedoch rundweg ab, und als sie dann versuchte, ihn zum Gehorsam zu zwingen, entwischte er ihr und schloß sich im Badezimmer ein. Alles Bitten und Drohen war umsonst, und als man die Tür mit Gewalt öffnete, war der Junge längst verschwunden. Diese Erinnerungen der Tochter meiner Schwägerin amüsierten mich sehr, denn ich erinnerte mich an die Englischstunden in meinem Elternhaus, als meine Mutter mich zwang, diese bei einer irischen Lehrerin zu nehmen. Jede dieser Englischstunden entwickelte sich zu einer Auseinandersetzung zwischen der Lehrerin auf der einen und meiner Schwester Susanna und mir auf der anderen Seite. Aber wie meine Nichte erzählte, war das Unglaubliche, daß, als meine Schwägerin Ernesto wegen seines Verhaltens ausschalt, er sich plötzlich bewußt wurde, daß er während der Abwesenheit der Eltern als Ältester und als Familienoberhaupt fungierte. Daraufhin änderte er sofort sein Verhalten und gab von diesem Moment an den jüngeren Kindern ein gutes Beispiel für das Benehmen und bewies damit sein großes Verantwortungsgefühl.

DER STREIT MIT CHICHO ALBORNOZ UND NEGRITO ZAMORA

Ernesto war nicht streitsüchtig, aber wenn es darauf ankam, konnte er verbissen kämpfen, und wenn er sich erst einmal mit jemandem raufte, war er nur schwer von dem anderen zu trennen. Ich erinnere mich nicht mehr genau an die näheren Umstände, aber eines Tages prügelte er sich mit einem der vielen Freunde aus seiner Bande, und zwar mit Chicho Albornoz. Sie hatten „Räuber und Gendarm" gespielt, wobei Ernesto den Räuber und Chicho den Gendarm spielte. Nach einer hitzigen Diskussion fielen die ersten Schläge, wobei Chicho noch immer die „Handschellen" am Handgelenk trug. Die Bande bildete einen Kreis um die beiden und feuerte die Streithähne an.

Jedesmal wenn Chicho Ernesto traf, traf er ihn zweimal: zum einen mit der Faust, zum anderen mit der Handschelle. Ernesto gab es ihm auch und schlug Chicho ebenfalls, der daraufhin wütend reagierte, und so ging es eine Weile hin und her. Der Streit wogte zwischen den beiden, bis es meinem Sohn gelang, Chicho auf den Boden zu zwingen und den Kampf für sich zu entscheiden. Er hatte zwar gewonnen, aber sein ganzes Gesicht war geschwollen und blutete von den Schlägen mit der Schelle. Ernesto kam übel zugerichtet, jedoch voller Stolz nach Hause. Er hatte gesiegt, doch es war ein Pyrrhussieg.

Bei einer anderen Gelegenheit und ebenfalls aus ganz nichtigen Gründen stritt er sich mit Negrito Zamora, der zwar kein guter Kämpfer, aber dafür verschlagen und zäh war. Nach wenigen Sekunden hatte Ernesto ihn auf den Boden geworfen, aber Negrito biß sich in Ernestos Wange fest und klammerte sich mit aller Kraft an ihn. Die Hilfe der anderen Freunde, die beiden voneinander zu trennen, war umsonst. Negrito biß sich wie ein Hund fest, und so vergingen einige Minuten, bis einer der Schaulustigen mich um Hilfe rief. Ich mußte Negrito mit aller Kraft den Kiefer öffnen, damit er seine „Beute" losließ. Es hätte nicht viel gefehlt und Ernesto hätte eine Wange weniger gehabt. Sein Gesicht war so übel zugerichtet, daß es mehrere Tage lang ganz blau war.

Prügeleien wie diese waren ganz normal zwischen Ernesto und seinen Freunden aus der Bande, und wenn sie sich an einem Tag stritten, so waren sie am folgenden Tag wieder die besten Freunde.

ERNESTO LERNT ÜBER DIE FERNSCHULE ZEICHNEN

Ich habe dieses Hobby von Ernesto ganz vergessen, obwohl ich erst vor kurzem zwischen den Papieren, die er im Haus meiner Schwester Beatriz zurückgelassen hatte, eine dicke Mappe mit Zeichnungen fand, die er in Alta Gracia im Jahre 1942 gemacht hatte, als er über die Akademie „Oliva" aus Buenos Aires Fernkurse im Zeichnen belegte. In dieser Mappe befanden sich auch Zeichnungen mit den entsprechenden Korrekturen der Lehrer des Institutes. Ernesto fiel das Zeichnen anfänglich sehr schwer, und das war vielleicht der Grund, warum er sich dem Hobby mit soviel Hingabe widmete. Er hatte sich entschlossen, Zeichnen zu lernen, koste es, was es wolle, und er arbeitete mit großer Beharrlichkeit auf dieses Ziel zu.

Ich habe mich oft gefragt, woher er die Zeit für all die Dinge nahm. Er besuchte das staatliche Gymnasium, las alle möglichen Bücher, Romane und Abenteuergeschichten. Er sog die Literatur förmlich in sich auf. Außerdem beschäftigte er sich mit Philosophie und Archäologie. Ohne all dies zu vernachlässigen, spielte er Fußball und Rugby, unternahm ausgedehnte Ausflüge zu Fuß, schwamm, ging Bergsteigen, und manchmal fuhr er große Strecken in der Provinz Córdoba mit dem Fahrrad ab oder erforschte sie auch zu Fuß. Er brach jedoch die langdauernde und teure Zeichenausbildung ab, da unsere finanziellen Möglichkeiten zu dieser Zeit sehr eingeschränkt waren. Er suchte einen Vorwand und brach dann das Fernstudium ab.

UNSER KAMPF MIT ERNESTOS ASTHMA

An dieser Stelle möchte ich nochmals auf Ernestos Asthma zu sprechen kommen, da diese Krankheit und der Kampf dagegen unser Familienleben bestimmte. Wir befragten alle möglichen Ärzte nach irgendwelchen Heilmethoden und erprobten verschiedene Hausmittel. Kaum erschien eine Werbung für ein Heilmittel in der Zeitung, so besorgten wir uns das Mittel. Unsere Verzweiflung war so groß, daß wir sogar auf die Quacksalberei verfielen. Jemand erzählte mir, daß das Asthma sehr gelindert würde, wenn eine Katze im Bett des Kranken schlafen würde. Ich überlegte nicht lange, sondern schnappte eines Abends eine herumstreunende Katze und steckte sie in Ernestos Bett. Das Ergebnis war, daß wir die Katze am nächsten Morgen erstickt vorfanden und Ernesto mit einem Asthmaanfall aufwachte. Wir wechselten die Füllung der Matratzen und der Kissen aus, tauschten die Baumwollaken gegen Leinen- und Nylontücher aus, entfernten sämtliche Gardinen und Teppiche aus den Zimmern und reinigten die Wände vom Staub. Wir achteten darauf, daß keine Hunde, Katzen oder Käfigvögel in Ernestos Nähe waren — alles war umsonst.

Ernesto im Alter von fünfzehn Jahren.

Wir führten ein Tagebuch, in dem wir vermerkten, was in irgendeinem Zusammenhang mit der Krankheit stehen könnte, sei dies nun der Luftdruck, die Temperatur, die Feuchtigkeit oder die Kleidung, die Ernesto anhatte. Aus diesem Tagebuch möchte ich hier einige willkürlich ausgewählte Stellen zitieren.

„Dienstag, der 14.: Der Morgen ist klar und trocken. Am Nachmittag bewölkt es sich etwas, und es wird warm. Es geht ihm gut am Morgen. Er schläft bei geschlossenem Fenster. Er badet im Schwimmbecken. Er nimmt flüssige Vaseline ein. Er sonnt sich. Es wird ihm eine intravenöse Kalziumglykosespritze gegeben. Es geht ihm den Tag lang gut.

Mittwoch, der 15.: Der Morgen ist etwas bewölkt, die Luft ist trocken. Er wacht ohne Probleme auf. Er schlief bei offenem Fenster. Er geht heute nicht zum Schwimmen. Er ißt mit großem Appetit, genau wie an den vorangegangenen Tagen. Es geht ihm bis nachmittags um fünf Uhr sehr gut."

Diese Notizen wurden im November des Jahres 1938 gemacht. In jenen Tagen ging es Ernesto sehr gut, und er litt nicht unter den Asthmaanfällen. Beim nochmaligen Lesen bin ich versucht, auch die Tagebucheintragungen zu lesen, an denen seine schweren Asthmaanfälle beschrieben werden, doch sind diese Aufzeichnungen erschreckend beunruhigend.

VIERTER TEIL

DIE RÜCKKEHR NACH CÓRDOBA

Wir hatten zwölf Jahre lang in einem Vorort von Alta Gracia gewohnt, und die Kinder waren daran gewöhnt, an der frischen Luft zu leben, im steten Kontakt mit der Natur zu sein, zwischen den Büschen, die unser Haus umgaben, umherzulaufen oder sich in der kahlen Sierra aufzuhalten. Sie hatten die Kinder der Sierra um nichts zu beneiden.

Wir hatten viele Freunde in der Stadt gewonnen, aber da mein Sohn Ernesto sich am staatlichen Gymnasium Dean Funes der Stadt Córdoba eingeschrieben hatte und meine Tochter Celia dasselbe im dortigen Mädchenlyzeum getan hatte, wurde es notwendig, in die Provinzhauptstadt umzuziehen, damit die Kinder nicht das permanente Hin und Her mit dem Omnibus auf sich nehmen mußten. Andererseits hatte ich mich mit einem Architekten aus Córdoba zusammengetan und ein Büro im Stadtzentrum gemietet, weswegen es auch für mich sehr anstrengend gewesen wäre, täglich nach Córdoba fahren zu müssen.

CHILE, NR. 288

Nachdem unser Entschluß feststand, machte ich mich auf die Suche nach einer Bleibe für die Familie. Schließlich fand ich ein Haus in der Avenida Chile, in der Nähe des Stadtzentrums, umgeben von einem großen Park mit riesigen Grünflächen und vielen Bäumen. Hier lag auch der Zoologische Garten der Provinz und der Sitz verschiedener Sportclubs.

Diese Umgebung bedeutete für uns, die wir elf Jahre lang Sonne, Licht und reine Luft genossen hatten, daß wir weiterhin an der frischen Luft leben konnten. Das Haus selbst war ein zweistöckiger Neubau und von großer Bequemlichkeit. Es hatte ein großes Eßzimmer im Erdgeschoß, drei Schlafzimmer im Geschoß darüber sowie eine Garage und eine große Terrasse.

In den ersten Monaten des Jahres 1943 zogen wir in das neue Haus um, wo im Mai desselben Jahres unser Sohn Juan Martín geboren wurde. Wir lebten darin etwas länger als drei Jahre. Als wir das Haus mieteten, übersahen wir eine Sache, die mit der Zeit zu einem großen Problem wurde. Das Haus war auf ei-

nem sehr schlechten Fundament errichtet worden. Der Erdboden war wasserlöslich, und um an dieser Stelle ein Haus zu
bauen, wäre es notwendig gewesen, auf den in rund zwanzig
Metern Tiefe liegenden festen Grund das Fundament zu legen.
Doch nur die sehr teuren Häuser konnten so gebaut werden,
und so senkte sich wie bei vielen anderen Häusern des Viertels
auch bei unserem Haus das Fundament. Wegen dieser Tatsache
lag die Vorderfront unseres Hauses nicht mehr in der Vertika-
len, so daß Erd- und Obergeschoß nicht mehr im Lot lagen
und sich so ein großer Spalt gebildet hatte. Unser Schlafzimmer ging zur Vorderfront hinaus, und ich erinnere mich, daß
ich nachts von meinem Bett aus durch den Spalt in der Decke
die Sterne sehen konnte. Ich rückte zwar die Wiege Juan Mar-
tíns von der Vorderfront weg, doch unser Bett ließ ich an seinem Platz stehen. Die Schlafzimmer der anderen Kinder hatten ebenso ihren Spalt und als Vorsichtsmaßnahme rückte ich
ihre Betten von der Wand ab. Weil das Haus sonst sehr komfortabel war, wollten wir nicht umziehen und entschlossen
uns, es so lange wie möglich darin auszuhalten.

Die gegenüberliegenden Grundstücke waren noch viel
schlechter. Es hatte sich auf ihnen ein großer Kessel gebildet,
der durch die Regengüsse immer mehr ausgehöhlt wurde. Da
diese Grundstücke zur Bebauung nicht geeignet waren, galten
sie als besitzerlos, und dorthin war die arme Bevölkerung gezogen. Es hatte sich ein richtiges „Elendsviertel" gebildet mit
notdürftigen Konstruktionen aus Brettern, Blech und Karton-
stücken ohne Wasser und Strom.

Auf der anderen Straße lagen eine Reihe von Chalets und
guten Häusern, die sich mit der gleichen Anzahl einfacher
Häuser vermischten. Häuser, die bereits zerfallen waren und in
denen sehr arme Leute hausten. So sah das Viertel aus, in dem
wir wohnten.

Der Lawns-Tennisclub von Córdoba befand sich nebenan
in dem großen Park. Wir wurden Mitglieder in diesem Club,
und meine Kinder konnten nun Tennis spielen, im Schwimmbecken baden, Tischtennis spielen oder sich im Club mit ihren
Freunden treffen. Beide, Ernesto und Roberto, wurden gute
Tennisspieler. Der Aufseher für die Tennisplätze hatte eine
Tochter, die etwas älter war als Ernesto. Sie verbrachte den

ganzen Tag damit, ihrem Lieblingssport zu frönen, und da sie
sich gut mit meinen Söhnen verstand, spielte sie immer mit ihnen. Das Mädchen wurde Meisterin der Provinz Córdoba und
nahm später an nationalen und internationalen Meisterschaf-
ten teil. Ernesto und Roberto lernten beide das Tennisspielen
von ihr und wurden gute Spieler.

Die Brüder Alberto, Tomás und Gregorio Granados, unzertrennliche Freunde meines Sohnes Ernesto, spielten in dem
neuen Club „Platense" Rugby. Nur sehr selten bekamen sie die
nötigen fünfzehn Spieler, um die Rugbymannschaft aufzustellen, zusammen, aber das störte sie nicht besonders. Ihnen gefiel dieser Sport, und sie betrieben ihn, so oft es ihnen möglich
war und hatten ihren Spaß dabei. Roberto spielte einige Male in
ihrer Mannschaft mit.

Spielten meine Söhne in Alta Gracia noch in einer zusammengewürfelten Mannschaft auf einem Ödland, so hatte sich
mit dem Umzug das Bild nachhaltig verändert: nun spielten sie
in einer richtigen Mannschaft auf einem richtigen Spielfeld.

Unser Haus hatte seinen „Volkscharakter" bewahrt, und so
trafen sich bei uns in schöner Regelmäßigkeit die Freunde unserer Kinder vom Gymnasium Dean Funes, die Kameraden
aus den Sportclubs und die Freunde aus dem benachbarten
Elendsviertel.

Die Familie Aguilar, die viele Jahre lang in Alta Gracia in unserer Nähe gewohnt hatte, war auch nach Córdoba gezogen
und wohnte wieder ganz in unserer Nähe. Carmen, Paco und
Juan Aguilar waren enge Freunde von Ernesto, Celia und Roberto. Pepe Aguilar war der unzertrennliche Spielgefährte
meiner Tochter Ana María, so daß die Freundschaft, die in Alta
Gracia angefangen hatte, sich in Córdoba fortsetzte. Wenn die
Kinder der Familie Aguilar nicht in unserem Haus waren, so
waren unsere Kinder bei ihnen.

Ernesto wuchs heran, und seine natürliche Neigung zum
Lernen und zum Lesen war noch stärker geworden. Seine Bibliothek hatte sich inzwischen durch wichtige Bücher berei-
chert. Er fand immer einen Moment, um sich in die Lektüre zu
vertiefen, was ihn nicht davon abhielt, Sport zu treiben, Schach
zu spielen, sich mit seinen Freunden zu treffen oder Ausflüge
zu unternehmen. Er war wirklich ein Zauberer in der Kunst,

267

die Zeit zu nutzen. Ich habe mich sehr oft gewundert, woher er die Zeit nahm, dieses oder jenes zu tun, denn in dem Maße, wie er heranwuchs, wurde auch sein Wissen größer, wobei jedoch seine sonstigen Interessen nie ins Hintertreffen gerieten.

ERNESTOS FREUNDESKREIS

Wie immer bei den Treffen mit den Freunden drehte sich alles um Ernesto, der immer im Mittelpunkt stand. Aufgrund seiner loyalen Art wechselt er nie einen Freund gegen einen anderen wegen dessen besserer sozialer Stellung aus. Er besaß immer die Fähigkeit, in seiner Person die Gegensätze, die ganze Vielfältigkeit, die ihn umgaben, zu verschmelzen. Er fand Gefallen an den Treffen mit den anderen Jungen und Mädchen, wo man tanzte oder der Musik lauschte. Von den ganz großen Festen war er hingegen nicht angetan. Er zog sich zurück und zeigte sich nur in seinem engen Freundeskreis gesprächig. Trotzdem fing er an, sich an diese Art von Festen zu gewöhnen. Die Musik interessierte ihn nicht besonders. Er war ein schlechter Tänzer, aber wenn es galt, sich mit intelligenten und gebildeten Leuten zu unterhalten, zeigte er Interesse und seine große Bildung.

IM SOMMER

Im Sommer verließen wir unser Haus in der Avenida Chile und mieteten für kurze Zeit ein Ferienhaus in Alta Gracia. Ernesto traf sich wieder mit seinen Freunden, nur das aus den Kindern inzwischen Männer geworden waren und sich bei allen langsam die Persönlichkeit herausbildete. Später kaufte ich ein Wochenendhaus in dem Ort Villa Allende, ganz in der Nähe des Golfclubs. Villa Allende war einer der bevorzugten Plätze der Bewohner Córdobas, um dort den Urlaub oder das Wochenende zu verbringen. Die Hauptattraktion Villa Allendes bildete der Golfclub. Da Ernesto mit dieser Sportart bereits im Alter von sechs Jahren begonnen hatte, war er schon mit fünfzehn ein guter Spieler. Im Club von Alta Gracia hatte er spielen können, wann immer er wollte. Mit diesem Training konnte er nun in Villa Allende sein Können gegenüber den guten Spielern zeigen. Diese Sportart faszinierte ihn.

Die Familie Guevara: Juan Martín auf dem Arm seines Vaters, Ana María, Ernesto, Celia (die Mutter), Roberto und Celia. (von links nach rechts)

Mar del Plata war ohne Zweifel ein idealer Ferienort, um mit den Kindern den Sommer zu verbringen.

Ernesto mit seinem Vater und der Schwester Celia. (im Sommer 1945)

Im Sommer zweier Jahre mieteten wir uns einen kleinen Hof in der cordobesischen Sierra. In der Abgeschiedenheit Pantanillos, wie die Gegend hieß, konnten wir uns sehr gut erholen. Der kleine Hof war nur zu Fuß oder zu Pferd zu erreichen, hatte ein Zinkdach, mehrere kleine Zimmer und lag neben einem kleinen Bach, wo sich oft die Freunde Ernestos trafen, um sonnenzubaden, zu schwimmen oder zu singen. Meine Schwägerin Carmen de la Serna, die mit dem Dichter Córdova Iturburu verheiratet war, hatte in der Nähe ebenfalls ein kleines Haus gemietet, das weit komfortabler war als das unsrige. In Carmens Haus kamen viele gebildete Leute und Künstler, und es wurden interessante Abende veranstaltet. Ich kann mich daran erinnern, Briefe gelesen zu haben, die ein Beleg sind für den Schriftwechsel zwischen dem berühmten argentinischen Dichter Ernesto Sábato und meinem Sohn, als letzterer sich bereits in Kuba befand. Sábato und Ernesto hatten sich im Haus von Córdova Iturburu kennengelernt.

Im Jahre 1950 lernte Ernesto im Haus von González Aguilar bei Carmens Hochzeit ein Mädchen aus Córdoba kennen. Chichina Ferreyra war sehr hübsch, sympathisch und verfügte über einen ganz besonderen Charme. Sie hatten sich kaum kennengelernt, als sie sich ineinander verliebten. Für alle Freunde sah es so aus, als würde dieser Flirt zu einer festeren Beziehung und zur Heirat führen. Es war nur zu natürlich, daß Ernesto begann, das Haus der Familie Ferreyra zu besuchen, wo sich die Leute aus der „High Society" trafen, von denen sich Ernesto sehr abhob, denn er trug weiterhin seine ungebügelten Hosen und ging meistens hemdsärmlig und ohne Krawatte dorthin.

An den Wochenenden lud Chichina ihre Freunde oft nach Malagueño ein, ein wunderschöner Ort in der Sierra, wo ihre Familie einen großen Kalkbruch und prunkvolle Häuser besaß. Wie zu erwarten, mißfiel Chichinas Eltern, daß sich Ernesto in ihrem Haus aufhielt, erst recht, als sie bemerkten, daß es zwischen den beiden mehr als nur eine Freundschaft gab. Ernesto besuchte Chichina weiterhin, ohne viel auf die Meinung der Familie zu geben und ohne viel zu taktieren. Er teilte ihnen seine Ansichten mit, die sich doch erheblich von denen der Familie abhoben. Trotzdem gab es einige Familienmitglieder, die ihn schätzten und ihm ihre Freundschaft anboten.

Unsere Familie, die Chichina gern hatte, glaubte nicht, daß sie die richtige Person war, um Ernesto zu heiraten. Sie war in einer ganz anderen Art als unsere Kinder erzogen worden, und selbst wenn diese Heirat zustande kommen sollte, würde die Ehe sehr schwierig sein, da für Chichina vieles in unserer Familie neu war und mit ihrer Erziehung nicht übereinstimmte.

Unsere Familie verließ die Stadt Córdoba im Jahre 1947 und zog nach Buenos Aires, wo wir in dem Haus meiner Mutter lebten. Ernesto blieb noch in Córdoba und schloß sich erst später der Familie an. Er schrieb sich in der Medizinischen Fakultät in Buenos Aires ein. Córdoba blieb siebenhundert Kilometer zurück, doch Ernesto fuhr bei jeder sich bietenden Gelegenheit in den Norden, um seine Verlobte Chichina Ferreyra zu besuchen, und dies trotz seiner Arbeit bei der Stadtverwaltung von Buenos Aires und seinen Reisen als Krankenpfleger bei der staatlichen Handelsflotte. Dies ging bis zum Jahre 1952. Zu Beginn dieses Jahres teilte Ernesto Chichina mit, daß er eine Reise durch Südamerika gemeinsam mit Alberto Granados plante. Natürlich war Chichina von dieser Trennung nicht sehr angetan, und als Ernesto neun Monate später nach Argentinien zurückkehrte, hatte sie sich bereits mit einem anderen verlobt.

EIN BRIEF AUS DER PROVINZ CÓRDOBA

„21. Januar (ohne Jahresangabe, aber es war 1947)
Mein lieber Vater:
Ich habe Deine Überweisung vor ein paar Tagen erhalten, und sie kam mir natürlich sehr gelegen. Ich habe Dir noch nicht erzählt, warum ich so in der Luft hing. Diese Halsabschneider haben mich nach Villa Maria geschickt. Jedoch was mir gut gefällt ist, daß ich als Aufseher arbeiten werde und die Zeit nutzen kann, um weiterzukommen. Im Moment habe ich erst einmal sehr viel zu tun, denn der Laborant, der vorher hier arbeitete, war ein Faultier ersten Ranges und ich muß Versuche nacharbeiten, die ungefähr zehn Kilometer weit zurückliegen. Aber in zehn Tagen hoffe ich, ein wenig Zeit zum Studieren zu haben. Ich warte immer noch auf

Nachrichten von Osvaldo Payer, der nach Uruguay gefah-
ren ist, um die Programme zu besorgen. Wenn es möglich ist,
bleibe ich den ganzen Winter über, da ich hoffe, zwischen
achtzig und hundert Pesos im Monat zu sparen. Ich verdiene
zweihundert, und mir wurde die Unterkunft gestellt, so daß
meine Ausgaben nur in der Verpflegung und einigen Bü-
chern zu meiner Ablenkung bestehen. Meine Adresse ist
Vélez Sarsfield... Villa Maria. Ich wohne ungefähr zehn
Straßen vom Zentrum entfernt. Alles Gute und liebe Grüsse
von Ernesto. "

FÜNFTER TEIL

ERNESTOS STUDIEN ÜBER GRAPHOLOGIE

In meinem Haus fand ich eine alte, zerfledderte Mappe, in der ich viele Briefe und wohlsortierte Papiere von Ernesto befanden.

Ich wußte, daß diese Mappe Ernesto gehört hatte, und dachte, daß es sich um Dokumente handelte, die er aufbewahrt hatte, da sie interessante Informationen enthielten.

Aber wie groß war meine Überraschung, als ich beim Durchsehen dieser Papiere entdeckte, daß es sich unter anderem um gründlich durchgeführte graphologische Studien mit den dazugehörigen Originalschriftproben handelte.

Ich selbst hatte mich bereits seit vielen Jahren mit Graphologie beschäftigt. Ernesto wußte davon, und er schaute mir gern dabei zu, wenn ich verschiedene Schriften untersuchte. Jedoch wußte ich bis zu diesem Zeitpunkt noch nicht, daß er sich ebenso intensiv mit diesen Dingen beschäftigt hatte.

Wie bei allem, was er unternahm, befaßte er sich auch mit Graphologie in ernsthafter Weise. In dieser Mappe fand ich verschiedene, von ihm selbst geschriebene Sätze, die er in mehreren Jahren niedergeschrieben hatte, wobei er jedes Jahr eine Analyse seiner eigenen Handschrift vornahm.

Meine Aufmerksamkeit wurde besonders auf eine Reihe von Blättern gelenkt, auf denen in seiner eigenartigen Handschrift folgendes zu lesen stand: „Ich glaube, über genügend Kraft zu verfügen, die ich vor allem in diesem Moment spüre, um erhobenen Hauptes auf das Schafott zu steigen. Dabei halte ich mich nicht für ein Opfer, sondern werde mit meinem Blut den Boden Frankreichs fruchtbar machen. Ich sterbe, weil ich sterben muß, damit das Volk weiterleben kann."

Vermutlich wurden diese Worte von einer wichtigen Persönlichkeit gesagt, die auf dem Schafott in Frankreich starb. Zweifelsohne hatten sie meinen Sohn beeindruckt, denn er wiederholte sie während mehrerer Jahre lang immer wieder, um seine Handschrift zu untersuchen. Auch ich war von diesen Worten überrascht und denke, daß ihr Inhalt der Denkweise meines Sohnes sehr nah war.

DER SCHACHSPIELER

Ich wußte aber, daß er in Kuba gegen große Schachspieler an-
trat, und der argentinische Meister Najdorf[1] bestätigte mir
1962 nach der Rückkehr von einer Reise nach Kuba, daß Ernesto ein Spieler ersten Ranges war. Später schilderte er in einem
Artikel einer Zeitung aus Buenos Aires, daß Ernesto eine Bibliothek mit Schachbüchern besaß, die mehr als fünfhundert
Bände umfaßte, und er fügte hinzu: „Wie er spielte? Er war ein
sehr starker Spieler. Er bevorzugte das aggressive Spiel und
nahm auch Opfer in Kauf, die er jedoch gut vorbereitete; aus
diesem Grund ordnete ich ihn als Spieler erster Klasse ein."

Najdorf erzählte, wie er in Kuba gegen Che gespielt hatte,
wo er ihn eingeladen hatte, in zehn Simultanspielen gegen ihn
anzutreten, die in einem Schachclub veranstaltet wurden und
an denen auch einige Mitglieder der Regierung teilnahmen. Er
fuhr fort: „Mit Che kam es zu der Situation, daß ich ein wenig
besser war als er und ihm einige Züge Vorteil anbot. Er wies sie
jedoch mit den Worten zurück: ‚Sehen Sie, Meister, als ich
noch Medizinstudent war, verlor ich gegen Sie in einem Si-
multanspiel im Hotel Provincial in Mar del Plata, das auf fünfzehn Brettern gespielt wurde. Jetzt möchte ich lieber verlieren
oder die Niederlage vergelten.' Ich nahm das Angebot zum
Kampf an und mußte gegen ihn gewinnen."

ERNESTOS TÄTIGKEIT BEIM
STRASSENAMT

1946 lebte unsere ganze Familie in der Calle Chile Nr. 288 in der
Stadt Córdoba. Zu diesem Zeitpunkt legte Ernesto seine letzten
Prüfungen für das Abitur am Gymnasium Dean Funes ab.

Ein Freund von mir, ein Ingenieur, der mit der Provinzdirektion
des Straßenamtes zu tun hatte, besorgte für Ernesto und seinen
Freund Tomás Granados bei dieser Behörde eine Arbeitsstelle.

Diese Behörde war mit dem Straßenbau in der Provinz Córdoba beauftragt. In dieser Behörde arbeiteten die beiden inder
Abteilung, die mit den Materialuntersuchungen beschäftigt war.

---

[1] Najdorf war mehrere Male argentinischer Meister, hatte an internationalen Turnie-
ren teilgenommen und sich immer gut geschlagen.

Jahre später traf in meinen Freund in Buenos Aires wieder, und er machte einige Bemerkungen über die damalige Arbeit von Ernesto und von Tomás Granados. Er erzählte mir, daß er die beiden nur mir zuliebe eingestellt hatte, denn eigentlich konnten beim Straßenwesen nur Spezialisten eingestellt werden. Doch dann versicherte er mir, daß Ernesto und auch Tomás die besten Angestellten waren, die sie je in dieser Abteilung gehabt hätten.

Ernesto arbeitete nur kurze Zeit in Córdoba, da man ihn schon bald nach Bell Ville und Villa María versetzte, von wo aus er uns gegen Ende 1946 den folgenden Brief sandte:

„Lieber Vater,
wie ich sehe, bist du wegen des Autos sehr besorgt. Dabei handelt es sich hierbei nicht um ein Geschenk der Baufirma, vielmehr ist genau das Gegenteil der Fall, da die Firma mir sowohl ein Auto als auch Arbeiter zur Probenahme zur Verfügung stellen muß. Leider sehe ich bislang noch keinen der Arbeiter auftauchen. Meine Verpflegung bereitet mir das größte Kopfzerbrechen, da sie von der Straßenbaufirma bezahlt wird, und das Ganze riecht stark nach Schmiergeld. Ich werde zwar mit dem Chef darüber sprechen, doch davon erhoffe ich mir nicht viel: er scheint selbst ein Schmiergeldbruder ersten Ranges zu sein, wie überhaupt die ganze Behörde für das Straßenbauwesen ein einziger Bestechungshaufen zu sein scheint.

Der Beauftragte erzählte, daß ich der erste Laborant in zwanzig Jahren sei, den er kennengelernt hätte, der kein Schmiergeld annahm, und einer der zwei oder drei, die nicht selbst schmierten.

Ihr hattet die Befürchtung, daß ich mich hier allzusehr in die Arbeit hineinknie, und doch bin ich stolz darauf, daß ich die Firma dazu brachte, eine größere Wegstrecke zu pflastern, und im Moment bin ich dabei, einige noch ausstehende Untersuchungen durchzuführen. Wenn diese negativ ausfallen, müssen sie achtzig Zentimeter tief ausgraben und die Straße in drei Schichten pflastern, wovor sie ganz schön viel Angst haben. (Mir scheint, es gibt eingesperrte Katzen.) Also, Vater, mach's gut.
Ernesto. "

Als mein Sohn diesen Brief schrieb, war er erst siebzehn Jahre alt, und um seinen Inhalt dem Leser gut verständlich zu machen, muß ich noch einige Erklärungen anfügen.

Das Straßenamt konnte den Auftrag für den Bau einer Straße erst vergeben, wenn dazu der nötige Bescheid von der Provinzregierung erteilt wurde. Die mit dem Bau beauftragte Firma mußte sich an die erlassenen Richtlinien halten und wurde in regelmäßigen Abständen hinsichtlich der verwendeten Materialien überprüft.

Das Straßenamt mußte die Aufträge für den Straßenbau ausschreiben. Das mit dem Auftrag betraute Unternehmen mußte in regelmäßigen Zeitabständen Proben der beim Bau verwendeten oder noch zu verwendenden Materialien abliefern.

Ernesto antwortete auf einen Brief, in dem ich meine Sorge geäußert hatte, daß er einen Wagen akzeptiert hatte. Darum erklärte er mir, daß die Firma die Verpflichtung hätte, ihm ein Auto zur Verfügung zu stellen. Er gab auch zu, daß seine Situation schwierig war, da er akzeptiert hatte, daß man ihm Verpflegung gab. Gewiß wußte Ernesto nicht, daß die Firma ihm keine Verpflegung stellen mußte, aber als er es erfährt, reagiert er und sagt mir, daß er tun würde, was „der Chef sagt".

Der Rest bedarf keiner weiteren Erklärung. Ich möchte noch hinzufügen, daß heute, nach über dreißig Jahren, der Brief mich mich Stolz erfüllt, weil ich sehe, mit welcher Gewissenhaftigkeit Ernesto schon in jungen Jahren sich seinen Aufgaben stellte.

Offensichtlich sollte er nicht lange als Aufseher tätig sein, denn er kontrollierte streng die Arbeit der Baufirmen und verlangte die Einhaltung der vereinbarten Bedingungen. So kam es dann auch. Wenig später wurde er versetzt mit der unverkennbaren Absicht, ihn zur Kündigung zu zwingen.

Die Erfahrungen, die sich Ernesto in den wenigen Monaten beim Straßenamt der Provinz Córdoba angeeignet hatte, waren für ihn sehr nützlich. Er begann zu verstehen, wie die staatlichen Angestellten arbeiteten.

Damals hatte er noch vor, Ingenieur zu werden, ebenso wie Tomás Granados. Tomás schrieb sich in Córdoba ein, wo er einige Jahre später das Diplom ablegte.

ORIENTIERUNGSWECHSEL

Es war im März 1947. Wir lebten bereits in Buenos Aires und der Sommer neigte sich dem Ende zu, als meine Mutter schwer erkrankte. Ich schrieb Ernesto, der ohne zu zögern seine Arbeit beim Straßenamt aufgab und mit dem nächsten Zug nach Buenos Aires reiste.

An anderer Stelle erzählte ich bereits, warum Ernesto, der seine Großmutter siebzehn Tage lang während ihrer schweren Krankheit pflegte, sich entschloß, einen anderen Beruf einzuschlagen. So schrieb er sich in der Medizinischen Fakultät in Buenos Aires ein.

Dieser neue Berufsweg hatte nichts mit seiner vorherigen Arbeit zu tun, doch in Córdoba hatte er etwas gelernt, was er nie wieder vergaß: daß der Kampf um das Geldverdienen die Leute leicht verdirbt und daß er von dieser Umgebung eingeengt war. Das Schmiergeld, von dem Ernesto in seinen Briefen sprach, war und ist bis heute eine feste Einrichtung in Argentinien.

Das Medizinstudium harmonisierte besser mit seiner humanitären Einstellung. Nun lag ein neues Forschungsfeld vor ihm, und insbesondere auf dem Gebiet der Sozialmedizin eröffnete sich ihm die Möglichkeit, im Einklang mit seinen Ideen aktiv zu werden.

ERNESTOS PERSÖNLICHKEIT

Die Medizinische Fakultät der Universität Buenos Aires lag ganz in der Nähe meines Büros und nur wenige Straßen von unserem Haus in der Calle Arenales entfernt.

Wenn ich auf dem Weg vom oder zum Büro war, kam ich an der Fakultät vorbei und traf oft Ernesto vor den Türen der Universität. Ich sehe ihn noch heute, wie er durch eine der Türen kam und mit der Hand winkte. Er war immer vergnügt, lachte und hatte stets einen Scherz auf den Lippen. Dabei zeigte sich auch sein ganzes Schelmengesicht, wie immer, wenn er mit seinen Freunden zusammen war. Er war stets in Eile, die Zeit schien ihm davonzulaufen, wie aufgedreht rannte er von einem Ort zum anderen, um seinen vielen Verpflichtungen nachzukommen. Wie sollte er es auch anders als eilig haben? Er mußte sich den Lebensunterhalt verdienen, denn ich konnte ihn nur wenig unterstützen, und zudem wollte er nicht, daß man ihm auch nur einen Pfennig gab. Er sah selbst zu, wie er zurecht kam.

Er arbeitete als Krankenpfleger auf den Frachtern der staatlichen Handelsflotte und auf Tankern; er hatte eine Anstellung als Praktikant beim Städtischen Gesundheitsamt, arbeitete in der Allergiepraxis und -laboratorium von Dr. Pisani; eine Zeitlang stellte er Insektizide her und verkaufte sie, und er war Angestellter bei der Städtischen Versorgungsabteilung Buenos Aires'.

Trotz all dieser Aktivitäten setzte er sein Studium, ohne Zeit zu verlieren, fort. Das Studium hinderte ihn auch nicht daran, Rugby, Fußball oder Schach zu spielen und über interessante Themen Zeitungsartikel zu schreiben. Zwischendurch bereiste er das Land mit allen nur denkbaren Verkehrsmitteln: per Fahrrad, Motorrad, auch ganz einfach zu Fuß oder per Anhalter.

Ernesto und ich betrachteten uns als gleichberechtigte Partner, wir neckten uns, als wären wir gleichaltrig, und doch provozierte er mich ständig. Kaum setzten wir uns zu Tisch, als er auch schon mit Streitgesprächen über politische Themen anfing.

Ich war Nazigegner und hatte mich während des Weltkrieges auf die Seite der Alliierten gestellt. Ich will hiermit nicht meine Haltung rechtfertigen, sondern die Dinge nur berichten, wie sie waren. Ich dachte, daß wir als Argentinier, die wir unser Land liebten und es nicht unter fremder Herrschaft sehen wollten, die Verpflichtung hatten, uns auf die Seite derjenigen Länder zu stellen, die sich gegen die Naziherrschaft wehrten angesichts der Tatsache, daß Hitler die Weltherrschaft anstrebte. Aus diesem Grund war ich auf seiten der Alliierten. Aus dieser Logik ergab sich aber ebenso, auf der Seite der Vereinigten Staaten zu sein, die vorgaben, die großen Verteidiger der demokratischen Sache zu sein.

Ich war in jener Zeit in politischen Dingen sehr unbeschlagen und widmete mich in erster Linie meiner Arbeit. Deshalb hatte ich in dieser Wissenschaft oder dieser Kunst später soviel nachzuholen. Ernesto, der zu dieser Zeit zwanzig Jahre alt war, überragte mich auf diesem Gebiet bei weitem und dennoch gerieten wir immer wieder in Diskussionen aneinander. Wenn uns jemand zuhörte, dachte er bestimmt, daß wir uns stritten. Aber nichts davon stimmte. In Wirklichkeit gab es zwischen uns eine echte Kameradschaft.

Ich erinnere mich besonders an die Zeit, als die Vereinigten Staaten Südkorea unterstützten und ich die Situation noch nicht analysiert hatte und deshalb auf seiten der USA stand.

Ernesto durchschaute die Absicht der USA bestens und vertrat seine These mit allem Engagement und Energie. Er hatte die Wahrheit auf seiner Seite, und ich, etwas starrköpfig, versuchte ihn zu reizen oder zu provozieren.

Er beobachtete mich aus dem Augenwinkel und suchte nach immer neuen Argumenten, und wenn es schien, daß er es schon leid war, weiter zu diskutieren, kam er mit etwas ganz Unerwartetem oder Ungewöhnlichem an. Bei ihm wußte man nie vorher, was er antworten würde oder welcher Geistesblitz ihm nun wieder auf der Zunge lag.

Er hatte seine Leidenschaft für politische Themen entdeckt, und wenn sich die Gespräche um solche Themen drehten, diskutierte er mit aller Heftigkeit. Das ist vielleicht der Grund dafür, warum manche Leute unsere Diskussionen falsch interpretierten. Aber sie taten dies mit der hinterhältigen Absicht, aus politischen Gründen Zwistigkeiten zwischen uns zu konstruieren.

Ich gehe auf diese Einzelheit deshalb so ausführlich ein, weil es in manchen Büchern über meinen Sohn so dargestellt wurde. Es gibt nichts Falscheres! Wenn wir diskutierten, taten wir dies immer auf einer Basis von Zuneigung und Kameradschaft.

Ernesto hatte keine Vorurteile. Er lachte und machte sich lustig über alles „Affektierte", „Herausstaffierte", „Künstliche" und „Vernünftige". Er respektierte auch die „Akademiker" nicht. Er griff die sogenannten „Haltungen" an und brachte sie wie Luftballons zum Platzen. Seine Polemik war sehr gewandt, jedoch massiv und scharf. Trotzdem verbarg sich keine Bosheit dahinter, auch wenn sie sehr schneidend war.

In unserem Land, wo man hohe Posten entweder über Beziehungen oder Empfehlungen oder für Geld erhält und wo die bedeutenden Posten so wichtig sind, ist es nur zu verständlich, daß es eine ganze Reihe von Großspurigen gibt, die sich immer selbst davon überzeugen müssen, wie wichtig sie doch sind. Bei uns in Argentinien nennt man diese Leute „Engrupidos".

Ernesto war das genaue Gegenteil dieser Leute und griff sie erbarmungslos an. Er kam ohne Umschweife zur Sache und kannte das Herumreden nicht. Er war ein richtiger Wahrheitsfanatiker und pochte immer auf die Wahrheit, auch wenn dies für ihn manchmal nicht so günstig war oder sich jemand dadurch angegriffen fühlte. Er vertrat seine Meinung, ohne zu zögern, und war bereit, Fehler zu bekennen. Das, was er bei anderen analysierte, tat er auch bei sich, ohne Mitleid mit sich selbst zu haben. Eine schüchterne Zurückhaltung kannte er nicht. Die Erinnerung an die Gespräche an unserem Tisch rufen noch heute Gefühle der Sehnsucht und Zärtlichkeit in mir hervor. Alle möglichen Themen wurden behandelt, wobei niemand mit seiner Meinung hinter dem Berg hielt.

Ernesto verteidigte die Familie auch nach außen mit Krallen und Zähnen. Eine besondere Schwäche hatte er für seinen Bruder Juan Martín, der fünfzehn Jahre jünger war als er und den er wie seinen Sohn behandelte. Die Briefe an ihn quollen über vor Zärtlichkeit. Sein geliebter „Tudito", wie er ihn nannte, erhielt von überall, wo Ernesto sich aufhielt, Briefe.

Wie es nur zu natürlich ist, schüttete er seinen Geschwistern sein Herz aus, aber besonders gut verstand er sich mit seiner Mutter, was ihn jedoch nicht davon abhielt, sich in seinen Briefen über sie zu mokieren, jedoch ganz liebevoll, denn in Wirklichkeit bewunderte und verehrte er sie sehr.

Auch in der Avenida Aráoz Nr. 2180, wohin wir umzogen, hatte Ernesto sein Zimmer. Es war sehr klein und hatte eine eigenartige Form. Auf der einen Seite gab es einen Balkon, der zur Straße hinausging, auf der anderen Seite war ebenfalls ein Balkon, der merkwürdigerweise auf die Eingangstreppe hinausging. Das Haus war ursprünglich nicht von einer Mauer umgeben und von diesem Balkon aus konnte man aufs Land hinaus sehen. Dieses Zimmer war wirklich einmalig. Dank dieses Balkons, auf dessen Zweck sich niemand einen Reim machen konnte, hatte das Zimmer seine eigene Note. In dem zweistöckigen Kojenbett, das in dem Zimmer stand, schlief auch Roberto. Der Rest des Zimmers wurde von einem großen Schrank, einer Kommode, zwei Bücherregalen und einem kleinen Tisch, auf dem sich die Bücher nur häuften, eingenommen.

Ernesto hatte eine eigentümliche Art, sich zu kleiden. Manchmal verließ er das Haus in zwei Stiefeln verschiedener Farbe oder Form, und er behielt die Angewohnheit bei, keine Krawatte umzubinden. Nur bei ganz seltenen Anlässen trug er eine. Seine ungebügelten Hosen und ein Nylonhemd vervollständigten seine Kleidung, mit der er durch ganz Buenos Aires zog.

Er kannte das „Protokoll" nicht einmal bei seinem Namen und lachte über die Sorgen der „affigen" Leute.

Eine Zeitlang trug er sein Haar ganz kurz, wie abrasiert, da es ihn so weniger störte, und außerdem brauchte er sich so nicht zu kämmen. Dabei stand sein ganzes Äußeres mit dem Erscheinungsbild unserer Familie im Einklang, und auch ich achtete noch nie sonderlich auf meine Kleidung. Auf vielen Fotos sieht man ihn mit irgendeiner politischen Persönlichkeit, wobei er seine Uniform und seine Schnürstiefel trägt, von denen einer zugebunden, der andere halb offen ist. Manchmal hängt ihm auf den Bildern gar die Hose aus den Stiefeln.

Er verlor keine Zeit, darauf zu achten, wie er angezogen war — diese Kleinigkeiten des täglichen Lebens waren für ihn ohne Belang.

Ernestos Persönlichkeit konnte durch all diese Kleinigkeiten nicht erschüttert werden. Niemand, der ihn sprechen hörte, kam umhin, diese Faszination, die ihn auszeichnete, zu spüren. Er hatte zudem die Angewohnheit, am Anfang eines Gesprächs ziemlich langsam zu sprechen, und wurde erst im Laufe des Gesprächs, wenn er warm wurde, wendiger. Er hatte dunkle Augen, von denen ein eigentümlicher Reiz ausging. Wenn er einen anblickte, erforschte er zugleich das Wesen seines Gesprächspartners. Dies war nicht nur mein Eindruck, sondern der vieler Menschen, die sich an seine Persönlichkeit erinnerten.

DER ARBEITSUNFALL

Dr. Salvador Pisani war nicht nur in Argentinien, sondern weit über die Grenzen unseres Landes als Allergiespezialist bekannt, und als wir wieder nach Buenos Aires zogen, suchte Ernesto ihn auf meinen Rat hin auf, um sein Asthma behandeln zu lassen. Die Besserung, die der Arzt mit Desensibilisierungsmitteln erreichte, war so bedeutend, daß Ernesto sich im Rahmen seines Studiums voller Begeisterung auf Allergien spezialisierte.

Pisani hatte eine Theorie über die Desensibilisierung von Allergiekranken mittels Injektionen entwickelt. Den Grundstoff für diese Spritzen stellte er in seinem Labor aus halbverdauten Lebensmitteln selbst her. Sein Ansatz war über die Grenzen der Länder hinaus bekannt.

Dr. Pisani fand Ernesto sehr sympathisch, so daß er ihm sogar anbot, bei ihm zu arbeiten. So kam es, daß Ernesto in der Klinik zu arbeiten begann, wo alle möglichen Antiallergie- und Impfstoffe getestet wurden, und Assistent seines neues Freundes wurde. In diesem Labor führte er wissenschaftliche Experimente für die Allergieforschung durch. Seine Untersuchungen führte er in anderen Ländern weiter, insbesondere in Mexiko.

Pisani und er entwickelten so mehr als nur eine Arzt- und Patientbeziehung: es verband sie eine richtige Kameradschaft und Freundschaft.

Mein Sohn hegte einen großen Respekt für den Doktor und sah in ihm einen sehr begabten Wissenschaftler und einen ehrenhaften Fachmann. Ernesto widmete fast seine ganze Freizeit der Arbeit mit Salvador Pisani.

Als Dr. Pisani einmal ein schwedisches Gerät zum Zermahlen von Eingeweiden erhalten hatte, beschloß Ernesto, es auszuprobieren. In der Medizinischen Fakultät besorgte er sich die Eingeweide von Personen, die an Infektionskrankheiten gestorben waren, und machte sich daran, die neue Maschine zu benutzen. Aber diese war noch nicht vollständig, es fehlte noch die Abdeckklappe, die verhindern sollte, daß die zerkleinerten Teile mit der Person, von der die Maschine bedient wurde, in Berührung kamen. Ernesto war ungeduldig und wollte nicht warten, bis die Schutzvorrichtung aus Europa geschickt wurde, und da er die Eingeweide schon in Dr. Pisanis Praxis hatte, benutzte er das Gerät ohne Schutzvorrichtung. Das Resultat war katastrophal: Als ich des Abends nach Hause kam, lag Ernesto mit hohem Fieber im Bett. Wenn er im Bett blieb, dann nur deshalb, weil es ihm wirklich schlecht ging. Wir unterhielten uns einige Minuten, und er erzählte von den Eingeweiden, worauf ich natürlich sehr beunruhigt war.

Ich setzte mich auf einen Stuhl neben seinem Bett und beobachtete ihn. Als ich bemerkte, daß sich sein Zustand verschlechterte, bot ich ihm an, Dr. Pisani zu rufen, doch Ernesto lehnte ab. Ich wich nicht von seiner Seite und achtete auf jede seiner Bewegungen. Plötzlich gab er mir ein Zeichen und sagte, daß ich sofort die Klinik anrufen sollte, um ihm ein Herzkräftigungsmittel zu schicken. Auch sollte Dr. Pisani kommen.

Ich setzte mich telefonisch mit einer benachbarten Station des Roten Kreuzes in Verbindung und bat, daß man sofort einen Krankenpfleger mit einem Herzanregungsmittel schicken sollte. Danach rief ich in der Praxis von Pisani an und berichtete ihm von dem Zustand meines Sohnes, worauf er besorgt antwortete: „Ich komme sofort!" Ich beobachtete Ernesto weiterhin voller Aufmerksamkeit, sein Atmen war sehr heftig, und man sah, daß er hohes Fieber hatte, aber was mich mehr beunruhigte, war sein Gesicht, in dem die Angst zu lesen war; denn sein Herz arbeitete nicht mehr regelmäßig.

Ich wußte nicht, wie hoch das Fieber war, da er sich weigerte, es mir zu sagen, aber vermutlich war die Temperatur sehr hoch.

Das war das Resultat seiner Unvorsichtigkeit. Wenige Augenblicke später tauchte auf der Treppe eine korpulente Frau in Weiß auf, die eine gefüllte Spritze in der Hand hielt. Hinter ihr lief bereits Dr. Pisani die Treppe herauf.

Ich blieb mit im Schlafzimmer, Dr. Pisani nahm die Spritze, legte sie jedoch auf den Nachttisch und begann, Ernesto zu untersuchen. Die Krankenschwester verabschiedete sich wieder, und Dr. Pisani blieb bei dem Kranken. Beide unterhielten sich lange Zeit und danach verabreichte Dr. Pisani Ernesto ein Mittel, von dem ich nicht weiß, was es war. Einige Stunden später verabschiedete sich Dr. Pisani und teilte uns mit, auf was wir achten sollten: völlige Bettruhe und die Einnahme der verschriebenen Medikamente. Wir wachten die ganze Nacht. Ungefähr um sechs Uhr morgens hatte sich Ernestos Zustand sehr gebessert, und zu unserer größten Verwunderung begann er sich anzuziehen. Ich sagte nichts, denn ich wußte, wie stur er manchmal sein konnte. Doch schließlich fragte ich ihn, als er Anstalten machte, auf die Straße zu gehen:

„Was hast du vor?"

„Ich habe heute eine Prüfung. Die Kommission tritt um acht Uhr zusammen."

„Sei nicht verrückt", antwortete ich ihm, „siehst du nicht, daß du das jetzt nicht machen kannst?"

Aber sämtliche Einwände waren in diesem Moment nutzlos. Er war fest entschlossen, an diesem Tag seine Prüfung abzulegen, und genauso machte er es.

Das war im November 1952. Ernesto hatte sich vorgenommen, sein Studium vor Semesterende im März 1953 abzuschließen. Er hatte seine Reise ins Ausland für den Monat Juli bereits vorbereitet, und daher war es nötig, daß er sich mit dem Examen beeilte. Schließlich mußte er ja in immerhin fünfzehn Fächern die Prüfung ablegen.

Diese Geschichte macht den Charakter Ernestos deutlich: Wenn er sich einmal zu etwas entschlossen hatte, überwand er die vor ihm liegenden Hindernisse mit einer unerschütterlichen Willenskraft und Hartnäckigkeit, um sein selbstgestecktes Ziel zu erreichen.

DIE INSEKTIZIDEFABRIK

Ernesto hatte herausgefunden, daß Gamexan, eine dem Landwirtschaftsministerium unseres Landes bekannte Substanz, neben der bisherigen Anwendung auch ein hervorragendes Insektizid war. Mehrere Experimente, die er zu diesem Zweck durchführte, endeten positiv. Ernesto fügte der Grundsubstanz noch vier Teile Puder hinzu und begann in der kleinen Garage im Untergeschoß unseres Hauses in der Avenida Aráoz mit der Herstellung eines Insektenmittels, womit er sich etwas Geld verdienen wollte. Lange grübelte er über einen Namen für das Mittel nach, beim Essen machten wir Scherze und Witze darüber und dachten uns alle möglichen Namen für das zukünftige Insektenmittel aus, wobei uns die Mehrheit der Namen noch mehr zum Lachen brachte.

Schließlich kam Ernesto auf den Namen „Attila" und versuchte das Patent unter diesem Namen anzumelden, doch dieser Name war bereits von einer Handelsfirma belegt worden. Also entschloß er sich für den Namen „Sturmwind", unter dem er das Mittel patentieren ließ.

Danach begann die „große Insektenmittelfabrik" zu arbeiten. Ich bot ihm an, ihn mit einigen Personen bekannt zu machen, die das Geschäft finanzieren könnten, worauf er mich voller Empörung ansah, so als hätte ich eine Ungeheuerlichkeit begangen, und antwortete: „Sag mal Vater, glaubst du, ich lasse mich von einem deiner Freunde verschlingen?"

Ich hatte mir bei der Frage nichts Böses gedacht und wollte ihm doch nur helfen, da er dem Geschäft nur ein paar Stunden des Tages widmen konnte — er hatte ja noch sein Studium und die Arbeit in der Klinik Dr. Pisanis.

Er kaufte eine große Menge Puder und Gamexan, und nachdem er den Auftrag für die Herstellung der Gefäße gegeben hatte, begann das Abfüllen in die runden Schachteln, die ungefähr jeweils hundert Gramm enthielten.

Das Insektizid wurde zunächst in unserem Viertel ausprobiert, und das Ergebnis war ausgezeichnet, so daß in Kürze alle Schachteln aus der Garage verschwanden. Aber es war notwendig, von der Manufaktur zur Fabrikation im größeren Maßstab überzugehen, und Ernesto suchte Mitarbeiter, die ihm dabei behilflich sein konnten.

Ernesto arbeitete weiterhin in der Klinik, und eines Tages vertraute man ihm einen Patienten aus Paraguay an, dessen Körper vollständig mit Ekzemen bedeckt war. Ernesto konnte ihn vollständig heilen. Aus lauter Dankbarkeit stellte sich ihm sein ehemaliger Patient für seine Firma zur Verfügung, und so begannen die beiden, „Sturmwind" in großen Mengen herzustellen.

Das Gamexan hatte einen durchdringenden und unangenehmen Geruch. Die beiden arbeiteten in der kleinen Garage, waren über und über mit weißem Staub bedeckt, und der ekelerregende Geruch durchdrang das ganze Haus. Alles, was wir aßen, schmeckte nach Gamexan, aber Ernesto fuhr unbeirrt mit seiner Arbeit fort.

Natürlich konnte dies nicht allzu lange dauern, und tatsächlich war er schon bald halb vergiftet. Sein ehemaliger Patient vertrug diese Arbeitsbedingungen noch viel weniger, und nach wenigen Tagen mußten sie mit der Arbeit aufhören, um sich zu erholen.

Es war nun Schluß mit der Insektizidfabrik. Heute benutzen viele chemische Fabriken Gamexan als starkes Insektizid.

An dieser Stelle möchte ich nochmals betonen, daß es Ernesto Guevara de la Serna war, der in Argentinien den ersten Schritt machte zur Verwendung von Gamexan als Insektizid. Bis dahin war das Mittel nur bekannt zur Bekämpfung von Heuschrecken.

ERNESTOS EXAMEN AN DER MEDIZINISCHEN FAKULTÄT

Eines Abends, als ich noch etwas auf der „Banco de La Nación" zu erledigen hatte, kam ein junger Arzt, ein Kommilitone Ernestos, auf mich zu. Wir unterhielten uns eine Weile, und er erzählte eine Anekdote, die ich hier wiedergeben möchte.

Als er nur noch wenige Prüfungen in Medizin abzulegen hatte, traf er eines Tages Ernesto, der auch mitten im Examen stand. Die Prüfungskommission war schon seit sieben Uhr morgens versammelt, und die Professoren nahmen ungeachtet der Mittagspause weiterhin Prüfungen ab.

Ernesto hatte sich auf einen der Marmortische gesetzt, sein Messer gezückt und begonnen, eine Apfelsine zu schälen und sie zu essen. Der Vorsitzende der Kommission machte auf diesen „Mangel an Respekt" aufmerksam, der von dem Studenten gezeigt wurde, und wandte sich an ihn, um ihn zu rügen: „Es scheint, der Herr ist sehr hungrig." „So ist es, Herr Doktor. Wir sind seit heute morgen um sieben Uhr hier; ich habe nicht gefrühstückt und bin deshalb sehr hungrig. Darum esse ich eine Apfelsine."

„Ach so, der Herr hat es eilig, dann rufen wir ihn eben als nächsten auf!"

Ernesto ließ einen kleinen Motor an seinem Fahrrad anbringen und machte damit eine Fahrt durch den Norden Argentiniens. In ihm war die Neugier erwacht, neue Horizonte kennenzulernen.

Mein Sohn Ernesto hatte sich im Colegio Nacional Dean Funes in Córdoba eingeschrieben, während meine Tochter dasselbe im dortigen Gymnasium für Mädchen getan hatte. (Ernesto in Córdoba)

Die Freunde und Kommilitonen tuschelten untereinander: „Sie werden dem Glatzkopf einen reinwürgen." (Man nannte ihn Glatzkopf, weil er sein Haar extrem kurz trug.) Alle waren sich sicher, daß er dieses Mal auffliegen würde. Ernesto ließ sich nicht weiter stören und aß seine Apfelsine weiter. Das Tuscheln breitete sich wie eine Mund-zu-Mundpropaganda über die halbe Fakultät aus, und alle erwarteten Ernestos Prüfung durch die als restriktiv bekannte Kommission. Der „Glatzkopf" kam an die Reihe. Alle waren still. Der Professor begann, die Fragen zu stellen, und Ernesto antwortete.

Der Prüfungsvorsitzende bohrte nach, und Ernesto antwortete weiter sehr sicher und stichhaltig auf alle Fragen, die man ihm vorlegte, von denen viele verfänglich und sehr schwierig waren.

Die Prüfung dauerte mehr als eineinhalb Stunden — soviel Zeit wurde sonst nur für die Examenskandidaten verwandt, die die Kommission auf irgendeine Weise durchfallen lassen wollte. Schließlich erhob sich der Professor von seinem Platz, gab ihm die Hand und sagte zu Ernesto mit einem gezwungenen Lächeln:

„Herr Doktor", womit er schon anzeigte, daß er bestanden hatte, „ich sehe keinen anderen Weg, als Ihnen ein ,ausgezeichnet' zu geben."

Auf diese Weise zeigte er aber auch, daß er trotzdem versucht hatte, ihn durchfallen zu lassen. Der Kommilitone Ernestos erzählte, daß alle Studenten bis zum Schluß der Prüfung ausharrten, um sich keine Einzelheit des Examens, das mehr einem Duell ähnelte, entgehen zu lassen, und er fügte noch hinzu:

„Ich hatte noch nie vorher jemanden gesehen, der so geistreich war, ein so gutes Gedächtnis hatte und eine bessere Prüfung ablegte als Ernesto." Ernesto war zweifellos außerordentlich intelligent.

DR. ADALBERTO LARUMBE

Dr. Adalberto Larumbe war ein Studienkamerad Ernestos seit dem ersten Studienjahr an der Medizinischen Fakultät. Die beiden wurden gute Freunde. Adalberto war sehr oft bei uns zu Hause oder aber Ernesto hielt sich bei ihm auf, um gemeinsam zu lernen. Es ist noch nicht lange her, als ich diesen alten Freund meines Sohnes wieder traf und natürlich mit ihm ein Gespräch über Ernesto führte. Unter anderem erzählte er mir, daß sie, als sie sich mit Anatomie beschäftigten, mit Hilfe einiger Assistenten es geschafft hatten, sich Leichenteile aus den Kühlräumen der Fakultät zu besorgen, um damit zu Hause zu arbeiten.

Adalberto erzählte, daß dabei ein schwerwiegendes Problem auftrat: er besaß kein Fahrzeug, um ein menschliches Bein transportieren zu können, das sie gerade aus der Fakultät herausbekommen hatten. Er wandte sich ratsuchend an Ernesto, der ohne große Umstände das Stück Bein in ein paar Zeitungen einwickelte und sich auf den Weg zur nächsten Metrohaltestelle machte. Er hatte das Leichenteil wohl aber nicht sorgfältig eingepackt, denn während der Fahrt schauten ein paar Zehen aus dem Papier heraus. Als Ernesto dann in der Wohnung von Larumbe ankam, lachte er lauthals über die verdutzten Gesichter einiger Mitfahrer, die wohl gesehen hatten, was er bei sich trug.

Adalberto sprach mit großer Zuneigung von Ernesto. Für ihn war er ein Mensch, der den nichtigen Dingen ihre gebührende Bedeutung zuwies. Wenn es jedoch galt, etwas mit aller Ernsthaftigkeit zu verfolgen, so war Ernesto der erste, der sich in die Arbeit stürzte und die Verantwortung übernahm.

Larumbe übt heute den Arztberuf aus, und sooft ich ihn sehe, erzählt er Geschichten aus seiner gemeinsamen Studienzeit mit Ernesto.

Er zeigte mir ein Foto der ganzen Studentengruppe, ein Foto, das ich auch unter Ernestos Papieren fand, wo beide Studienanfänger neben dem dozierenden Professor zu sehen sind, der über einen Leichnam gebeugt ist.

ERNESTO ALS SCHUHVERKÄUFER

Sein Freund Carlos Figueroa, beständig auf der Suche nach Verdienstmöglichkeiten, kam eines Tages zu uns, um Ernesto ein Geschäft anzubieten. Er zeigte ihm eine Annonce aus einer wenig gelesenen Zeitung, in der eine Schuhversteigerung angekündigt wurde.

Das war nach Carlos Figueroa *die* Gelegenheit! Ganz bestimmt würde keiner zu dieser Versteigerung kommen! Die Idee war nicht schlecht, und so beschlossen sie, in das Schuhgeschäft einzusteigen.

Natürlich waren die beiden nicht die einzigen gewesen, die die Annonce gelesen hatten, und so kam es, daß sie bei den meisten Geboten nicht mithalten konnten. Auch gegen Ende der Versteigerung konnten sie nicht mithalten. Ganz am Ende wurde dann ein Posten einzelner Schuhe angeboten. Nun hatten sie mit ihrem Gebot Erfolg. Mit ihren wenigen Pesos konnten sie die Schuhe erwerben.

Unser Haus in der Calle Aráoz verwandelte sich nun in ein kleines Schuhlager. Die Schuhe mußten sortiert und klassifiziert werden. Bei einigen wenigen Schuhen fand sich ein anderer, so daß beide ein Paar ergaben. Der Großteil konnte annähernd als Paare angesehen werden, aber es blieb eine Anzahl von Schuhen übrig, die Einzelstücke blieben. Sie gingen nun los, um die Schuhe zu verkaufen, und da sie nicht viel dafür verlangten, konnten sie bald die Paare losschlagen, wo sich die einzelnen Schuhe nicht allzusehr unterschieden. Doch dann wurde es schwierig: wie konnte der Rest der Schuhe, die überhaupt nicht zueinander paßten, verkauft werden? Die beiden gaben nicht auf, auch wenn sie von den Freunden und Nachbarn belächelt wurden. Einem kam plötzlich die Idee: „Und wie wäre es, wenn wir dem Krüppel an der Ecke, dem das linke Bein fehlt, einen Schuh verkaufen?" Für wenig Geld kaufte dieser ihnen den Schuh ab, worauf sie begannen, Einbeinige in den Straßen zu suchen. Auf diese Weise schafften sie es, fast alle Schuhe des Postens zu verkaufen, trotz der Spötter und der Witze, die alle über sie machten. Ein Spötter erzählte später, Ernesto hätte die restlichen Schuhe, die vollkommen unterschiedlich in Form und Farbe waren, selbst aufgetragen.

DIE SEGELFLÜGE MIT ONKEL JORGE

Ernestos Onkel Jorge de la Serna war ein Mann vom Lande und stolz darauf, sich selbst gebildet zu haben. Er war sehr intelligent, orginell und wie sein Bruder Juan Martín ein begeisterter Flieger. Er hatte das Segelfliegen auf dem Flughafen von Morón, der in der Nähe von Buenos Aires lag, gelernt.

Dort begann auch Ernesto mit seinem Onkel das Segelfliegen zu erlernen.

Ernesto und Jorge waren Freunde, und es gab eine große Übereinstimmung zwischen den beiden in ihrer Wesensart. Jorge lebte auch so, wie es ihm gefiel, es gab für ihn keine sozialen Grenzen, und wie Ernesto mokierte er sich über die „vornehmen" Leute und ihre Geziertheit. Er genoß es, genauso wie Ernesto, schlecht angezogen in der Gesellschaft tadellos gekleideter Leute aufzutauchen.

Auf dem Land wurde er für seine Art und Weise zu leben bewundert. Er gab den Leuten Unterricht und konnte ein Fohlen ebenso zähmen wie ein Tier heilen. Er war ein guter Schwimmer und hatte einen athletischen Körperbau. Er liebte Ernesto über alles. Obwohl er schon erwachsen war, verstand er doch sehr gut, wie die halbwüchsigen Jungen waren und hatte eine nicht zu erschütternde Ansicht über die Qualitäten, die einen Mann auszeichnen sollten.

Ich halte mich bei der Beschreibung Jorges auf, weil er ohne Zweifel einen großen Einfluß auf Ernesto ausübte, und nachdem dieser das Land verließ, um die Welt zu bereisen, war Jorge de la Serna in Gedanken immer in seiner Begleitung. Es ist möglich, daß er in Ernesto das Bild dessen sah, der er selbst sein wollte.

Wie lange der Flugunterricht mit Onkel Jorge dauerte, kann ich heute nicht mehr mit Bestimmtheit sagen, doch erstreckte er sich über einen längeren Zeitraum. Später, als Ernesto bereits in Kuba war, erlernte er auch die Motorfliegerei und überflog mit seiner Cesna die gesamte Insel. An den Wochenenden benutzte er sein Flugzeug oft, um die Fabriken, die unter seiner Leitung standen, zu besichtigen. Sein damaliger Fluglehrer, Eliseo de la Campa, hatte eine besondere Vorliebe für Ernesto und erinnert sich noch heute an seine Kommenta-

re, als sie über Kuba flogen und Ernesto von seinen Erfahrungen mit Segelflugzeugen in Argentinien erzählte.

DIE TREFFEN MIT SEINEN FREUNDEN

Als ich eines Abends nach Hause kam, vernahm ich aus dem
ersten Stock einen großen Tumult, was mich aber nicht weiter
beunruhigte, da sich dort meine Kinder mit ihren Freunden
fast jeden Tag trafen und lauthals miteinander diskutierten.

Die Schlafzimmer unseres Hauses in der Avenida Aráoz
mündeten alle auf den Balkon, und im Sommer standen die
Türen sperrangelweit offen. So konnte auf der Straße jedes
Wort vernommen werden, das im Haus gesprochen wurde.

Damals regierte General Perón in Argentinien, und weder
ich noch meine Frau und unsere Freunde standen auf seiner
Seite. Die Diskussionen waren oft sehr heftig, und die Leute
blieben auf der Straße stehen, um ihnen zu lauschen, doch niemand griff ein. Obwohl es in jener Zeit nicht unbedingt angebracht war, gegen die Regierung zu sein, war mein Haus ein
Treffpunkt, wo jeder seine Meinung sagen konnte.

Als ich an jenem Abend die Treppe hinaufstieg, lauschte ich
der Diskussion im Eßzimmer. Es war ungefähr ein halbes Dutzend Freunde meiner Kinder dort versammelt. Ich hatte Ernesto bereits über Politik reden hören und wie er dabei ein großes
Wissen an den Tag legte, worauf ich sehr stolz war. Aber an diesem Abend hörte ich ihn mit viel mehr Ernst, Sicherheit und
Fachkenntnis über ein philosophisches Thema sprechen, wie
ich dies bislang noch nie erlebt hatte.

Von der Philosophie kamen sie auf die Literatur und behandelten weiter viele politische Themen. Die Treffen in meinem
Haus fanden nicht immer in diesem Debattierstil statt, manchmal trafen sie sich nur, um über banale Dinge zu reden, Musik
zu hören oder zu tanzen.

Woran ich mich mit großer Zufriedenheit erinnere, ist, daß
bei allen Diskussionen, über welches Thema auch immer, eine
große Kameradschaft unter ihnen herrschte, und niemals verließ einer der Gäste verärgert oder beleidigt unser Haus.

DER SPITZNAME „CHANCHO"

Ich weiß es schon nicht mehr, wer Ernesto den Spitznamen „Chancho" (das Schwein) verliehen hat oder ob er es selbst war und so seine Artikel unterschrieb, die er für die Zeitschrift „Tackle de Rugby" schrieb.

Möglicherweise nannte ihn so ein Kommilitone von der Medizinischen Fakultät, da er immer wenig Hemmungen an den Tag legte und auch schon mal ohne Handschuhe arbeitete. Er machte sich über seinen Spitznamen lustig und benutzte ihn, um seine Artikel zu unterzeichnen. Später schickte er solcherlei unterzeichnete Briefe durch die feindlichen Linien, ohne daß man herausfinden konnte, wer der Absender war. Sein Freund Figueroa nannte ihn immer so, was mich allerdings sehr störte. Eines Tages wurde ich wütend und bedachte ihn mit einem noch härteren pejorativen Spitznamen. Figueroa nahm es mit viel Humor und war nicht beleidigt. In der Folgezeit sagte er allerdings, sobald er mich kommen sah und ohne daß ich es mitbekam: „Ah, da kommt Chancho Senior." Erst neulich unterhielt ich mich mit ihm — er ist heute ein ernsthafter Mann, verheiratet und hat Kinder —, und er erzählte mir von seiner damaligen Reaktion, worauf wir beide in lautes Lachen ausbrachen.

ERNESTO UND DER SPORT

Ernesto war mit einer ausgezeichneten körperlichen Konstitution auf die Welt gekommen, aber wegen einer Lungenentzündung im Alter von zwei Wochen verblieb eine Anfälligkeit für Lungenkrankheiten. Zwei Jahre später äußerte sich diese Anfälligkeit bei seinem ersten Asthmaanfall.

Der Anfall dauerte mehrere Tage, und Ernesto blieb von dieser Krankheit lebenslang gezeichnet. Sie beeinträchtigte ihn immer wieder und stellte ein großes Problem in seinem Leben dar. Aber er kämpfte mit einem eisernen Charakter gegen das Übel an, mit Hilfe von körperlichen Übungen, vor allem mit Schwimmen und Gymnastik. Er schaffte es, diese Beeinträchtigung vergessen zu machen und sogar ein guter Schwimmer und ausgezeichneter Golfspieler zu werden. Außerdem betrieb er Sportarten wie Fechten, Rollschuhlaufen, Reiten,

Boxen, Handball und Schlagball, Tennis, Fußball, Rugby und Bergsteigen.

Jemand, der eine gute körperliche Konstitution besitzt, kann all diese Sportarten betreiben, und es ist sehr schwierig, in allen gute Leistungen zu erbringen. Doch es ist beeindruckend, daß ein kränklicher Junge, der das Klima von Buenos Aires nicht ertrug und dort manchmal nicht einen Häuserblock weit gehen konnte, im Laufe der Jahre so anstrengende Sportarten wie Rugby und Bergsteigen betrieb.

Als er in Mexiko war, stieg er zum Training auf die großen Gipfel, von denen einige in einer Höhe von mehr als 5000 Meter lagen. So sah das Training aus, um in Kuba als Guerillero in Form zu sein.

Dieses Training kam ihnen im Befreiungskrieg in Kuba sehr zugute — das plötzliche Auftauchen und schnelle Verschwinden ist eine der wichtigsten Aktivitäten der Guerilla und weit ausgeprägter als in jeder konventionellen Armee.

Diese Willenskraft, um die Beeinträchtigung durch das Asthma zu überwinden, war es, was unsere Familie am meisten an Ernesto bewunderte.

FUSSBALL

Jedes Mal, wenn Ernesto sich etwas wohler fühlte, betrieb er eine seiner Lieblingssportarten, wie zum Beispiel das Fußballspielen. Schon als Kind verwandelte er in Alta Gracia irgendein Ödland in ein Fußballfeld, da es keine besonderen Spielplätze für Kinder gab, was Ernesto und seine Freunde nicht weiter störte. Sobald sie eine gerade Fläche ohne Gestrüpp fanden, spielte die ganze Kinderschar dort Fußball; ein paar Pullover oder Jacken markierten das Tor. Hatten sie einmal keinen richtigen Ball, so bastelten sie sich einen aus zusammengepreßtem Zeitungspapier, das sie mit Stricken oder Bändern umwickelten. Ganz gleich, ob es kalt oder warm war, ob es regnete oder ein starker Wind blies, der Fußball hatte meine Söhne und die anderen Jungs in Alta Gracia — ja, warum sollte man nicht sagen, die Jungen der ganzen Länder — in seinen Bann gezogen.

Ich erinnere mich noch an die Anfänge dieses Sports in unserem Land und weiß noch gut, wie viele Tore uns die Englän-

Ernesto (mit Schulkameraden) in der untersten Reihe der zweite von links.

Unsere Familie lebte 1946 in der Calle Chile Nr. 288 in Córdoba. Ernesto bereitete sich damals auf das Abitur am Colegio Dean Funes vor.

Unterschriften von Ernesto (am unteren Rand) und seiner Klassenkameraden.

der reinsetzten, als sie bei uns zum ersten Mal spielten. Der beste Argentinier damals hieß Alumni, und die meisten Spieler der Mannschaft stammten aus englischen Familien. Trotzdem triumphierten bei jedem Spiel die englischen Mannschaften, wobei ich mich noch an Ergebnisse wie 40:0 oder gar 50:0 erinnern kann. Die Zuschauer auf den Tribünen in ihrem übertriebenen Nationalismus tobten vor Wut, beleidigten die Gastmannschaften und stellten „französisches Brot" her — so nennt man es in Argentinien, wenn jemand aus Protest mit den Füßen auf den Boden stampft. Aber die Engländer zeigten sich unbeeindruckt. Sie wußten noch nicht, welchen Samen sie in unser Land gestreut hatten. Die Fußballfelder sprossen an allen Orten wie Pilze aus dem Boden, und zwanzig Jahre später gewannen unsere jungen Mannschaften bereits die ersten Spiele in England. Deshalb kann man verstehen, warum es in unserem Land geradezu zu einem Fußballfanatismus kam, der alle ansteckte.

Die Montagsausgaben der Zeitungen berichteten in vier oder fünf Seiten über die Spiele des vorangegangenen Sonntags mit allen möglichen Kommentaren und Fotos.

Als wir einmal im Hotel „Sierra" in Alta Gracia waren und meine beiden Söhne Roberto und Ernesto erst acht und elf Jahre alt waren, neckte sie ein Freund von mir: „Ihr kennt also nicht die Namen der Spieler von Boca?"[1] Wie groß war seine Überraschung, als die beiden gleichzeitig und in rasanter Geschwindigkeit die Namen der elf Spieler aufzählten. Die Umstehenden mußten aus vollem Halse lachen über die Schnelligkeit, mit der die Antwort gekommen war. Die meisten wußten jedoch nicht, daß die beiden außerdem die Namen der Spieler von River Plate, Racing, Tigre und der meisten Mannschaften aus der ersten Liga aufzählen konnten, so waren die beiden vom Fußball fasziniert.

Ernesto perfektionierte immer mehr seine Spielweise, so daß er sich sogar auf der gemeinsamen Reise mit seinem Freund Alberto Granados durch einen großen Teil Südamerikas in einer kolumbianischen Grenzstadt damit das Geld für ein Flugticket nach Bogotá verdienen konnte.

---

[1] Boca Juniors, Fußballclub von Buenos Aires aus der 1. Liga

RUGBY

Ernesto liebte auch den Rugbysport, und als wir in Córdoba wohnten, begann er gemeinsam mit seinem Bruder Roberto im dortigen Rugbyclub „Estudiantes" zu spielen. In unserem fliesenbelegten Innenhof in der Calle Chile trainierten die beiden und übten die „Tackles" ein. Ernestos Freunden zufolge war sein „Tackle" einfach umwerfend.

Damals gab es nur einen Club in Córdoba, der neben einem steinharten Spielfeld nie genügend Spieler für eine vollständige Mannschaft hatte.

Als Ernesto nach Buenos Aires zurückkehrte, schrieb ich ihn als Mitglied im Club SIC (San Isidro Club) ein, den ich einst mitgegründet hatte. Dort widmete er sich gemeinsam mit seinem Bruder Roberto intensiv dem Rugby. Ich war jedoch in Sorge, weil Ernesto, der noch immer unter dem Asthma litt, diesen anstrengenden und harten Sport betrieb. Allgemeine Warnungen waren jedoch umsonst, er war ein Dickkopf, und da ihm der Rugbysport gefiel, spielte er trotz seiner Krankheit.

Wenn Ernesto spielte, stand ein Freund von ihm an der Außenlinie, um ihm, wenn es nötig wurde, etwas Sauerstoff zum inhalieren zu geben. War er erschöpft, bat er den Schiedsrichter um Erlaubnis und inhalierte, um dann weiterzuspielen.

Die Ärzte warnten mich, daß dieser Sport für Ernesto selbstmörderisch sei und sein Herz die Belastung nicht aushalten könne. Ich sagte ihm dies immer wieder, doch er antwortete mir: „Vater, mir gefällt Rugby und selbst wenn ich zugrundegehe, spiele ich weiter."

Angesichts von soviel Hartnäckigkeit entschloß ich mich, andere Mittel zu ergreifen. Mein Schwager Martínez Castro war der Präsident des SIC, und ich bat ihn, Ernesto aus der Mannschaft zu nehmen, was er prompt tat, worauf Ernesto voller Wut zum Nachbarclub „Atalaya" ging und dort weiterspielte.

In meinem Büro stellten Ernesto, Roberto und ihre Freunde eine Zeitschrift her, die sie „Tackle" nannten. Ihre Artikel in der Zeitschrift unterzeichneten die Jungjournalisten mit Pseudonymen — das von Ernesto war Chang-Cho, dies klang chinesisch und erinnerte zugleich an seinen Spitznamen.

MEINE SCHWESTER BEATRIZ UND ERNESTO

Wenn man heute in allen Einzelheiten über Ernestos Leben schreiben kann, so ist dies zum großen Teil meiner Schwester Beatriz zu verdanken, die in fast kultischer Weise alles aufbewahrte, was in irgendeinem Zusammenhang mit ihm stand.

Meine Schwester Beatriz hatte nie geheiratet, und da sie keine Kinder hatte, war sie so der ewige Schutzengel der Familie. Besonders mochte sie Ernesto, der ihre Liebe erwiderte. Sie betrachtete Ernesto als ihren Sohn und umsorgte ihn wie eine Mutter. Es war rührend, die beiden zusammen zu sehen.

Beatriz ist heute bereits neunzig Jahre alt und noch immer wacht sie eifersüchtig über die Briefe, die Ernesto ihr schrieb. Es waren sehr viele, denn er schrieb ihr über fünfunddreißig Jahre lang und begann dies bereits mit vier Jahren, wobei noch Celia ihm die Hand führte. Später unterschrieb er seine Briefe mit TT — seinem Kosenamen Tété — mit dem er seit seinem ersten Lebensjahr gerufen wurde.

Dieses Pseudonym benutzte er noch später als erwachsener Mann, unterschrieb damit seine Briefe und verhinderte so, daß die Geheimdienste ihn identifizierten, denn niemand außer uns wußte von diesem Namen.

Der Briefwechsel mit Beatriz war reichhaltig und regelmäßig, da sie nie versäumte, einen seiner Briefe zu beantworten und ihn so über die Neuigkeiten aus der Familie auf dem laufenden hielt.

Ernesto schrieb mir oder Celia oft Briefe, in denen es dann hieß: „Von Beatriz weiß ich diese oder jene Sache", und ließ uns somit wissen, daß wir ihm irgendeinen Brief nicht beantwortet hatten.

Beatriz hielt ihn nicht nur in den Familienereignissen auf dem laufenden, sondern schickte ihm regelmäßig Pakete mit argentinischen Zeitungen, wo immer er sich auch aufhielt.

Worum sich meine Schwester Beatriz aber am meisten sorgte, war, daß Ernesto immer mit Mate versorgt war, ohne den er nicht leben konnte, weil er sich nicht nur daran gewöhnt hatte, sondern weil er auch gut für seine Gesundheit war, wie auch Yanal, ein Antiasthmatikum, das man nur in Buenos Aires erhalten konnte.

Wir verließen 1947 Córdoba und zogen wieder nach Buenos Aires. Ernesto schloß sich später *er* Familie an und schrieb sich in der Medizinischen Fakultät in Buenos Aires ein. (In Buenos Aires mit seinem Schwager Luis Rodriguez.)

e Zuneigung meiner Schwester Beatriz für Ernesto rührt noch von der Zeit her, als der weni-*e* Jahre alte Ernesto sich eine starke Erkältung zuzog, die sich dann zu einer Lungenentzün-*ung* entwickelte. (Auf dem Foto Ernesto mit seiner Mutter, der Großmutter und seiner Tante Beatriz.)

Die Behandlung des Asthmas war für Beatriz von großer Wichtigkeit. Als wir in Alta Gracia lebten, teilte sie uns in ihren regelmäßig eintreffenden Briefen mit, ob es neue Medikamente gab, oder schickte uns Artikel aus Fachzeitschriften über seine Krankheit. Ernestos Asthma wurde von Beatriz mitgelitten, als wäre es ihre eigene Krankheit.

Als Ernesto wieder in Buenos Aires lebte, war sie stets in seiner Nähe, sie achtete darauf, daß er seine Medikamente einnahm, daß er die richtige Nahrung zu sich nahm und daß er sich warm genug anzog.

In der Calle Arenales 2208, wo meine Schwester im fünften Stock seit dreißig Jahren lebte, verbrachte Ernesto lange Nächte, in denen er für sein Medizinstudium lernte. Meine Schwester schlief nicht, während er arbeitete; sie hatte alles bereit, um ihm rasch seinen Mate zuzubereiten und ihm in den Pausen Gesellschaft zu leisten. All dies tat sie mit großer Liebe.

Die Geschichte ihrer Zuneigung zu Ernesto begann in der Stadt Rosario, wohin sie in Begleitung meiner Mutter und meiner Schwester Ercilia aus Buenos Aires angereist war, weil der Neugeborene eine schwere Grippe hatte, die schließlich zu einer Lungenentzündung führte.

Sie blieben so lange bei uns, wie seine Krankheit andauerte, und diese Verbundenheit zu dem Säugling verwandelte sich mit der Zeit in eine richtige Liebe, die er reichlich mit seiner Verehrung für seine Tanten und die Großmutter belohnte.

Jahre später, als Ernesto sich im Ausland aufhielt, führte er weiterhin einen regelmäßigen Briefwechsel mit Beatriz, und so kann man in groben Zügen die Entwicklung seines Lebens nachvollziehen. Heute helfen die Briefe, mit Genauigkeit alles zu bestimmen, was im Zusammenhang mit seinen Reisen, seiner Arbeit und auch seinen revolutionären Aktivitäten steht.

In diesem Buch werden einige dieser Briefe mit den entsprechenden Kommentaren wiedergegeben, wie auch andere, die Ernesto an seine Mutter oder an mich schickte.

Der 9. Januar ist der Geburtstag meiner Schwester, und es verging nicht ein einziger, an dem sie nicht persönlich, per Brief oder Telegramm einen liebevollen Gruß von Ernesto erhielt. So auch aus Kuba, nachdem er bei dem Überfall in Alegría de Pío schwer verletzt worden war. Der Brief von ihm war aus Manzanillo, das damals noch von den Truppen Batistas besetzt war, abgeschickt worden. Trotz dieser großen Gefahr schmuggelte ein Vertrauter Ernestos den Brief durch die feindlichen Linien, um die Nachricht von Ernesto an seine Tante Beatriz zu übermitteln — dieser jemand wußte wahrscheinlich von der großen Liebe Ernestos zu ihr. Um nach Manzanillo zu gelangen, mußte derjenige, der den Brief dorthin brachte, sicher sein Leben aufs Spiel setzen. Hierbei muß daran erinnert werden, daß der blutrünstige Ex-Unteroffizier Batista, unterstützt durch die Regierung der Vereinigten Staaten, seine diktatorische Herrschaft auf brutalste Weise ausübte. Wer aus den feindlichen Linien in seine Hände fiel, wurde auf unmenschliche Weise gefoltert und meistens von den Polizeischergen ermordet.

1961 traf sich unsere ganze Familie mit Ernesto in Punta del Este, wo er als Vertreter Kubas an einer Konferenz teilnahm. Er reiste nur für einige Tage an, war sehr beschäftigt und konnte uns nur die Zeit während des Essens widmen. Wenn Ernesto in seiner Uniform am Tisch Platz nahm, achtete er darauf, daß neben ihm seine Mutter und Tante Beatriz saßen, und eine seiner Hände ruhte stets auf einer ihrer Schultern. Für Beatriz war es der größte Stolz, diese Aufmerksamkeit von Ernesto zu erhalten.

Beatriz hatte Ernesto vor Punta del Este sechs lange Jahre nicht gesehen, und als sie erfuhr, daß sie ihn bei der Konferenz treffen würde, war sie so außer sich vor Freude, daß sie einen Schwächeanfall erlitt. Sie fühlte sich nicht kräftig genug, die Reise zu unternehmen, und erst nach langem Zureden konnten wir sie überzeugen mitzufahren.

EINIGE ERINNERUNGEN AN ERNESTO — SEINE ZÄRTLICHKEIT —

Da er immer Witze machte, lustig war und im allgemeinen die Dinge auf die leichte Schulter nahm, erweckte Ernesto nicht den Eindruck, als besäße er diese tiefe Sensibilität, für die er im Laufe seines Lebens so viele Beweise lieferte.

Eines Tages sagte mir Celia, sie hätte einen Knoten in ihrer Brust entdeckt, worauf ich sie sofort zu dem besten Spezialisten in Buenos Aires brachte, der nach einer anfänglichen Strahlenbehandlung eine Gewebeprobe nahm, um festzustellen, ob eine Operation nötig sein würde.

In dieser Zeit befand sich Ernesto mitten im Medizinstudium, und da er erst im zweiten Jahr studierte, durfte er noch nicht eingreifen, als die Ärzte sie behandelten, aber es entging ihm nicht eine einzige Diagnose, und er erkundigte sich laufend über den Verlauf der Krankheit. Hierin sah ich einen Ausdruck seiner großen Liebe und Zärtlichkeit, die er für seine Mutter hegte.

Als der Tumor nach der Untersuchung operiert werden mußte, wurde dies von einem der besten Chirurgen aus Buenos Aires durchgeführt.

Ernesto, der sich bis dahin völlig unter Kontrolle gehabt hatte, verlor jedoch die Fassung, als er hörte, daß seine Mutter in den Operationssaal gebracht würde und daß der Ausgang der Operation sehr zweifelhaft war. Zum Glück verlief die Operation erfolgreich.

Ernesto verfolgte die Besserung seiner Mutter Schritt für Schritt. Sie lebte danach noch siebzehn Jahre, und ihr Sohn beobachtete während dieser Zeit jedes Symptom, das sich bei ihr zeigte, und befragte sie mit äußerster Behutsamkeit über mögliche Beschwerden. Besorgt über die Gesundheit seiner Mutter, ließ er sie jedes Mal, wenn sie nach Kuba kam, von den besten kubanischen Ärzten untersuchen.

In seinen Briefen gab er ihr immer Ratschläge über Vorsichtsmaßnahmen, die sie im Interesse ihrer Gesundheit treffen sollte.

Dieser Beweis für seine Liebe erstreckte sich nicht nur auf seine Mutter, sondern auch auf meine Schwester Beatriz und seine Großmutter, die er beide sehr verehrte. Seine Zuneigung wurde auch in den Briefen deutlich, die er uns regelmäßig schickte. Er war immer um seine Tante María Luisa besorgt, die unter einer halbseitigen Lähmung litt, wie auch um alle anderen Familienmitglieder, die nicht ganz gesund waren.

An anderer Stelle erzählte ich bereits, wie Ernesto 1947 nach der Erkrankung seiner Großmutter Córdoba und seine Arbeitsstelle verließ, da er in Sorge um sie war. Sie hatte ein Blutgerinnsel im Gehirn, und ihre Lage war sehr ernst. Kaum hatte

er das Telegramm erhalten, das ihn über die Krankheit seiner
Großmutter informierte, packte er seine Koffer und fuhr sofort nach Buenos Aires und ließ seine Arbeit zurück. Ernesto
wich nicht vom Bett meiner Mutter und versuchte, ihr Leiden
auf alle möglichen Arten zu lindern. Wir alle konnten sehen,
daß ihre Krankheit sehr schwerwiegend war. Als Ernesto mit
Verzweiflung sah, daß seine Großmutter nicht mehr aß, versuchte er mit einer unvergleichlichen Geduld, ihr Nahrung zu-
zuführen. Er blieb bis zuletzt bei ihr.

Der Eindruck des Todes seiner Großmutter auf Ernesto war
sehr stark, und ich erinnere mich an seine Worte: „Vater, ich
wechsel den Beruf. Ich werde nicht weiter Ingenieurwissenschaften studieren, sondern mich der Medizin widmen." Das
war das Resultat der siebzehn beklemmenden Tage am Bett
meiner Mutter. Er war verzweifelt über die Hilflosigkeit der
Ärzte und der Medizin und beschloß daher, einen Berufsweg
einzuschlagen, der es ihm möglich machte, die Übel, unter denen die Menschheit litt, zu lindern.

ERNESTO UND SEIN FREUND CARLOS FIGUEROA

Carlitos, wie er liebevoll von seinen Freunden genannt wurde,
verbrachte die Sommer meistens in Alta Gracia, wo er ein Haus
seiner Eltern bewohnte, das ganz in der Nähe des unseren
stand. Hier begann seine Freundschaft mit Ernesto, die sich
noch vertiefte, als sich die beiden in Buenos Aires wiedertra-
fen.

Als erwachsener Mann, verheiratet und mit einigen Kindern, war Carlos Figueroa ganz gerührt, wenn er von Ernesto
sprach. Es ist noch nicht lange her, daß ich mich mit ihm unterhielt und er mir einige Anekdoten erzählte, die ich hier wiedergeben möchte.

Es war im Jahre 1949. Carlitos und Ernesto befanden sich in
Buenos Aires und wollten in die von der Hauptstadt ungefähr
sechshundert Kilometer entfernte Provinz Córdoba fahren.
Sie verfügten zu dieser Zeit über ziemlich wenig Geld, und außerdem war es ihnen sowieso völlig egal, mit welchem Verkehrsmittel sie reisten und wo sie übernachteten. Sie fuhren oft

per Anhalter und schafften es selten, noch am gleichen Tag an-zukommen, weshalb die beiden die Nächte irgendwo verbrin-gen mußten, sei es bei einer zufälligen Bekanntschaft, der sie mitgenommen hatte, sei es in einem Eisenbahnwaggon oder auf dem freien Feld: Egal wo und wie sie übernachteten, Hauptsache, sie kamen voran.

Sie standen schon längere Zeit am Straßenrand, als endlich ein Lastwagen mit einem großen Anhänger anhielt. Sie spra-chen mit dem Fahrer, der sich bereit erklärte, die beiden mitzu-nehmen, allerdings unter der Bedingung, daß sie ihm bei der Brücke in der Nähe Rosarios helfen sollten, den Aufbau des Lastwagens mitabzubauen, damit er mit dem Lastwagen unter der Brücke durchfahren könne. Die Antwort ließ nicht auf sich warten, und so ging es los. Der Fahrer bot ihnen sogar noch an, die Arbeit und ein Essen zu bezahlen. Ein besseres Angebot konnten sie nicht erhalten. Das ging weit über ihre Erwartun-gen. Kurz bevor sie in die Stadt Rosario kamen, sahen sie schon von weitem die bewußte Brücke und begannen daraufhin, den oberen Teil des Anhängers abzumontieren. Die ganze Arbeit dauerte ungefähr fünf Stunden, nach deren Abschluß der Fah-rer sein Wort hielt und die beiden zu einem üppigen Mahl in ei-nem Gasthaus an der Straße einlud.

Als sie ein anderes Mal nach Córdoba fuhren, mehrmals be-reits die Verkehrsmittel gewechselt hatten und öfters in Gast-häusern etwas gegessen hatten, kamen sie völlig abgebrannt in Rosario an. Zwar hätten sie nun weiterfahren können, doch hatten sie einen Riesenhunger und überlegten, wie sie zu Geld kommen konnten. Da sahen sie einen Mann mit einem Hand-wagen, der Obst verkaufte. Sie sprachen mit ihm und einigten sich, daß sie die Früchte gegen eine Kommission verkaufen könnten.

Kurz darauf begannen die beiden, sich in ihrem neuen Beruf einzuarbeiten. Der Medizin-Student Ernesto und der Jura-Student Carlitos hielten ihre Hände an den Mund und verkün-deten lauthals: „Hier gibt's Ananas! Hier gibt's Ananas! Ana-nas! Ananas!"

Mißtrauisch ließ der Besitzer des Handwagens die beiden nicht aus den Augen. Nach einiger Zeit war der Mann jedoch außer sich vor Freude, denn seine beiden Gehilfen hatten das ganze Obst verkauft, was dem Besitzer oft nicht gelang. Ernesto und Carlos waren ebenfalls zufrieden, denn jetzt konnten sie ihre Reise mit ein paar Pesos in der Hand fortsetzen.

Sie kauften sich etwas zu essen, verabschiedeten sich von ihrem zufälligen Teilhaber wie von einem alten und guten Freund und setzten ihre Reise fort.

Carlitos meinte, daß er in seinem Leben keinen großzügigeren Menschen als Ernesto kennengelernt habe. In diesem Zusammenhang berichtete er mir: „Eines Tages war ich völlig blank, und auch Ernesto hatte keinen einzigen Heller, doch ich wußte, daß er auf der Postsparkasse ein Guthaben in Höhe mehrerer Monatsgehälter besaß, das für Reisen in das Landesinnere bestimmt war.

Ich erzählte ihm mein Leid: ich hatte nicht einen Pfennig und mußte eine Ehrenschuld begleichen. Ich weinte ihm etwas vor, und Ernesto holte ohne zu zögern sein Sparbuch. Er überwies mir sein Guthaben mit den Worten: ‚Hier hast du mein Gespartes, benutze es, wozu du meinst. Wenn du kannst, gibst du es mir zurück, es eilt nicht.'

Bei einer anderen Gelegenheit bot ich ihm einen Golfstock an, der einer Tante von mir gehörte, da ich wußte, daß er sehr gerne Golf spielte. Es war ein vorsintflutlicher Stock, der ihn fünf Pesos kostete. Dann kam der unangenehme Teil der Geschichte: Meine Tanten erfuhren von dem Handel und fingen an, Zeter und Mordio zu schreien. Ich versuchte, die Angelegenheit wieder ins Reine zu bringen, aber es hatte keinen Zweck. Die Tante stellte sich stur und wollte ihr Schatzstück zurückhaben. Ich war in der Zwickmühle und mußte Ernesto die Wahrheit gestehen, daß der Schläger nicht mir, sondern meiner Tante gehöre und daß ich ihn gemopst hätte.

Ernesto reagierte auf ganz philosophische Weise: Er gab mir den Stock wortlos zurück. Er wußte, daß sich seine fünf Pesos in Rauch aufgelöst hatten."

STUDIUM UND ARBEIT

Wie ich schon ausführte, lebte und arbeitete Ernesto längere Zeit in Córdoba und beabsichtigte, wie sein Freund Alberto Granados, Ingenieurwissenschaften an der dortigen Universität zu studieren. Dies wäre auch hinsichtlich der Arbeitsstelle bei der Materialuntersuchungsabteilung des Straßenbauamtes Córdoba das einfachste gewesen, doch es sollte anders kommen.

Wegen der schweren Krankheit seiner Großmutter kehrte er im März 1947 nach Buenos Aires zurück. Eine Rückkehr nach Córdoba schloß er aus, da die Krankheit der Großmutter einen Sinneswandel in ihm bewirkt hatte: er wollte nun Medizin studieren.

Kaum hatte er sich in der Medizinischen Fakultät von Buenos Aires eingeschrieben, suchte er nach einer Möglichkeit, sich den Lebensunterhalt zu verdienen. Mit Hilfe eines Freundes besorgte ich ihm eine Stelle in der Versorgungsabteilung der Stadtverwaltung von Buenos Aires. Später arbeitete er in der Impfabteilung der gleichen Stadtverwaltung.

In jener Zeit lernte er Dr. Pisani kennen, dessen Asthmapatient er zunächst war. Dieser Professor fand ihn sympathisch und bot ihm eine Stelle in seinem Labor an. Trotz all dieser Beschäftigungen verfolgte Ernesto weiterhin seine Studien an der Medizinischen Fakultät von Buenos Aires und legte im April 1948 sein erstes Examen ab. Im gleichen Jahre ließ er sich noch in zwei weiteren Fächern prüfen.

In den beiden folgenden Jahren besteht er die Prüfungen in sechs weiteren Fächern. 1950 bekommt er eine Stelle bei der Staatlichen Handelsflotte als Krankenpfleger, damit bot sich ihm die Gelegenheit, mehrere Reisen durch Amerika zu machen. Im gleichen Jahr befuhr er den Norden Argentiniens mit seinem Motorrad.

SECHSTER TEIL

ERNESTOS REISEN DURCH
ARGENTINIEN IM JAHRE 1950

Vor kurzer Zeit entdeckte ich in unserem Haus in der Calle Arenales zufällig einen Karton, der alte Bücher und Hefte Ernestos enthielt. Ich fing an, in ihnen herumzublättern. Dem dicksten Heft, mit zerfleddertem Deckel sah man an, daß es schon weit gereist war.

Die sonderbare Handschrift Ernestos stach mir sofort ins Auge. Es war sein mit Bleistift hastig skizziertes Reisetagebuch, das ihn auf seiner ganzen Fahrt begleitete. Durch das ständige Aneinanderreiben der Blätter ist die Schrift an einigen Stellen so schlecht, daß es fast unmöglich ist, diese zu lesen.

Mit großer Mühe rettete ich wenigstens einen Teil der Aufzeichnungen, und obgleich ich es nicht schaffte, alles zu entziffern, war die Arbeit doch von großem Nutzen.

Ich hatte schon vorher einiges über Ernestos Reisen erfahren, aber ich wußte nichts von der Existenz dieser Tagebücher. Wahrscheinlich habe ich es irgendwann einmal gewußt, ihnen aber keine weitere Bedeutung beigemessen. In seinen Briefen hatte ich mehrere Reisebeschreibungen von ihm gelesen, und jetzt erzählten mir diese Hefte vieles mehr aus seinem Leben, den Abenteuern, den Gefühlen und der Art und Weise, wie er Dinge aufnahm, denen er besondere Bedeutung beimaß, und auch darüber, wie er auftauchende Probleme auf seinen Reisen löste.

Es hat mich viel Arbeit gekostet, diese Aufzeichnungen zu transkribieren. Seine Schrift war mir so vertraut, daß ich seine Gegenwart spürte, als ich die Tagebücher las, und doch war diese Arbeit für mich sehr schmerzlich, denn in jedem Augenblick wurden vergangene Dinge angesprochen und ich erinnerte mich mit jeder Zeile an ihn.

Seine Handschrift ist für jemanden, dem sie nicht geläufig ist, fast unleserlich. Manchmal übergeht er ganze Wörter und die Buchstaben gehen ineinander über. Er hat eine sehr flüssige Handschrift, die viel über seinen leidenschaftlichen und gefühlsgeladenen Charakter aussagt. Ich habe einige Übung darin, anhand der Handschrift Charaktere zu untersuchen. Im Fall meines Sohnes stimmte diese Arbeit mich sehr traurig. Auf jeden Fall ist diese Arbeit vollendet, und ich bin froh darüber, daß ich diese interessanten Notizen retten konnte.

Eigentlich hätte ich die ganzen Reisebeschreibungen hier wiedergeben sollen, doch diese Absicht wollte ich in diesem Buch nicht verfolgen und so gebe ich nur ausgewählte Dokumente der Reisetagebücher wieder.

Betrachtet man alle diese Reisetagebücher, auch die von seinen ersten Reisen durch Argentinien, so kann man in aller Klarheit die Entwicklung seiner Art zu denken und die Verfeinerung seines Schreibstils nachvollziehen. Außerdem sind diese Schriften, die Ernesto täglich auf seinen Reisen anfertigte, seine ersten literarischen Versuche.

Da diese Reisehefte Ernestos wahrscheinlich oft auf einer schlechten Unterlage und in Momenten, die dieser Art von Arbeit wohl wenig angemessen waren, geschrieben wurden, findet man oft unleserliche Worte, andere, die nicht mit dem entsprechenden Satz zusammenzuhängen scheinen, viele fehlende Wörter oder sogar fehlende Sätze. In diesen Fällen habe ich die Korrektur in Klammern angegeben.

Bevor ich die Reise von Buenos Aires nach Córdoba wiedergebe, bei der siebenhundert Kilometer zurückgelegt wurden, möchte ich eine kurze Skizze der Landschaft geben, die er dabei durchquerte.

Verläßt man die Hauptstadt gen Norden, so durchquert der Reisende zweifelsohne die reichsten der argentinischen Provinzen — zunächst die Provinz Buenos Aires, auf die die Provinz Santa Fe folgt. Beide haben eine ähnliche Struktur: es werden Mais, Flachs, Weizen, Klee und Sonnenblumen angebaut, daneben gibt es eine intensive Viehwirtschaft. Die Landschaft besteht aus sanften Hügeln mit natürlichen Wiesen und schattenspendenden Bäumen. In der Provinz Córdoba beginnt sich die Landschaft zu ändern: je weiter der Reisende nach Norden kommt, um so trockener wird der Boden und um so spärlicher die Vegetation.

Bei klarer und wolkenfreier Sicht kann man bereits in der Nähe von Córdoba die blaue Linie der Bergkämme der Sierra erkennen.

Die Stadt selbst liegt in einem Tal, das von dem Primero-Fluß durchzogen wird. Die ersten Berghänge beginnen an den

Rändern der Stadt. Die cordobesischen Sierras verlaufen von Norden nach Süden entlang der Provinz und tragen die Namen „Sierra Chica" und „Sierra Grande". An ihren höchsten Stellen erreichen sie 2800 Meter in der Sierra Grande und 1500 Meter in der Sierra Chica. Diese Gebirgskette setzt sich in der Provinz La Rioja bis in die Andenkordilleren fort und erreicht dort teilweise eine Höhe von ca. 7000 Metern. Diese Bergketten reichen bis in die Provinzen Catamarca, Jujuy und Salta hinein.

Die Provinz Santiago del Estero zeichnet sich aus durch riesige Salzbergwerke, viele Flüsse mit sandigen Flußmündungen und dichte Wälder im Norden. Im Sommer ist dort die Temperatur fast unerträglich, und es herrscht ein großer Wassermangel.

Die Provinz Tucumán befindet sich im Zentrum des Landes und ist fast eine Verlängerung der Provinz Córdoba, mit Bächen, Flüssen, Tälern, Wäldern und Bergen bis zu 3000 Metern Höhe. Das waren die Landschaften, die Ernesto mit seinem Fahrrad mit Hilfsmotor auf seiner mehr als 4500 Kilometer langen Rundreise durchfuhr. Nachdem ich die Leser etwas mit dem Aussehen dieser Landschaften vertraut gemacht habe, werde ich jetzt einige Seiten aus den erwähnten Reiseerinnerungen wiedergeben.

ERNESTOS REISE IN DEN NORDEN ARGENTINIENS

„Hier ein kurzer Rückblick auf die Reise, die mich nach Santiago, Tucumán, Catamarca, La Rioja, San Juan, Mendoza, San Luis, Buenos Aires und Miramar führen sollte. Jujuy und die beiden Küstenprovinzen durchfuhr ich bei dieser Reise nicht.

Als ich Buenos Aires am 1. Januar 1950 verließ, war ich voller Zweifel über die Leistungskraft der Maschine und nur von der Hoffnung erfüllt, bald in Pilar anzukommen, das am Ende der Tagesetappe stand und das nach einigen ‚wohlmeinenden' Kommentaren in der Familie sowieso das Ende der Reise sei. Von dort aus sollte es nach Pergamino

weitergehen, das auch als Endpunkt der Reise gehandelt
wurde.

Als ich San Isidro verließ und mich auf der Straße befand,
stellte ich den Motor ab und fuhr, in die Pedale tretend, weiter, als mich ein anderer Radfahrer einholte, der ebenfalls
nach Rosario unterwegs war.

Gemeinsam fuhren wir weiter, und ich fühlte einen stillen
Triumph, als wir an Pilar vorbeiradelten und ich dem
Rhythmus meines Begleiters folgen konnte. Am nächsten
Morgen um acht Uhr kamen wir in San Antonio de Areco,
dem ersten Etappenziel meines Mitfahrers, an. Wir früh-
stückten noch gemeinsam und verabschiedeten uns voneinander. Ich setzte meine Reise fort und erreichte am Abend
Pergamino. Beflügelt von meinem Erfolg, vergaß ich meine
Müdigkeit und fuhr in Richtung Rosario weiter, indem ich
mich einfach an einen Lebensmittellastwagen anhängte und
so kam ich nachts um elf Uhr in Rosario an. Obgleich ich
hundemüde war, setzte sich mein Wille weiterzuradeln
durch und ich führte die Reise weiter.

Ungefähr um zwei Uhr nachts ging ein Regenschauer nieder, der fast eine Stunde andauerte. Ich holte den Regenman-
tel heraus und die Zeltplane, die meine Mutter in weiser Vor-
aussicht in meinen Rucksack gepackt hatte, lachte über den
Regen und schrie dies laut heraus. Um sechs Uhr morgens erreichte ich Leones, wechselte die Zündkerzen aus und tank-
te. Die Fahrt wirkte nun sehr monoton auf mich. Um zehn
Uhr morgens kam ich durch Bell Ville, wo ich mich an einen
anderen Lastwagen dranhing, der mich fast bis nach Villa
Maria mitnahm.

In dieser Ortschaft hielt ich mich etwas auf, und ich überlegte, daß ich insgesamt nur vierzig Stunden benötigte. Es
lagen noch 144 Kilometer vor mir, die mit einer durchschnittlichen Geschwindigkeit von 25 km pro Stunde bald
geschafft wären. Zehn Kilometer später überholte mich ein
Pkw, dessen Fahrer mich fragte, weil ich in die Pedale trat,
ob mir das Benzin ausgegangen wäre und ob ich welches
brauche. Ich verneinte und bat ihn zugleich, mich und mein
Fahrzeug mit 60 km/h zu ziehen. Einige Kilometer ging es
gut, dann platzte der Hinterreifen meines Gefährtes, und ich

Ernesto als Krankenpfleger auf einem Schiff der argentinischen Handelsflotte

Ernesto in Peru im Jahre 1952

kaufte daraufhin das Land — so sagt man in Argentinien,
wenn jemand von einem Fahrzeug oder einem Pferd fällt.

Als ich mein Fahrrad untersuchte, stellte ich fest, daß der
Motor die Decke der Reifen völlig zerstört hatte. Ohne Er-
satzreifen und völlig ermüdet, legte ich mich am Straßen-
rand nieder, um etwas auszuruhen. Eine oder zwei Stunden
später kam ein unbeladener Lastwagen vorbei, der mich
nach Córdoba mitnahm. In einem Mietwagen gelangte ich
nach Granado, meinem Reiseziel, und hatte dafür nur 41
Studen und 17 Minuten gebraucht...

In dem (unleserliches Wort), das ich bereits erwähnte, traf
ich einen Mann, der unter einem Wasserrohr gerade seine
Siesta machte. Wir unterhielten uns miteinander, und als er
erfuhr, daß ich Student war, fand er mich noch sympathi-
scher. Er holte eine schmutzige Thermoskanne und brühte
einen Mate mit so viel Zucker auf, als gälte es, eine alte Jung-
fer zu versüßen.

Nachdem wir uns eine Zeitlang unterhalten und uns ge-
genseitig so manche wahre Geschichte und auch faustdicke
Lügen und Übertreibungen erzählt hatten, erinnerte er sich
angesichts meiner langen Mähne, einmal Frisör gewesen zu
sein. Er nahm eine alte, verrostete Schere, einen schmutzi-
gen Kamm und machte sich an die Arbeit.

Als er mit seiner Arbeit fertig war, gab er mir einen klei-
nen Taschenspiegel, damit ich sein Werk betrachten konnte.
Ich hatte es bis dahin nicht für möglich gehalten, was man al-
les mit einer Schere anrichten könne: Der Haarschnitt war
voller Ecken. Ich trug meine Frisur, als sei sie eine Trophäe,
und fuhr so zum Haus der Familie Aguilar, aber zu meiner
Überraschung achteten sie nicht weiter auf meinen Haar-
schnitt und wunderten sich, nachdem ich mein Erlebnis er-
zählt hatte, mehr darüber, daß ich den süßen Mate getrun-
ken hatte. So gehen eben die Meinungen auseinander.

Nach einigen Tagen des Faulenzens und des Wartens auf
Tomasito fuhr ich gemeinsam mit ihm nach Tanti, das etwa
zehn Kilometer entfernt war.

Zwei Tage später fuhren wir zu unserem anvisierten Ziel,
‚Los Chorillos‘, etwa zehn Kilometer weiter. Das Schauspiel
des Wasserfalls von Los Chorillos, der aus einer Höhe von

fünfzig Metern herabstürzt, lohnt sich wirklich anzuse-
hen…Der Wasserstrahl fällt von unterschiedlich hohen Stu-
fen herab, und eine dicke Dunstglocke liegt über dem Kessel.
An den Fuß des Wasserfalls dringt kein Sonnenstrahl, so daß
das Wasser außerordentlich kalt ist, und man sich sehr über-
winden muß, will man darin auch nur kurz baden.

In der Umgebung gibt es eine Unzahl von Quellen und
einen sehr fruchtbaren Boden, so daß eine Fülle von Farnen
und anderer Feuchtigkeit liebender Pflanzen hier wachsen,
die den besonderen Reiz dieser Gegend ausmachen.

Hier an dem Wasserfall erprobte ich meine Bergsteiger-
künste zum ersten Mal. Ich hatte es mir in den Kopf gesetzt,
entlang des Wasserstrahls nach unten zu klettern, aber als ich
sah, daß es zu steil wurde, und mir daraufhin die Lust ver-
ging, gab ich auf.

Ich hatte die Hälfte der Strecke jedoch schon zurückge-
legt, und es sollte noch ganz schön schwierig werden, wieder
an den Ausgangspunkt meiner Kletterpartie zu gelangen.
Plötzlich gab ein Stein unter meinen Füßen nach, und ich
rutschte wieder etwa zehn Meter zurück, gemeinsam mit
Steinen und Felsbrocken. Als ich zum Stillstand gekommen
war, begann ich den Aufstieg, weil es mir unmöglich war,
weiter hinabzusteigen. Hierbei lernte ich die erste Bergstei-
gerregel: es ist leichter hinauf als hinab zu steigen. Der bit-
tere Geschmack der Niederlage blieb den ganzen Tag über,
doch am nächsten Tag sprang ich aus vier bis zwei Metern
Höhe, es kann auch etwas weniger gewesen sein, in siebzig
Zentimeter tiefes Wasser. "

Ich möchte an dieser Stelle an Ernestos Mutsprünge in Alta
Gracia erinnern, mit denen er die ganze Familie in Angst und
Schrecken versetzte.

„Das löschte in mir den bitteren Geschmack vom Vortage.
Es fing nun an, sehr stark zu regnen, so daß wir unser Zelt
aufbauten. Es war ungefähr sechs Uhr abends, wir saßen in
aller Gemütlichkeit in unserem Zelt, als wir plötzlich das
Tosen des Baches hörten. Aus den Nachbarzelten ertönten
die ersten Rufe: ,Der Bach kommt, der Bach kommt!'

Der Campingplatz stand Kopf, hektisch brachten wir unsere Sachen in Sicherheit. Gregorio riß an der Zeltplane, während Tomás und ich die Heringe herauszogen. Die ersten Wellen ergossen sich bereits über den Platz, und die Leute schrien uns zu: ‚Seid ihr denn verrückt, laßt alles stehen!' und dann folgten einige nicht mehr sehr schöne Worte. Alles hing noch an einem Strick. In dem Moment hatte ich gerade die Machete in der Hand. Bei dem Anblick der vielen Zuschauer konnte ich es mir nicht verkneifen, voller Pathos zu rufen: ‚Es geht los, meine tapferen Mitstreiter!' und mit einem kinoreifen Schlag durchschlug ich die Schnur. Wir brachten alles in Sicherheit, und dann kam die Sturzwelle in ihrer lächerlichen Höhe von eineinhalb Metern Höhe. Mit einem tosenden Lärm ergoß sie sich über den Campingplatz. "

Dem Tagebuch zufolge trennte Ernesto sich hier von Gregorio und Tomás Granados und fährt nach San Francisco del Chañar, einem Ort im Norden der Provinz Córdoba, wo es eine Leprastation gab und sein Freund Alberto Granados schon längere Zeit arbeitete. Ernesto fährt in seinen Erinnerungen fort:

„Am Nachmittag des 29. Januar machte ich mich auf den Weg, und nach einer kurzen Etappe bis nach Colonia Caroya, setzte ich meine Reise nach San José de la Dormida fort, wo ich dem Namen des Ortes alle Ehre machte, mich am Wegesrand niederlegte und eine herrliche Nacht verbrachte. Ich radelte noch fünf Kilometer weiter, bis ich ein kleines Haus fand, wo man mir einen Liter Benzin verkaufte.

Vor mir lag noch das letzte Stück Weges nach San Francisco del Chañar. Dem kleinen Motor fiel nichts Besseres ein, als bei einer Steigung auszufallen und mich fünf Kilometer lang in die Pedale treten zu lassen. Die Wegstrecke war voller Unebenheiten, doch schließlich kam ich an meinem Reiseziel an. Mit einem Kombi gelangte ich zur Leprastation, wo Alberto arbeitete.

Am nächsten Tag besuchten wir gemeinsam mit einem Dr. Roseti einen Patienten von Alberto Granados. Bei der

Rückfahrt stürzte ich, acht Speichen zerbrachen, und ich mußte vier Tage länger als geplant bleiben, bis alles wieder in Ordnung war.

Wir hatten beschlossen, am Sonnabend aufzubrechen. Vorher gab es noch ein Gelage bei einem Herrn X, Senator dieser Provinz und gewichtige Persönlichkeit des öffentlichen Lebens, ein den modernen Zeiten angepaßter Herr über Leben und Tod.

Den ganzen Vormittag verbrachten wir damit, unsere schnelle Abreise zu planen, und es gelang uns, am späten Nachmittag tatsächlich aufzubrechen; ich auf dem Fahrrad und er (Alberto) mit einem Freund auf dem Motorrad. Vorher wollten wir jedoch noch einen Schluck vorzüglichen Wermuts trinken. Da es kein Eis gab, wollte Albertos Freund welches holen, aber da er erfolglos war, erklärte er mich als krank und bat im Hause des Senators um Eis für den Kranken. Er brachte das Eis, und wir tranken mit ungewohnter Heftigkeit. Unglücklicherweise fiel der Senatorin jedoch ein, daß sie ein Medikament benötigte. Sie wollte es persönlich holen. Als wir ihre erhabene Gegenwart bemerkten, war es bereits zu spät. Obgleich ich wußte, daß es nutzlos war, griff ich mir an den Kopf mit schmerzverzerrtem und verzweifeltem Gesichtsausdruck.

Um vier Uhr nachmittags, die Sonne stand nicht mehr so hoch, fuhren wir in Richtung Ojo de Agua los. Alberto hatte seine anfänglichen utopischen Ansprüche an unsere Reisegeschwindigkeit und die einzelnen Etappenlängen auf vernünftige fünfundfünzig Kilometer reduziert, allzuoft wurden wir durch Reifenpannen oder andere Mißlichkeiten aufgehalten, so daß wir dafür vier Stunden benötigten.

In Ojo de Agua wandte ich mich an den Direktor des kleinen Krankenhauses, der mir empfohlen worden war. Bei ihm lernte ich Herrn Mazza, den Bruder des Senators von Córdoba, kennen, der mich zu sich nachHause einlud. Die Familie empfing mich mit großer Herzlichkeit, und dies, obwohl sie keine Ahnung von meiner Herkunft hatten; ihnen gefiel einfach die Idee meiner Rundreise.

Nachdem ich bei meinen Gastgebern acht Stunden geschlafen und ein gutes Essen erhalten hatte, machte ich mich

auf den Weg zu den berühmten Salinas Grandes in der argen-
tinischen Sahara. Alle, die ich unterwegs traf, rieten mir
dringend davon ab, nur mit einem halben Liter Wasser
durch das Gebiet der Salinen fahren zu wollen. Aber die gut
geschüttelte Mischung aus irischem und galicischem Blut,
das in meinen Adern fließt, setzte sich durch und so schlug ich
die gutgemeinten Ratschläge in den Wind. "

Zu diesem Zeitpunkt der Reise hatte sich Ernesto bereits von
seinem Kamerad und Freund Alberto Granados getrennt und
setzte seine Rundreise allein fort, um sein Ziel zu erreichen:
zwölf argentinische Provinzen zu besuchen. Die ganze Gegend, die Ernesto auf dem Weg zur Hauptstadt von Santiago
del Estero durchqueren mußte, besteht aus einer endlos scheinenden Ebene, die ehemals ein riesiges Binnenmeer gewesen
sein könnte und wo zahlreiche Salinen zu finden sind. Die
wichtigste von ihnen ist die „Salina Grande", die an die Provinzen Córdoba, La Rioja, Catamarca und Santiago del Estero an-
grenzt, eine Länge von dreihundert Kilometern hat und ungefähr hundert Kilometer breit ist. Ernesto fährt fort in seinen
Erinnerungen:

„In dieser Gegend erinnerte das Panorama von Santiago an
die Gegend im Norden von Córdoba, durch die sie nur durch
eine fiktive Linie getrennt war. An den Straßenrändern
wuchsen riesige Kakteen, die bis zu sechs Meter hoch wurden
und wie grüne Kandelaber aussehen. Die Vegetation ist sehr
üppig, doch langsam änderte sich die Landschaft, der Weg
wurde staubiger und unebener, die Vegetation blieb im
Schutz der kühlen Schluchten und es begann die Herrschaft
der Jarilla[1]. Die Sonne strahlte senkrecht auf mich herab und
strahlte vom Erdboden zurück, wobei sie mich in eine einzi-
ge Hitzewelle einbettete. Im Schatten eines dichtbelaubten
Johannisbrotbaumes legte ich mich erschöpft zum Schlafen
nieder.

Etwas gestärkt wachte ich auf, trank ein paar Mates und
setzte meine Reise fort. Vom Straßenrand grüßte mich der

---

[1] Typische Pflanze in dieser Gegend (Zaccagnia punctata).

Kilometerstein 1000 der Nationalstraße 9, und kurze Zeit später entfaltete sich die Landschaft in ihrer ganzen Herrlichkeit vor meinen Augen. Ich befand mich in der argentinischen Sahara und zu meiner großen Überraschung verwandelte sich der bis dahin schlechte Weg in eine wunderbar gepflasterte Straße. Der Motor meines Gefährtes schien dies auch bemerkt zu haben, denn er lief plötzlich besser. Aber dies ist nicht die einzige Überraschung, die uns das Herz der Republik zu bieten hatte: Die Tatsache, daß es alle vier oder fünf Kilometer einen kleinen Hof gibt, bringt mich zu der Überlegung, ob ich nicht in dieser faszinierenden Gegend leben könnte. Die ganze Umgebung macht einen starken Eindruck auf mich: die silbern glänzende Erde und die grünen Kakteen, die wie stumme Wächter in der endlosen Ebene standen.

In zweieinhalb Stunden legte ich achtzig Kilometer zurück und erlebte eine neue Überraschung: als ich um etwas frisches Wasser bat, um das überhitzte aus meiner Feldflasche auszutauschen, stellte ich fest, daß sich in einer Tiefe von nur drei Metern bereits Trinkwasser finden ließ und dazu in ausreichender Menge. Es war wieder einmal augenscheinlich, daß die kursierenden Gerüchte über die Sahara vom subjektiven Eindruck einzelner, die hier vielleicht mit ihrem Auto liegengeblieben waren, gespeist wurden, denn wie sonst war dies zu erklären: gute Wege, eine Vielzahl von Gehöften und Wasser bereits in drei Metern Tiefe.

Bei Einbruch der Dämmerung erreichte ich Loreto, ein Dorf mit ein paar tausend Seelen, wo die Zeit stillzustehen schien. Der Polizeioffizier des Ortes, den ich um eine Unterkunft bat, erzählte mir, daß es keinen Arzt im Dorf gäbe, und als er hörte, daß ich schon fünf Jahre Medizin studiert hätte, riet er mir, mich als Kurpfuscher im Dorf niederzulassen. ,Sie verdienen viel und erweisen außerdem allen einen großen Dienst...'

Früh am Morgen setzte ich meine Reise nach Santiago fort, wo ich von einer befreundeten Familie freundlich empfangen wurde. Hier jedoch mußte ich mich von meiner geliebten Feldflasche trennen, die ich wegen eines Schlaglochs verlor.

Der Redakteur einer Zeitung aus Tucumán zeigte Interesse an einer Reportage über mich, die ein Herr Santillán schrieb, den ich beim ersten Halt in dieser Stadt kennenlernte.

An diesem Tag lernte ich Santiago kennen. Die infernalische Hitze jener Tage war selbst den Bewohnern der Stadt zuviel, so daß sie sich in ihren Häusern bis zum Abend verkrochen. In den Abendstunden hingegen schien die ganze Stadt auf den Beinen zu sein. Da gefiel mir das Dorf La Banda weit besser. Der Fluß Dulce, der die meiste Zeit des Jahres kein Wasser führte, teilte das Dorf in zwei Hälften, die weit voneinander entfernt lagen, da das Flußbett sehr breit war. Zwischen La Banda und Santiago bestand eine große Rivalität, die sich bei meinem Besuch in einem heißumkämpften Basketballspiel zwischen den beiden Rivalen ausdrückte.

Am nächsten Morgen setzte ich um neun Uhr meine Reise in die Provinz Tucumán fort, die ich am Abend desselben Tages erreichte. Unterwegs hatte ich eine seltsame Begegnung: als ich anhielt, um einmal mehr die Reifen aufzupumpen, sprach mich ein Landstreicher an, und es entwickelte sich eine angeregte Unterhaltung zwischen uns beiden. Der Mann kam gerade von der Baumwollernte im Chaco und wollte weiter nach San Juan zur Weinlese. Als er von meinem Plan hörte, einige Provinzen zu bereisen, und er erfuhr, daß ich das nur aus sportlichem Ehrgeiz durchführte, faßte er sich an den Kopf und sagte: ‚Mama mía, und diese ganze Anstrengung machen sie umsonst?‘

Der Mann, der sein Bett in einem Beutel auf der Schulter trug, hatte auf der Suche nach Erntearbeiten bestimmt schon den größten Teil Argentiniens bereist, ohne jemals lange an einem Ort bleiben zu können. Er konnte nicht verstehen, daß es jemand gab, der eine so unbequeme Reise nur aus Spaß an der Freude machte, um sich an der Natur zu ergötzen, unbekannte Gegenden zu befahren, neue Horizonte zu suchen und neue Menschen kennenzulernen, während er, der ewige Wanderer, schon jahrelang auf diesen Wegen ging, um ein paar Pesos zu verdienen, um überhaupt essen zu können. Er konnte mich nicht verstehen.

Ich setzte meine Reise in die Hauptstadt von Tucumán fort. Stolz fuhr ich wie ein Blitz auf meinem Fahrrad durch die prachtvolle Hauptstadt der Provinz und schlug den Weg in Richtung Salta ein. Doch schon bald überraschte mich ein heftiger Regenschauer, so daß ich nur zehn Kilometer von Tucumán entfernt eine Unterkunft für die Nacht suchte. Ich landete ganz bescheiden in der Kaserne Arsenales, ungefähr zehn oder fünfzehn Kilometer von Tucumán entfernt, von wo aus ich um sechs Uhr morgens in Richtung Salta weiterfuhr.

Der Weg von Tucumán nach Salta ist auf den ersten Kilometern eines der schönsten Erlebnisse, die der Norden Argentiniens zu bieten hat. Fast zwanzig Kilometer weit ist die Straße gut gepflastert, und zu beiden Seiten der Straße ist eine üppige Vegetation zu sehen, mit einer Fülle an Bächen und einer hohen Luftfeuchtigkeit, die an das Amazonasgebiet erinnert. Wenn man in dieser grünen Pracht umherstreift, so erwartet man im nächsten Moment das Brüllen eines Raubtieres oder die lautlose Bewegung einer Schlange..., und plötzlich hört man das Brüllen und muß enttäuscht feststellen, daß es nur ein Lastwagen ist, der den Berg langsam hochkeucht. Es scheint, als ob dieses Geräusch mein Luftschloß zerbricht und mich wieder in die Realität zurückholt. Ich fühlte, daß in mir etwas gereift war: der Haß auf die Zivilisation... Leute, die wie Verrückte hin und her rennen, ausgerichtet auf diesen schrecklichen Lärm. Er schien mir die verhaßte Antithese zum Frieden zu sein; das stille Aneinanderreiben der Blätter ergibt eine melodiöse Hintergrundmusik.

Ich kehrte auf die Straße zurück und setzte meinen Weg fort. Gegen elf oder zwölf erreichte ich eine Station der Straßenpolizei, wo ich Rast machte. Der Fahrer einer nagelneuen Harley Davidson bot mir an, mich ein Stück zu ziehen. Ich fragte ihn nach der Geschwindigkeit. ‚Na ja, langsam, ich kann Sie mit achtzig oder neunzig mitnehmen.'

Nein, das war mir dann doch zuviel, denn schneller als 40 km/h kann ich nicht im Schlepptau fahren. Dankend lehnte ich ab und trank mit dem Straßenpolizisten noch einen Kaffee. Nach einer kurzen Verschnaufpause machte ich mich auf den Weg nach Salta. Zweihundert Kilometer lagen noch vor mir...

Guter Dinge fuhr ich weiter bis nach Rosario de la Frontera, wo eine unangenehme Überraschung auf mich wartete. Einige Arbeiter hievten von einem Lastwagen eine Harley Davidson und brachten sie zur Polizeistation. Besorgt erkundigte ich mich nach dem Fahrer und erhielt die knappe Antwort ‚Tot'.

Natürlich kann dieses kleine persönliche Schicksal des verunglückten Motorradfahrers nicht die Gefühle der großen Massen zum Schwingen bringen. Aber wenn man sieht, daß ein Mann die Gefahr sucht, ohne auch nur den Funken dieses heldenhaften Verhaltens zu besitzen, das die Öffentlichkeit aufmerksam werden läßt, und an einer einsamen Kurve ohne Augenzeugen stirbt, dann scheint das Verhalten dieses unbekannten Abenteurers selbstmörderisch zu sein. Eine genauere Untersuchung seiner Persönlichkeit wäre sehr interessant, aber entfernt uns an dieser Stelle zu weit von unserem Thema. "

Ernesto kam bereits in die hohen Berge, und die Straße wurde gefährlich: steile Abgründe, enge Kurven und viele Schlaglöcher.

„ Von Rosario de la Frontera nach Metan ruhte ich mich etwas aus, da die Straße asphaltiert ist und gradlinig verläuft. Auf diese Weise konnte ich mich auf die Wegstrecke Metan-Salta vorbereiten und mir die nötige Portion Geduld verschaffen für die Serpentinen, die auf mich warteten.

Aber all die Probleme, die die schlechte Straße aufwirft, wurden in vielfältiger Weise durch die wunderschönen Ausblicke auf die Bergwelt wiedergutgemacht. Nach jeder Kurve bot sich dem Auge eine neue herrliche Aussicht. Schon in der Nähe von Lobería hatte ich Gelegenheit, eines der schönsten Schauspiele mitzuverfolgen: Der Straße entlang verläuft eine Eisenbahnbrücke, die nur von einigen alten Trägern und Stützen gehalten wird. Tief unten im Tal fließt der Río Juramento, dessen Flußufer von bunten, leuchtenden

Steinen gesäumt wird. Wild schäumend vom Aufprallen auf die Felsen strömt das Wasser zu Tal. Am liebsten würde ich mich hineinstürzen und mitreißen lassen.

Noch ganz in Gedanken stieg ich wieder zur Straße hinauf. Ich fühle mich wie der ewige Tramp (in den Romanen Jack Londons). Eine der Ziegen, die an einem der Abhänge weidete, scheint lauthals zu lachen. War der Grund nun meine wunderliche Philosophie oder war es meine Unbeholfenheit beim Klettern? Kurze Zeit später reißt mich der kreischende Lärm der Bremsen eines Lastwagens vollends aus meinen Gedanken.

Als ich nach der letzten Steigung die Stadt Salta vor mir liegen sehe, werde ich von der rigiden Geometrie des Friedhofs begrüßt. Im Krankenhaus stellte ich mich als Medizinstudent und zugleich übermüdeter Motorradfahrer vor. Freundlicherweise überließ man mir einen Kombiwagen mit quietschenden Sitzen zum Übernachten, doch schien mir mein Lager dem Bett eines Königs ebenbürtig zu sein. Ich schlief wie ein Murmeltier bis zum nächsten Morgen, bis ich von dem Fahrer des Wagens geweckt wurde.

Ein wolkenbruchartiger Regen machte die Weiterfahrt unmöglich, und so kam ich erst am späten Nachmittag von Salta los. Doch ich kam nicht weit: Geröll und Schlamm hatten die Straße unpassierbar gemacht. Glücklicherweise traf ich in dem Moment einen alten Bekannten, den Lastwagenfahrer, der auf dem Weg nach Campo Santo war, um dort Zement zu holen. Von hier setzte ich dann meine Reise auf der Landstraße nach La Cornisa fort. "

Ich glaube nicht, daß es in jener Zeit viele Leute gegeben hat, die eine Reise durch die hohen Berge mit so einem anfälligen Gefährt durchgeführt hätten: Ernestos Motorrad der Marke Mikron war eher ein Fahrrad als ein Motorrad, und die steilen Berghänge der Kordilleren erforderten starke Motoren selbst bei Autos und Lastwagen, und viele dieser Fahrzeuge blieben mit Pannen am Straßenrand liegen, weil sie die Höhe nicht verkrafteten.

„Das Wasser stürzte in kleinen Bächen von den Berghängen, um in den Mojotoro zu münden, an dessen Ufer die Straße gebaut worden war. Auf dieser Straße gelangte der Reisende immer tiefer in die Cornisa, wie diese Gegend Argentiniens genannt wird. Ein mit grünen Wäldern bedeckter Berg folgte auf den anderen. Die Luft war feucht und zugleich erfrischend, nicht so schwül wie in der Provinz Tucumán. Ich fühlte mich in eine Zauberwelt versetzt, aus der ich nur ungern in die Wirklichkeit zurückkehren wollte, die irgendwo hinter den Nebelwänden meiner Traumwelt lag.

Bei dem Anblick dieser Schönheit fühlte ich mich, als hätte ich zu viele Bonbons gegessen. Kurze Zeit später erreichte ich die Stadt Jujuy und fühlte mich innerlich wie äußerlich zerschlagen und dennoch voller Wißbegierde, die weithin berühmte Gastfreundschaft dieser Provinz kennenzulernen. Gab es darüber hinaus eine bessere Gelegenheit als diese Reise, um die Krankenhäuser unseres Landes zu besuchen?

Nachdem ich eine Probe meiner medizinischen Kenntnisse gegeben hatte, gestattet mir der Direktor in einem der Krankenhaussäle zu übernachten. Doch zuvor hatte ich einen kleinen, kaum zwei Jahre alten Patienten zu behandeln. Mit einer Pinzette und ein wenig Äther machte ich mich auf die Jagd nach Läusen und Würmern auf seinem kahlgeschorenen Kopf. Es war einfach unglaublich, wie man in so jungen Jahren schon so viel Würmer haben konnte ...

Nach der Behandlung legte ich mich ins Bett und versuchte, aus dieser unbedeutenden Episode eine Grundlage für einen Traum über Parias zu schaffen. ... Der neue Tag weckte mich und lud mich ein, von neuem dem Summen meines Fahrrades zu folgen, und so machte ich mich wieder auf den Rückweg in Richtung Campo Santo, wobei ich die landschaftliche Schönheit und Einzigartikeit der ‚Cuesta del Gallinato‘ bewundern konnte, noch schöner als ‚La Cornisa‘, denn die Sicht ist weiter und vermittelt eine Großartigkeit, die in ‚La Cornisa‘ fehlt.

Als ich in Salta ankam und meinen Freunden im Krankenhaus von meinen Erlebnissen und Eindrücken der Reise nach Jujuy erzählte, kehrte die Frage ‚Wozu das alles?‘ wieder. Ja, was sah ich auf der Reise? Jedenfalls sah ich mehr als normale Reisende von Jujuy sehen, und mir blieb die Werbung, die die Stadt auf den Postkarten für sich machte, unbekannt: der Altar des Vaterlandes, die Kathedrale, in der die Fahne des Vaterlandes geweiht wurde, die Kanzel, die Jungfrau von Rio Blanco, das Haus, in dem der Held der Revolution Lavalle starb usw.

Nein, auf diese Weise lernt man keine Stadt und keine Menschen, ihre Lebensart und Lebensphilosophie kennen. Bei diesen offiziellen Bildern handelt es sich nur um die vorzeigbare Glanzseite des Volkes, aber seine Seele spiegelt sich wider in den Patienten der Krankenhäuser, den Häftlingen der Gefängnisse, dem ängstlichen Passanten, der nicht weiß, mit wem er sich da anfreundet. Währenddessen steigt der Rio-Grande-Fluß und tritt über seine Ufer ... Für all dies braucht man viel Zeit und Geduld, um es zu erklären, und wer weiß, ob man verstanden wird.

Ich bedankte mich bei meinen Freunden, verabschiedete mich von ihnen und machte mich auf, die Stadt anzusehen, von der ich auf der Hinfahrt nicht viel kennengelernt hatte.

Bei Einbruch der Dunkelheit bat ich auf der Polizeistation am Ausgang der Stadt, die Nacht dort verbringen zu dürfen. Um mir die anstrengende Fahrt durch das Gebirge und das Durchwaten der über die Ufer getretenen Flüsse und Bäche zu ersparen, war ich auf die Idee gekommen, auf einem Lastwagen mitzufahren. Doch hier mußten mich die Polizisten enttäuschen, da nur sehr wenige Lastwagen auf der Strecke verkehrten, denn alle fahren frühzeitig los, um am Sonntagmorgen Tucumán zu erreichen.

Entmutigt fing ich ein Gespräch mit den Polizisten an. Sie zeigten mir die berühmte weibliche Anopheles, die Überträgerin der Malaria, die sehr grazil aussieht und gar nicht den Eindruck macht, diese entsetzliche Krankheit zu übertragen. Der Vollmond zeigte jetzt seine ganze subtropische Fülle und eine Flut silbern glänzenden Lichts lag über der Landschaft, bildete gespenstische Halbschatten und verstärkte den Wortschwall meiner Gastgeber, die merkwürdige Geschichten über das Land und seine Bewohner zum besten gaben: ,... er hörte neulich Pferdegalopp und Hundebellen und ging mit Revolver und Laterne vor das Haus. Eine Reiter-

gruppe mit etlichen Hunden zog an seinem Haus vorbei.
Der Meute folgte mit einem geringen Abstand ein riesiges
schwarzes Maultier mit großen Ohren. Das Hundegebell
wurde stärker, und plötzlich war die gesamte Meute ver-
schwunden. Nur das Maultier blieb zurück und trottete ge-
mächlich in eine andere Richtung davon. Als der Mond hin-
ter einer Wolke verschwand und die Landschaft ins Dunkel
tauchte, lief ihm ein eiskalter Schauer den Rücken hinunter.'
Der ältere Polizist unterbrach seinen Kollegen mit der Be-
merkung: ,Es muß eine Seele in dem Maultier gewesen sein',
und empfahl, das Maultier zu töten, um die Seele zu befrei-
en. ,Kann da nichts schiefgehen?' ,Nichts. Im Gegenteil,
man wird es dir danken. Was will die Seele noch mehr?'

Ich wagte den Einwand, daß der Besitzer des Maultiers si-
cher nicht damit einverstanden wäre, wenn sie ihm sein
Maultier töteten, worauf mich die Polizisten so empört an-
schauten, daß ich mich des Einwandes schämte.

Wie konnte dieses Maultier einem Herrn gehören, und
wenn es einen hätte, wer wäre nicht froh, einer Seele ihre
Freiheit zu gewähren?

Wir schwiegen nachdenklich und betrachteten den Mond
in all seiner Herrlichkeit. Die kühle Nacht war erfüllt von
der Musik der Frösche und eingelullt durch ihren Gesang,
machte ich ein kurzes Nickerchen.

Um vier Uhr verabschiedete ich mich von den Polizisten
und machte mich auf die anstrengende Etappe nach Tucu-
mán. Die Bremsen meines Fahrrades waren nicht ganz in
Ordnung, weshalb ich an Gefällstrecken sehr vorsichtig fah-
ren mußte.

Ich wußte ja nicht, was mich hinter der nächsten Kurve er-
wartete, denn die Lampe meines Gefährts war sehr schwach.

Plötzlich sah ich gegen sieben Uhr vor mir eine ganze Rei-
he von Lastwagen, die hier, wie es schien, ein geheimes Tref-
fen veranstalteten. Doch es war nur ein Rastplatz, wo sich
die Fahrer ausruhten. Zu meiner großen Überraschung traf
ich unter ihnen meinen alten Freund Luchuni. Wir fingen
an, uns gegenseitig aufzuziehen und zu necken. Er bot mir
eine Wette an: ich sollte sofort losfahren. Wenn er mich noch
vor dem asphaltierten Teilstück der Straße nach Tucumán

einholte, hätte ich Pech gehabt, wenn nicht, sollte ich dort
auf ihn warten, und er würde mir ein vielversprechendes Es-
sen ausgeben. Vorbei war es mit der Landschaft, den schlech-
ten Bremsen, den gefährlichen Kurven, der Müdigkeit und
dem Durst: vor meinen Augen sah ich nur noch das Festessen
mit gebratenem Hähnchen und gebackenen Kartoffeln, das
mit jedem Kilometer, den ich zurücklegte, immer größere
Ausmaße annahm. "

Hier endet Ernestos Heft. Sicherlich schrieb er noch weitere
auf dieser Reise, doch ich konnte diese Hefte nicht finden, so
daß es nicht mehr zu klären ist, ob er die Wette gewonnen oder
verloren hatte. Das Ende seiner Reise durch die zwölf Provinzen kenne ich nur durch die Briefe, die er uns schickte, in denen
er jedoch nicht so ausführlich berichtete.

Nachdem er die Provinz Tucumán durchquert hatte, befuhr
er den Osten der Provinzen Catamarca und La Rioja. Die Berge wurden immer höher und die Straßen immer beschwerlicher. Schließlich erreichte er die Provinz San Juan, in der man
bereits Gipfel von 6.900 Metern Höhe findet.

Von hier erreichte uns ein Brief, in dem er uns mitteilte, daß
er nach Mendoza fahren würde, um meine Schwester Maruja
zu besuchen. Als er bei ihr ankam, erkannte sie ihn unter der
Dreckschicht, die ihn bedeckte, fast nicht wieder. Sie wusch
seine Wäsche, und er reparierte sein Fahrrad. Als sie sich verabschiedeten, wollte Maruja ihm ein paar Pesos für die Reise zustecken, die er jedoch stolz zurückwies, obgleich er selbst
nicht viel Geld hatte. Nachdem er die Provinz San Luis und einen Teil der Provinz Buenos Aires durchquert hatte, erreichte
er schließlich die Stadt Buenos Aires. Eine Strecke von mehr als
4.500 Kilometern lag hinter ihm.

1951 stellte er sich wieder den Prüfungen an der Universität
und bestand sie in fünf Fächern. Gegen Ende des Jahres ent-
scheidet er sich für die Reise durch Südamerika gemeinsam mit
seinem Freund Alberto Granados.

DIE REISE VON ERNESTO UND GRANADOS

Alberto Granados, Doktor der Biologie und enger Freund von Ernesto, Bruder von Tomás und Gregorio, beide Mitschüler von Ernesto, beschloß, Ernesto bei einer Reise durch weite Teile Südamerikas zu begleiten. Ernesto war damals mit einem sehr netten Mädchen aus Córdoba befreundet. Meine gesamte Familie ging davon aus, daß die beiden heiraten würden.

Eines Tages kündigte mir Ernesto seine Pläne an:

„Vater, ich fahre nach Venezuela."

Wie groß war meine Überraschung, als er mir auf meine Frage: „Für wie lange?" antwortete: „Für ein Jahr". „Aber deine Verlobte?" fragte ich weiter.

„Wenn sie mich liebt, wartet sie auf mich", lautete seine Antwort.

Da ich wußte, daß er seine Verlobte sehr gern hatte, hoffte ich, daß die Liebe zu ihr seine Reiselust dämpfen würde, doch Ernesto blieb mir ein Rätsel, und erst mit der Zeit verstand ich seinen Drang nach neuen Horizonten.

Er wollte die Bedürfnisse der Armen Amerikas kennenlernen, doch dazu genügte nicht das Interesse des einfachen Touristen, der nur ein Auge für außergewöhnliche Fotomotive oder interessante Landschaften hat.

Abseits der großen Straßen begegnete ihm auf Schritt und Tritt das menschliche Elend, über das er sich ein genaueres Bild machen und dessen Ursachen er auf den Grund gehen wollte.

Seine Reisen waren jedoch nicht nur die des Sozialforschers, sondern auch die des Helfers, der versucht, den menschlichen Schmerz zu lindern.

Als Ernesto schon längst abgereist war, aß ich eines Tages mit Pater Cuchetti, der in Argentinien für seine fortschrittlichen Ansichten bekannt war, zu Mittag und erzählte währenddessen von Ernestos und Albertos Erlebnissen auf der Leprastation von San Pablo am Ufer des Amazonas. Nachdem er aufmerksam meinen Schilderungen gelauscht hatte, sagte er:

„Mein Freund, ich bin in der Lage, jede Art von Opfer für meine Mitbrüder zu tragen, doch ich könnte nicht mit Leprakranken zusammenleben. Ich wäre einfach nicht fähig, in diesem tropischen Klima und unter den schlechten hygienischen Verhältnissen zu leben. Ich verneige mich vor der Menschlichkeit und Opferbereitschaft Ihres Sohnes und seines Freundes, denn dazu benötigt man mehr als Mut. Man braucht außer stählernen Nerven eine äußerst verständnisvolle und wohltätige Seele. Ihr Sohn wird es sehr weit bringen."

Um die Wahrheit zu sagen, hatte ich mich so daran gewöhnt, Ernestos Verhalten in meinen Gedanken mitzuverfolgen, wann immer er sich auf Reisen befand, daß ich mich eigentlich nicht damit aufgehalten hatte, die Motive, die ihn zu seinem Handeln bewegten, genauer zu analysieren. Vor allem hatte ich mich schon an die normale Art und Weise gewöhnt, mit der er über seine Globetrotterei sprach, so als wäre sie die natürlichste Sache von der Welt und könnte von allen Menschen genauso gemacht werden. Ihm war nicht daran gelegen, damit zu prahlen, und oft erweckte er den Eindruck, als machte er all diese Reisen aus reiner Neugier, nur um uns nicht zu beunruhigen.

Erst viel später stellten wir mittels seiner Briefe fest, daß er einer wahrhaftigen Berufung folgte, die er niemals wieder aufgab. Es gelang ihm immer, seinen Erzählungen und Beschreibungen, die stets sehr unterhaltsam und interessant waren, einen scherzhaften Unterton zu verleihen, der den Zuhörer täuschte und ihn nicht bemerken ließ, ob er nur spaßte oder im Ernst sprach.

So schrieb er einst in einem Brief aus Peru:

„ Wenn Ihr ein Jahr lang nichts von uns gehört habt, dann sucht unsere Schrumpfköpfe in irgendeinem Yankeemuseum, denn wir werden durch die Gegend reisen, die von den Jíbaros bewohnt wird. "

Wir wußten, wer die Jíbaros waren und auch, daß sie jahrhundertelang die Häupter ihrer Feinde in Schrumpfköpfe verwandelt hatten. In diesem makabren Scherz steckte also ein Körnchen Wahrheit, was natürlich Anlaß zur Sorge gab. Ich litt jedesmal mit, wenn uns einer seiner Briefe erreichte oder er zu neuen Abenteuern aufbrach, und so nahm ich ihn vor seiner Reise mit Alberto zur Seite und sagte ihm:

„Du begibst dich in ein ziemlich schwieriges Unterfangen. Was kann ich dir schon sagen, was dagegen spräche, habe ich doch selbst immer davon geträumt, so etwas zu unternehmen. Aber ich möchte dich daran erinnern, daß wenn ich keine Nachricht mehr von dir erhalte, ich deinen Spuren folgen und nicht eher zurückkehren werde, bis ich dich gefunden habe."

Er wußte, daß ich entschlossen war, meine Worte in Taten umzusetzen, und so ließ er uns regelmäßig von seinen Reisen eine Nachricht zukommen. Diese Lebenszeichen nahmen uns etwas die Sorge um ihn. In seinen Briefen lieferte er uns Analysen der wirtschaftlichen, politischen und sozialen Situation all der Länder, die er bereiste und legte in ihnen auch seine Überlegungen dar, in denen wir seine immer stärker werdende Tendenz zum Kommunismus hin bemerken konnten.

Es handelte sich bei all dem, was er unternahm, nicht nur um ein Hobby, und so verstanden wir es auch. Die Größe seines Unterfangens wurde uns erst im Laufe der Zeit bewußt. Er verfügte über die notwendigen Fähigkeiten, um das durchzuführen, was er sich vorgenommen hatte. Aber die Vorbedingungen allein spielen nicht die ausschlaggebende Rolle im Leben, sondern die Verwirklichung seiner Träume, Pläne und Hoffnungen stellen eigentlich den schwierigsten Teil dar. Bei Ernesto gesellte sich ein fester Glaube zur Willenskraft, verbunden mit einer großen Hartnäckigkeit, das einmal Beschlossene zu erreichen. Wenn man dazu noch seine Intelligenz berücksichtigt, von der er oft genug Beweise lieferte, dann kann man verstehen, daß er in nur so kurzer Zeit so viel erreichte.

Nun machte er sich mit Alberto auf den Weg und folgte den Spuren vieler legendärer Forscher. Ebenso wie sie ließ er die Annehmlichkeiten seines bisherigen Lebens, seine Familie und ihre Zuneigung hinter sich. Alberto brach vielleicht eher mit dem Ziel auf, neue Welten zu entdecken. Ernesto hatte zwar auch dieses Ziel, doch verband es sich bei ihm mit der geheimnisvollen Ahnung seines Schicksals.

Christoph Kolumbus, Pizarro, Hernán Cortés, Solís, Magellan, Balboa, Valdivia, Álvar Nuñez Cabeza de Vaca und so viele andere vertraten die Großartigkeit Spaniens und waren von der Gottgefälligkeit ihrer Unternehmungen überzeugt. Nun begaben sich Ernesto und sein Freund auf die Spuren der

Konquistadoren, wenn sich auch die Ziele weit unterschieden. Handelte es sich bei den ersteren darum, die Indios und ihre Reichtümer einer europäischen Krone zu unterwerfen, so waren die beiden auf der Suche nach den Spuren der drückenden Bürde des Yankee-Kolonialimperialismus, der seinen Pfeil in das Herz Lateinamerikas geschossen hatte.

Es waren nur 300 Jahre weiße Zivilisation, sprich weißer Herrschaft nötig, um einer tausendjährigen Kultur das Ende zu bereiten. Jetzt waren die Zeiten anders: Chicha und Cola wurden durch Coca-Cola ersetzt, eine wichtige Speerspitze Nordamerikas auf unserem Teil des Kontinents.

Das rein materialistische technische Denken, das unserer Bevölkerung aufgezwungen wurde, sowie der nordamerikanische Pragmatismus, mit dem jeglicher Form von Idealismus ein Ende bereitet wurde, will in kurzer Zeit maximalen Profit aus unserem Land ziehen. Sie löschten jegliche Opposition aus, kauften die Gewissen und führten das Recht des Stärkeren ein. Der Triumph der Technik gipfelte in der Produktion von Waffen, mit dem dieses Recht unter die Völker Lateinamerikas gebracht wurde, mit dem gefoltert und getötet wird im Namen der Losung: „Amerika den Nordamerikanern!"

AUS ERNESTOS UND ALBERTOS REISETAGEBUCH DIE VORGESCHICHTE DER REISE

„Es war an einem Oktobermorgen. Über die Ferientage war ich nach Córdoba gefahren, um etwas auszuspannen. Gemeinsam mit Alberto saß ich in der Laube im Garten seines Hauses, wir tranken Mate und sprachen über die jüngsten Ereignisse. Zwischendurch reparierten wir die ‚Poderosa', Albertos Motorrad. Alberto klagte darüber, seine Anstellung in der Leprastation des Krankenhauses San Francisco del Chañar verloren zu haben, und über die schlechte Bezahlung im ‚Hospital Español'.

Auch ich hatte meine Arbeitsstelle aufgegeben, aber im Gegensatz zu ihm war ich sehr froh darüber. Trotzdem war ich schlecht gelaunt: ich hatte die Nase voll von der medizinischen Fakultät, den Krankenhäusern und den Prüfungen.

In unseren Träumen bereisten wir entfernte Länder, fuhren auf tropischen Meeren und bereisten ganz Asien. Plötzlich sagte ich, so als würde ich es nur nebenbei bemerken und als wäre es ein Teil meines Traums: ‚Wie wäre es, wenn wir nach Nordamerika führen?‘

‚Nach Nordamerika? Wie denn?‘

‚Mit der Poderosa, Mensch.‘

Spontan und ohne viel zu überlegen wurde also die Reise beschlossen, und dies sollte auch das bestimmende Moment der Unternehmung sein.

Albertos Brüder gesellten sich zu uns und mit einer Runde Mate bekräftigten wir unsere unveränderliche Selbstverpflichtung, nicht aufzugeben, bis wir unser Ziel erreicht hätten.

Doch der Anfang gestaltete sich sogleich monoton: eine endlos scheinende Plackerei, bis wir alle Genehmigungen, Bescheinigungen und Dokumente beisammen hatten — Barrieren, die die moderne Gesellschaft den Reisenden auferlegen. Dazu mußte ich ja noch meine Prüfungen vor der Abreise hinter mich bringen. Albertos Aufgabe bestand darin, das Motorrad für die lange Reise klarzumachen und die Route auszuarbeiten.

Dennoch verloren wir nicht einen Moment unseren Traum von der großen Reise aus den Augen und sahen uns bereits im Staub der Landstraße auf dem Weg nach Norden. "

ERNESTOS TAGEBUCH VON DER REISE MIT ALBERTO GRANADOS

An einer vorangegangenen Stelle schilderte ich bereits, in welchem Zustand sich die Aufzeichnungen Ernestos von der Reise befanden, und von meiner mühseligen Arbeit, den Inhalt zu rekonstruieren. Mit viel Geduld habe ich sie abgeschrieben. Einige Sätze sind vollkommen unleserlich aufgrund von Feuchtigkeit und dem Reiben der Blätter aneinander, aber ich habe fast den ganzen Inhalt rekonstruieren können und ihn so vor dem völligen Verlorengehen gerettet.

Da sein Reisebegleiter, Alberto Granados auch ein Reisetagebuch führte, das ganz intakt geblieben ist, konnte ich aus beiden Berichten diese interessanten Beschreibungen vervollständigen, die nur aus Zufall nicht verlorengegangen sind.

Ich habe versucht, eine Zusammenfassung herzustellen und zum besseren Verständnis habe ich einige Seiten vollständig transkribiert.

Die Ursprünge dieser Reise sind gut in dem Kapitel „Pródromos" erklärt, das mein Sohn wie eine Einleitung schrieb.

Am Anfang stand der Plan, aus der Stadt Córdoba abzufahren, der Hauptstadt der gleichnamigen Provinz, und nach Buenos Aires zu gelangen, der Hauptstadt Argentiniens.

In der Provinz Córdoba wie auch in der Provinz Buenos Aires gestaltete sich der Weg einfach, eine gute Betonstraße oder asphaltierte Straßen verbanden Córdoba-Stadt mit Rosario und Buenos Aires. Dort begann eine andere große Landstraße, die nach Mar del Plata führte. Diese Landverbindungen, die dazu dienen, die wichtigsten Städte miteinander zu verknüpfen, führen durch riesige Ebenen, manchmal von kleinen Hügeln durchzogen und wellenförmigen Berghängen; man kann sagen, daß man von Córdoba nach Buenos Aires durch die besten Gegenden Argentiniens fährt, die für Landwirtschaft und Rinderzucht genutzt werden.

Nachdem sie die Ferienorte im Süden, wie Villa Gessell, Mar del Plata, Miramar, Necochea, erreicht hatten, fuhren sie in Richtung Bahía Blanca, einem der wichtigsten Häfen Argentiniens an der Atlantikküste. Von dort aus durchquerten sie die große Pampa, die von den Provinzen Buenos Aires, La Pampa und Río Negro gebildet wird. Danach begannen sie die ersten Anhöhen der Kordilleren der Anden zu nehmen, bis sie auf chilenisches Territorium gelangten.

Als nächstes fuhren sie weiter nach Norden durch die wichtigsten südlichen Städte Chiles, bis sie nach Santiago de Chile gelangten.

Danach besuchten sie den Hafen Valparaíso, ungefähr achtzig Kilometer von Santiago entfernt, und dort wollten sie entscheiden, ob sie ihren Weg auf dem Land oder zu Wasser fortsetzen würden. Auf ihrer Reiseroute lagen Antofagasta und vor allem die Bergwerke von Chuquicamata, die berühmt sind, weil sie als die größten Kupfervorkommen der Welt gelten.

Danach würden sie bis nach Peru fahren und die wichtigsten Städte im Süden besuchen, und dann bis nach Lima fahren, von wo aus sie bis zum Fluß Ucayali herunterfahren wollten, um den Amazonas zu erreichen und in dem kleinen Krankenhaus San Pablo an Land zu gehen, einen der ausgewählten Orte, wo sie verweilen wollten, um die Behandlung der Leprakranken kennenzulernen.

Sie dachten auch daran, über den Amazonas bis nach Kolumbien zu gelangen und dort den Fluß Putumayo heraufzufahren, so weit wie es eben möglich war. Danach wollten sie bis nach Bogotá reisen, um nach Caracas weiterzukommen, dem Endziel dieser Reise.

DIE ABREISE

Entsprechend ihrem Reiseplan verließen sie Córdoba in den letzten Dezembertagen des Jahres 1952 mit dem uralten Motorrad Albertos.

Das Fahrzeug war überladen mit Decken, Kleidung, Regenzeug, Zeltplanen, Stricken, Ketten, Schaufeln, Spitzhacke, Kocher, Küchengeschirr, Waffen und vielem mehr. Das Gepäck vervollständigte ein kleiner Hund mit dem Namen „Come back", ein Geschenk der Verlobten Ernestos, Chichina Ferreyra, in dem sie ihre Hoffnung auf eine baldige Rückkehr Ernestos ausdrückte und der die beiden Reisenden bis nach Miramar begleiten sollte.

VILLA GESSELL

„Die ersten 1200 Kilometer unserer Rundreise, davon 40 auf Erdpisten, lehrten uns, die Entfernungen nicht zu unterschätzen."

Mit diesen Worten beginnt Ernestos Reisetagebuch.

„Ich weiß nicht, ob wir unser gestecktes Reiseziel erreichen werden, aber ich weiß, daß es hart sein wird, gleich ob wir nun ankommen oder nicht. Auf den ersten Kilometern bereits stürzten wir mehrere Male, da das Motorrad vollkom-

men überladen war. Die Konsequenz davon war, daß der
Koloß in seiner physischen Integrität eingeschränkt war und
von dem Sturz einen verbeulten Scheinwerfer davontrug. "

Ich möchte an dieser Stelle anmerken, daß der Reiseplan Ernestos und Alberto Granados eine Rundreise von neuntausend
bis zehntausend Kilometern vorsah.

Der Badeort Villa Gessell, wo sie am 6. Januar 1952 ange-
kommen waren, liegt ungefähr hundert Kilometer von Mar del
Plata entfernt. In diesem Ort besaß mein Schwager Martín
Martínez Castro ein Haus. Es heißt weiter im Tagebuch:

> *„Das Motorrad hatte einen verbeulten Scheinwerfer, und*
> *auch die Birne war kaputt. Alberto lief sich zudem die Füße*
> *wund, als er für das Motorrad Öl besorgen ging. Nachdem*
> *wir das Öl nachgefüllt hatten, machten wir uns auf die Wei-*
> *terfahrt. Die Nacht brach herein, so daß wir neben der*
> *schlechten Sicht gegen die Zeit zu kämpfen hatten. "*

Die beiden erreichten das Haus meines Schwagers Martin
Martínez Castro bei Dunkelheit. Ernesto beschreibt die Ankunft folgendermaßen:

> *„Alberto lernte in dieser Nacht einen meiner alten Freunde*
> *kennen: das Meer. Es war sehr beeindruckend in der stillen*
> *Nacht und erweckte in mir Erinnerungen an meine Zeit als*
> *Krankenpfleger bei der Handelsflotte. Unvergeßliche Ein-*
> *drücke vom Meer, die wir gemeinsam mit dem Brot, das wir*
> *aßen, in uns aufnahmen.*
>
> *Villa Gessell hat einen fortschrittlichen, fast städtischen*
> *Charakter, was für einen Einzelgänger wie mich ansonsten*
> *nicht gerade anziehend wirkt. Jedoch hat die asymmetrische*
> *Anlage seiner sich zwischen den Hügeln verlierenden Häu-*
> *ser ein originelles und interessantes Äußeres.*
>
> *Die Miesmuscheln, die es hier in großen Mengen gibt,*
> *werden nicht von dem gefangen, der Lust dazu hat, sondern*
> *von dem, der warten kann. (Unser Motto während des Auf-*
> *enthaltes in Villa Gessell.) "*

MAR DEL PLATA

„*Entlang der Küste fuhren wir weiter in Richtung Mar del Plata. Die Straße war von Schlaglöchern übersäht und, Come Back' lag geschützt in meinem Arm, als das Unvermeidliche geschah: Plötzlich hob ich, mit seiner erhabenen Persönlichkeit an mich gepreßt, vom Motorrad ab und landete auf der harten Straße.*

Der Sturz hatte keine schwerwiegenden Folgen, wir standen guter Dinge wieder auf..., Come Back' war schlagartig von seinem mangelnden Appetit geheilt, als die Milch durch Fleisch ersetzt wurde. Wir machten eine kurze Rast, und als wir wieder aufbrachen, bemerkten wir, daß der Hund verschwunden war. Nach heftigen Diskussionen über die Frage, wer die Schuld am Verschwinden des Tieres hatte, startete ich wütend das Motorrad, um den Hauptdarsteller oder dessen Reste zu suchen. In diesem Moment kam der Kleine angerannt. Er hatte sich in ein schattiges Plätzchen zurückgezogen und kam nun eilends herbei, da wir aufzubrechen schienen. Zum Dank bekam er den Hammelbraten, der von solch ungewohnter Süße war, daß Alberto und ich uns zierten, ihn zu essen.

Mar del Plata ist immer noch dieselbe Stadt ohne eigenen Charakter, die durch zwei Gebäudekomplexe entstellt wird, die wie Tang bis an die Strände reichen. Die Stadt gefällt mir nicht."

Von Mar del Plata aus fuhren sie nach Miramar, einem Badeort, der vierzig Kilometer im Süden dieses Ortes liegt. Dort verbrachte Ernestos Verlobte ihre Ferien, und man kann im Tagebuch lesen:

„*Es war wunderschön, wie süßer Honig mit diesem kleinen bitteren Beigeschmack des bevorstehenden Abschieds, den wir acht Tage lang hinausschoben. Mit jedem Tag gefiel mir meine bessere Hälfte mehr und liebe ich sie mehr denn je. Der Abschied war lang, dauerte zwei Tage und berührte mich sehr. Den kleinen, Come Back' vermisse ich auch.*"

Von Miramar aus fuhren sie nach Necochea, einem weiteren argentinischen Badeort, wo sie Gäste im Hause meines Schwagers Saravia waren. Bahía Blanca, noch an der Atlantikküste gelegen, war das nächste Ziel. Von hier aus ging es am 21. Januar 1952 landeinwärts durch eine gleichförmige Gegend: Dünen, kleine Anhöhen, große Sandflächen und eine große Dürre. In Rio Colorado erlitt Ernesto einen schweren Asthmaanfall.

Choele Choel, Cipolletti, Piedra del Águila blieben hinter ihnen zurück. Die beiden befanden sich mitten in den Anden, in der Provinz Neuquén, in der eine große Anzahl riesiger Bäume an den Abhängen schroffer Berge wuchsen, umgeben von einer Vielzahl tiefer Seen. Kurz darauf gelangten sie nach San Martín de los Andes.

EIN BRIEF ERNESTOS VON DER REISE NACH BARILOCHE
(Undatiert, geschrieben im Januar 1952)

„Liebe Mutter:
Ich weiß, daß Ihr lange nichts von mir gehört habt, doch auch ich habe keine Nachricht von Euch erhalten und bin deshalb etwas beunruhigt. In aller Kürze möchte ich Dir berichten, was sich in der letzten Zeit ereignete. Unweit von Bahía Blanca zwang mich 40 Grad hohes Fieber auf die Pritsche. Zwei Tage lang ging es so mit mir weiter, dann konnte ich mich etwas auf den Beinen halten und fuhr ins Krankenhaus nach Choele Choel, wo ich innerhalb von vier Tagen mit dem in Argentinien noch nicht so geläufigen Penicillin geheilt wurde.

Dann ging es weiter nach San Martín de los Andes, einem Ort, der inmitten unberührter Wälder an einem kleinen See liegt. Das Herkommen lohnt sich. Wir suchten uns eine Unterkunft mit Verpflegung am Straßenrand. Unsere Gesichter waren unter der Staubschicht fast nicht zu erkennen.

Zufällig gerieten wir auf dieser Suche an den Hof eines von Puthamer, ein Freund Jorges, der sowohl ein Säufer als auch ein Perón-Anhänger ist. Ganz nebenbei stellte ich bei ihm einen Tumor im Hinterkopf fest. Wir werden sehen, was aus alldem wird.

In zwei oder drei Tagen geht es weiter nach Bariloche, wohin Du mir postlagernd schreiben kannst, wir gedenken dort am 10. Februar anzukommen. Das wäre es für heute, meine Liebe. Das beiliegende Blatt ist für Chichina bestimmt. Umarme alle recht herzlich und schreib mir, ob Vater im Süden ist oder nicht.

Eine herzliche Umarmung Deines Sohnes, der Dich liebt. "

Es geht weiter im Tagebuch:

„ Wir fielen mit unserer perfekten Aufmachung als ‚Crotos' (Tagediebe) in San Martín de los Andes ein. Das Dorf zeichnete nichts besonders aus, aber die Umgebung ist wirklich herrlich, umgeben von dichten Wäldern mit Zypressen auf einer Seite, Eichen und anderen Baumarten dieser Gegend auf der anderen Seite. Es liegt am Ufer des Sees Lacar, auf einer schmalen Wasserzunge von ungefähr fünfhundert Metern Breite und 35 Kilometern Länge. Der erste Versuch, in einer Poliklinik eine Unterkunft zu finden, hatte nicht den gewünschten Erfolg. Danach kamen wir auf die Idee, im Nationalpark nach einem Quartier zu suchen. In dem Moment wollte es der Zufall, daß der Verwalter des Parkes vorbeikam, der nicht einmal dazu kam, seinen Wagen anzuhalten, als wir ihn auch schon mit unserer Frage bestürmten. Er brachte uns darauf in einem Schuppen des Nebenhauses unter, wo wir es uns so bequem wie möglich machen sollten. In der Nacht weckte uns zwar kurz der Nachtwächter Don Pedro, der wahrscheinlich 140 Kilo wog, sehr sympathisch war und während seiner Arbeitszeit ansonsten wie ein Siebenschläfer schlummerte, mit seinem Getrampel auf, doch danach schliefen wir bis zehn Uhr am Morgen weiter. Wir standen auf, kauften Fleisch und Brot und machten uns Churrasco[1]. Den Nachmittag verbrachten wir am See, schmiedeten Pläne über die Einrichtung eines Laboratoriums mit unzäh-

---

[1] Auf dem Rost gebratenes Fleisch.

ligen, phantastischen Varianten über die Form des Hauses,
bis hin zu solchen Einzelheiten wie den Fenstern. Am Abend
brachte Don Pedro Fleisch von zu Hause mit, und die, Chur-
rascoorgie' begann von neuem, gekrönt durch zwei Flaschen
Wein, die teuer und zugleich schlecht waren.

Am nächsten Tag sollte im Nationalpark eine Grillparty
veranstaltet werden, und Don Pedro bot uns an, ihm bei der
Vorbereitung des Festes zu helfen. Als Lohn winkte uns da-
für freies Essen und Trinken auf der Grillparty und freudig
nahmen wir das Angebot an. Auf dem Fest verwirklichten
wir einen Plan, der nur unseren Gehirnen entsprungen sein
konnte; ich zeigte Symptome fortgeschrittener Trunkenheit,
wankte mit einer Flasche Wein zum Bach und versteckte sie
dort. Auf diese Weise schaffte ich fünf Liter zur Seite. Um
diese Zeit wurden schon alle Sachen mit einem Lastwagen
weggebracht. Als nun die Tische und Bänke wieder auf den
Lastwagen verstaut werden sollten, spielte ich weiterhin
meine Rolle als Betrunkener, täuschte einen leichten
Schwindelanfall vor und rief nach Alberto, damit er nach
mir schauen solle. Kaum war der Lastwagen abgefahren, als
wir wie die Fohlen aufsprangen und zum Bach liefen, um uns
am Rotwein gütlich zu tun.

Fluchend stellten wir fest, daß der gesamte Vorrat ver-
schwunden war. Wir ließen im Geist die Gesichter aller
Tischgäste an uns vorüberziehen, um in einem von ihnen ei-
ne Spur von Ironie und Schadenfreude zu finden. Es war
nicht nötig, Kameraden, wirklich nicht nötig. Am nächsten
Tag regnete es den ganzen Morgen, aber um drei Uhr nach-
mittags kam die Sonne heraus und aus den Lautsprechern des
Radios im Dorf wurde ganz San Martín verkündet, daß am
Nachmittag trotz des Regens das große Automobilrennen
stattfinden würde."

Die beiden setzten ihre Reise entlang der Seen und unter den
schattenspendenden Bäumen fort und kamen so zum Carré
Chico und Carré Grande...

„Einige Kilometer von diesem (dem Carré Chico) entfernt,
erhebt sich der Carré Grande, mit seinem schneebedeckten

Gipfel, der sehr groß ist, den man jedoch unmöglich mit dem Motorrad befahren kann, da es nur Haarnadelkurven gibt. Wir ließen das Motorrad stehen und nur mit zwei Broten verpflegt, begannen wir, den Berg zu besteigen. Es war viertel nach zwölf Uhr mittags, um halb zwei stürzten wir, um zwei schwitzten wir und um fünf Uhr waren um uns nur noch Felsen. Ein Fels rollte herab und versperrte mir den Weg. Weder nach oben noch unten ging es weiter. Unter mir sah ich einen Abgrund, etwa dreißig Meter tief. Noch nie hatte ich eine solche Angst verspürt. Ich blieb eine halbe Stunde an den Fels geklammert und machte mir Mut. Dann begann ich langsam, nach oben zu steigen, ohne auch nur einmal hinter mich zu sehen. Als ich wieder auf ebenem Grund stand, atmete ich erleichtert auf. Alberto wartete atemlos auf mich. Wir gingen schon etwas schweigsamer weiter und stießen gelegentlich Verwünschungen gegen die Bremsen aus, die uns von unten an verfolgt hatten und uns nun lästig wurden. Um sieben Uhr erreichten wir die Schneegrenze und eine halbe Stunde später den Gipfel. Nachdem wir einige Fotos geschossen hatten, machten wir uns an den Abstieg. Um neun hatten wir den Bach hinter uns. Die Sicht wurde immer schlechter, als Alberto plötzlich seine Brille verlor. Einen Moment lang konnte man noch den blassen Reflex der Brillengläser zwischen den Zweigen ausmachen. Alberto sprang entschlossen hinterher, und ich hörte einen Schrei. Alberto war ausgerutscht und hing nun zwischen den Stämmen kleiner Bäume. Mühsam befreite er sich aus der mißlichen Lage. Später erzählte er mir, daß, als seine Beine in der Luft gebaumelt hatten und die erste Stange, an der er sich festklammerte, unter seinem Gewicht nachgab, er sich bereits als Leiche sah. Mit viel Anstrengung schaffte er es, sich aus dieser Situation zu befreien, er seufzte und mußte ohne Brille weiter. Wir erreichten schließlich das Häuschen des Försters, um dort um Unterkunft zu bitten. Es war inzwischen 12.35 Uhr nachts.

Nach diesem gefährlichen Abstieg setzten sie ihre Reise fort und genossen die schöne Aussicht auf die Seen Hermoso, Villarino, Torrentoso, Faulkner und Espejo Grande. Eine Nacht verbrachten sie im Haus eines Straßenwärters am See Nahuel Huapi. Bei dem Motorrad traten immer neue Probleme auf, unzählige Male hielten sie an, um die Reifen zu flicken, da sie kein Geld für neue hatten. So erreichten die beiden den See Mariquiña und trafen dort einen Österreicher, der eine kleine Farm verwaltete.

„Dort gewährte uns ein österreichischer Verwalter Unterkunft, der in seiner Jugend Motorradrennfahrer gewesen war und jetzt zwischen seiner Lust, ‚Gauchadas‘ zu veranstalten, und der Angst vor der Chefin hin und her schwankte. Er erzählte uns in seinem Kauderwelsch, daß es in der Gegend den chilenischen Tiger gab. Die chilenischen Tiger sind angriffslustig und mutig. Sie greifen den Menschen ohne Angst an und besitzen eine große blonde Mähne. Er brachte uns in einem verlassenen Schuppen unter und gab uns ein Bündel Heu als Unterlage. Wir machten uns ein Feuerchen für unseren Mate und legten uns danach schlafen. Als wir die Tür schließen wollten, stellten wir fest, daß nur der untere Teil verschließbar war, so daß wir mit den Gedanken an den chilenischen Tiger und dem Revolver am Kopfende einschliefen. Es wurde schon etwas hell, als ich von einem Geräusch erwachte, das so klang, als kratzte jemand an der Tür. Alberto war an meiner Seite ganz still. Ich hielt den Revolver in der Hand geklammert, schon entsichert, während mich zwei glühende Augen aus dem Schatten der Bäume ansahen. Katzenartig warfen sich die Augen nach vorn, wobei ein schwarzer Körper um die Tür strich. Instinktiv drückte ich ab. Der Knall schallte von den Wänden zurück und verlor sich langsam in den Bäumen. Der Verwalter kam mit einer Laterne in der Hand schreiend herbeigerannt und rief ganz verzweifelt nach uns. Unser betretenes Schweigen und das hysterische Schluchzen seiner Frau, die sich über den leblosen Körper ihres ‚Boby‘ beugte, einen der widerlichsten Kläffer, die ich jemals gesehen hatte, verriet, was geschehen war. Wir machten uns trotz der Dunkelheit und Müdigkeit auf den Weg, da wir nicht unter einem Dach schlafen wollten, wo wir als Mörder angesehen wurden.“

DIE REISE GEHT WEITER

„Ein Lastwagenfahrer gab uns eine Unterkunft... Wir leg-
ten uns gemeinsam mit einem Freund von ihm in der Küche
zum Schlafen nieder. Ungefähr um drei Uhr morgens wach-
te ich auf und wollte rausgehen, um nachzusehen, wie das
Wetter war, aber vorher nahm ich noch einige Schübe Asma-
pul aus dem Inhalator. Der andere Kamerad wachte in die-
sem Moment auf, und als er das Blasen hörte, erschrak er,
blieb ganz still liegen und hielt die Luft an. Ich stellte mir
vor, wie er regungslos unter den Decken lag, sein Messer um-
klammerte, und deshalb hatte ich keine andere Wahl, als,
aus Angst vor einem Messerstich, mich ebenso ruhig zu ver-
halten. Am darauffolgenden Tag konnten wir endlich aus
dieser Gegend abhauen, und nach einigen Verzögerungen
kamen wir in der Nacht endlich in Bariloche an.“

Um von Bariloche aus auf chilenisches Gebiet zu gelangen,
schifften sie sich mit dem Motorrad auf der Fähre „Modesta
Victoria" ein und erreichten nach Überquerung des Sees Nahuel Huapi Puerto Blest. Sie befanden sich bereits in der Nähe
der chilenischen Grenze und hatten Probleme mit ihren Papieren, konnten dann aber weiter bis nach Puerto Alegre fahren
und dort die „Laguna Fría" überqueren. Nach einigen Zwischenfällen an der Grenze gelangten die beiden Mitte Februar
auf chilenischen Boden.

Der Lago Esmeralda kostete Ernesto und Alberto einige
Mühe. Nachdem sie das Motorrad an Bord des Bootes hatten,
mußten sie ihr Gefährt mit den Zeltplanen gegen das Wasser
schützen, das vom Bug des tiefliegenden Schiffes auf das Deck
spritzte. Trotzdem war ihr Gepäck naß, als die beiden in Petro-
hue ankamen. Das Motorrad bereitete ihnen immer mehr
Schwierigkeiten: die Bremsen zogen nicht mehr richtig und
die Räder schlingerten. Schließlich baten sie einen Lastwagenfahrer, sie mit dem Motorrad nach Osorna, einem Handels-
und Viehzuchtzentrum, mitzunehmen. Von hier aus war es
nicht mehr weit nach Valdivia, einem der wichtigsten Häfen
Chiles. Sie hatten schon mehr als 2600 Kilometer zurückge-

legt, seit sie in den letzten Dezembertagen des Jahres 1952 los-
gefahren waren. Sie hatten den gesamten Süden Argentiniens
mit seinen großen Pampas durchquert und waren die Anden
hinaufgefahren. Jetzt waren die beiden auf dem Weg in die chilenische Hauptstadt Santiago de Chile.

Im Tagebuch Ernestos geht es weiter mit Berichten über die
Dinge, die ihnen unterwegs passierten. Es gelingt ihnen, jemanden zu finden, der ihnen das Motorrad ein Stück auf seinem kleinen Lastwagen mitnimmt. Danach freundet sich Ernesto mit dem Besitzer eines anderen kleinen Lasters an, den er
darum bittet, sie nach Osorno mitzunehmen. Sie nutzen die
Gelegenheit und gelangen so bis in diese Stadt. Von dort aus
fahren sie dann in Richtung Valdivia weiter.

Es heißt in Ernestos Tagebuch weiter:

> *„Als wir in Valdivia ankommen, stellen wir uns unter einem*
> *Vorwand beim Konsul vor, aber eigentlich mehr um das Kli-*
> *ma zu sondieren. Es sah ziemlich schlecht aus. Hungrig und*
> *auf den voreingenommenen Konsul fluchend, der so ver-*
> *ächtlich mit seinen armen Landsleuten, die sich gerade auf*
> *Reise befanden, umsprang, machten wir eine Runde durch*
> *die Stadt und den malerischen Hafen. Wir versäumten auch*
> *nicht, den Markt zu besuchen, wo eine Reihe uns unbekann-*
> *ter Waren angeboten wurde. Meine Hochwasserhosen, die*
> *ich voller Stolz trug, riefen überall Aufsehen hervor, und*
> *auch in Valdivia warf man mir den internationalen Ruf zu:*
> *‚Stell das Wasser an!‘“*

Die beiden fuhren weiter nach Temuco. Das Motorrad war
kurz vor dem Auseinanderfallen: Schwierigkeiten machte nun
die Schaltung. Nach mehreren Pannen und Stürzen erreichten
sie die Stadt. Sie besichtigten die Zeitung „El Austral“, wo man
ihnen anbot, einen Artikel für den folgenden Tag zu schreiben,
und dafür Fotos von den beiden machte. Zwischen den verblichenen Tagebuchseiten finde ich einige lose dazwischenliegen-
de maschinengeschriebene Seiten. Sicher hat Ernesto beim
Wiederlesen seiner Reiseerinnerungen einige Absätze heraus-
genommen und diesen kleinen Artikel geschrieben, den ich
hier wiedergeben möchte:

DIE EXPERTEN

„*Die chilenische Gastfreundschaft ist eines der Dinge, die einen Besuch im Nachbarland so angenehm gestalten, und kam auch uns angesichts unserer schlechten Finanzlage sehr gelegen. Ich kuschelte mich langsam in die Decken ein, wußte den Wert eines guten Bettes zu schätzen und wog den Kaloriengehalt des Essens vom Abend ab. Ich ließ die Ereignisse noch einmal an mir vorüberziehen, die Pannen und Löcher in den Reifen der ‚Poderosa', die uns an die großzügige Hilfe von Raúl geraten läßt, in dessen Bett wir nun schliefen und der uns das Interview mit dem ‚El Austral' in Temuco ermöglichte. Er ist Student der Veterinärmedizin, so wie es aussieht nicht allzu fleißig und außerdem der Besitzer eines kleinen Lasters, auf dem er unsere arme kleine Maschine transportierte. Wenn man es genau mit der Wahrheit nimmt, so muß man sagen, daß es mehr als einen Moment gegeben hat, an dem unser Freund gewünscht hatte, uns nie kennengelernt zu haben, da wir ihm ganz schön auf die Pelle gerückt waren. Er hatte sich jedoch allein sein Grab geschaufelt mit seiner Prahlerei über das Geld, das er für Frauen ausgab, woran sich eine Einladung für denselben Abend in ein Kabarett anschloß, natürlich sollte alles auf seine Kosten gehen.*

Er war es auch, der uns nach langer Debatte dazu brachte, unseren Aufenthalt im Lande Pablo Nerudas zu verlängern. Aber dann gab es am Schluß den zu erwartenden Hinderungsgrund, der uns zwang, den Besuch in einen so interessanten Vergnügungsort aufzuschieben, und als Kompensation teilten wir Feldbett und Essen mit ihm. Um ein Uhr nachts waren wir ganz skrupellos in sein Haus eingefallen, um alles zu verschlingen, was wir auf dem Tisch fanden, was schon ziemlich viel war, und später brachte man uns noch mehr. Danach bemächtigten wir uns auch noch des Bettes unseres Gastgebers, denn der Hausbesitzer war dabei, das Haus aufzugeben, er zog nach Santiago, und deshalb waren kaum noch Möbel im Haus."

Früh am nächsten Morgen brachte ihnen jemand die Zeitung „El Austral", in der das Interview mit ihnen abgedruckt war.

„*Alberto war unerschütterlich und ließ sich auch durch die Morgensonne nicht in seinem Schlaf stören. Ich begann, langsam aufzustehen. Dabei handelte es sich um eine Aufgabe, die bei uns nicht sonderlich schwierig zu bewerkstelligen war, denn das Aufstehen bestand aus dem Anziehen der Schuhe. Die Zeitung war aus richtigem, festem Papier hergestellt, ganz im Gegensatz zu unseren armen und mickrigen Zeitungen, aber mich interessierte vor allem eine Überschrift, die ich mit ziemlich großen Buchstaben im Lokalteil vorfand:*

Zwei argentinische Lepraexperten reisen mit dem Motorrad durch Südamerika. Darunter hieß es kleingedruckt: Sie halten sich in Temuco auf und möchten Rapa-Nui besuchen. Das war die Quintessenz unerer Verwegenheit. Wir beide, die Experten, die Schlüsselfiguren der amerikanischen Leprologie, mit dreitausend behandelten Fällen und einer umfassenden Erfahrung auf diesem Gebiet, Kenner der wichtigsten Leprastationen des Kontinents und Überprüfer der dortigen hygienischen und sanitären Bedingungen. Jetzt erwiesen diese Berühmtheiten dem malerischen und tristen Städtchen die große Ehre ihres Besuchs. Wir nahmen an, daß sie alle die Ehre zu schätzen wußten, die wir dem Städtchen erwiesen.

Kurz darauf scharte sich die Familie um den Zeitungsartikel, andere Themen waren nun uninteressant. Nachdem wir uns eine geraume Zeit bewundern ließen, verabschiedeten wir uns von unseren Gastgebern und holten unser Motorrad ab, das wir am Stadtausgang bei einer Werkstatt abgestellt hatten. Für den Gastgeber unseres Motorrads waren wir nun auch nicht mehr die beiden Vagabunden, die ihm zwar schon anfänglich sympathisch waren, nein, auch hier waren wir nun die beiden Experten, und so wurden wir voller Hochachtung behandelt. Wir nahmen gegen fünf Uhr Abschied von Temuco und fuhren in Richtung Norden. "

Bis nach Santiago de Chile lagen noch ungefähr achthundert Kilometer vor ihnen. Von Temuco fuhren sie über Lautaro nach Los Ángeles, durch Teile der chilenischen Landschaft, die in der ganzen Welt für ihre Außergewöhnlichkeit bekannt ist. Chile selbst ist an dieser Stelle nur zweihundert Kilometer breit, mit kleinen Anhöhen und fruchtbaren Tälern, die zwischen dem Meer und den hohen Bergen der Anden liegen. Die Straße war alles andere als leicht zu befahren: Neben großen Steigungen gab es ebenso viele gefährliche Abfahrten und dies alles mit ihrem überladenen altersschwachen Motorrad, das bereits dreitausend Kilometer bewältigt hatte. In Ernestos Tagebuch steht dann:

DIE SCHWIERIGKEITEN NEHMEN ZU

„Kaum waren wir außerhalb von Temuco, als uns wieder einmal der Hinterreifen platzte. Wir arbeiteten sehr eifrig, aber kaum hatten wir den Reservereifen aufgezogen, sahen wir, daß auch er Luft verlor. Es sah ganz danach aus, als müßten wir die Nacht im Freien verbringen. Da trafen wir einen Eisenbahner, der ebenfalls den Zeitungsartikel über uns gelesen hatte und uns wie Könige behandelte. Am nächsten Morgen brachten wir unseren Reifen in eine nahe Werkstatt, damit man ihn flickte. Erst nach Sonnenuntergang konnten wir aufbrechen, da unser Gastgeber uns zuvor noch zu einem reichhaltigen Essen mit einem leckeren Rotwein eingeladen hatte. Wie so oft, schickte uns auch an diesem Tag die chilenische Gastfreundschaft auf den Weg nach San Juan und Mendoza[1]. Klar, daß wir an diesem Tag nicht weit kamen. Nach achtzig Kilometern hielten wir am Haus eines Schrankenwärters und baten ihn um Nachtquartier. Er wartete vergeblich auf ein Trinkgeld, um uns dann mürrisch einen Platz zuzuweisen, wo wir uns niederlegten. Da er uns auch am nächsten Morgen kein Frühstück anbot, machten wir uns schlecht gelaunt auf den Weg. Irgendwo würden wir schon ein Plätzchen finden, um ein Feuerchen zu machen

---

[1] Arg.: Halb betrunken sein, San Juan und Mendoza sind Argentiniens Hauptanbaugebiete für Wein.

und einige Mates aufzubrühen. Ganz in Gedanken suchte ich den Straßenrand nach einem schönen Rastplatz ab, als das Motorrad wie ein störrisches Pferd bockte und uns auf die Erde schickte. Alberto und ich blieben unverletzt, untersuchten die Maschine und stellten fest, daß eine der beiden Lenkradstützen gebrochen war. Ein noch größeres Problem stellte die defekte Gangschaltung dar. So konnten wir unmöglich weiterfahren, und es blieb uns nichts weiter übrig, als geduldig auf einen Lastwagen zu warten. Aus der entgegengesetzten Richtung näherte sich ein Auto, der Fahrer hielt an und fragte, ob er uns helfen könne. Zwei Wissenschaftlern wie uns würde er alles anbieten, was wir benötigten. , Wissen Sie was? Ich habe Sie gleich wegen des Fotos aus der Zeitung erkannt', sagte mir einer. Aber wir brauchten eigentlich nichts anderes als einen Lastwagen, der in die andere Richtung fuhr, also bedankten wir uns und ließen uns nieder, um Mate zu trinken, aber gleich darauf lud uns der Besitzer eines in der Nähe gelegenen Häuschens zu sich nach Hause ein. In seiner Küche konnten wir unseren Mate richtig aufbrühen. Unser Gastgeber zeigte uns sein, Charango', ein Musikinstrument mit drei oder vier Saiten, die zwei Meter lang sein konnten und stramm über zwei leere Dosen gespannt werden, das alles zusammen auf ein Brett genagelt wird. Der Musiker streicht mit einem Metallstück über die Drähte, was dann klingt wie Kindergitarren. Gegen zwölf Uhr kam ein kleiner Lastwagen vorbei, der uns nach inständigem Bitten in die nächste Stadt, nach Lautaro, mitnahm. Dort bekamen wir einen Platz in der besten Werkstatt der ganzen Gegend und fanden jemand, der die Schweißarbeit mit Aluminium machen würde, der Chico Luna, ein kleiner, sehr sympathischer Typ, der uns auch zum Essen in sein Haus einlud. Wir verbrachten unsere Zeit damit, am Motorrad zu arbeiten und bei einem der vielen Neugierigen, die uns bei der Arbeit in der Werkstatt zusahen, etwas zum Essen abzustauben. Gleich nebenan gab es eine deutsche Familie oder deutscher Abstammung, die uns freundlich aufnahm. Geschlafen haben wir in einer Kaserne.

Bald war die Maschine wieder einigermaßen hergestellt. Wir rüsteten uns zur Abreise, doch zuvor wollten wir uns noch einen angenehmen Abend machen. Mit ein paar Freunden tranken wir etliche Gläser Wein, so daß ich mich bald zu jeder Heldentat fähig sah und wir zum Tanzen gingen. "

Die Nacht gehörte dem Fandango und dem Wein. Am nächsten Morgen wieder auf den Weg. Doch schon bald zwang die beiden die Gangschaltung ihres Motorrades zu einer erneuten Rast. Ernesto schrieb in seinem Tagebuch:

„ Wir fuhren weiter und fühlten uns, als hätten wir einen Schlag auf den Kopf erhalten. Wir nahmen eine Kurve, als plötzlich einige Kühe vor uns auftauchten. Ich drückte auf die Bremse, bis das Pedal aus der Führung sprang. Verzweifelt zog ich die Handbremse, doch es zeigte sich keine Wirkung. Vor meinen Augen sauste schemenhaft der Kopf einer Kuh vorbei, danach deren Schwanz, und schließlich spürte ich, wie die letzte Kuh dem Motorrad noch einen Tritt verpaßte. Immer schneller sah ich eine enge Kurve auf uns zukommen. Ich versuchte zurückzuschalten. Schließlich kippte ich das Motorrad zur Seite, so daß wir unsanft landeten. So konnte es nicht weitergehen! Das Motorrad vor uns herschiebend, kamen wir zu einem Gehöft, das einem Deutschen gehörte. Auch hier zeigte sich die vorteilhafte Wirkung der Werbung aus Temuco: wir bekamen ein Essen, wobei allerdings unsere Gastgeber uns unaufhörlich beschwatzten. "

Das Motorrad lief immer schlechter, und nun handelte es sich bei den Schäden auch nicht mehr nur um Reifenpannen. Die vielen Stürze hatten das Fahrzeug so zugerichtet, daß alle Augenblicke angehalten werden mußte, um etwas zu reparieren. Das Ende des Motorrades schilderte Ernesto folgendermaßen:

„Die Fahrt ging nur sehr langsam voran, und man sah, daß sie nicht mehr lange dauern würde. Kurz nach Mittag begannen wir mit der Auffahrt zum ‚Malleco', wo die höchste Eisenbahnbrücke Südamerikas liegt. Auf halber Strecke blieb

der Motor stehen, und wir mußten das Motorrad mit Hilfe eines Lastwagens bis auf den Gipfel bringen. Dort in dem Dorf Cullipull verbrachten wir die Nacht, um die Fahrt am letzten Lebenstage unseres Motorrades fortzusetzen. An der ersten Steigung blieb sie stehen, wir brachten sie bis ins Tal und hoben sie dort auf einen Lastwagen, der uns bis nach Mulchen mitnahm. Wir verließen dieses Dorf und an der nächsten Steigung blieb sie wieder stehen. Wozu noch weiter?"

Hier in Mulchen ließen die beiden das Motorrad in einer Werkstätte zurück und setzten ihre Reise per Anhalter fort. Die „Poderosa" hatte sich bis dahin gut bewährt, sie durch weite Teile Argentiniens und über die höchsten Berge der Anden getragen. Sie hatte Wind und Regengüsse, Schlamm und schlechte Straßen, so gut es möglich war, überstanden, bis es schließlich nicht mehr weiterging. Die Reise ging weiter. Wie stets übernachteten sie in Kasernen und besorgten sich kostenlos ihre Verpflegung. Das Asthma plagte Ernesto. Das Motorrad hatten sie in einer Werkstatt gelassen und reisten nun als Anhalter weiter.

SANTIAGO DE CHILE

Am 1. März 1952 trafen sie in der Hauptstadt Santiago de Chile ein. Ernesto bemerkt in seinem Tagebuch über die chilenische Hauptstadt:

> *„Santiago ähnelt Córdoba in vielem, natürlich sehr viel größer und mit mehr Leben erfüllt, ja sogar die Gesichtszüge der Leute erinnern an unsere Stadt. Ich kann noch nicht viel mehr über ihre Schönheiten sagen, da ich sie erst kurz kenne."*

Immer gegen das Geldproblem ankämpfend, um essen zu können und eine Unterkunft zu finden und Ernesto mit seinem Asthma-Problem, machten sie sich nach einigen Tagen Aufenthalt in Santiago auf den Weg nach Valparaíso.

VALPARAÍSO

Wie üblich ging's per Anhalter weiter, und nachdem sie bereits mehrere Autos gewechselt hatten, nimmt sie schließlich ein Lastwagen mit nach Valparaíso.

Ernesto berichtet:

> *„Der Aufstieg des ersten Stücks in die Berge ist sehr schön, man kann unten in der Ebene die bebauten Felder sehen in ihren verschiedenen Grün- und Gelbtönen, doch dann bricht die Nacht herein.“*

Ernesto berichtet, wie sie mit ihrem Gepäck, bestehend aus einem Rucksack, einer zusammengerollten Decke und einem Beutel für die Verpflegung großes Aufsehen unter den Passanten erregte, und er selbst schilderte ihre Ankunft in Valparaíso folgendermaßen:

DAS LÄCHELN DER GIOCONDA...

> *„Nun begann ein neuer Teil unserer Abenteuer. Wir waren daran gewöhnt, bei den Bewohnern allerorts wegen unseres Auftritts und des prosaischen Aussehens der Poderosa, deren asthmatisches Keuchen all unsere Gastgeber mit Mitleid erfüllte, Aufsehen zu erregen. Aber wir waren doch zu einem gewissen Teil Ritter der Landstraße. Wir gehörten dem uralten Adel der Vagabunden an und trugen eine Visitenkarte bei uns, die beim Vorzeigen alle Leute unweigerlich beeindruckte. Nun waren wir nicht mehr als zwei Landstreicher, schmutzbedeckt wie die Mamelucken, was in der Vergangenheit nur ein klein wenig unserem aristokratischen Stand abträglich war. Der Lastwagenfahrer ließ uns am Stadtanfang aussteigen, und so gingen wir müden Schrittes, unser Gepäck hinter uns herschleifend, die Straße hinunter, verfolgt von den neugierigen Blicken der Passanten. Der Hafen zeigte von weitem seinen attraktiven Glanz; das Salz des Meeres erweiterte unsere Nasenflügel. Wir kauften uns ein Stück Brot und gingen kauend weiter die Straße hinunter zum Hafen. Alberto gähnte, und auch mich befiel eine große*

Müdigkeit, nur wollte ich diese nicht so offen zeigen. Wir gingen zu einem Parkplatzwächter und schilderten ihm in den schillerndsten Farben unsere angeblichen Schicksalsschläge auf der Reise von Santiago hierher in diese schöne Stadt. Der Alte gab uns einen Platz zum Schlafen, auf einigen Brettern in Gesellschaft einiger Parasiten, deren Name auf ,Hominis' endet, jedoch hatten wir ein Dach über dem Kopf und griffen unsere Müdigkeit mit aller Macht an. Unsere Ankunft hatte jedoch das Ohr eines Landsmannes beeindruckt, der in der Kneipe nebenan saß und sich beeilte, uns zu rufen, und uns alle Ehren der chilenischen Gastfreundschaft zuteil werden ließ. Keiner von uns beiden war in der Lage, dieses Angebot auszuschlagen. Er selbst war bereits tief durchdrungen von der Mentalität des Nachbarlandes und hatte also schon einen beträchtlichen Rausch. Es war schon lange her, daß ich einen guten Fisch gegessen und einen leckeren Wein getrunken hatte und dieser Mann war so freigiebig... Wir aßen gut, und anschließend lud er uns zum nächsten Tag in sein Haus ein.

Die ,Gioconda' öffnete ihre Türen sehr früh, und wir brühten uns unseren Mate auf, während wir uns mit dem Besitzer unterhielten, der sich sehr für unsere Reise interessierte. Danach besichtigten wir die Stadt. Valparaíso liegt sehr malerisch in einer weitläufigen Bucht. Als die Bevölkerung immer größer wurde, kletterte die Stadt terrassenweise die umliegenden Berghänge hoch. Durch dieses Meer von verschiedenfarbigen Häusern winden sich unzählige serpentinenförmig angelegte Straßen. Die steilen Treppen und Seilbahnen, die die Terrassen miteinander verbinden, unterstreichen die Schönheit dieses Irrenhaus-Museums. Das glitzernde Blau der Bucht verstärkt den Eindruck, hier eine kuriose Welt vor Augen zu haben.

Mit Geduld erkundeten wir die verschwiegensten Winkel der Stadt und unterhielten uns mit den Bettlern, von denen es wimmelte. Gerade dieses Untergrundmilieu und der Geruch des Elends zogen uns besonders an.

Wir gingen zu den Schiffen an der Mole, um uns zu erkundigen, ob eines von ihnen auf die Osterinsel fahren würde, doch die Nachrichten sind entmutigend: innerhalb der nächsten sechs Monate würde kein Schiff dorthin auslaufen. Wir bekamen jedoch einige vage Auskünfte über Flugzeuge, die einmal im Monat zu der Insel flögen.

Die Osterinsel! Der Höhenflug der Vorstellungskraft kreist um diese Insel!, Dort einen weißen Freund zu haben ist eine Ehre für jede Frau. Dort arbeiten zu wollen? Vergebliche Mühe. Die Frauen machen alles, und unsereins ißt, schläft und stellt die Frauen zufrieden.' Auf diesem wunderbaren Stück Erde ist das Klima ideal, die Frauen ideal, das Essen ideal und die Arbeit durch ihre Nichtexistenz auch ideal. Was bedeutet es schon, ein Jahr dort zu verbringen, welche Bedeutung hat da noch Studium, Gehalt, Familie usw. Aus einem Schaufenster zwinkert uns eine riesige Languste zu, und von ihrem aus vier Salatblättern bestehenden Ruhelager sagt sie uns mit ihrem Körper: ‚Ich komme von der Osterinsel; von dort, wo das Klima ideal ist, die Frauen ideal sind...'

Vor der Tür der ‚Gioconda' warteten wir geduldig auf unseren Landsmann, der jedoch kein Lebenszeichen von sich gab. Der Besitzer erklärte sich schließlich bereit, uns hereinzulassen, damit wir nicht in der vollen Sonne stehen mußten. Dann teilte er mit uns eines dieser wunderbaren Mittagessen aus gebratenem Fisch und kristallklarem Wasser. Aus diesem Gespräch mit ihm erfuhren wir das meiste über die Stadt, und wir wurden Freunde. Er war schon ein komischer Kauz und voller Großzügigkeit gegenüber jemanden, der außerhalb der gewöhnlichen Normen lebte. Bei den normalen Kunden kassierte er jedoch sehr gut für den Krimskrams, den er in seinem Laden hatte.

In den Tagen, die wir dort verbrachten, bezahlten wir nicht einen Pfennig, und er erwies uns viele Aufmerksamkeiten: ‚Heute für dich, morgen für mich...' war sein Lieblingsspruch, nicht gerade originell, jedoch sehr angenehm.

Wir versuchten, die Ärzte zu kontaktieren, die wir unmittelbar nach unserer Ankunft in Chile in Petrohué kennengelernt hatten. Doch die Vielzahl ihrer Geschäfte und der Zeitmangel machten ein Treffen sehr schwierig, doch wußten wir wenigstens, wo wir sie treffen konnten, und so trennte ich mich eines Abends von Alberto für kurze Zeit.

Alberto machte sich auf ihre Spuren, während ich eine alte Asthmatikerin, eine Kundin von ,La Gioconda', aufsuchte.

Die Arme tat einem leid. Man atmete in ihrem Zimmer diesen herben Geruch von Schweiß und schmutzigen Füßen, vermischt mit dem Staub einiger Polster. Zu ihren Asthma-Anfällen kamen Herzstörungen hinzu. Angesichts dieser Situation wird dem Arzt bewußt, wie ohnmächtig er vor diesem Zustand steht. Er verlangt eine Veränderung der Dinge, eine Beendigung dieser Ungerechtigkeit. Denn die Alte hat bis vor einem Monat in der Kneipe serviert, um ihren Lebensunterhalt zu verdienen. Sie eilte von einem Tisch zum anderen, um vor dem Leben aufrecht zu bestehen.

Die Anpassung an die Umgebung erzeugt bei den Armen eine nur schlecht verdeckte Aggressivität gegenüber denen, die ihren Lebensunterhalt nicht mehr verdienen können. In diesem Moment ist man nicht mehr Mutter, Vater oder Bruder, man ist nur ein negativer Faktor im Kampf um das Überleben. Man ist damit ein feindliches Objekt geworden, das der Gemeinschaft der Gesunden gegenübersteht. Man wirft ihr unausgesprochen die Krankheit vor, so als ob diese eine Beleidigung der Gesunden sei, weil diese nun den Kranken ernähren müssen. Dort, in den letzten Augenblicken von Menschen, deren weitester Horizont nur der nächste Tag war, dort erfährt man die Tragödie der Werktätigen der ganzen Welt. In diesen sterbenden Augen steht eine unterwürfige Bitte nach Entschuldigung zusammen mit verzweifelten Bitten nach Vergebung, die sich in der Leere verliert — als ob der Körper sich gleich verlieren wird in der Größe des Geheimnisvollen, die uns umgibt.

Bis wann wird ein solcher Zustand andauern, der sich begründet in einer absurden Kastenvorstellung? Das kann ich nicht beantworten, aber die Stunde ist gekommen, in der die Regierenden weniger Geld für die Propaganda ihrer Güte ausgeben sollten und mehr Geld, viel mehr Geld dazu bestimmen müßten, bessere soziale Bedingungen zu schaffen.

Ich kann nicht viel für die Kranke tun: Ich verschreibe ihr eine Diät, einige Pülverchen und ein Medikament. Ich habe noch einige Dramamine-Tabletten, ich schenke sie ihr. Als *ich rausgehe, verfolgen mich die dankbaren Worte der Alten und die gleichgültigen Blicke der Angehörigen.*

Alberto hatte den Arzt angetroffen und ein Treffen im Krankenhaus am nächsten Tag um neun Uhr vormittags vereinbart.

In dem Zimmerchen, das gleichzeitig Küche, Eßzimmer, Waschzimmer und Aufenthaltsraum für Hunde und Katzen ist, hatte sich eine heterogene Gruppe versammelt: Der Besitzer mit seiner pragmatischen Lebensphilosophie; Doña Carolina, eine Taube und dienstbeflissene Gehilfin; ein betrunkener und geistesschwacher Mapuche[1], zwei mehr oder weniger normal aussehende Gäste; und die Krönung des Festes, nämlich Doña Rosita, eine alte Verrückte.

Die Unterhaltung dreht sich um eine makabre Geschichte, die Doña Rosita miterlebt hatte. Sie schien die einzige Zeugin gewesen zu sein, wie ein Mann ihrer armen Nachbarin mit einem Messer die Haut vom Leibe riß.

‚Und hat Ihre Nachbarin geschrien, Doña Rosita?‘

‚Stellen Sie sich vor! Wie wird sie nicht schreien, wenn er ihr bei lebendigem Leib das Fell abzieht? Und das ist noch nicht alles: er brachte sie dann ans Meer und warf sie in den Sand, damit das Wasser sie forttragen würde. Ach ja, diese Frau schreien zu hören, konnte einem das Herz brechen, mein Herr, wenn Sie dabei gewesen wären!‘

‚Und warum haben Sie nicht die Polizei verständigt, Doña Rosita?‘

‚Wozu? Als man mit ihrer Kusine dasselbe machte, bin ich zur Polizei gegangen, und die sagte mir, daß ich verrückt sei und daß ich mit diesen komischen Erzählungen aufhören sollte, sonst würden sie mich einsperren, stellen Sie sich das einmal vor! Nein, nein, ich werde diese Leute nie mehr benachrichtigen.‘

Nach einer Weile ging es um den Gesandten Gottes, der die Macht, die ihm der Herr verliehen hat, dazu nutzt, die Tauben, die Stummen, die Lahmen und viele andere zu heilen. Nach erfolgter Wunderheilung kreist ein Teller und es scheint, als ob dieses Geschäft floriert. Die von Mund zu

---

[1] Mapuche: Abkömmlinge der Ureinwohner Chiles.

Mund weitergegebene Werbung für diesen Quacksalber und
die Gutgläubigkeit der Leute sorgen dafür. Dieselben Leute,
die Doña Rosita für ihre Geschichten auslachen. "

Am 8. März bemühten sich die beiden vergebens, auf einem
Schiff in den Norden Chiles mitgenommen zu werden.
Schließlich überredeten Ernesto und Alberto den Kapitän der
„San Antonio", sie mitzunehmen, der sich zwar dazu bereiter-
klärte, aber die beiden nochmals eindringlich vor den Leuten
der Hafenpräfektur warnte. Ernesto schilderte es in seinem Tagebuch, wie sie zu blinden Passagieren wurden.

BLINDE PASSAGIERE

„ Wir konnten die Zollkontrolle ohne Schwierigkeiten über-
winden und wandten uns mutig unserem nächsten Ziel zu.
Das auserwählte Schiff, die San Antonio, war der Mittel-
punkt der fieberhaften Tätigkeit im Hafen, aber wie groß
war unsere Enttäuschung, als wir bemerkten, daß das Schiff
nicht direkt an der Kaimauer lag. Wie an Bord kommen? Es
gab keine andere Möglichkeit, als zu warten, bis das Schiff
einmal näher kommen würde, und so warteten wir geduldig
auf unserem Gepäck sitzend.
Um zwei Uhr nachts hatten die Arbeiter Schichtwechsel.
In diesem Moment zogen sie das Schiff näher an die Kaimau-
er, aber der Hafenkapitän, ein Typ mit einem griesgrämigen
Gesicht, stellte sich auf die Planke, um das Ein- und Ausstei-
gen des Personals zu überwachen. Ein Kranfahrer, mit dem
wir uns in der Zwischenzeit angefreundet hatten, riet uns,
noch einen Moment zu warten, da der Hafenkapitän ein
ziemlich übler Typ sei. So begann ein langes Warten, das die
ganze Nacht andauerte, wobei der altertümliche Dampf-
kran uns etwas Wärme spendete.
Die Sonne ging schon auf, und wir saßen immer noch mit
unserem Gepäck auf der Mole. Unsere Hoffnung, jemals auf
das Schiff zu gelangen, waren bereits am Nullpunkt ange-
langt, als der Kapitän des Schiffes mit einer reparierten

Schiffsplanke kam. Die Verbindung zwischen Schiff und Mole war wiederhergestellt. Wir nützten blitzschnell die Situation, schlichen uns an Bord und versteckten uns in einer Toilette im Offiziers-Trakt. Bis zum Auslaufen des Schiffes mußten wir zwar noch mehrere Male ‚besetzt‘ sagen, doch wir blieben unentdeckt.

Es war schon zwölf und das Schiff war gerade ausgelaufen, doch unsere Freude war etwas getrübt, denn das Klo war seit längerer Zeit verstopft und stank unerträglich bei der großen Hitze. Gegen eins hatte Alberto alles, was er noch im Magen hatte, ausgeleert, und wir waren mit unseren Nerven am Ende, dazu meldete sich nun der Hunger, und so stellten wir uns dem Kapitän als blinde Passagiere vor. Dieser war anfänglich sehr überrascht, uns wiederzusehen, aber um unseren vorhergehenden Kontakt zu verheimlichen, zwinkerte er uns vor den anderen Offizieren zu, während er mit Donnerstimme fragte: ‚Ihr glaubt also, daß man nur auf das erstbeste Schiff steigen muß, um reisen zu können? Habt Ihr nicht an die Folgen gedacht, die das für Euch haben könnte?‘ Natürlich hatten wir daran nicht gedacht.

Er rief den Bootsmann und beauftragte ihn, uns Arbeit und etwas zum Essen zu geben. Wir verschlangen gierig unsere Ration, doch als ich den Auftrag erhielt, die berühmte Toilette zu reinigen, blieb mir der Bissen im Hals stecken. Als ich zähneknirschend nach unten stieg, verfolgte mich der belustigte Blick Albertos, der Kartoffeln schälen mußte, und ich gebe zu, daß ich kurz davor war, alles über Kameradschaft Geschriebene über Bord zu werfen und einen Arbeitswechsel zu beantragen. Das war nicht in Ordnung! Er trägt auch noch seinen Teil zu der Schweinerei bei, und ich muß sie saubermachen!

Nachdem wir unsere Arbeiten gewissenhaft erledigt hatten, rief uns der Kapitän erneut zu sich, dieses Mal, um uns zu empfehlen, nichts über unser vorangegangenes Gespräch verlauten zu lassen, und daß uns auf dem Weg nach Antofagasta, dem Bestimmungshafen des Schiffes, nichts geschehen würde.

Zum Schlafen teilte er uns die Koje eines Offiziers zu, der an Land geblieben war, und für die Nacht lud er uns zum

Canastaspielen und ein paar Gläsern Wein ein. Nach einem erholsamen Schlaf standen wir mit der Einstellung auf, die sehr gut mit dem Spruch ‚Neue Besen kehren gut' beschrieben wird, arbeiteten mit sehr viel Eifer als Entgelt für die Reise. Trotzdem hatten wir gegen zwölf Uhr mittags das Gefühl, daß man uns zu sehr scheuchte, und am Nachmittag waren wir bereits überzeugt, daß wir für die Besatzung ein paar Vagabunden von der übelsten Sorte waren. Wir nahmen uns vor, ausgiebig zu schlafen, am nächsten Tag weniger zu arbeiten und statt dessen unsere Wäsche zu waschen. Doch der Kapitän suchte wieder einmal Mitspieler, und es war vorbei mit unseren guten Vorsätzen. Der Bootsmann benötigte am nächsten Morgen mehr als eine Stunde, um uns wachzurütteln und zur Arbeit zu bewegen — so ein unsympathischer Kerl.

Ich erhielt den Auftrag, die Planken zu schrubben, womit ich den ganzen Morgen verbrachte, ohne damit fertig zu werden; der bequeme Alberto war noch immer im Büro, aß mehr und besser als ich und kümmerte sich nicht weiter darum, was ihm in den Magen gelangte.

Nach aufregenden Canasta-Runden betrachteten wir nachts das weiß-grünlich schimmernde Meer, beide auf die Reeling gestützt, nah beisammen, doch jeder weit entfernt. Jeder schwebte in seinen Traumsphären. Dort erfuhren wir, daß unsere wahre Bestimmung darin bestand, ewig die Straßen und Meere der Welt zu durcheilen.

Die Neugier trieb uns immer weiter, und wir musterten alles, was vor uns lag, aber es war stets ein vorsichtiges Herangehen, ohne daß wir Wurzeln schlugen und ohne daß wir das tiefere Wesen ergründeten, denn die Oberfläche genügte uns. Während alle sentimentalen Themen, die das Meer inspiriert, in unseren Gesprächen abgehandelt wurden, tauchten langsam nordöstlich die weit entfernten Lichter von Antofogasta auf. Es war das Ende unsere Abenteuers, als blinde Passagiere zu reisen, denn das Schiff kehrte nach Valparaíso zurück.“

Als sie in Antofagasta ankamen, erlitt Ernesto einen seiner schweren Asthmaanfälle. Dennoch schwankten sie unschlüssig zwischen den Möglichkeiten, noch eine gewisse Zeit in der Stadt zu verweilen, die Bergwerke von Chuquicamata zu besuchen oder nach Arica weiterzufahren.

Die beiden entschlossen sich, Arica aufzusuchen. Der Kapitän der „Apollo" gab ihnen das Versprechen, sie mitzunehmen, doch als das Schiff in See stechen sollte, zog er sein Angebot wieder zurück.

Die Besatzung der „San Antonio", die die Szene miterlebte und betrunken war, hänselte die beiden daraufhin. Ernesto schrieb dazu:

> „Einer der Seemänner warf uns einen Satz ins Gesicht, der sehr gut den Reichtum des chilenischen Dialekts wiedergibt: ‚Jetzt sitzt ihr in der Scheiße, ihr bescheuerten Scheißer. Warum laßt ihr den Scheiß nicht und kehrt in euer Scheißland zurück, um dort die Leute zu nerven?'
>
> Danach gab es nicht mehr viel zu tun, als den Kopf zu senken und die Reise fortzusetzen. "

Sie beschlossen, nach Chuquicamata zu reisen und fanden auch bald einen Lastwagen, der sie nach Baquedano mitnahm und dabei, wie Ernesto sich ausdrückte, „durch eine richtige Wüste fuhr, in der es weder Anzeichen für die Pampa noch irgendwelche Felsen oder auch nur die geringste Spur von Gras gab".

Ernesto notiert weiter in seinem Tagebuch:

> „In Baquedano warteten wir geduldig auf einen anderen Lastwagen, der uns nach Loma mitnehmen würde, einem Dorf, das direkt neben den Bergwerken lag, etwas, das es nicht alle Tage zu sehen gab.
>
> Als es Nacht wurde, machten wir die Bekanntschaft eines chilenischen Arbeiterehepaars, die Kommunisten waren. Das Kerzenlicht, bei dem wir unseren Mate bereiteten, gab den zerfurchten Gesichtszügen des Arbeiters einen geheimnisvollen und zugleich tragischen Ausdruck. Knapp und in einfachen Worten erzählte er von seinen drei Monaten im Gefängnis, seiner hungernden Frau, seinen kommunistischen Kollegen, die von der Polizei auf hoher See über Bord

geworfen wurden oder auf mysteriöse Weise verschwanden.
Das Ehepaar selbst war von der Wüstennacht beeindruckt
und saß dicht aneinander gekuschelt und repräsentierte die
Arbeiterklasse überall in der Welt. Sie taten uns leid, denn sie
hatten nicht einmal eine elende Decke, um sich zuzudecken.
Wir liehen ihnen unsere, dabei war dies eine der kältesten
Nächte, die ich in meinem Leben verbracht hatte, aber auch
eine, in der ich mich den Menschen so brüderlich wie nie zu-
vor verbunden fühlte. "

Auch Alberto Granados beschrieb diese Szene vom 12. März
1952: „Beim Licht einer Öllampe sitze ich im ‚Hotel' dieses
Dörfchens (Baquedano) und schreibe, während wir auf einen
Lastwagen warten, der uns nach Chuquicamata mitnehmen
kann. Wir haben ein Arbeiterehepaar getroffen. Er, arbeitslos
und als angeblicher Kommunist verhaftet und drei Monate im
Gefängnis gewesen, kämpft jetzt dafür, daß sie ihn in irgendeinem Bergwerk arbeiten lassen. Vor einer Weile bin ich durch
das Dorf gegangen. Eine lange Reihe von Häusern mit Zink-
wänden, die entlang einer einzigen Straße stehen, die an die
Salpeterhügel grenzt. Die Häuser sind größtenteils Getränke-
lager, wohin die Berg- und Bahnarbeiter kommen, um sich
vollaufen zu lassen. In einem Winkel der Häuser saßen Ernesto
und unsere beiden Gäste. Schwach beleuchtet von einem Ker-
zenstummel und dem Mond, der gerade hinter den Bergen
hervorkam, sah ich Ernesto Mate aufbrühen und die beiden
eng aneinander geschmiegt und zitternd in ihrer zerrissenen
Kleidung dasitzen. Der Mann versuchte, uns mit seinem be-
schränkten Wortschatz zu erklären, welchen Ungerechtigkei-
ten sie zum Opfer gefallen waren, er und seine Genossen, von
denen viele in Quachipato gestorben oder im Ozean untergegangen waren.

Während er sprach, betrachtete ihn seine Frau mit einem
Ausdruck voller Zuneigung, was mich sehr berührte, und ich
bewunderte meinerseits diese arme Frau, die all dieses Unglück und die Ungerechtigkeit an der Seite ihres Lebensgefähr-
ten miterlebte."

DIE BERGWERKE VON CHUQUICAMATA

Am nächsten Morgen setzten sie ihre Reise zu den berühmten Bergwerken von Chuquicamata fort. Als die beiden dort ankamen, machte ihnen die Verwaltung einige Schwierigkeiten, da sie die Bergwerke besichtigen wollten, aber es gelang ihnen, mit einigen Arbeitern in Kontakt zu treten. Nachdem sie sich einen Eindruck von der dortigen sozialen Situation verschafft hatten, wurde ihnen auch durch das Verhalten und die Anspielungen einiger Vorarbeiter klar, daß sie dort nicht lange bleiben konnten. Sie setzten daher ihre Reise bald fort.

Dazu schreibt Ernesto in seinem Tagebuch:

> *„Im Norden wird der Arbeiter in den Kupfer-, Salpeter- oder Schwefelbergwerken besser bezahlt, aber das Leben ist andererseits sehr viel teurer. Dann fehlen vielfach die Gebrauchsartikel des täglichen Lebens, und die klimatischen Bedingungen sind in den Bergen sehr hart. Noch gut erinnere ich mich an das Achselzucken eines Vorarbeiters auf meine Frage nach Entschädigungen für die Familienangehörigen der zehntausend Arbeiter, die auf dem Friedhof begraben sind. "*

Nachdem sie sich in Laguna noch an einem Fußballspiel beteiligt hatten, ging es mit einem Lastwagen weiter in den Norden. Über Iquique fuhren sie immer mit Lastwagen nach Arica, den nördlichsten Hafen Chiles, nur zehn Kilometer von der Grenze zu Peru entfernt.

CHILE — DAS POLITISCHE PANORAMA

In Ernestos Reiseerinnerungen war dazu folgendes zu lesen:

> *„Die politische Situation ist verwirrend. Es gibt verschiedene Anwärter auf die Macht, von denen der aussichtsreichste Carlos Ibañez del Campo zu sein scheint, ein pensionierter Militär mit diktatorischer Tendenz und Ideen, die denen Peróns verwandt sind, dem als Caudillo vom Volk ein entsprechendes Vertrauen entgegengebracht wird. "*

362

Diese Beobachtungen Ernestos bestätigten sich im nachhinein, und es heißt in seinem Tagebuch weiter:

> *„Dann gibt es noch Salvador Allende, Kandidat der Volksfront, der auch die Unterstützung der Kommunisten erhält.“*[1]

Ernesto lernte Dr. Allende erst viel später persönlich kennen und wurde ein großer Freund dieses Patrioten.

Weiter heißt es im Tagebuch:

> *„Bei Herrn Ibañez ist es wahrscheinlich, daß er eine nationalistische Politik verfolgt und sich auf den Haß gegen die Vereinigten Staaten stützen wird, um Popularität und die Verstaatlichung der Kupfer- und anderer Bergwerke zu erreichen.*
>
> *Die größte Anstrengung, die er unternehmen muß, wird die Abschüttelung des nordamerikanischen Jochs sein, doch diese Aufgabe erscheint im Moment utopisch angesichts der Dollarbeträge, die hier investiert sind, und auch der engen freundschaftlichen Beziehungen, die die einflußreichsten Personen dieses Landes mit den USA pflegen.“*

Dieser letzte Satz in Ernestos Tagebuch verdeutlicht, daß er im Jahre 1952 bereits eine sehr klare Vorstellung von der imperialistischen Herrschaft der USA über die unterentwickelten Länder Lateinamerikas hatte.

---

[1] Dr. Salvador Allende wurde 1970 zum Präsidenten Chiles gewählt. Vorausgegangen war ein erbitterter Wahlkampf. Unterstützt durch die Radikale Partei und einige Parteien der linken Mitte wird er zum Präsidenten gewählt. Am 11. September 1973 stirbt Dr. Allende mit dem Gewehr in der Hand im Präsidentenpalast „Palacio de la Moneda", wo er heroisch das Amt verteidigt, in das er durch saubere Wahlen gelangt war. Er starb im Kampf gegen eine Verschwörung von Militärs und Polizeikräften, die von der CIA und dem US-Außenministerium angestiftet, angeleitet und finanziert wurde. Als Ernesto sein Tagebuch verfaßte, konnte noch keiner die politische Laufbahn dieses großen chilenischen Patrioten voraussehen. Sein Tod im Kampf gegen die Streitkräfte und Polizeieinheiten seines eigenen Landes ist ein Beweis dafür, daß wenigstens zur Zeit in Amerika der Sozialismus nur durch den Sieg mit der Waffe durchgesetzt werden kann.

PERU

TARATA

„Es trennten uns nur noch wenige Meter von der Hütte der Guardia Civil am Ende des Dorfes. Die Rucksäcke waren uns bereits so schwer, daß wir dachten, das Gewicht hätte sich verhundertfacht. Die Sonne brannte, und wie immer waren wir für die Tageszeit zu warm angezogen, obwohl wir später wieder frieren würden. Der Weg stieg ziemlich steil an, und kurz darauf gelangten wir an die Pyramide, die wir vom Dorf aus schon gesehen hatten und die zu Ehren der Gefallenen im Krieg gegen Chile errichtet worden war. Dort wollten wir unsere erste Rast machen und unser Glück mit den vorbeifahrenden Lastwagen versuchen.

Die umgebenden Berge waren gänzlich kahl, ohne jeglichen Grasbewuchs. Das hinter uns liegende Tacna sah von weitem sehr klein aus mit seinen Sandstraßen und roten Dächern. Ein Lastwagen kam langsam auf uns zu, wir winkten schüchtern und zu unserer großen Überraschung hielt der Fahrer sofort an. Alberto erklärte ihm mit den uns schnell von den Lippen gehenden Worten die Bedeutung unserer Reise und bat ihn, uns mitzunehmen. Der Fahrer machte eine zustimmende Geste und hieß uns auf die Pritsche aufsteigen, wo bereits eine große Anzahl von Indios saß. Wir steigen mit unserem Gepäck und voller Freude auf den Laster, als der Fahrer uns zurief: ‚Ihr wißt Bescheid, nicht? Bis Tarata kostet es fünf Soles.'

Alberto war außer sich vor Wut und fragte ihn, warum er uns das nicht früher gesagt hätte. Der Fahrer antwortete, er kenne das Wort ‚Gratis' nicht, aber bis Tarata koste es fünf Soles. Albertos Wut bekam nun auch ich zu spüren, denn es war meine Idee gewesen, einen Lastwagen auf der Straße anzuhalten, wogegen er vorgeschlagen hatte, bereits in der Stadt auf einen zu warten. Auf den Fahrer fluchend stiegen wir wieder vom Lastwagen.

In diesem Moment war unsere Situation klar: entweder kehrten wir zurück, womit wir uns geschlagen erklärt hätten, oder wir würden weitergehen, egal, was da käme. Wir entschieden uns für letzteres und machten uns auf den Weg. Daß unser Vorgehen nicht unbedingt sehr vernünftig war, sahen wir schon daran, daß die Sonne bald unterging und daß es weit und breit kein einziges Anzeichen für Leben gab. Trotzdem hofften wir, daß es so nah der Stadt das eine oder andere Haus geben müßte, und gestützt auf diese Illusion setzten wir unsere Wanderung fort.

Es war schon stockfinster, und wir hatten immer noch keine bewohnte Gegend erreicht, und das Schlimmste war, daß wir kein Wasser hatten, um uns etwas Eßbares oder wenigstens einen Mate zubereiten zu können. Es wurde immer kälter. Das Wüstenklima dieser Gegend und die Höhe, die wir bereits erreicht hatten, taten ein übriges, um ‚die Schrauben anzuziehen'. Wir waren schon ziemlich erschöpft, und so beschlossen wir, unsere Decken auf dem Boden auszubreiten und bis zum Morgengrauen zu schlafen. Auf Geradewohl legten wie die Decken irgendwohin, denn es schien nicht einmal der Mond, und wickelten uns so gut es ging in unsere Decken ein. Nach fünf Minuten teilte Alberto mir mit, daß er schon ganz steif sei, worauf ich ihm erwiderte, daß mein armer Körper wahrscheinlich genauso starr sei! Da wir nicht an einem Wettbewerb für Kühlschränke teilnehmen wollten, suchten wir einige Zweige, um ein Feuer zu machen. Das Ergebnis unserer Bemühungen war sehr mager: zu zweit fanden wir nur eine Handvoll mickriger Zweige, die allenfalls ein kleines Flämmchen erzeugten, das nichts und niemanden erwärmen konnte. Wir waren hungrig und schlecht gelaunt, doch die Kälte machte uns noch mehr zu schaffen, so daß wir nicht einmal in der Lage waren, uns nahe des Feuers hinzulegen und unsere Hände an der Glut zu wärmen. Wir mußten das Lager abbauen und weitermarschieren. Zu Beginn gingen wir etwas schneller, um wieder warm zu werden, aber schon nach kurzer Zeit waren wir außer Atem. Unter der Jacke fühlte ich, wie der Schweiß lief, ich hatte kein Gefühl in den Füßen, und zudem schnitt uns der Wind wie Nadeln ins Gesicht. Nach zwei Stunden waren wir kurz davor aufzugeben. Die Uhr zeigte bereits halb eins. Selbst mit viel Optimismus verblieben uns noch fünf Stunden in dieser Kälte. Wir starteten einen zweiten Versuch, in unseren Decken zu schlafen. Fünf Minuten später waren wir schon wieder unterwegs. Plötzlich sahen wir aus der Ferne Scheinwerfer auf uns zukommen, doch ohne unsere Schreie zu beachten, fuhr der Lastwagen an uns vorbei und erleuchtete mit seinem Lichtstrahl die trostlose Einöde, ohne einen Busch, ohne ein Haus. Jeder Schritt war nun schwerfälliger als der vorangegangene und schien ewig zu dauern. Zwei- oder dreimal hörten wir das ferne Bellen eines Hundes, was uns etwas Auftrieb gab, aber wir konnten in der Dunkelheit kein Haus ausmachen, oder das Gebell der Hunde verstummte; oft kam es zudem aus einer anderen Richtung, als wir annahmen.

Um sechs Uhr morgens sahen wir, vom grauen Licht des frühen Morgens erleuchtet, zwei kleine Höfe am Straßenrand. Die letzten Schritte dorthin legten wir im Laufschritt zurück, das Gepäck auf unseren Rücken spürten wir nicht mehr. Wir hatten das Gefühl, daß wir nie vorher mit soviel Freundlichkeit aufgenommen worden waren, nie war das Brot, das sie uns zusammen mit einem Stück Käse verkauften, so lecker und nie der Mate so kräftigend. Für diese aufrichtigen, einfachen Leute, denen Alberto seine Doktor-Urkunde zeigte, waren wir so etwas wie Halbgötter. Halbgötter, die aus Argentinien herbeigekommen waren, dem wunderbaren Land, in dem Perón mit seiner Frau Evita lebte, wo die Armen das gleiche besitzen wie die Reichen, wo der arme Indio nicht ausgebeutet wird und wo er nicht so schlecht behandelt wird wie in diesen Gegenden. Wir mußten Tausende von Fragen über unser Land und die dortige Lebensweise beantworten.

Mit der Kälte der Nacht, die wir noch in unseren Knochen spürten, erschien uns die Vorstellung von Argentinien wie die schöne Vision einer auf Rosen gebetteten Vergangenheit. Begleitet von besten Wünschen unserer neuen Freunde gingen wir zu einem nahen ausgetrocknetem Flußbett, wo wir uns unter den liebkosenden ersten Sonnenstrahlen zum Schlafen niederlegten.

Um zwölf Uhr mittags reisten wir bei guter Stimmung weiter, vergessen waren die Schwierigkeiten der vorangegangenen Nacht. Der Weg war sehr weit, aber trotzdem geschahen immer wieder Dinge, die in einer gewissen Häufigkeit auftraten und eine Unterbrechung bedeuteten. Um fünf Uhr nachmittags näherte sich uns einmal mehr die Silhouette eines Lastwagens; wie immer war auch er für den Transport menschlicher Viehherden bestimmt, ein Geschäft, das den größten Ertrag versprach. Plötzlich hielt der Laster zu unserer Überraschung an. Ein Mann von der Guardia Civil aus Tacna grüßt uns freundlich und fordert uns auf, einzusteigen. Natürlich ließen wir es uns nicht mehrmals sagen. Die Aymara-Indios betrachteten uns mit Neugierde, aber wagten nicht, etwas zu fragen. Alberto begann mit einigen eine Unterhaltung, doch sie sprachen nur sehr schlecht Spanisch. Der Laster fuhr immer weiter in die Berge in eine völlig verlassene Gegend hinauf, wo Dornen und Gestrüpp das einzige Anzeichen für Leben waren.

Wir erreichten das Dörfchen Estique und waren ganz fasziniert von dem Anblick, der sich unseren Augen bot. Wir fragten unsere Reisebegleiter, doch die Aymaras verstanden nur Bruchstücke unserer Fragen und antworteten auf diese in einem solchen Kauderwelsch, daß uns der Anblick noch fremdartiger erschien.

In diesem Tal schien die Entwicklung seit Jahrhunderten stehengeblieben zu sein, und heute war es uns vergönnt, dies alles zu betrachten. Wir, die wir die Zivilisation des zwanzigsten Jahrhunderts ziemlich satt haben. Die Bewässerungsanlagen sind noch so, wie die Inkas sie vor langer Zeit zum Wohl ihrer Untertanen angelegt hatten; in kleinen Rinnsalen läuft das Wasser die Hänge hinab und bildet dabei Tausende kleiner Wasserfälle, kleine Bäche kreuzen die Wege, die in weit geschwungenen Serpentinen bergab führen. Uns gegenüber stoßen die tiefliegenden Wolken an die Gipfel der Berge und verbirgt der Schnee die hohen Bergspitzen unter einem glänzenden Weiß.

Die verschiedenen Anbaugüter der Dorfbewohner liegen sorgfältig geordnet auf den Wegen zum Verkauf und lassen uns in neue Gefilde unserer botanischen Kenntnisse eindringen: die Oca, Quinua, Canihue, der Roceto und Mais. Die Menschen sind in der gleichen Art gekleidet wie unsere Begleiter auf dem Lastwagen: sie tragen einen Poncho aus einfacher Wolle in einfachen Farben, eine enge Hose, die nur bis zur Wade reicht und ein Paar Sandalen aus Hanf oder alten Gummireifen.

Wir konnten es nicht fassen, was sich unseren Blicken bot. Es ging weiterhin talabwärts, bis wir nach Tarata kamen, was in der Aymarasprache so viel wie ‚Scheitelpunkt' oder ‚Zusammenfluß' bedeutet, denn hier treffen zwei große Bergketten aufeinander und gaben so dem Dorf seinen Namen.

Es ist ein kleines, altes, friedliches Dorf, wo das Leben in den gleichen Bahnen verläuft wie vor einigen Jahrhunderten. Die Kolonialkirche muß ein archäologischer Schatz nicht nur wegen des Alters sein, denn an ihr kann man das Zusammenfließen von europäischer Kunst und dem indianischen Geist dieser Gegend ablesen. Die engen Gäßchen und die gewundenen Straßen, das holprige Straßenpflaster, die Indiofrauen mit ihren Kindern auf dem Rücken... all dies ruft die Erinnerng an längst vergangene Zeiten vor der Eroberung durch Spanien wach. Aber die Menschen, die wir hier vor uns sehen, haben nicht mehr viel gemeinsam mit ihren Vorfahren. Obgleich sich die Aymaras gegen die Inkaherrschaft auflehnten, wurden sie doch von den weit mächtigeren Inkas unterworfen, und dann folgte die Knechtschaft durch die Spanier. Heute ist es ein besiegtes Volk, in dessen Schweigen und niedergeschlagenen Blicken sich der ganze Umfang ihrer Demütigungen ausdrückt. Ihre Blicke sind sanft, fast ängstlich, und der äußeren Welt gegenüber ziemlich unbeteiligt.

Einige machen den Eindruck, als würden sie noch so leben, weil es eine Gewohnheit ist, von der sie sich nicht mehr trennen können.

Der Angehörige der Guardia Civil brachte uns zur Polizei, wo man uns eine Unterkunft gab, und einige Polizisten boten uns sogar etwas zum Essen an. Wir besichtigten den Ort und legten uns eine Weile schlafen, denn um drei Uhr morgens wollten wir in Richtung Puno weiterfahren. Unsere uniformierten Gastgeber machten es sogar möglich, daß wir mit einem Lastwagen umsonst mitfahren konnten."

DIE AYMARAS

„Bis drei Uhr morgens hatten die peruanischen Polizeidekken ihre Eignung bewiesen und uns eine erholsame Wärme gespendet, als uns das Rütteln des Guardia-Beamten leider dazu brachte, sie zurückzulassen und nach Llave aufzubrechen. Die Nacht war herrlich klar, aber sehr kalt. Als Privileg erhielten wir den Platz auf einigen Brettern zugewiesen, unter denen die scharf riechende und mit Flöhen reich gesegnete Gruppe fuhr, von der man uns trennen wollte. Von ihnen stieg zu uns eine intensiv riechende, aber wärmende Ausdünstung empor. Als der Lastwagen eine große Steigung hochkletterte, lernten wir den privilegierten Platz auf den Brettern so richtig schätzen. Von dem Gestank stieg uns fast nichts in die Nase, auch war es unmöglich, daß selbst ein athletischer Floh bis zu unserem Platz hätte springen können, dafür spürten wir den Wind in seiner vollen Stärke, so daß wir nach wenigen Minuten total durchgefroren waren. Es ging immer höher hinauf, wobei natürlich die Kälte ebenso zunahm. Unsere Hände, mit denen wir uns an dem Aufbau festhielten, um nicht herunterzufallen, waren bereits klamm. Kurz vor Morgengrauen streikte der Vergaser, wie es bei allen Motoren in dieser Höhe vorkommt.

Wir waren schon fast auf dem höchsten Punkt des Weges angelangt, das heißt, auf ungefähr fünftausend Metern Höhe; die Sonne war schon an einer Stelle zu sehen, und eine diffuse Helligkeit ersetzte langsam die völlige Dunkelheit, die uns bis zu diesem Moment begleitet hatte. Der psychologische Effekt der Sonne ist schon merkwürdig; sie war noch nicht am Horizont erschienen, als wir uns schon besser fühlten, allein bei der Vorstellung von der Wärme, die wir spüren würden.

Auf einer Seite der Straße wuchs ein riesiger Pilz, die einzige Pflanze weit und breit, mit der wir ein Feuer anzündeten, was zwar nicht besonders brannte, doch dazu ausreichte, etwas Schnee zu schmelzen und für einen Mate zu erhitzen.

Belustigt und kopfschüttelnd schaute unsere Reisebegleitung zu. Der Lastwagen machte weiterhin Schwierigkeiten, so daß wir langsam vor ihm her durch den Schnee stapften.

Es war beeindruckend zu sehen, wie die verhornten Füße der Indios den Boden berührten, ohne das es ihnen etwas ausmachte, während sich unsere Zehen trotz Stiefel und Wollsocken vollkommen steif anfühlten. Sie trotteten wie Lamas in einer engen Schlucht, einer hinter dem anderen.

Nachdem wir ungefähr drei Kilometer so zurückgelegt hatten, fuhr der Lastwagen mit neuer Kraft weiter, und bald überquerten wir die höchste Stelle der Straße. Dort stand eine merkwürdige Pyramide aus unbehauenen Steinen, gekrönt von einem Kreuz. Als der Lastwagen vorbeifuhr, spuckten fast alle Mitreisenden aus, und der eine oder andere bekreuzigte sich. Neugierig fragten wir nach dem merkwürdigen Ritus, doch wir stießen mit unserer Frage auf vollständiges Schweigen. Die Sonne wärmte die Luft schon etwas. Wir fuhren bergab, wobei die Straße dem Verlauf eines Baches folgte, den wir auf dem Gipfel hatten entspringen sehen und der nun beträchtlich angewachsen war. Die schneebedeckten Gipfel sahen uns von allen Seiten her an, und Herden von Lamas und Alpacas beobachteten teilnahmslos das Vorbeifahren des Lastwagens, während ein noch nicht an die Zivilisation gewöhntes Lama erschreckt das Weite suchte. Auf einem der vielen Stopps, die wir auf dem Weg machten, näherte sich uns schüchtern ein Indio mit seinem Sohn, der ganz gut Spanisch sprach und uns Fragen über das wunderbare ‚Land von Perón' stellte. Angeregt durch die Schönheit der uns umgebenden Landschaft ging die Phantasie mit uns durch: Wir erzählten von der paradieshaften Schönheit unseres Landes und schilderten die außerordentlichen Taten unseres ‚Oberfähigen' in den schillerndsten Farben.

Der Mann bat uns um ein Exemplar der argentinischen Verfassung und der Sozialgesetze unseres Landes, was wir ihm voller Enthusiasmus versprachen. Als wir die Reise fortsetzten, zog der alte Indio aus seiner Kleidung einen sehr appetitlichen Maiskolben hervor und bot ihn uns an. Da konnten wir natürlich nicht nein sagen und teilten die Körner unter uns gerecht auf.

Am Nachmittag durchquerten wir einen seltsamen Ort, als die Wolken bereits schwer und grau über unseren Köpfen hingen. Die Erosion hatte die riesigen Felsen am Straßenrand in feudale Schlösser mit hohen Türmen verwandelt; es gab seltsame Gesichter mit verwirrenden Gesichtsausdrükken und eine Menge von Fabelwesen zu sehen, die den Ort zu bewachen schienen, und die Ruhe der mythischen Persönlichkeiten, die hier ohne Zweifel wohnten, beschützten. Der leichte Nieselregen wurde langsam stärker und verwandelte sich in einen richtigen Wolkenbruch. Der Fahrer rief nach den „argentinischen Ärzten" und ließ uns in die Fahrerkabine, dem Gipfel der Bequemlichkeiten in dieser Region, einsteigen. Schon nach kurzem freundeten wir uns mit einem arbeitslosen Lehrer aus Puno an, der als Anhänger der populistischen APRA-Partei von der Regierung entlassen worden war und sich als versierter Kenner der Indianerkultur herausstellte.

Er unterhielt uns mit tausend Geschichten und Erinnerungen aus seiner Lehrerzeit. Dem Ruf seines indianischen Blutes folgend, hatte er für die Aymaras Partei ergriffen in der nicht endenwollenden Diskussion über die Zivilisierung der Region, die alle Gelehrten bewegte.

Der Lehrer erklärte uns das merkwürdige Verhalten unserer Reisegefährten: wenn ein Indio an die höchste Stelle eines Berges kommt, der durch die Steinpyramide gekennzeichnet ist, so überbringt er hier ‚Pachamama', der Mutter Erde, mit einem Stein alle seine Schmerzen und legte ihn zu den anderen. Als die Spanier ins Land kamen, versuchten sie den alten Glauben und seine Riten auszumerzen und errichteten Kreuze auf den Spitzen der Pyramiden.

Dies geschah vor vierhundert Jahren (es wird schon von Garcilaso de la Vega berichtet), und wenn man die geringe Zahl der Indios sah, die sich bei unserer Reise bekreuzigten, dann konnten die Missionsbemühungen der Ordensbrüder nicht sonderlich erfolgreich gewesen sein. Das Fortschreiten der Transportmittel brachte es mit sich, daß die Indios den Stein durch das Ausspucken mit Cocaspeichel ersetzten. Die

Stimme des Lehrers wurde ganz feierlich, als er von seinen Indios sprach, von den damals so rebellischen Aymaras, und er fiel in eine tiefe Trauer, als er von dem gegenwärtigen Zustand der durch die Zivilisation verblödeten Indios sprach.

Mit großer Verachtung sprach er über die Mestizen — seine Erzfeinde, die ihren Groll über die Weißen auf den Indios abladen würden, da sie sich selbst nicht klar definieren könnten. Unser Freund sprach von der Notwendigkeit, Schulen zu gründen, in denen den Kindern eine wirkliche Orientierungshilfe für die Gesellschaft gegeben wird und in der der Mensch nicht nach dem Ideal des Weißen erzogen würde, sondern in denen der gesamte Mensch im Vordergrund stünde. Die bisherigen Schulen kämen den Bedürfnissen der Indios nicht entgegen, ganz im Gegenteil stünden sie der Indiokultur feindlich gegenüber und trügen so ihren Teil dazu bei, die Indios an den Rand der Gesellschaft zu drängen.

Das Schicksal der armen Unglücklichen bestünde darin, in irgendeinem düsteren Platz der Verwaltung vor sich hin zu vegetieren und mit der Hoffnung zu sterben, daß einer der Söhne, durch den ‚wunderbaren Tropfen des Erobererblutes', das sie ja alle jetzt in ihren Adern tragen, es schaffte, zu den Horizonten zu gelangen, von denen er bislang nur träumen konnte.

Die gestenreiche Sprache, in der er seine Utopie beschrieb, machte deutlich, wie sehr er von seiner Idee überzeugt war. Doch war er nicht selbst das Produkt dieser so von ihm kritisierten Erziehung, glaubte nicht auch er an diese magische Kraft jenes Blutstropfens, auch wenn dieser von einer Mestizin stammte, deren Mutter von dem Kaziken verkauft wurde oder aus einer Vergewaltigung stammte, als der betrunkene Herr über sein indianisches Hausmädchen herfiel.

Doch leider war hier unser gemeinsamer Weg zu Ende, die Straße machte eine Kurve und überquerte den breiten Fluß, der am Morgen noch ein kleiner Bach gewesen war. Vor uns lag die Ortschaft Llave. "

Hier blieben sie nur so lange, bis sie einen Lastwagen nach Puno am Ufer des Titicaca-Sees gefunden hatten. Ernesto notierte:

*„Die herausragende Bedeutung von Puno liegt in seiner gün-
stigen Lage direkt am Ufer des Titicaca-Sees. Von hier aus
verkehren die Schiffe in das angrenzende Bolivien.*

*Wir wollten in einem Boot hinausfahren, um die Größe
des Sees richtig einschätzen zu können, aber der Preis hierfür
hielt uns zurück. Statt dessen besichtigten wir die Kathedrale
mit ihrer schönen Barockfassade. Nachdem wir ein wenig in
der Bibliothek gelesen hatten, gingen wir zur Kaserne, um
bei dem Kommandanten die Lage zu sondieren. Wir erhielten ein sehr gutes Essen und die Absage wegen der Übernach-
tung, da der Kommandant niemanden in Zivil in der Kaserne unterbringen durfte — auf höhere Anweisung. Geschwätz. "*

Da die beiden nichts weiter in Puno hielt, brachen sie, sobald sie konnten, in den Nordosten Perus nach Suboca auf.

*„Wie immer gingen wir auf die Polizeistation zum ‚fischen‘,
wo wir zuerst auf einen Unteroffizier trafen, der bis obenhin
voll war und uns zum Biertrinken einlud. Ich hatte einen tie-
rischen Hunger und sagte daher jedesmal, wenn er mit mir
anstoßen wollte, daß es in Argentinien üblich sei, zum Trinken immer etwas zu essen, doch unser Gastgeber sprang leider nicht darauf an. Schließlich zog er in seinem Rausch noch
den Revolver und schoß auf die Wand, woraufhin die Besitzerin der Bar sich bei einem Hauptmann beschwerte. Dieser
kam und rettete den Unteroffizier aus den Händen der beiden Argentinier. Als wir das Lokal verlassen wollten, fragte
er uns mit einem Zwinkern in den Augen: ‚Habt ihr noch
mehr solche Feuerwerkskörper?‘, wobei er mit seiner Mütze
das Loch in der Wand zudeckte. Alberto ließ sich zu einem
‚nein‘ hinreißen, worauf sich der Hauptmann mit den Worten: ‚Sie haben sich geirrt, liebe Frau, es war nur ein Knaller,
der losgegangen ist‘, an die Besitzerin der Bar wandte. Damit war für ihn die Sache erledigt, und wir beiden machten
uns schleunigst aus dem Staub, da auch unser Lastwagen
nach Cuzco schon bereitstand. Die Reise ging in Wirklichkeit nur bis zum Dorf Ayacuni, wo wir uns wie üblich zur*

Guardia Civil begaben, die uns auf Kosten der Station in einem Hotel unterbrachte. Am nächsten Morgen ging es mit
demselben Lastwagen weiter nach Sicuani; es war eine lange
Fahrt, auf der wir Regen und Kälte im Überfluß zu ertragen
hatten. "

Sie schliefen wieder bei der Guardia Civil und am nächsten
Morgen nahm sie ein Laster mit nach Cuzco. Ernesto berichtet:

„Die Reise hatte die gleichen Charakteristika wie die der
vorangegangenen Tage: Regen, Kälte und Gedrängel.
Schließlich kamen wir in Cuzco an, wo uns eine lange Diskussion mit dem Fahrer erwartete, der Bezahlung für die
Fahrt verlangte. Zu guter Letzt griff jemand von der Guardia Civil ein und zwang ihn, uns gehen zu lassen. Am folgenden Tag besichtigten wir die Kathedrale, wo wir die schönen Bilder und das herrliche Chorgestühl mit den schönen
Schnitzereien in Zedernholz über das Leben der Heiligen besichtigten. Es ist jammerschade, daß das Erdbeben im Jahre
1950 einen Großteil der Kirche beschädigt hatte. General
Franco bot damals nach dem Erdbeben an, die beschädigten
Kirchen restaurieren zu lassen — ein Versprechen, das er bei
dieser Kirche eingelöst hatte, und so wurde auch der herrliche
Glockenturm, der die schöne Maria Arzola trägt, wieder
aufgebaut. (Maria Arzola war die Stifterin der Statue, die
mehr als zwei Meter hoch ist und mit 27 Kilogramm Gold geschmückt ist.) "

Wie immer versäumte es Ernesto nicht, sich in der Bibliothek
zu entspannen, und liest dort mit Begeisterung das berühmte
Buch von Hiram Bingham „Die verlorene Stadt der Inkas". In
Cuzco unterhalten sie sich mit Dr. Hermosa, einem dort an-
sässigen Arzt, der in Argentinien studiert hatte. Er verspricht
ihnen, sie im Krankenhaus unterzubringen und ihnen die
Bergwerke zu zeigen und ihnen Fahrkarten zum Machu Picchu zu besorgen. Dank Dr. Hermosa, der ihnen seinen Wagen
mit Fahrer schickt, besichtigten sie Olletactembo mit seinen
herrlichen Ruinen aus der Inkazeit.

„ Wir werden von einem imposanten Portal am Eingang der Ruinenstadt empfangen und bewundern beim Durchstreifen die Großartigkeit der Anlage. Von den sie umgebenden Berggipfeln neigen sich Abhänge voller Steinwege, gekrönt durch riesige Granitblöcke. Die Wege, die durch seitliche Angriffe eingenommen werden konnten, werden durch Steinkonstruktionen geschützt; so kann man sich erklären, daß dieser Ort zu seiner Zeit als uneinnehmbar galt. Als wir durch die Ruinen schlendern, fühlen wir uns in gewisser Weise mit dem Geist der ehemaligen Bewohner identifiziert, mit dem unbezwingbaren Manco dem Zweiten, der erst nach heftigen Kämpfen von den spanischen Truppen Pizarro besiegt werden konnte. "

Sie kehrten nach Cuzco zurück auf dem wunderschönen Weg durch das Tal der Inkas, und als sie wieder in der Stadt sind, kehren sie zurück in die Bibliothek, um sich eingehender mit der Inkakultur zu beschäftigen. Dem Reisetagebuch zufolge brachen sie am 5. April 1952 zur Festung Machu Picchu in einem langsamen Zug auf. Die Strecke führt sie durch einsame, traumhaft schöne Gegenden, und sie genießen das Schauspiel der hohen Berge, des rauschenden Vilcamata und die üppige Vegetation. In Machu Picchu angelangt, unterhalten sie sich nach einem Fußballspiel ausgedehnt mit dem Hotelbesitzer über die Inkazivilisation. Er gab den beiden den Tip, Louis Baudins Buch „Das sozialistische Reich der Inkas" zu lesen. Von hier aus brachen Ernesto und Alberto am nächsten Tag auf, um die Ruinen der Festung Huaina Pichuc zu besuchen.

Sie befanden sich inmitten der höchsten Berge Perus und vor einem der architektonischen Weltwunder. Man kann sich vorstellen, mit welchem Eifer sie jene uralten Ruinen besichtigten, von denen sie bislang nur geträumt hatten. Die Rückfahrt im Zug bis nach Cuzco gestaltet sich sehr mühsam und langwierig. Als sie sonntags zur Mittagszeit in Cuzco ankamen, gingen sie eilends zur Kathedrale, da an diesem Tag die Glocken des Maria-Arzola-Glockenturmes zum ersten Mal seit dem Erdbeben wieder zu hören waren. Ernesto beschrieb das denkwürdige Schauspiel folgendermaßen in seinem Reisetagebuch:

„Aus diesem Grund veranstaltete man ein Fest zu Ehren Spaniens, das den Glockenturm der Kathedrale hatte reparieren lassen und man ließ ... die republikanische Hymne erklingen. Das Schauspiel war wirklich gelungen, denn man hörte inmitten der Musik die verzweifelte Stimme des Erzbischofs, der in das Mikrofon schrie: ‚Nein, nein, aufhören!’ Und der empörte Kommentar des Architekten, der die Restauration geleitet hatte, lautete: ‚Zwei Jahre Arbeit, damit sie uns dies vorspielen!’ Die Überraschung war perfekt.“

An diesem Abend machte sich ganz Cuzco auf, an der Prozession des „Herrn der Erdbeben“ inmitten des kolonialen Rahmens von Cuzco teilzunehmen. So sah es Ernesto:

„Es ist nichts anderes als ein schwarzbrauner Christus, den sie durch die Stadt tragen und in allen wichtigen Kirchen verehren lassen, eine ganze Schar von Tagedieben streitet sich darum, wer während der Prozession die kleinen roten Blumen streuen darf, die von den Einheimischen ‚Ñujchuc’ genannt werden und im Überfluß an den Hängen der nahen Berge wachsen. Das kräftige Rot der Blüten neben dem Braun des ‚Herrn der Erdbeben’ und das Silber des Altars, wohin er getragen wird, bilden eine harmonische Vereinigung, die diesem heidnischen Fest die Farbe verleiht. Dazu kommt dann noch die Kleidung der Indios, als Ausdruck einer Kultur oder einer Lebensform, die ihre Werte am Leben erhält und die mit der europäisierten Kleidung einer ganzen Reihe von Indios konstrastiert, die Standarten tragen und an der Spitze des Zuges marschieren. Die erschöpften und aufgesetzten Gesichter scheinen ein Abbild derjenigen Inkas zu sein, die den Ruf Manco des Zweiten überhörend, sich dem Sieger Pizarro ergaben und ihr Geschlecht in der Ungnade des Besiegten ertränkten.“

Sie mußten mehrere Tage in Cuzco bleiben und auf ein Fahrzeug warten, das sie mitnimmt. Ihr Ziel war Lima, aber ihre Finanzlage erlaubte es ihnen nicht, ein anderes Fortbewegungsmittel als einen Lastwagen zu benutzen. Am 10. April finden sie ein Fahrzeug und fahren in Richtung Huancayo ab. Sie kommen durch die kleine Stadt Abancay, und schließlich gelangen sie nach Huancarama. Ernesto leidet unter den Folgen eines schweren Asthmaanfalls. Granados ist jetzt Arzt. Eine Adrenalinspritze verursacht einen Schock; aber sie fahren weiter, um das Lazarett von Huambo aufzusuchen, wohin sie wenig später gelangen. Ernesto notiert:

> *„Die hier tätigen Leute vollbringen wirklich eine sehr verdienstvolle Aufgabe, aber der allgemeine Zustand ist katastrophal. Auf einem kleinen Gebiet von etwa einem halben Hektar, von dem zwei Drittel für die Kranken bestimmt sind, spielt sich das Leben dieser Verurteilten ab, insgesamt einunddreißig Personen, die den Tod als Erlösung erwarten. "*

Am folgenden Tag besuchten die beiden eine weitere Klinik, wo sie gleich mehrere Mängel ausmachten: von der Mückenplage bis hin zu mangelnder Hygiene, selbst in dem Operationszimmer. Die Weiterreise nach Huancayo zögerte sich hinaus, da sich kein Lastwagen finden ließ. So waren sie einmal mehr angewiesen auf die Gastfreundschaft der Ärzte und der Polizeistation, doch hier erlebten sie nun eine böse Überraschung:

> *„Nachdem wir einige erfolglose Runden gedreht hatten, gingen wir wieder zum Krankenhaus in der heimlichen Hoffnung, daß es dort etwas zum Frühstücken geben würde — eine Hoffnung, die jedoch elendig zunichte gemacht, mit Füßen getreten und mit Blut befleckt wurde, als der Koch uns auf ziemlich grobe Weise verabschiedete und uns sagte, daß der Verwalter die Anordnung gegeben hatte, uns kein Essen mehr zu geben. Wir verließen mit hängenden Köpfen das Krankenhaus und warteten geduldig auf der Polizeistation, daß der Leutnant sein Angebot wiederholen möge, doch der hatte sich natürlich aus dem Staub gemacht, und so fasteten wir eben an diesem Tag. "*

Schließlich, nach vier Tagen in Huancayo, fanden sie einen Lastwagen, der sie überhungrig nach Ayacucho fuhr. Als sie ankamen, hatten sie lediglich jeder zwei Apfelsinen gegessen.

Am Ende der Reiseetappe stand Lima, und wie so oft froren die beiden oder kamen völlig durchnäßt an einer der vielen Zwischenstationen an. Über die Städte La Merced, San Luis, Ocsapampa, San Ramón und Tarma erreichten sie schließlich mit leerem Magen am 30. April Lima, wo sie Dr. Pesce kennenlernten, einen weltweit bekannten Lepraspezialisten, der zudem in so medizinfremden Bereichen wie denen der Politik und Philosophie versiert war. Ernesto zufolge besaß er eine ausgezeichnete marxistische Bildung und eine beachtliche dialektische Analysefähigkeit. Ernesto freundete sich mit ihm an und unterhielt über Jahre hinweg einen regen Briefwechsel mit ihm. Der zwanzigtägige Aufenthalt ermöglichte es ihnen, die Stadt, ihre Architektur und die Umgebung gründlich kennenzulernen, wobei das archäologische Museum zu ihren beliebtesten Ausflugszielen gehörte. Die Klinik war ebenso ein häufiges Ziel ihrer Besuche, wobei sie zu einigen der Leprapatienten ein besonders herzliches Verhältnis entwickelten, und so erfuhren die beiden, als sie sich von Lima und ihren neuen Freunden trennten, eine herzliche Verabschiedung.

Der Besuch des Lazaretts San Pablo stand schon seit langem auf dem Plan von Ernesto und Alberto. San Pablo lag mitten im tropischen Regenwald am Amazonas, und das Empfehlungsschreiben von Dr. Pesce sollte ihnen die Türen bei der Leprastation öffnen. Um jedoch dorthin zu gelangen, galt es wieder die Andenkordilleren und den Altiplano zu überqueren, bis sie an den Fluß Ucayali kämen, um auf diesem zum Amazonas hinunterzufahren. Mit diesem Plan vor Augen verließen sie Lima am 18. Mai 1952. Um nicht aus der Gewohnheit zu kommen, reisten sie mit einem Lastwagen. Die Umgebung von Lima ist sehr gebirgig, und so bargen die Straßen so manche Gefahr. Doch das sollte nicht das Problem auf diesem Teil ihrer Reise werden, statt dessen verlor der Lastwagen, mit dem sie fuhren, ein Vorderrad, und sie alle hatten großes Glück, daß sie nicht in den Abgrund stürzten. Statt dessen versperrte der Lastwagen die gesamte Straße, bis ein entgegenkommender Lastwagen ihr Gefährt zur Seite schleppte. Nach der Reparatur ging die Fahrt weiter über steile Straßen neben tiefen Schluchten. Ein hartnäckiger Regen fiel, die Straßen wurden immer schlammiger, und viele Lastwagen und Autos blieben stecken.

Unterwegs behandelten sie einen Soldaten, der sich im Gesicht verletzt hatte und der sich für ihre Behandlung mit einem Militärpassierschein erkenntlich zeigte, der sie alle Polizeiposten passieren ließ, ohne daß sie ihre Ausweise zu zeigen hatten. Auf diese Weise überquerten sie ohne Schwierigkeiten die Hochgebirgsregion Perus und das Altiplano, bis sie in die Ebene kamen, wo ein üppiger tropischer Urwald alles überwucherte. Dazwischen lagen umfangreiche Rodungen, in denen Kaffee, Tee, Maniok, Bananen, Papayas und andere tropische Pflanzen angebaut wurden. In Richtung Nordosten lag ihr Ziel, die Stadt Pucallpa am Ufer des Ucayali, der in den Amazonas mündet.

Die Stadt bildet das Handelszentrum und den Verkehrsknotenpunkt der gesamten Region. Beständig sind auf dem Fluß kleine und mittlere Boote unterwegs und bringen die tropischen Produkte, in erster Linie Holz und Obst, auf den Markt.

Die Stadt selbst war mit den einfachsten Baumaterialien, dem Holz aus den angrenzenden Urwäldern errichtet worden, und so waren auch die Straßen ungepflastert. Zu der abenteuerlich anmutenden, malerischen Architektur gesellte sich eine bunte Mischung von Menschen, die in den Häusern aus und ein gingen: Händler, Matrosen, Handlanger und Tagelöhner, Vorarbeiter und Lastwagenfahrer. Sie alle trafen sich in den reichlich vorhandenen Kneipen, in denen getrunken oder nach der Musik eines alten Grammophons getanzt wurde. Einige Polizisten und Uniformierte vervollständigten das Bild.

Noch am gleichen Tag besorgten sie sich zwei Fahrkarten für die „La Tenepa". Zwar hatten sie sich Fahrkarten für die dritte Klasse gekauft, doch der Kapitän versprach ihnen, daß sie „Erster" fahren dürften. Nach einem kurzen Bad im Fluß schifften sie sich nach Iquitos ein.

Der Ucayali strömt in unzähligen Kehren durch einen dichten Urwald und vereinigt sich mit dem Marañón zum Amazonas, an dessen Ufer Iquitos, die Hauptstadt des peruanischen Departments Loreto liegt. Dieser Hafen ist der bedeutendste Flußhafen Perus. Ungezählte Schiffe laufen die Stadt an und beliefern sie mit tropischen Produkten.

Der Amazonas fließt, nachdem er die Wassermengen des aus den Anden kommenden Napo aufgenommen hat, in östlicher Richtung weiter. Auf dem Gebiet Kolumbiens nimmt er den Putumayo in sich auf, der die Grenze zwischen Peru und Kolumbien bildet.

Die „La Tenepa" war ein zweistöckiges Flußschiff, das ein mit Holz und Schweinen beladenes Boot in seinem Schlepptau hatte. Zwischen dieser Ladung hatte man noch die Fahrgäste dritter Klasse verfrachtet. Die Passagiere der ersten Klasse, die auf dem vorneweg fahrenden Boot Platz genommen hatten, setzten sich aus Holzhändlern, Kautschukhändlern, einigen Touristen und dem einen oder anderen Abenteurer zusammen. Für viele der kleinen Häfen am Ufer des Ucayali oder des Amazonas, die die „La Tenepa" anlief, bildete der Fluß die einzige Verbindung zur Außenwelt. Die Reise selbst ging sehr langsam und mühselig vonstatten und dauerte mehrere Tage. Das Ufer mit den Wäldern aus Guayabas, Mangos, Apfelsinen und Rosenholz strich langsam vorbei. Der Fluß ist in dieser Region sehr flach und zwang die Besatzung der Tenepa, ein kleines Lotsenboot vorauszuschicken, was natürlich zeitaufwendig war.

So kamen sie am 1. Juni nach mehreren Tagen Flußfahrt in Iquitos an. Über 50.000 Einwohner lebten in der Stadt, die während des Krieges wegen des Kautschukhandels einen großen Aufschwung erlebte. Als Ernesto und Alberto nach Iquitos kamen, hatte die Stadt bereits ihre Handelsbedeutung verloren, da der Kautschuk durch synthetische Produkte ersetzt worden war und sich der langsame Abstieg bereits bemerkbar machte.

Sie nutzten die Zeit, um ihre Tagebucheintragungen zu vervollständigen und Briefe nach Argentinien zu schicken, besichtigten des Krankenhaus und den Lepradienst und setzten sich mit den Erfahrungen der Ärzte in diesen Einrichtungen auseinander.

Am 6. Juni brachen sie flußabwärts nach San Pablo am Ufer des Amazonas auf, und zwei Tage später kamen sie mit dem kleinen Boot „El Cisne" an ihrem Ziel an.

Noch aus Iquitos erhielt seine Tante Beatriz einen Brief Ernestos, von dem ich einen Ausschnitt hier wiedergeben möchte:

„...und ich muß dir ein Geständnis machen. Das, was ich über die Kopfjägern, geschrieben habe, war gelogen. Leider scheint es, daß der Amazonas genau so sicher ist wie der Paraná, der Putumayo wie der Paraguay, so daß ich Dir leider keinen kleinen Kopf mitbringen kann, wie ich es gern getan hätte. Nun ja, ich hoffe, Du kannst Deinem geliebten Neffen verzeihen, der, ein Opfer seiner Jugend, kopflose Pläne machte. Ich wollte auch meine Fähigkeiten als Märtyrer unter Beweis stellen, doch das Malariafieber und Gelbfieber scheint es auch nicht mehr zu geben. Es ist zum Verzweifeln.“

Während er also seine Tante mit diesem Brief beruhigte, jagte er uns mit dem bereits bekannten Brief einen gehörigen Schreck ein und empfahl im Falle seines Verschwindens seinen Schrumpfkopf in einem Museum der USA zu suchen. Sie fuhren durch eine Gegend, die von den Jíbaros, den berühmten Kopfjägern bewohnt wurde, die sich bekannterweise keine Gelegenheit entgehen ließen, um ihre Kunst zu praktizieren.

Der Brief war in einem scherzhaften Ton geschrieben, aber es war richtig, daß die Jíbaros existierten und daß sie wirklich Kopfjäger waren, die mit Methoden, die bis heute noch nicht richtig bekannt sind, Menschenköpfe zum Schrumpfen bringen.

Die normalgroßen Köpfe ihrer Feinde verkleinerten sie auf die Größe einer Apfelsine, ohne daß dabei ihre Charakteristika verlorengingen.

Ernesto fährt im Brief an Beatriz fort:

„Morgen fahre ich drei Tage mit dem Boot nach San Pablo, wo wir eine Woche auf der Leprastation bleiben wollen. Von dort aus ist es nur noch eine Tagesreise nach Leticia, so daß ich dann einen Brief abholen könnte, wenn ich nicht sofort eine Möglichkeit finde, meine Reise fortzusetzen.

Vielen Dank auch für Dein Angebot, mir Geld zu schikken, doch Du kennst mein Prinzip, nicht auf die finanziellen Mittel der Familie zurückzugreifen, zumal ihr selbst kein Geld im Überfluß habt. Die Dollars von Ercilia sind noch nicht angegriffen, und in Lima wurde uns etwas unter die

Arme gegriffen, so daß wir zur Zeit keine finanziellen Probleme haben.

Trotzdem kann es sein, daß wir in Kolumbien etwas Geld zuverdienen müssen, doch eigentlich glaube ich dies selbst nicht so ganz, da wir auch Peru mit mehr Pesos in der Tasche verließen, als wir bei der Einreise besaßen. Statt dem Geld könntest Du mir allerdings einen Yanal-Zerstäuber und einige Nachfüllampullen dazu schicken. Ich muß es nochmals betonen: Ich habe kein Asthma, doch gibt es dieses Produkt weder in Peru noch in Kolumbien!"

In Ernestos Brief heißt es weiter:

„Die Reise auf dem Putumayo (hast Du ihn auf der Karte gefunden?) wird ungefähr einen Monat dauern, und solange werdet Ihr keine Nachricht von mir erhalten. Vielleicht können wir uns die mühsame Fahrerei mit dem Boot ersparen und uns in ein Flugzeug schmuggeln, das uns nach Bogotá oder zumindest nach Puerto Leguísamo bringt. "

Ich möchte hier daran erinnern, daß der Putumayo, der sowohl die Grenze zwischen Ecuador und Kolumbien als auch zwischen Peru und Kolumbien bildet, eine Länge von 1.200 km hat, die flußaufwärts zu reisen, eine lange Zeit beanspruchen würde. Ernesto fährt fort:

„Wenn das Glück uns beisteht, komme ich Ende Juli oder Anfang August nach Hause zurück, wenn nicht, müßt ihr Euch noch ein Weilchen gedulden, bis Ihr den mächtigen Bart bestaunen könnt, der mir auf der Reise gewachsen ist."

Er verabschiedete sich wie immer mit Küssen und lieben Grüßen für die ganze Familie.

In einem ebenfalls aus Iquitos abgesandten Brief an unsere Familie verglich er die Gegend mit Misiones:

„Die Ufer der großen Flüsse sind dicht besiedelt, und um wilde Indianer-Stämme zu finden, muß man mit kleinen Booten weit die Nebenflüsse hochfahren, doch diese Abenteuer

müssen wir auf später verschieben. Die Infektionskrankhei-
ten sind fast gänzlich verschwunden, aber wir haben uns
vorsichtshalber gegen Typhus und Gelbfieber geimpft und
eine ganze Menge Atebrin und Chinin bei uns.

Es gibt eine Fülle von Krankheiten, denen Stoffwechsel-
störungen zugrunde liegen, hervorgerufen durch die man-
gelnden Ernährungsmöglichkeiten im Urwald, was uns
aber nicht besonders kümmert, denn diese Krankheiten kön-
nen selbst in schlimmsten Fällen nicht als Folge eines einwö-
chigen Vitaminmangels auftreten. Das wäre der Fall, wenn
wir auf dem Fluß reisen, was wir jedoch noch nicht mit aller
Genauigkeit sagen können, da wir möglicherweise bis Bo-
gotá oder mindestens bis Leguisamo fliegen werden. Dort
gibt es dann schon Straßen. Wir überlegen, ob wir fliegen,
nicht weil die Reise so gefährlich ist, sondern weil wir ziem-
lich viel Geld sparen könnten, was für mich in nächster Zu-
kunft ganz schön wichtig ist. In dem Maße, wie wir uns von
den Zentren der Wissenschaft entfernen, erhält unsere Reise
einen ganz besonderen Charakter: sie stellt ein herausragen-
des Ereignis für das Personal in den Leprastationen der Ge-
gend dar, und wir werden wie berühmte Forscher respektvoll
behandelt. Die Lepra hat mich völlig in ihren Bann gezogen,
und ich vermag noch nicht zu sagen, wie lange meine Begei-
sterung anhält. Abschiedsszenen wie die, die uns die Kran-
ken auf der Leprastation in Lima bereiteten, spornen dazu
an, weiterzumachen. Sie haben uns einen Primus-Kocher
geschenkt, unter den Kranken insgesamt 100 Soles gesam-
melt, was angesichts ihrer finanziellen Situation eine un-
wahrscheinliche Summe ist und sich von uns mit Tränen in
den Augen verabschiedet. Teilweile beruht diese Zuneigung
in der Selbstverständlichkeit, mit der wir uns den Kranken
ohne Arztkittel oder Handschuhe näherten, uns mit ihnen
über Alltägliches unterhielten oder mit ihnen Fußball spiel-
ten. Vielleicht erscheint Dir dies wie eine Kameradschaft oh-
ne Sinn und Ziel, aber der psychologische Effekt für einen je-
den dieser Kranken, die wie wilde Tiere behandelt werden,
ist enorm. Die Kranken wie normale Lebewesen zu behan-
deln, ist von unschätzbarem Wert, und das Risiko, sich an-
zustecken, ist außerordentlich gering. Bis jetzt waren die

einzigen Infizierten unter dem Personal ein indonesischer Krankenpfleger, der zusammen mit den Kranken lebte, und ein Priester, für den ich die Hände nicht ins Feuer legen möchte."

Ich gab diesen Abschnitt in seinem ganzen Umfang wieder, denn er gibt einen guten Eindruck von der moralischen Verpflichtung und der menschlichen Solidarität, die Ernesto und Alberto in die Leprastationen zu den von der Gesellschaft ausgeschlossenen Kranken trieb.

An dieser Stelle erinnere ich mich an die Sätze des Priesters Cuchetti, der mir sagte, daß er als Geistlicher bewunderte, was die beiden Jungs taten, und zugab, daß er dies trotz seines kirchlichen Auftrags unmöglich vollbringen könnte.

Bei Ernesto heißt es weiter:

"Seitdem wir uns im Ausland befinden, nahm ich meinen Revolver nicht einmal zum Reinigen heraus, und wenn uns die kolumbianischen Guerilleros nicht angreifen, sehe ich dazu auch keine Veranlassung. Du brauchst Dir also keine Sorgen zu machen oder uns gar hinterherzureisen.[1]

Es wäre sinnvoller, wenn Du so schnell wie möglich nach Venezuela kommen würdest. Du bist nicht gerade der Sparsamste, aber wenn Du irgendeinen verlassenen Dollar in Deiner Hosentasche findest, dann sind es immerhin 30 Pesos, und das ist auch schon etwas wert.

Ich sage Dir, daß Kolumbien und Venezuela im allgemeinen zwei ideale Länder sind, um angesichts der gegenwärtigen Bedingungen des Kontinents etwas Geld zu machen. Mach Dir jedoch keine Sorgen wegen unserer Finanzen, wir verlassen Peru mit mehr Geld in der Tasche als bei der Einreise, und das nach zwei Monaten Aufenthalt.

Wir werden nicht allzu lange hierbleiben, und Ihr müßt daher schnell schreiben. Erst vor einigen Tagen verspürte ich etwas Heimweh, aber es war nur eine vorübergehende Sa-

---

[1] In einem vorangegangenen Brief an Ernesto teilte ich ihm meine Sorgen um ihn mit, da die beiden durch eine gefährliche Gegend kamen und daß ich sie suchen würde, falls sie keine Lebenszeichen mehr von sich geben würden.

che. Ich bin wirklich ein Globetrotter, und es wäre nichts Außergewöhnliches, wenn ich nach dieser Reise einen Abstecher
nach Indien oder Europa machen würde. Alberto und ich haben tausend Pläne im Kopf, aber in Venezuela werden wir
weitersehen.

Unser Plan sieht vor, daß Alberto in Venezuela bleibt,
um Geld zu verdienen und daß ich nach Hause zurückkehre,
um vollends das Examen hinter mich zu bringen. Wie ich
schon Mutter erzählte, will ich Anfang des Monats August
wieder zu Hause sein. Wenn ich es aus irgendeinem Grund
bis zu diesem Datum nicht schaffe zu kommen, werde ich bis
März weiter herumreisen, um dann das Studium abzuschließen, und würde so natürlich ein Jahr verlieren. Aber angesichts des Erfolgs unserer Reise würde dies mich nur wenig
stören, denn ich könnte meinen Beruf bereits jetzt in einem
dieser Länder hier ausüben, weil hier niemand auch nur eine
Ahnung davon hat, wie man Allergien behandelt, und ich
davon gut leben könnte.

Das bißchen Erfahrung, das ich an Pisanis Seite gesam-
melt habe, verschafft mir hier einen weiten Vorsprung vor
den eher durchschnittlichen Kenntnissen der hiesigen Ärzte
auf diesem Gebiet.

Von Leticia aus werde ich Euch schreiben, welches der
nächste Ort sein wird, an dem ich zu erreichen bin. Also,
mach's gut, Vater, und ich hoffe, daß die Dinge bald besser
stehen für Dich und Du nach Caracas kommen kannst. Bis
wir uns dort sehen, schicke ich Dir und Mutter eine herzliche
Umarmung und eine weitere für die Kleinen." "

IM LAZARETT VON SAN PABLO

Im Morgengrauen des 8. Juni 1952 kamen sie mit der „El Cisne", die eigentlich nur für vier Passagiere gebaut war, aber an
deren Bord sich sechzehn Personen drängten, in San Pablo an.
Der Ort ist weithin bekannt als einer der unwirtlichsten Plätze
der Erde, an dem die Hansensche Krankheit behandelt wird.

Ein Mitglied der Besatzung war der Bruder einer Krankenschwester aus San Pablo, so daß sie bei ihrer Ankunft gleich im

Lazarett vorgestellt wurden. Die strohgedeckten Unterkünfte waren aus dem Holz von Palmen, teilweise auch von Zedern, gezimmert und standen auf Pfählen, damit sie bei Hochwasser nicht überschwemmt werden konnten, wobei der für die Kranken bestimmte Teil sich abseits von den Behandlungsräumen und den Unterkünften der Ärzte befindet.

Ernesto berichtete davon in seinem Tagebuch:

> *„Die Leprakranken leben im Kreis ihrer Familie. Es gelingt nicht oder nur sehr schwer, die Kinder von ihren Eltern zu trennen, denn sie sind bereits daran gewöhnt, die Lepra zu sehen. Bevor sie hier eingeliefert wurden, lebten die meisten von ihnen an den Ufern des Ucayali oder Yaverí, wo die Krankheit gehäuft auftritt, so daß sie für die Kinder zum Alltag ihres Lebens gehört. Einige der kranken Kinder befinden sich bereits in der offenen Abteilung, wo sie sich unter der ständigen Beobachtung und Obhut einer Nonne befinden. Wenn die Heilung soweit fortgeschritten ist, werden diese Kinder in der Dorfgemeinschaft beschäftigt.“*

Sie hielten sich zwölf Tage, in denen es fast ausschließlich regnete, in San Pablo auf und hatten reichlich Gelegenheit, ihre Kenntnisse über die Leprakrankheit auszuweiten, wobei sie sowohl vom Direktor als auch von den Ärzten sehr zuvorkommend behandelt wurden. In ihrer freien Zeit besuchten sie die Yagua-Indios oder gingen in den reichen Fischgründen des Amazonas, und seiner Nebenflüsse angeln. An einem Tag durchschwamm Ernesto den in San Pablo 1.600 Meter breiten Amazonas, wozu er fast zwei Stunden benötigte — eine Leistung, die danach entsprechend gefeiert wurde.

Mit der Zeit entwickelte sich zwischen ihnen und den Kranken eine Freundschaft und als diese hörten, daß „ihre Argentinier" die Reise auf dem Amazonas abwärts nach Kolumbien fortsetzen wollten, halfen sie den beiden, ein Floß zu bauen, wie es von den dortigen Bewohnern gebaut und benutzt wurde. So entstand „Mambo Tango": Das Floß war zwei Meter und achtzig Zentimeter lang und bestand aus zwölf, mit Lianen aneinandergebundenen Stämmen. In der Mitte des Floßes errichteten sie einen mit Zweigen bedeckten Schutz vor den intensiven Sonnenstrahlen.

386

Die Kranken schenkten ihnen Verpflegung für einen Monat: verpackte Butter, Käse in Dosen, Würstchen, Fleisch, Erbsen, Mehl, Linsen usw. sowie Petroleum, eine Petroleum-Laterne, Moskitonetze, Bananen, Eier und zwei Hühner.

Alle Ärzte, einschließlich des Direktors, hatten sich herzlich von Ernesto und Alberto verabschiedet und sie bis zum Fluß begleitet. Es endeten nun die Tage, an denen es tagtäglich regnete und die beiden ständig von einem Moskitoschwarm begleitet wurden — so ihre Tagebuchaufzeichnungen.

Rührend wurden sie von den Kranken verabschiedet. Diese hatten auf ein Stück Pappe den Namen „Mambo Tango" gepinselt und es auf dem Floß befestigt. Die Floßbauer hätten Ernesto und Alberto gerne begleitet. Aber es nahte die Stunde des Abschieds, den Ernesto in einem Brief aus Bogotá folgendermaßen beschrieb:

„Bogotá, 6. Juli 1952
Liebe Mutter,
einige Kilometer weiter und um einige Pesos ärmer bereite ich nun die Abreise nach Venezuela vor. Zuerst möchte ich Dir jedoch ganz herzlich zum Geburtstag gratulieren und wünsche Dir, daß Du ihn wie immer glücklich im Kreise der Familie verbringen mögest. Ich möchte Dir nun ganz ordentlich und nacheinander von meinen großen Abenteuern berichten, die ich seit der Abfahrt aus Iquitos bestanden habe. Die Abreise erfolgte so wie geplant, und so verbrachten wir zwei Nächte in der zärtlichen Gesellschaft von Moskitos und erreichten dann im Morgengrauen die Lepra-Station San Pablo, wo uns eine Unterkunft zugewiesen wurde. Der Chef-Arzt, ein beeindruckender Typ, freundete sich sehr schnell mit uns an. Insgesamt hatten wir ein gutes Verhältnis zu allen dort lebenden Menschen mit Ausnahme der Nonnen, die uns fragten, warum wir denn nicht zur Messe kämen. Die Verwaltung liegt in den Händen dieser Nonnen, und jedes Fehlen bei der Messe wurde mit einer radikalen Kürzung des Essens geahndet (wir hatten so auch kein … — unleserliches Wort —, aber die Jungs haben uns geholfen und besorgten uns jeden Tag etwas davon). Abgesehen von die-

sem kleinen ‚kalten Krieg' verlief alles sehr angenehm. An meinem Geburtstag hatten sie ein Fest für mich organisiert mit viel Pisco, eine Art Gin und sehr süffig. Der Chefarzt brachte einen Toast auf mich aus, und ich, bereits kräftig von dem Schnaps inspiriert, antworte mit einer sehr panamerikanischen Ansprache, die das hochqualifizierte und auch etwas pikierte Publikum mit großem Applaus bedachte. Wir blieben etwas länger als geplant und sind dann endlich nach Kolumbien abgereist. Am Abend vor der Abfahrt kam eine Gruppe Kranker aus dem Krankenbereich mit einem Kanu in den Bereich der Gesunden. Von dem großen Kanu aus brachten sie uns ein Abschiedständchen dar, dem sehr bewegende Worte folgten. Alberto, fast schon ein Nachfolger Peróns, antwortete mit einer demagogischen Rede, die die Anwesenden zutiefst rührte. Tatsache ist, daß wir an diesem Abend bisher ungesehene Dinge beobachten konnten. So fehlten einem Akkordeonspieler die Finger der rechten Hand, die durch am Handgelenk befestigte Stöcken ersetzt worden waren; der Sänger war blind, und alle waren durch die Lepra verunstaltet. Hinzu kam der sich im Fluß spiegelnde Schein der Laternen und Glühlampen, insgesamt eine Szene wie aus einem Gruselfilm.

Der Ort liegt wunderschön inmitten des Urwaldes, und Indianerstämmer leben nur ein paar Kilometer entfernt. Natürlich waren wir dort. Dort fanden wir reichliche Fischvorkommen und genug Beute zum Jagen, und überhaupt ist der potentielle Reichtum dieser Gegend unschätzbar groß. Wir träumten davon, Mato Grosso auf dem Flußwege zu durchqueren, ausgehend von dem Rio Paraguay und um dann endlich den Amazonas zu erreichen. Unterwegs würden wir Kranke heilen und vieles mehr. Es ist ein Traum wie der vom eigenen Haus... vielleicht eines Tages...

Wir fühlten uns wie Forscher, als wir mit dem luxuriösen Floß ablegten, das sie für uns gebaut hatten. Die Fahrt am ersten Tag verlief sehr gut. Nachts hielten wir keine Wache, sondern wir beiden schliefen ganz bequem unter dem uns geschenkten Moskitonetz, und als wir erwachten, stellten wir fest, daß wir am Ufer aufgelaufen waren.

Wir aßen wie Haie. Der folgende Tag verlief ohne Zwi-
schenfälle, und dann beschlossen wir, uns jede Stunde mit der
Wache abzulösen, da wir bei Einbruch der Dunkelheit wie-
der ans Ufer getrieben wurden und das Floß von starken
Wurzeln unter der Wasseroberfläche fast zerstört wurde.
Während einer meiner Wachen mußte ich einen Minuspunkt
einstecken, denn eines der uns geschenkten Hühner fiel ins
Wasser und wurde von der Strömung davongetragen. Ich
hatte in San Pablo schwimmend den Fluß überquert, aber
jetzt traute ich mich nicht, dem Huhn nachzuschwimmen.
Ich konnte die Angst nicht überwinden, die teilweise bedingt
war durch die Krokodile, die sich ab und zu blicken ließen,
und teilweise weil ich nie die Angst überwinden konnte, die
ich nachts vor Gewässern habe. Wenn Du dabei gewesen
wärest, hättest Du das Tier sicherlich zurückgeholt, und Ana
Maria sicherlich auch, denn Ihr kennt ja diese nächtliche
Angst nicht. An einem Angelhaken hing ein riesiger Fisch,
der nur mühsam aus dem Wasser gezogen werden konnte.
Die ganze Nacht hielten wir abwechselnd Wache, und im
Morgengrauen machten wir am Ufer fest, um unter den
Moskitonetzen Schutz vor den reichlich vorhandenen Cara-
panás-Mücken zu finden. Nach einem guten Schlaf erwach-
te Alberto, der Hühnerfleisch dem Fisch vorzieht, und stellte
fest, daß die beiden Angelhaken in der Nacht verschwunden
waren. Seine Stimmung sank auf einen Tiefpunkt. Da wir in
der Nähe ein Haus sahen, gingen wir hin, um festzustellen,
wie weit es noch bis Leticia war. Als der Hausbesitzer uns im
besten Portugiesisch antwortete, daß Leticia sieben Stunden
flußaufwärts lag und daß wir uns in Brasilien befänden, be-
gannen wir eine endlose Streiterei, weil einer dem anderen
zeigen wollte, daß der andere während der Wache geschlafen
hatte. Wir konnten uns in dieser Frage nicht einigen. Wir
schenkten dem Hausbesitzer einen Fisch sowie eine etwa vier
Kilogramm schwere Ananas, die wir auch von den Kranken
erhalten hatten, und blieben über Nacht in dem Haus in Er-
wartung des nächsten Tages, an dem unsere Reise flußauf-
wärts gehen sollte. Die Rückreise war beschwerlich, denn
wir mußten sieben Stunden lang rudern und daran waren
wir nicht gewöhnt. In Leticia wurden wir im Prinzip gut be-

handelt, und wir konnten bei der Polizei schlafen und auch essen, aber bei den Flugtickets konnten wir lediglich eine fünfzigprozentige Ermäßigung erreichen. So mußten wir 130 kolumbianische Pesos zahlen, hinzu kamen 15 Pesos für Übergepäck, also insgesamt 1.500 argentinische Pesos.

Was uns in dieser Situation rettete, war, daß die Fußball-mannschaft von Leticia einen Trainer suchte, und so sollten wir bis zur Ankunft unseres Flugzeuges die Mannschaft betreuen. Zufälligerweise sollte in diesem Zeitraum auch ein Fußballturnier in Leticia stattfinden, und so machten wir uns an die Arbeit. Als wir bemerkten, wie schlecht unsere Schützlinge spielten, entschlossen wir uns mitzuspielen, mit dem Ergebnis, daß unsere Mannschaft bis in das Finale vordrang. Das Endspiel endete unentschieden, doch das anschließende Elfmeterschießen konnte die gegnerische Mannschaft für sich entscheiden. Alberto war während des Spiels besonders motiviert, da wir ihm aufgrund seiner millimeter-genauen Pässe und seiner äußerlichen Ähnlichkeit mit Pedernera[1] mit dem Spitznahmen Pedernerita riefen. Ich dagegen hielt einen Elfmeter — eine Torwartparade, die in die Geschichte Leticias eingehen wird. Das ganze Turnier wäre sehr ruhig verlaufen, wenn es ihnen am Schluß nicht eingefallen wäre, die kolumbianische Nationalhymne zu spielen. Als ich mich währenddessen bückte, um Blut von meinen Knien abzuwischen, kam es zu einem Tumult: der Polizei-oberst schrie mich an, worauf ich nicht zurücksteckte, sondern ihm gehörig antwortete. Doch dann erinnerte ich mich daran, daß wir ja nach Bogotá und nicht in das hiesige Gefängnis wollten und senkte betreten meinen Kopf.

Nach einem angenehmen Flug, bei dem wir wie in einem Cocktail-Shaker durchgeschüttelt wurden, erreichten wir Bogotá. Auf dem Flug sprach Alberto mit unseren Mitreisenden und erzählte ihnen von dem internationalen Leprolo-genkongreß in Paris, von dem wir gerade kämen und wie schrecklich aufregend der Flug über den Atlantik gewesen wäre. Drei der vier Motoren wären ausgefallen und das Flugzeug beinahe ins Meer gestürzt. Er schilderte unser

---

[1] argentinischer Fußballspieler

schreckliches Erlebnis so überzeugend, daß ich fast selbst daran glaubte und allen Ernstes um mein Leben bangte.

Insgesamt sind wir dabei, zum zweiten Mal eine Weltreise zu vollenden. Der erste Tag in Bogotá war nicht besonders, und unser Essen besorgten wir uns in der Mensa der Universität. Unterkunft konnten wir dort nicht bekommen, denn die Uni ist voller Stipendiaten, die dort von der UNO betreute Kurse besuchen. Natürlich befindet sich kein Argentinier darunter. So gegen ein Uhr morgens erhielten wir dann eine Übernachtungsgelegenheit im Krankenhaus, worunter ein Stuhl zu verstehen ist, auf dem wir sitzend schlafen durften. Wir sind nicht völlig abgebrannt, aber Reisende unseres Kalibers sterben eher, als daß sie für die bürgerliche Bequemlichkeit eines Hotelzimmers bezahlen. Danach konnten wir in der Lepraabteilung bleiben, wo wir am ersten Tag vorsichtig beäugt wurden — nachdem wir ihnen das Empfehlungsschreiben aus Peru vorgelegt hatten, das eine Lobhudelei enthielt, aber doch von Dr. Pesce unterzeichnet war, ein anerkannter Spielmacher in der Branche. Als Alberto mit weiteren Empfehlungsschreiben aufwartete und ich sie nach kurzer Atempause mit meinen Allergiekenntnissen überschüttete, waren sie verblüfft. Ergebnis: Jeder von uns beiden bekam eine Stelle angeboten. Ich dachte nicht daran, dieses Angebot anzunehmen, aber es war für Alberto aus naheliegenden Gründen sehr interessant. Robertos Messer war aber der Grund, weshalb alles anders kam. Ich hatte das Messerchen auf der Straße herausgezogen, um damit eine Skizze in den Boden zu ritzen. Dadurch haben wir einen riesigen Ärger mit der Polizei bekommen, die uns so erniedrigend behandelte, daß wir beschlossen, so schnell wie möglich nach Venezuela weiterzureisen. Wenn Ihr diesen Brief in Händen haltet, werden wir bereits dort sein. Wenn Ihr bald schreibt, so schickt den Brief nach Cúcuta, Departamento Santander del Norte, Kolumbien. Wenn Ihr ganz schnell seid, dann schickt noch einen Brief nach Bogotá.

Morgen werde ich mir das Fußballspiel zwischen Millionarios und Real Madrid von dem billigsten Stehplatz aus ansehen. Landsleute sind schwieriger anzupumpen als ein Minister.

Kolumbien ist von allen Länder, die ich auf meiner Reise bislang sah, das Land, in dem die Rechte des einzelnen am stärksten unterdrückt werden. Die Polizei patrouilliert in den Straßen mit dem geschulterten Gewehr und fragt alle Augenblicke nach den Papieren. Dabei kann es auch schon passieren, daß die Papiere falsch herum gelesen werden. Es herrscht ein sehr angespanntes Klima, das erraten läßt, daß es in Kürze einen Aufstand geben wird. In den Ebenen ist der Aufstand schon in vollem Gange, und das Militär ist nicht in der Lage, ihn zu unterdrücken. Die Konservativen sind untereinander uneins und streiten miteinander.

Das Abkommen vom 9. April 1948 liegt wie Blei auf den Gemütern — es ist ein beklemmendes politisches Klima. Wenn dies die Kolumbianer weiter ertragen wollen, nun gut, aber wir sehen zu, daß wir so schnell wie möglich das Land hinter uns lassen. Alberto hat gute Aussichten auf eine Anstellung in Caracas.

Ich hoffe, daß einer von Euch wenigstens zwei Buchstaben schreibt, damit ich weiß, wie es Euch geht. Ihr müßt nicht alles über Beatriz erfahren (ihr schreibe ich nicht, da wir nur einen Brief aus jeder Stadt vereinbart hatten. Deshalb eine kurze Nachricht an Alfredito Gabelo in diesem Brief).

Eine Umarmung von Deinem Sohn, der Dich in den Ellenbogen, den Absätzen und dem Hosenboden vermißt. Sieh zu, daß Vater sich nach Venezuela aufmacht, wo das Leben zwar viel teurer ist als hier, aber man auch viel mehr verdient. Einem eifrigen Sparer (!) wie Vater kommt das sehr gelegen, und wenn er hier nach einiger Zeit immer noch verliebt in Onkel Sam ist... aber schweifen wir nicht ab. Papi ist superintelligent.

Chao"

In diesem Brief machte sich Ernesto auf liebevolle Weise über meine Sparqualitäten lustig, da ich nie einen Centavo zurückhalten konnte. Ein altes und beliebtes Thema von Ernesto war meine angebliche Liebe zu Onkel Sam, über deren Ursache ich schon berichtete und die mir Ernesto bei jeder sich bietenden Gelegenheit unter die Nase rieb.

Alberto schilderte in seinem Tagebuch ein Erlebnis, das mit dazu beitrug, ihre Liebe zu Kolumbien in Grenzen zu halten. Die beiden wollten sich orientieren, und Ernesto skizzierte mit einem kleinen Messer — ein Geschenk seines Bruders Roberto — einen Stadtplan in den Sand. Zufälligerweise beobachtete sie ein Polizist, der, als er ihre heruntergekommene Kleidung sah, das Messer zum Vorwand nahm und sie um ihre Papiere bat. Alberto wollte seinen Tatendrang bremsen und sagte mit gewichtiger Stimme, daß er Dr. Granados sei. Der Polizist antwortete lachend: „Ihr beiden wollte Doktoren sein!" und nahm sie mit. Es ist wahr, daß, wenn man die beiden kennt, ihre Kleidung eher nach Lumpen aussah als nach einem Anzug, so daß der arme Polizist es nicht erraten konnte. In diesem Brief erzählt Ernesto keine weiteren Einzelheiten über den Vorfall, um uns nicht zu beunruhigen, aber Alberto schreibt in seinem Tagebuch, daß sie sich in ziemlicher Bedrängnis befanden. Als sie auf dem Kommissariat ankamen, ließ sie der Wärter in dem Wachraum stehen, wo ein Sargento und ein weiterer Polizist würfelten. Als das Spiel immer länger dauerte und man sie nicht weiter beachtete, regte sich Alberto auf und fragte den Sargento in einem hochnäsigen Ton, warum man sie festhalte, denn schließlich seien sie argentinische Staatsbürger und auf Lepra spezialisierte Ärzte. Der Sargento wurde wütend, es gab einen erregten Wortwechsel und Handgreiflichkeiten, und so wanderten die beiden fürs erste hinter Gitter. Sie schalteten daraufhin den argentinischen Konsul ein, und der etwas eingeschüchterte Sargento ließ Alberto und Ernesto frei. Als sie schon im Gehen begriffen waren, bat Ernesto um sein Messer. Der Beamte verweigerte es ihm und er antwortete, daß er nicht eher gehen würde, bis man es ihm zurückgäbe. Die Folge dieses erneuten Zwischenfalles war, daß man sie durch alle Polizeistationen Bogotás schleifte. So etwas ähnliches wie das berühmte „Mangiamiento"[1], das früher auch in Buenos Aires üblich war, bei dem die Häftlinge alle fünfzig Kommissariate durchlaufen mußten, damit allen Polizisten ihre Gesichter vertraut waren. Das argentinische Konsulat griff erneut ein und

[1] Vorgehensweise der argentinischen Polizei. Es kommt vom italienischen „mangiar": essen, kauen.

bewirkte mit der Hilfe eines Richters ihre Freilassung, doch sie hatten innerhalb von 48 Stunden das Land zu verlassen, andernfalls würde man sie in den Süden zu den Schwerverbrechern schicken.

Nach einem anderen Schreiben Ernestos müssen sie auch dieses Problem gelöst haben. In einem anderen Brief aus Bogotá vom 19. Juli 1952 schreibt er an seine Mutter:

> *„ Geliebte Mutter.*
> *Ich bin am Ende dieser Etappe unserer Reise angelangt: zermürbt und enttäuscht von der herzlosen Welt, ohne einen Centavo in der Tasche, und ich kann Dir, zu allem Überfluß, nicht einmal aufregende Abenteuer aus dem Dschungel oder von anderen Heldentaten berichten, denn dieser letzte Reiseabschnitt war von erdrückender Sterilität — was Heldentaten angeht. Wie ich ankündigte, wollten wir kurzfristig Bogotá verlassen, da wir mit der Polizei nicht gut auskamen. Nachdem wir mit der Ausländerbehörde endlich Frieden geschlossen hatten und auch Bogotá innerhalb der gesetzten Frist verlassen wollten, ballte sich ein neues Unheil über uns zusammen, und zwar in der Gestalt des Chefs der Antilepra-Kampagne, der uns den weiteren Zutritt zu den Leprastationen untersagte und uns aus der Station, in der wir schliefen, hinauswarf. Der Grund dafür ist uns unbekannt. Zu unserem Glück gab es noch die Universität, wo wir immer umsonst aßen und wo ein Freund von uns, ein Uruguayer, eine Sammlung für uns veranstaltete, so daß wir nun genügend Geld zum Weiterfahren haben. Wie tief sind wir gesunken".*

Er berichtete außerdem in diesem Brief, daß im argentinischen Konsulat ein ehemaliger Freund von ihm arbeitete (an dessen Namen ich mich nicht erinnern will). Als er Ernesto erkannte *„und von unserer Lage erfuhr, zeigte er solches Mitleid, daß er sich sogar dazu durchringen konnte, uns eine gute Reise zu wünschen".*

VENEZUELA

Am 14. Juli verließen sie Kolumbien über die Brücke des Tachi-ra-Flusses, der Kolumbien und Venezuela trennt. Nach dem üblichen bürokratischen Papierkrieg und den immergleichen Fragen fuhren sie mit einem kleinen Lastwagen in Richtung Caracas. Sie überquerten eine kleine Bergkette und erreichten San Cristóbal, um dann nach Barquisimeto weiterzureisen. Ihr Weg führte sie über eine der höchsten venezolanischen Gebirge, vorbei an dem 4.810 Meter hohem Pico del Águila, wo es ziemlich kalt war, obgleich sie sich in einem tropischen Gebiet befanden. Die Straße führt dann abwärts, und sie erreichten dann nach der Durchquerung sehr großer Wälder Barquisimeto. Die Hitze war erdrückend.

Am 17. Juli erreichten sie Caracas, wo sie sich in einer sehr einfachen Pension einmieteten.

Sie führten Empfehlungsschreiben an einflußreiche Leute in Caracas mit sich. Eine von ihnen war die Tante eines Freundes Ernestos, die „Spinne" Bengolea: Fräulein Margarita Calvento, eine sehr sympathische „Gauchoblume", die, empört über unsere Unterkunft, uns eine „angemessenere" besorgte.

In Granados' Tagebuch steht dazu: „Auch wenn wir von unserem untadeligen Äußeren überzeugt waren, so teilten doch nicht alle diese Meinung, denn unsere neue Wirtin telefonierte mehrmals mit unserer Bürgin und erkundigte sich, ob diese beiden Señores tatsächlich Dr. Granados und der Student Guevara seien."

In Ernestos Brief vom 19. Juli aus Caracas heißt es:

> „Bisher ist es uns nicht gelungen, den mit Marcelo befreundeten Millionär zu sprechen. Auch den Menschen konnten wir nicht erreichen, dessen Visitenkarte uns Beto (Ahumada) gegeben hatte. Hingegen konnten wir die Tante von Araña kennenlernen, eine sehr nette Person, die uns an einen Minister empfahl, der Alberto möglicherweise eine Anstellung besorgen wird.
>
> Ungeklärt sind noch unsere nächsten Reiseziele. Wir wissen nicht, ob wir über Panama nach Mexiko reisen oder uns direkt nach Indien aufmachen."

Deutlich zeigte es sich, daß Ernesto jetzt mit Schwung seine Reise fortsetzen wollte, um unbekannte Länder zu erkunden.

Erst nach Tagen traf Ernesto den Millionär, für den er eine Empfehlung meines Bruders Marcelo besaß. Dieser Mann galt als einer der reichsten Venezuelas. Als Ernesto mit seinem Briefumschlag bei ihm ankam, wurde er zunächst äußerst mißtrauisch vom Personal gemustert, denn ihre Kleidung war wirklich etwas heruntergekommen und trug die Spuren der Kilometer, die hinter ihnen lagen. Doch schließlich gelangte der Brief doch noch in seine Hände, und Ernesto berichtete nach seiner Rückkehr, wie zuvorkommend und gänzlich ohne Mißtrauen dieser Mann sie behandelte.

Wenig später schickte ich den beiden Geld, damit sie in Caracas ihre Mietschulden bezahlen konnten, und mein Bruder Marcello sandte Ernesto ein Ticket für ein Flugzeug, das von Buenos Aires über Caracas nach Miami Rennpferde flog. Nach der Zwischenlandung in Caracas stieg Ernesto zu und flog mit in die USA. So endete die gemeinsame Reise durch Südamerika mit seinem Freund Alberto Granados.

DIE RÜCKKEHR NACH BUENOS AIRES

Nach einem Tag Aufenthalt in Miami, wo die Rennpferde entladen wurden, sollte das Flugzeug wieder über Caracas nach Buenos Aires zurückkehren. Der Flugkapitän entschied jedoch, in Miami eine gründliche Überholung der Motoren vornehmen zu lassen, was sich als richtig erwies, denn einer der Motoren hatte einen größeren Schaden. Die Reparatur beanspruchte nicht weniger als einen Monat, und Ernesto, der mit diesem Flugzeug zurückkehren mußte, stand völlig abgebrannt in Miami. Er hatte gerade noch einen Dollar in der Tasche. Er kam in einer Pension unter und versprach, von Buenos Aires aus die Rechnung zu begleichen, was er auch später tat.

Nach seiner Rückkehr erzählte er uns von den Schwierigkeiten, die er ohne Geld zu überwinden hatte, wobei es ihm sein Stolz verbot, uns von seinen Geldnöten zu benachrichtigen. Von seiner Pension aus besichtigte er die Stadt oder ging zum Strand, der fünfzehn Kilometer entfernt von seiner Unterkunft lag und lernte so einen kleinen Teil der Vereinigten Staaten kennen.

Das Flugzeug war endlich wieder in Ordnung, und so ging es auf die Rückreise. Als das Flugzeug über Caracas flog, weckte ihn sein Reisebegleiter, der mit ihm in Miami festgelegen hatte, und teilte ihm mit, daß sich das Fahrgestell verklemmt hatte und sie deswegen über der Hauptstadt Venezuelas kreisten. Das Flugzeug hatte eine große Ladung Obstkisten an Bord und nur die beiden als Passagiere, die es sich in einer kleinen Ecke gemütlich gemacht hatten. Ernesto dachte zunächst, daß es sich um einen Witz handelte, und schlief weiter, aber nach einer Weile wachte er auf und konnte durch ein Fenster eine große Anzahl von Lastwagen, Autos und Feuerwehrfahrzeugen sehen. Das Fahrgestell hatte sich in der Tat verklemmt und der Kapitän benachrichtigte den Kontrollturm, von wo aus das Personal für Notlandungen mobilisiert wurde. Kurz darauf landeten sie trotzdem ohne Zwischenfall, denn es war dem Flugkapitän gelungen, das Fahrgestell doch auszufahren.

Als man uns in Buenos Aires benachrichtigte, daß Ernesto mit einem Transportflugzeug am Nachmittag einträfe, fuhr die ganze Familie zum Flughafen Ezeiza hinaus. Der Himmel war bedeckt, und tiefhängende Wolken verhinderten die Sicht. Die Ankunft des Flugzeuges war für zwei Uhr nachmittags angekündigt, wir warteten schon mehr als zwei Stunden und waren sehr aufgeregt, weil das Flugzeug nicht auftauchte und sich auch nicht mit dem Tower in Verbindung gesetzt hatte. Auf unsere ängstlichen Rückfragen teilte man uns von dort mit, daß Transportflugzeuge keine festen Flugpläne hätten und oftmals völlig überraschend am Horizont auftauchen würden.

In der Tat tauchte plötzlich zwischen den Wolken die „Douglas" auf und landete nach einer weiteren Schleife über dem Flughafen ohne Schwierigkeiten. Augenblicke später stand Ernesto auf der Landebahn und rannte auf das Flughafengebäude zu.

Wir standen auf der Aussichtsplattform, winkten und riefen aus voller Lunge. Er stutzte und blickte auf. Ich erinnere mich noch heute an das Lachen auf seinem Gesicht, wie er uns auf der Flughafenterrasse stehen und winken sah. Das war im September 1952.

Auf dieser Reise sammelte er unzählige Erfahrungen und Kenntnisse, so auch über Archäologie. Er informierte sich in öffentlichen Bibliotheken und verglich die Beschreibungen mit seinen Beobachtungen. Sein Drang, mehr über die politische und soziale Realität der lateinamerikanischen Länder zu wissen, wurde immer stärker.

Zwischendurch fand er auch Gelegenheit, das an der Medizinischen Fakultät Gelernte in der Praxis anzuwenden, und behandelte Leprakranke in San Pablo.

Als er nach Buenos Aires zurückkehrte, beschloß er, bis Mai 1953 sein Medizinstudium zu beenden. Dazu mußte er jedoch noch fünfzehn Prüfungen ablegen und das in nur sieben Monaten! Er stürzte sich in die Arbeit und in das verrückte Rennen gegen die Zeit. Zweifelsohne hatte er einen Berg von Arbeit vor sich, zwei seiner Prüfungen wurden verschoben, er hatte den Arbeitsunfall bei Dr. Pisani, doch all dies hielt ihn nicht davon ab, mit Hartnäckigkeit sein selbstgestecktes Ziel weiterhin im Auge zu behalten und innerhalb der geplanten Zeit das Examen zu machen.

Im November 1952 legte er sein Examen in Augenheilkunde, Urologie und Dermatologie ab.

Im Dezember 1952 besteht er weitere zehn Fächer: Allgemeine Pathologie, Gynäkologie, Pathologie und klinische Tuberkulose, Orthopädie, Gerichtsmedizin, Hygiene und Sozialmedizin, Chirurgie, Pathologie und Behandlung von Infektionskrankheiten.

Gegen Ende 1952 verblieb ihm nur noch ein Prüfungsfach, um den Arzttitel zu bekommen: Neurologie. Diese Prüfung hatte er einmal verschoben, aber am 11. April 1953 legte er auch in diesem Fach sein Examen ab. Damit hatte er das Studium abgeschlossen.

Er hatte damit wieder einmal einen Beweis seiner Fähigkeit und Hartnäckigkeit gegeben. Im Studiengang Medizin mußten während Ernestos Studium Prüfungen in dreißig Fächer abgelegt werden, von denen er Ende 1951 bereits die Hälfte bestanden hatte. Die andere Hälfte legte er zwischen November 1952 und April 1953 ab.

In den ersten Jahren seines Studiums war er ordnungsgemäß eingeschrieben, während er zum Ende des Studiums freier Hörer war, da er 1948 und 1949 nicht die Zeit hatte, sich immer die Vorlesungen anzuhören.

Seine Arbeit in der Stadtverwaltung und in der Klinik Dr. Pisanis, seine Motorraderkundungen ins Innere des Landes und die langen Reisen als Krankenpfleger bei der Staatlichen Handelsflotte machten es ihm unmöglich, als regulärer Student die Kurse an der Fakultät zu belegen. Trotzdem verlor er keine Zeit, sondern konnte sogar einige Prüfungsfächer vorverlegen. Die Zensuren, die er im Verlauf seines Studiums erhielt, waren nicht überdurchschnittlich. Die freien Hörer an unseren Universitäten sahen sich einem hohen Leistungsdruck, vor allem in den Prüfungen, ausgesetzt, da diese von den Professoren nicht geschätzt wurden.

1952, als er die letzten Fächer in Medizin studierte, hielt er sich nur noch selten bei uns zu Hause auf. Er aß jedoch gewöhnlich mit uns zu Mittag oder zu Abend, aber er kam nicht immer zum Schlafen nach Hause, da er sich manchmal bis spät nachts in meinem Büro oder bei meiner Schwester Beatriz aufhielt, die mit ihm die Nacht durchwachte und ihm Mate zubereitete, während er studierte.

Wir freuten uns schon darauf, daß wir nach der letzten Prüfung mehr von Ernesto hätten und er in unserer Nähe wäre. Wir hofften, er vergäße die Reisen durch die Welt und arbeitete statt dessen in Dr. Pisanis Klinik, wo er seine Studien weiterführen könnte. Wir glaubten an eine brillante Karriere als Wissenschaftler, mit der Möglichkeit, das Problem Asthma gründlich zu erforschen. Schließlich hatte er gemeinsam mit Dr. Pisani mehrere wissenschaftliche Veröffentlichungen geschrieben, so eine unter dem Titel „Sensibilisierung von Meerschweinchen mit Blütenstaub über Injektionen von Apfelsinenextrakt", die in der Zeitschrift „Alergia" Bd. 5, November — Februar 1951/52 erschien. Die Autoren dieser Veröffentlichung waren: Dr. Salvador Pisani, J.M. Poison, E. Guevara und H. Schert.

Aber die Dinge entwickelten sich nicht so, wie wir es uns gedacht hatten. Nach einer kurzen Verschnaufpause legte er am 11. April 1953 sein letztes Examen ab.

Ich war in meinem Büro, als das Telefon klingelte. Ich nahm den Hörer ab und erkannte sofort seine Stimme, als er sagte: „Hier spricht Doktor Ernesto Guevara de la Serna", wobei er das Wort „Doktor" besonders betonte.

Meine Freude war sehr groß, doch nur von kurzer Dauer, denn zugleich kündigte er an, daß er eine neue Reise, gemeinsam mit seinem alten Freund, Carlos Ferrer, unternehmen wolle.

Unser Haus glich einem aufgestörten Wespennest, als die Neuigkeit bekannt wurde, doch Ernesto verhielt sich wie immer und begann mit den Vorbereitungen für die Abreise. Er besorgte sich sein Arztdiplom, ließ es sich amtlich bestätigen, suchte sein ganzes Geld zusammen und packte die Koffer. Er fuhr wieder davon, wie er es schon so oft getan hatte. Unsere Wunschträume fielen wie ein Kartenhaus zusammen; wir wußten, was auf ihn wartete, wir wußten es nur zu gut: er würde viele Kilometer marschieren, mit irgendeinem Lastwagen oder Bus mitfahren, irgendwo schlafen und essen, was es gerade gab. Um sein Asthma oder seine Gesundheit würde er sich nicht im geringsten kümmern, und er würde wie immer durch die Welt reisen, ohne sich vor Gefahren in acht zu nehmen. Wir, seine Eltern und Geschwister, konnten nichts dagegen tun, wir durften auch nicht eingreifen. Er war nicht mehr das Kind oder der Jüngling, sondern Dr. Ernesto Guevara de la Serna, der machte, was er wollte. Uns blieb nichts anderes übrig, als uns zu sorgen und ihn so weit wie möglich zu unterstützen, was er jedoch fast immer zurückwies. Bolivien war sein erstes Reiseziel.

Unser Haus in der Calle Aráoz verwandelte sich in einen Ameisenhaufen. Jeden Abend gingen die Freunde und Freundinnen ein und aus. Der Tag der Abreise rückte immer näher. Am Vorabend der Reise kam es noch zu einem großen Fest mit Gelächter, Tanz, Trinksprüchen und endlosen Gesprächen.

An einem grauen und kalten Julitag im Jahre 1953 versammelte sich die ganze Familie auf dem Bahnhof „Retiro del Ferrocarril General Belgrano", um die Reisenden zu verabschieden. Außer ihren Freunden waren auch alle Familienangehörigen gekommen. Der internationale Zug nach Yacuiba-Pocitos (Bolivien) sollte nachmittags um vier Uhr abfahren. Wie immer mußte man lange warten, und eine unerträgliche Stille lastete auf uns.

400

AIR-INDIA
International

(handschriftlicher Brief in spanischer Sprache)

in flight

„In mir hat sich der Sinn für die Masse im Gegensatz zum Persönlichen entwickelt, ich bin derselbe Einzelgänger von früher und suche meinen Weg ohne persönliche Unterstützung, aber heute bin ich mir meiner historischen Pflicht bewußt."

(Fortsetzung des handschriftlichen Briefes in spanischer Sprache)

Die vielen Reisen gaben ihm für sein weiteres Leben die Sicherheit für seine Aufgabe.
(Ernesto in Quirigua, Guatemala)

Als der Schaffner pfiff: Küsse, Umarmungen, Rufe und winkende Taschentücher.

Ich lief noch einige Meter neben dem Zug her und hörte, wie er schrie, während er einen Beutel über seinem geschorenen Kopf schwang: „Hier fährt ein Soldat Amerikas ab!"

Nachdem der Zug in der Ferne verschwunden war, stand ich traurig auf dem Bahnsteig und konnte meinen Sohn nicht verstehen. Ich begriff nicht den Grund für dieses immerwährende Ausreißen. Ich verstand nicht, wieso er eine aussichtsreiche Karriere als Wissenschaftler und die Möglichkeit, mit dem weltbekannten Dr. Pisani zu arbeiten, über Bord warf, um in der Welt umherzureisen. Ich fragte mich, was er suchte. Abenteuer? Eine Ahnung von fernen Horizonten, archäologische Besessenheit? Nein, es konnte nichts von alledem sein. Im Grunde seines Wesens mußte es etwas geben, das ihn beständig vorwärts trieb. Diesem unverständlichen Etwas versuchte ich in seinen Briefen auf die Spur zu kommen, und in ihnen fand ich schließlich die Lösung für das, was mir so fremd erschien. Wenn seine Briefe ankamen, reagierte ich sehr ungeduldig und heftig darauf — zum Teil aufgrund meiner Unwissenheit. Er machte sich über ernste oder gefährliche Dinge lustig, doch das stimmt so nicht ganz, weil er mit den Scherzen versuchte, uns nicht zu sehr zu ängstigen.

Wenn ich heute diese Briefe wiederlese, sehe ich in ihnen den tosenden Wirbelsturm einer Gedankenwelt, aus dem sich die des Ernesto Guevara de la Serna langsam herausbildete, Form annahm und deren stärkste Ausdrucksform ich in folgendem Brief aus Indien fand:

> „In mir hat sich der Sinn für die Masse im Gegensatz zum Persönlichen entwickelt, ich bin derselbe Einzelgänger von früher und suche meinen Weg ohne persönliche Unterstützung, aber heute bin ich mir meiner historischen Pflicht bewußt. Ich habe kein Zuhause, keine Frau, keine Kinder, keine Eltern und Geschwister. Meine Freunde sind meine Freunde, solange sie im politischen Bereich so wie ich denken, und trotzdem bin ich zufrieden. Ich fühle, daß ich etwas darstelle im Leben, nicht nur die starke innere Kraft, die ich immer gespürt habe, sondern auch die Fähigkeit, anderen et-

was zu geben, sowie eine absolute Vorstellung von meiner
Mission, die mir jede Angst nimmt."

An diesem Punkt seines Lebens hatte er sich bereits selbst gefunden. Zurück blieben die Abenteuer, die archäologischen
Forschungen, die medizinischen Versuche und schufen Raum
für etwas Neues, das ihn vollkommen aufsog. Seine Grübe-
leien, seine Zweifel und sein Zögern waren Schritte auf seinem
Weg, um den Sozialismus umfassend zu verstehen — diese
Doktrin, die er später erklärte und praktizierte.

Beim Wiederlesen dieser Briefe verstand ich seinen Ruf von
damals in seiner ganzen Dimension:

„Hier fährt ein Soldat Amerikas ab!"

INHALT

der Familie Moore / Portela, der kleine Hof meiner Mutter / Reisen durch das Paraná-Delta / Die Anfänge von Ernestos Asthma / Beginn der Wohnungsumzüge / Taue kappen

gelflüge mit Onkel Jorge / Die Treffen mit seinen Freunden /
Der Spitzname „Chancho" / Ernesto und der Sport / Fußball /
Rugby / Meine Schwester Beatriz und Ernesto / Einige Erin-
nerungen an Ernesto — Seine Zärtlichkeit / Ernesto und sein
Freund Carlos Figueroa / Studium und Arbeit